学术著作

# 抗战大后方教育研究

主　编 ● 徐　辉
副主编 ● 冉　春

重庆出版集团 重庆出版社

## 图书在版编目(CIP)数据

抗战大后方教育研究 / 徐辉主编. —重庆：重庆出版社, 2015.6
ISBN 978-7-229-10024-7

Ⅰ.①抗… Ⅱ.①徐… ②冉… Ⅲ.①教育史—研究—中国—1937~1945 Ⅳ.①G529.6

中国版本图书馆 CIP 数据核字(2015)第 124154 号

## 抗战大后方教育研究
KANGZHAN DAHOUFANG JIAOYU YANJIU
徐　辉　主编　冉　春　副主编

出 版 人：罗小卫
责任编辑：苏晓岚
责任校对：何建云
装帧设计：重庆出版集团艺术设计有限公司·吴庆渝　陈　永

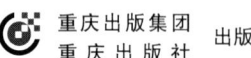
重庆出版集团
重庆出版社　出版

重庆市南岸区南滨路 162 号 1 幢　邮政编码：400061　http://www.cqph.com
重庆出版集团艺术设计有限公司制版
自贡兴华印务有限公司印刷
重庆出版集团图书发行有限公司发行
E-MAIL:fxchu@cqph.com　邮购电话:023-61520646
全国新华书店经销

开本：787mm×1092mm　1/16　印张：24.50　字数：370 千
2015 年 7 月第 1 版　2015 年 7 月第 1 次印刷
ISBN 978-7-229-10024-7
定价：49.00 元

如有印装质量问题，请向本集团图书发行有限公司调换：023-61520678

版权所有　侵权必究

# 《中国抗战大后方历史文化丛书》

## 编纂委员会

**总 主 编**：章开沅
**副总主编**：周　勇

**编　　委**：（以姓氏笔画为序）
山田辰雄　日本庆应义塾大学教授
马振犊　　中国第二历史档案馆副馆长、研究馆员
王川平　　重庆中国三峡博物馆名誉馆长、研究员
王建朗　　中国社科院近代史研究所副所长、研究员
方德万　　英国剑桥大学东亚研究中心主任、教授
巴斯蒂　　法国国家科学研究中心教授
西村成雄　日本放送大学教授
朱汉国　　北京师范大学历史学院教授
任　竞　　重庆图书馆馆长、研究馆员
任贵祥　　中共中央党史研究室研究员、《中共党史研究》主编
齐世荣　　首都师范大学历史学院教授
刘庭华　　中国人民解放军军事科学院研究员
汤重南　　中国社科院世界历史研究所研究员
步　平　　中国社科院近代史研究所所长、研究员
何　理　　中国抗日战争史学会会长、国防大学教授
麦金农　　美国亚利桑那州立大学教授

| | |
|---|---|
| 玛玛耶娃 | 俄罗斯科学院东方研究所教授 |
| 陆大钺 | 重庆市档案馆原馆长、中国档案学会常务理事 |
| 李红岩 | 中国社会科学杂志社研究员、《历史研究》副主编 |
| 李忠杰 | 中共中央党史研究室副主任、研究员 |
| 李学通 | 中国社会科学院近代史研究所研究员、《近代史资料》主编 |
| 杨天石 | 中国社科院学部委员、近代史研究所研究员 |
| 杨天宏 | 四川大学历史文化学院教授 |
| 杨奎松 | 华东师范大学历史系教授 |
| 杨瑞广 | 中共中央文献研究室研究员 |
| 吴景平 | 复旦大学历史系教授 |
| 汪朝光 | 中国社科院近代史研究所副所长、研究员 |
| 张国祚 | 国家社科基金规划办公室原主任、教授 |
| 张宪文 | 南京大学中华民国史研究中心主任、教授 |
| 张海鹏 | 中国史学会会长、中国社科院学部委员、近代史研究所研究员 |
| 陈晋 | 中共中央文献研究室副主任、研究员 |
| 陈廷湘 | 四川大学历史文化学院教授 |
| 陈兴芜 | 重庆出版集团总编辑、编审 |
| 陈谦平 | 南京大学中华民国史研究中心副主任、教授 |
| 陈鹏仁 | 台湾中正文教基金会董事长、中国文化大学教授 |
| 邵铭煌 | 中国国民党文化传播委员会党史馆主任 |
| 罗小卫 | 重庆出版集团董事长、编审 |
| 周永林 | 重庆市政协原副秘书长、重庆市地方史研究会名誉会长 |
| 金冲及 | 中共中央文献研究室原常务副主任、研究员 |
| 荣维木 | 《抗日战争研究》主编、中国社科院近代史研究所研究员 |
| 徐勇 | 北京大学历史系教授 |
| 徐秀丽 | 《近代史研究》主编、中国社科院近代史研究所研究员 |
| 郭德宏 | 中国现代史学会会长、中共中央党校教授 |
| 章百家 | 中共中央党史研究室副主任、研究员 |
| 彭南生 | 华中师范大学历史文化学院教授 |

| | |
|---|---|
| 傅高义 | 美国哈佛大学费正清东亚研究中心前主任、教授 |
| 温贤美 | 四川省社科院研究员 |
| 谢本书 | 云南民族大学人文学院教授 |
| 简笙簧 | 台湾国史馆纂修 |
| 廖心文 | 中共中央文献研究室研究员 |
| 熊宗仁 | 贵州省社科院研究员 |
| 潘 洵 | 西南大学历史文化学院教授 |
| 魏宏运 | 南开大学历史学院教授 |

## 编辑部成员（按姓氏笔画为序）

朱高建　刘志平　吴 晨　别必亮　何 林　黄晓冬　曾海龙　曾维伦

# 总　序

章开沅

　　我对四川、对重庆常怀感恩之心，那里是我的第二故乡。因为从1937年冬到1946年夏前后将近9年的时间里，我在重庆江津国立九中学习5年，在铜梁201师603团当兵一年半，其间曾在川江木船上打工，最远到过今天四川的泸州，而启程与陆上栖息地则是重庆的朝天门码头。

　　回想在那国破家亡之际，是当地老百姓满腔热情接纳了我们这批流离失所的小难民，他们把最尊贵的宗祠建筑提供给我们作为校舍，他们从来没有与沦陷区学生争夺升学机会，并且把最优秀的教学骨干稳定在国立中学。这是多么宽阔的胸怀，多么真挚的爱心！2006年暮春，我在57年后重访江津德感坝国立九中旧址，附近居民闻风聚集，纷纷前来看望我这个"安徽学生"（当年民间昵称），执手畅叙半个世纪以前往事情缘。我也是在川江的水、巴蜀的粮和四川、重庆老百姓大爱的哺育下长大的啊！这是我终生难忘的回忆。

　　当然，这八九年更为重要的回忆是抗战，抗战是这个历史时期出现频率最高的词语。抗战涵盖一切，渗透到社会生活的各个层面。记得在重庆大轰炸最频繁的那些岁月，连许多餐馆都不失"川味幽默"，推出一道"炸弹汤"，即榨菜鸡蛋汤。……历史是记忆组成的，个人的记忆汇聚成为群体的记忆，群体的记忆汇聚成为民族的乃至人类的记忆。记忆不仅由文字语言承载，也保存于各种有形的与无形的、物质的与非物质的文化遗产之中。历史学者应该是文化遗产的守望者，但这绝非是历史学者单独承担的责任，而应是全社会的共同责任。因此，我对《中国抗战大后方历史文化丛书》编纂出版寄予厚望。

抗日战争是整个中华民族(包括海外侨胞与华人)反抗日本侵略的正义战争。自从19世纪30年代以来,中国历次反侵略战争都是政府主导的片面战争,由于反动统治者的软弱媚外,不敢也不能充分发动广大人民群众,所以每次都惨遭失败的结局。只有1937年到1945年的抗日战争,由于在抗日民族统一战线的旗帜下,长期内战的国共两大政党终于经由反复协商达成第二次合作,这才能够实现史无前例的全民抗战,既有正面战场的坚守严拒,又有敌后抗日根据地的英勇杀敌,经过长达8年艰苦卓绝的壮烈抗争,终于赢得近代中国第一次胜利的民族解放战争。我完全同意《中国抗战大后方历史文化丛书》的评价:"抗日战争的胜利成为了中华民族由衰败走向振兴的重大转折点,为国家的独立,民族的解放奠定了基础。"

中国的抗战,不仅是反抗日本侵华战争,而且还是世界反法西斯战争的重要组成部分。

日本明治维新以后,在"脱亚入欧"方针的误导下,逐步走上军国主义侵略道路,而首当其冲的便是中国。经过甲午战争,日本首先占领中国的台湾省,随后又于1931年根据其既定国策,侵占中国东北三省,野心勃勃地以"满蒙"为政治军事基地妄图灭亡中国,独霸亚洲,并且与德、意法西斯共同征服世界。日本是法西斯国家中最早在亚洲发起大规模侵略的战端,而中国则是最早投入反法西斯战争的先驱。及至1935年日本军国主义通过政变使日本正式成为法西斯国家,两年以后更疯狂发动全面侵华战争。由于日本已经与德、意法西斯建立"柏林—罗马—东京"轴心,所以中国的全面抗战实际上揭开了世界反法西斯战争(第二次世界大战)的序幕,并且曾经是亚洲主战场的唯一主力军。正如1938年7月中共中央《致西班牙人民电》所说:"我们与你们都是站在全世界反法西斯的最前线上。"即使在"二战"全面爆发以后,反法西斯战争延展形成东西两大战场,中国依然是亚洲的主要战场,依然是长期有效抗击日本侵略的主力军之一,并且为世界反法西斯战争的胜利做出极其重要的贡献。2002年夏天,我在巴黎凯旋门正好碰见"二战"老兵举行盛大游行庆祝法国光复。经过接待人员介绍,他们知道我也曾在1944年志愿从军,便热情邀请我与他们合影,因为大家都曾是反法西斯的战士。我虽感光荣,但却受之有愧,因为作为现役军人，未能决胜于疆场，日本就宣布投降了。但是法国老兵非常尊重中国，这是由于他们曾经投降并且亡国，而中国则始终坚持英勇抗战，主要是依靠自己的力量赢得最后胜利。尽管都是"二战"的主要战胜国，毕竟分量与地位有所区别，我们千万不可低估自己的抗战。

重庆在抗战期间是中国的战时首都，也是中共中央南方局与第二次国共合作的所在地，"二战"全面爆发以后更成为世界反法西斯战争远东指挥中心，因而具有多方面的重要贡献与历史地位。然而由于大家都能理解的原因，对于抗战期间重庆与大后方的历史研究长期存在许多不足之处，至少是难以客观公正地反映当时完整的社会历史原貌。现在经由重庆学术界倡议，并且与全国各地学者密切合作，同时还有日本、美国、英国、法国、俄罗斯等外国学者的关怀与支持，共同编辑出版《中国抗战大后方历史文化丛书》，堪称学术研究与图书出版的盛事壮举。我为此感到极大欣慰，并且期望有更多中外学者投入此项大型文化工程，以求无愧于当年的历史辉煌，也无愧于后世对于我们这代人的期盼。

在民族自卫战争期间，作为现役军人而未能亲赴战场，是我的终生遗憾，因此一直不好意思说曾经是抗战老兵。然而，我毕竟是这段历史的参与者、亲历者、见证者，仍愿追随众多中外才俊之士，为《中国抗战大后方历史文化丛书》的编纂略尽绵薄并乐观其成。如果说当年守土有责未能如愿，而晚年却能躬逢抗战修史大成，岂非塞翁失马，未必非福？

2010年已经是抗战胜利65周年，我仍然难忘1945年8月15日山城狂欢之夜，数十万人涌上街头，那鞭炮焰火，那欢声笑语，还有许多人心头默诵的杜老夫子那首著名的诗："剑外忽传收蓟北，初闻涕泪满衣裳！却看妻子愁何在？漫卷诗书喜欲狂。白日放歌须纵酒，青春作伴好还乡。即从巴峡穿巫峡，便下襄阳向洛阳。"

即以此为序。

庚寅盛暑于实斋

（章开沅，著名历史学家、教育家，现任华中师范大学东西方文化交流研究中心主任）

# 目 录

总序 …………………………………………………………… 章开沅 1
导论 ……………………………………………………………………… 1

**第一章　指导全国抗战的大后方教育政策** ……………………………… 1
　一、抗战时期大后方教育政策的历史背景 ……………………………… 1
　二、抗战时期大后方教育政策的形成过程 ……………………………… 6
　三、抗战时期大后方教育政策的具体实施 ……………………………… 12
　四、抗战时期大后方教育政策的历史评价 ……………………………… 25

**第二章　保存民族希望的大后方基础教育** ……………………………… 39
　一、抗战时期大后方基础教育的方针政策 ……………………………… 39
　二、抗战时期大后方基础教育的发展概况 ……………………………… 50
　三、抗战时期大后方基础教育的要素分析 ……………………………… 62
　四、抗战时期大后方基础教育发展的评价与启示 ……………………… 78

**第三章　服务全国抗战的大后方职业教育** ……………………………… 95
　一、抗战时期大后方职业教育的政策措施 ……………………………… 95
　二、抗战时期大后方职业教育的具体发展 ……………………………… 102
　三、抗战时期大后方职业教育的要素分析 ……………………………… 119
　四、抗战时期大后方职业教育发展的评价与启示 ……………………… 130

**第四章　培养民族精英的大后方高等教育** ……………………………… 143
　一、大后方高等教育概况 ………………………………………………… 143

二、跨越雄关漫道的高校内迁 …………………………… 167
三、抗战大后方云集的著名高校 ………………………… 185
四、抗战大后方高等教育对地方的贡献 ………………… 215
五、抗战大后方高等教育对全国的贡献 ………………… 219

**第五章 动员全民参与的抗战大后方社会教育** …………… 226
一、抗战大后方社会教育的组织与管理 ………………… 227
二、警世化民的社会教育机构设施 ……………………… 232
三、活跃四方的电化教育和巡回教育团体 ……………… 239
四、风云激荡的抗战文艺宣传 …………………………… 246
五、战区中小学教师服务团在大后方开展的社会教育 … 250
六、陕甘宁边区的社会教育 ……………………………… 252
七、大后方社会教育的历史贡献及影响 ………………… 257

**第六章 体现多元一体的大后方民族教育** ………………… 265
一、抗战之前大后方边疆民族教育的历史基础 ………… 266
二、抗战时期大后方边疆民族教育的政策支持 ………… 271
三、抗战时期大后方国立边疆民族教育机构的完善 …… 281
四、抗战时期大后方地方边疆民族教育体系的充实 …… 291
五、抗战时期大后方边疆民族教育的历史评价 ………… 297

**第七章 抗战大后方教育家群体** …………………………… 306
一、高等教育中的教育家群体 …………………………… 306
二、职业教育中的教育家群体 …………………………… 334
三、基础教育中的教育家群体 …………………………… 342
四、社会教育中的教育家群体 …………………………… 355

**主要参考文献** ………………………………………………… 361

**后记** …………………………………………………………… 371

# 导　论

## 一、研究背景、目的和意义

中华民族伟大的抗日战争是20世纪上半叶世界反法西斯战争的重要组成部分,是影响世界近代历史进程的重大事件,具有影响世界政治、经济和社会格局的重大意义。抗战问题研究既是世界历史研究中的重大问题,更是中国近代史研究的重要问题。抗战大后方研究是抗战问题研究的重要组成部分。然而,对抗战时期的教育研究,特别是抗战大后方教育研究,学术界还研究不够。较早期的相关研究成果中,多从笼统的角度着眼分析,如郑世兴著《中国现代教育史》(台北三民书局1981年版)、熊明安主编《中华民国教育史》(重庆出版社1990年版)、李桂林著《中国现代教育史》(吉林出版社1991年版)、李华兴主编《民国教育史》(上海教育出版社1997年版)等,都只列有一章或一节讨论战时教育问题。近年来,抗战教育逐渐成为研究热点,但关注重心多集中于正规学校教育尤其是高等教育方面,涉及战时大后方基础教育、社会教育和少数民族教育问题者不仅数量较少,且多限于宏观层面。对此,余子侠、冉春著《中国近代西部教育开发史》(人民教育出版社2008年版)、《抗战时期国立中学的创办及其意义》(《近代史研究》2003年第3期)、

《抗战时期西部民族地区学校教育的发展及其历史反思》(《民族教育研究》2005年第4期)、《抗战时期中学西迁及西部教育的发展》[《河北师范大学学报》(教科版)2005年第4期]及马廷中《民国时期云南教育史》(民族出版社2007年版)、莫子刚《抗日战争时期贵州发展民族教育之历史考察》(《贵州民族研究》2004年第2期)、陈理《抗战时期西部少数民族文化教育的发展》[《中南民族大学学报》(社科版)2004年第3期]、刘亚妮《论国民政府时期甘宁青的边疆教育》[《兰州大学学报》(社科版)2006年第3期]、张研《论抗战时期云南的社会教育》[《云南民族大学学报》(社科版)2007年第2期]、莫子刚《试论抗战时期国民政府发展"民众教育"的政策与措施——以贵州为例》(《贵州社会科学》2008年第2期)、张学芳《抗战时期陕甘宁边区的社会教育运动与乡村社会变迁》(《山东社会科学》2008年第8期)等研究成果中已有一定程度探讨,但整体挖掘力度仍有不足,研究的系统性、全面性有待进一步拓展。另一方面,在地方教育史研究中,诸如李定开主编的《重庆教育史》(西南师范大学出版社2006年版)、涂文涛主编的《四川教育史》(四川教育出版社2007年版)、蔡寿福主编的《云南教育史》(云南教育出版社2001年版)、孔令中主编的《贵州教育史》(贵州教育出版社2004年版)、傅九大主编的《甘肃教育史》(甘肃人民出版社2002年版)等虽对抗战时期大后方局部地区的教育状况有所研究,但大多数是从历史发展的角度进行的教育史的梳理,未能从整体角度反映出战时大后方教育的全貌。

以重庆为中心的大后方教育通过直接输送人才、提供智力支持、唤起民众抗敌热情等方式,为抗战的最终胜利发挥了关键的作用。而抗战这一特殊时期也对大后方教育的发展产生了深远影响,推动了西南、西北等地教育的长足进步,改变了中国近现代教育发展的整体格局。因此,研究抗战大后方的教育问题,有助于将中国近现代史相关研究推向全面深入,也是中国近现代教育史研究和重庆地方史研究的重要组成部分。

然而,对抗战时期的教育研究,特别是抗战大后方教育研究,学术界的已有研究还存在着一定的欠缺。本研究立足整体,通过专题的形式加以条分缕析的梳理,力求全方位、多层次、客观真实地展现出抗战大后方教育的历史全貌。针对以往相关研究的种种不足,进行了有侧重的重点和创新研究。研究成果不仅全面地展现了抗战大后方各级各类教育的实施状况,也深入地探析了抗战大后方教育的整体影响和历史地位,可为当今教育的发展提供可贵的经验教训。

## 二、研究的主要内容和对策建议

按《现代汉语词典》界定,"大后方"在现代汉语中系专有名词,特指"抗日战争时期的西南、西北地区"。根据抗战时期人们的共识,西南是指当时的四川、云南、贵州、广西、西康省及重庆特别市;西北指当时的陕西、甘肃、青海、新疆、宁夏、绥远省。对应到现今的行政区划,本课题研究之"大后方"特指以当时今重庆、四川、云南、贵州、陕西、甘肃、青海、广西、宁夏、新疆等10省、直辖市、自治区。

在对"抗战大后方"空间地域加以界定的基础之上,本书将"抗战大后方教育"的时间跨度定位为1937年7月抗战全面爆发至1945年8月抗战结束,即"八年抗战"时期;研究主题包括抗战期间大后方的教育政策、教育形态、教育思想、教育人物及教育活动。研究框架以专题形式呈现,其整体结构如下:

第一章 指导全国抗战的大后方教育政策。专题探析了抗战大后方教育政策的历史背景、形成过程和具体实施。抗战全面爆发后,为保存和延续中华民族的教育事业,培养后续人才,国民政府当局逐步确立了"战时须作平时看"的基本方针。在"战时须作平时看"政策方针的指引下,大后方为沦陷区流亡师生提供了较为安定的教育场所,延续了中华民族教育的命脉,培养了大批优秀人才,为前方抗战和后方建设各项事业发挥了关键的作用。大后方教育自身也借助政策优势和资源整合,在抗战期间取得了长足的发展。

第二章 保存民族希望的大后方基础教育。专题研究了大后方基础教育战前的基本概况、战时发展的具体措施及其特点影响。战时通过转轨国民教育制度、提升国民教育质量、救济收容战区学生、组建迁转国立中学、扶助战区中学西迁、督促地方中学发展等措施,大后方基础教育获得了有利的历史机遇,在学校数量、教学质量、课程教材、师资水平、经费来源、管理考核等方面都较战前表现出明显的进步,极大地改变了战前的薄弱状态。

第三章　服务全国抗战的大后方职业教育。专题分析了抗战时期大后方职业的政策措施、发展情况和历史评价。战时的大后方职业教育秉承服务抗战的基本方针,加强了教学与生产建设的密切联系,并有效调动国家、地方、民间各方办学的积极性,获得了良好的政策支持和物质保障,构建了比较完整充实的职业教育体系。大后方职业教育注重结合前方抗战和后方建设的迫切需要,及时调整专科科目和课程教材,健全行政组织和扩充经费设备,提高教学质量和师生待遇,依靠正规职业教育机构、职业补习教育、技工训练等多种方式,为抗战建国培养了大批各类专业技术人才,也有力地促进了大后方的经济和社会建设。

第四章　培养民族精英的大后方高等教育。专题在总结抗战大后方高等教育整体变迁的基础上,论述了战区高校内迁的基本过程,并以国立中央大学、私立复旦大学、金陵女子文理学院、西南联合大学为个案,分别探讨了各类高校在大后方办学的具体情况,最后归纳了大后方高等教育的历史评价。在这场声势浩大的高校内迁运动的直接影响下,西部地区原本较为薄弱的高等教育获得了前所未有的空前进步,并在经济生产、文化科技等多个方面推动了大后方整体的发展。通过科学研究、思想宣传乃至走上前线参加对敌作战等途径,大后方高校师生也为抗战救国作出了突出的直接贡献。

第五章　动员全民参与的大后方社会教育。专题介绍了抗战大后方社会教育的组织管理和目标任务,详尽说明了大后方社会教育丰富多样的开展形态,并总结了其历史作用和影响。抗战大后方的社会教育受到了各界更多的重视,确立了服务抗战的目标使命,建立了种类丰富且各有侧重的社会教育体系。既包括民众学校、民众教育馆、图书馆、艺术馆等较为固定的教育机构,也有电影、播音、戏剧、绘画等更加灵活的教育方式。此外,众多学校师生也走出校门,投入到社会教育的救亡运动中。通过面向广大民众的精神动员和宣传教育,有效配合了政府征兵、征粮、劝募等工作,强有力地支援了抗战前线,也在一定程度提高了大后方国民的基本文化素质和生产劳动能力,促进了当地经济和社会的发展。

第六章 体现多元一体的大后方民族教育。专题梳理了抗战大后方边疆与少数民族教育的历史基础、政策措施、具体发展情况和重要意义。抗战全面爆发后,出于开发边疆、巩固后方等关乎全局的战略考虑,少数民族教育迎来了宝贵的发展机遇。依靠理顺行政归属、组织考察研究、编译教材读物、提高师生待遇等具体措施,大后方少数民族地区不仅创建了一套体系完整的国立边疆学校系统,地方教育机构也有明显的数量增长和质量改善,极大地改变了战前非常贫瘠的教育状态。大后方少数民族教育的发展提高了当地的文教水平,促进了经济生产的进步,同时也维护了国家的教育主权,彰显了多元一体的教育战略,增强了西部各族人民的凝聚力和国民意识,在政治、经济、文化、教育等方面都有着极为重要的意义。

第七章 抗战大后方教育家群体。专题介绍了抗战大后方教育家的基本概况,并以雷沛鸿、赵君陶等为个案,从不同角度分别详细说明了他们的主要教育思想、教育活动和历史影响。抗战时期,众多教育家聚集大后方坚持从事教育实践或教育研究,通过提供理论支持和发挥引导示范作用,推动了大后方教育事业的迅速发展。如赵君陶在办理儿童保育院的过程中,坚持以爱国主义为主导,注重全面发展,强调因材施教,提倡学以致用、知行合一,将大批失去父母亲人的难童培养成为抗战和建国的优秀人才,还总结出了一套颇有成效的儿童教育理论。这些教育家的教育思想和实践活动不仅在当时有着显著的历史意义,也是中华民族教育思想中的瑰宝,时至今日仍值得参考借鉴。

作者提出,专题研究应当回归当今,探寻如何将抗战教育的历史财富转换为现实动力,激发和调动各方力量,推进重庆教育新的发展,提出了两条主要的对策建议。其一,重庆作为抗战大后方教育的中心所在,至今仍留存了大量的相关历史遗迹和文物,亟应对此加以妥善保护和深度开发,使之成为重庆抗战文化资源的重要组成部分,这样有利于宣传重庆的历史贡献和文化底蕴。其二,立足重庆教育的后续发展,应该从抗战教育中吸取成功经验。在战时极其艰难的不利局面下,大后方教育仍取得了非常显著的成就,这主要缘于当时各界对教育的充分重视和积极参与。当今重庆作为西部大开发的高地,拥有的经济优势和稳定环境与抗战时期不可同日而语,更应保障和增加教育经费,树立和落实教育优先发展的开发战略。同时在政府的引导下,调动各方面的积极性,形成全社会兴学、助学、向学的良好风气,提高人民群众的文化素质,为和谐社会的建设贡献力量。

## 三、研究思路和难点

本书立足整体,通过专题的形式,对抗战大后方教育加以条分缕析的梳理,力求全方位、多层次、客观真实地展现出抗战大后方教育的历史全貌。在此基础上,针对以往相关研究的种种不足进行有侧重的重点和创新研究。研究思路中贯穿以下两条主线,一是探讨大后方教育对支持抗战事业所作出的重要贡献,如为前线抗战及后方建设各项事业直接输送人才、提供智力支持和唤起民众的抗敌热情等;二是分析抗战这一特殊时期对大后方教育发展的深远影响,从调整教育布局、拓展基础教育、重视社会教育、施行教育实验等多角度,就教育政策、教育观念、教育实践等方面为现实提供历史经验。

突破的难点:

首先,在现有的史料中,直接反映抗战大后方社会教育、边疆教育和华侨教育的文献记载相对匮乏且不成系统,大多零星散见于战时各类教育年鉴、档案、期刊、报纸及地方文史资料内,这也是以往相关研究较为薄弱的主要症结所在。要弥补这一缺陷,不仅需要广泛搜集整理文献资料,还需进行大量的实地考察,以田野研究、口述历史等方式补充传统史料的不足。因此,突破研究资料零散庞杂的限制,是本课题需要解决的难点之一。

其次,在研究抗战大后方的非主流教育形态,即社会教育和少数民族教育等问题时,牵涉因素往往并非局限于教育本身,需要借鉴历史学、社会学、文化学、民族学等多学科的理论和方法,突破以往的研究思路和定式,有效地进行多学科交叉研究,避免以偏概全,这也是本课题研究的一个难点。

第三,在以往的教育史研究成果中,关注某些教育家的教育思想或教育活动者并不鲜见,但从抗战大后方教育入手进行群体研究的尚显匮乏,对此本课题将列专题进行探析,并将研究对象定位为抗战期间长期驻留于大后方并对大后方教育产生重要实际影响的教育家群体,以确保研究的准确性和独特性。然而,抗战时期来到或长驻大后方的教育家人数众多,如何甄别也是一个难点问题。

## 四、研究可能的创新

第一,研究体系的拓展。在抗战大后方教育的研究领域,早期的相关研究成果多从笼统的角度着眼分析,深层次的挖掘和梳理较为匮乏。近年来,抗战教育逐渐成为研究热点,但关注重心多集中于正规学校教育尤其是高等教育方面,涉及战时大后方基础教育、社会教育和少数民族教育问题者不仅数量较少,且多限于宏观层面。而在地方教育史的相关研究中,某些成果虽对抗战大后方教育有所体现,但大多数是从局部地区的角度进行历史的梳理,未能从整体角度反映出战时大后方教育的全貌。基于已有研究的上述缺陷,本研究在研究体系上做出了必要的拓展,研究结构基本涵盖了抗战大后方教育的各个方面。总共包括七个专题,首先分析了以重庆为中心的抗战大后方教育形成的历史背景,然后对大后方抗战教育政策、大后方基础教育、大后方职业教育、大后方高等教育、大后方边疆与少数民族教育、大后方教育家群体、大后方教育的历史意蕴等分别进行了具体深入的研究,最后立足当前的时代背景,探寻了抗战大后方教育对于当今重庆教育的借鉴价值与启示意义。通过这些既各有侧重,又相互关联的专题式研究,系统地梳理了抗战大后方各级各类教育的发展状况,也兼顾到了大后方教育的政策方针、重要教育人物及其教育思想和活动,从而构建了一个全方位、多层次、立体化的研究体系,填补了已有相关研究的空白或薄弱之处。尤其是对于大后方教育家群体的系统研究,是本研究在内容体系上的最大创新之处。教育史的既往研究中关注某些教育家的教育思想或教育活动者并不鲜见,但从抗战大后方教育入手进行群体研究的则非常匮乏。本课题将此列入专题,不仅归纳了战时大后方教育家群体的概况,也选取雷沛鸿、赵君陶等教育家为个案,分别探析了他们在民众教育、儿童教育等方面的思想理论、实践活动以及对大后方教育的重要影响。

第二,研究资料的丰富。虽然涉及抗战大后方教育的史料并不鲜见,但直接反映社会教育、边疆教育、教育家思想和实践的文献记载相对匮乏且不成系统,大多零星散见于战时各类教育年鉴、档案、期刊、报纸及地方文史资料内,这也是以往相关研究较为薄弱的主要症结所在。为突破资料零散庞杂的限制,本项目组的研究成员进行了大量的搜集和筛选工作,尽最大程度地丰富了研究的资料。研究资料除西南大学教育学院老一辈学者、课题组负责人及研究成员的已有研究成果外,还包括西南、西北各地大量的地方志、教育志、文史资料集,教育家文选、文集等,总计有数百册之多。另外,课题组负责人2009年5月访问台湾期间,专程向当地教育行政主管部门、台湾师范大学、台湾政治大学等单位收集了许多的珍贵历史资料与文献,并分发课题组成员。通过以上途径,既充分利用了已有的研究成果,也补充增加了大量相关的一手资料,为课题研究提供了良好的资料条件。

第三,研究方法的创新。以往的相关研究成果多局限于传统的教育史研究角度,偏重用历史文献的研究方法来探讨抗战大后方教育问题。本书在研究方法上试图实现两个维度的创新,并取得了一定的成功。一是多学科研究方法的交叉融合,因为在研究抗战大后方的非主流教育形态,即社会教育和少数民族教育等问题时,牵涉因素往往并非局限于教育和历史本身,还需要借鉴社会学、文化学、民族学等多学科的理论和方法,必须突破以往的研究思路和定式,有效地进行多学科交叉研究,避免以偏概全。二是采用了多种历史学的研究方法,除传统的文献研究外,课题组成员还分赴陕西、甘肃、新疆、云南、贵州、四川、广西等地进行实地考察,以田野研究、口述历史等方式弥补了传统史料的不足。

## 五、研究的学术价值和应用价值

第一,学术价值。

本书以"抗战大后方教育"为研究主题,成果对于中国近现代史研究、中国近现代教育史研究、重庆地方史研究都有着较高的学术价值。

中国人民抗日战争是世界反法西斯战争的重要组成部分,抗日战争牵动着中华民族的每一分子,极大地影响着中国大地的每一寸土地。由于科教精英群体的迁徙流动,以及政府对大后方的倚重,大后方的教育由此也得到了前所未有的关注和投入,得到了堪称跨越式的重大发展。课题成果通过对中国抗战大后方教育问题进行专题研究,有助于将中国近代史相关研究推向全面深入。

中国人民抗日战争是全民族的抗战,以战时首都重庆为中心的大后方为抗战胜利作出了不可磨灭的贡献,本书探讨了抗战大后方教育的重要意义和独特价值,既是对中国近代教育史研究的有益补充,亦对重庆地方史研究具有重大的理论价值。

第二,应用价值。

抗战时期是中国教育现代化进程中的关键一环。在大片国土相继失守,沦陷区文化教育惨遭奴化、破坏的危急关头,大后方作为抗敌御辱的主要基地,毅然承担起延续中华民族教育的重大使命,为抗战建国直接输送人才和提供智力支持。历经八年抗战的峥嵘岁月,我国教育事业不仅未见消亡萎缩,反较战前体现出一定程度的进步发展,大后方所作的贡献可谓居功至伟,折射出一坚韧不屈的民族精神,亦是一笔宝贵的历史财富。为开发与传承抗战的教育历史文化资源,弥补以往的缺陷,亟须就此加以系统挖掘和深入研究。因此,本书的研究有助于开发和传承抗战大后方的历史文化资源,也可为当今的教育发展提供参考借鉴,具有显著的现实应用价值。

毋庸讳言,抗战时期所谓大后方即西南、西北,时值今日仍是我国经济乃至文化、教育相对较为落后的地区。为改善地方经济和文化的落后状况,须以培养人材为保证,以发展教育为要务。而在抗战时期的艰苦局面中,大后方教育仍能薪火相传并有所进展,于现今更为有利的现实背景下,更应汲取以往的历史经验。本书力求还原抗战大后方教育的历史全貌,在教育政策、教育观念、教育实践等多角度为当今的教育发展提供借鉴,这具有重大的现实意义。

## 六、尚需深入研究的问题

由于本书撰写人的能力所限以及某些客观因素的影响,本书仍存在着一定的不足,尚需在后续研究中加以弥补和改善。

首先,抗战大后方教育的研究范畴本身较为宽泛,包括当时的教育背景、教育政策、教育形态、教育人物、教育思想、教育活动等多个领域。尤其是教育形态可从多种维度进行划分和归并。本书通过基础教育、职业教育、高等教育、社会教育、边疆与少数民族教育等专题,系统地探讨了抗战大后方教育的历史全貌。而其他某些教育形态如中等教育、师范教育、学前教育,与上述各专题存在着交叉和重合,所以本书未单独列有专题,这些方面研究的力度略显单薄。

其次,因为研究周期等客观条件的限制,本书研究人员搜集和整理的研究资料还有某些缺失和遗漏。以重庆为中心的巴蜀地区的资料非常丰富,而抗战大后方其他地区的资料则相对薄弱一些,在一定程度影响了研究成果的整体性。

# 第一章　指导全国抗战的大后方教育政策

抗战爆发后,教育作为培养抗战建国人才的主要途径,对抗战全局具有举足轻重的战略地位。1938年4月,国民党临时全国代表大会制定的《战时各级教育实施方案纲要》指出:"教育为立国之本,整个国力之构成,有赖于教育,在平时然,在战时亦然。"[①]同年7月,国民参政会根据《纲要》拟定《各级教育实施方案》,也特别强调:"当此国事艰难之时,对于国家教育之设施,更应尽指导督促之责任,以求一面增加战时之力量,一面奠定建国之基础。"[②]不言而喻,当时所谓"立国之本"的教育,由于抗战客观局势的影响,其根基只能立足于大后方地区,而大后方教育政策对于全国教育的整体走势,又有着至关重要的指导意义。

## 一、抗战时期大后方教育政策的历史背景

抗战时期的大后方教育政策,紧密联系着两方面具体的历史背景。一是

---

[①]国民党中央委员会党史史料编纂委员会编:《革命文献》(第58辑),(台湾)中央文物供应社1972年版,第25页。
[②]国民党中央委员会党史史料编纂委员会编:《革命文献》(第58辑),(台湾)中央文物供应社1972年版,第29页。

外部的政治军事局势。随着战局的变化,大后方的地域范围逐渐形成。二是内部的教育实际背景。战争爆发后,我国教育事业遭受惨重损失,亟须进行必要的应变与调整,以延续中华民族的文教命脉,并适应抗战御侮的全局需要。大后方教育政策的制定与实施,正是在这两种因素共同影响之下的必然选择。

**(一)政治军事局势**

1937年7月7日,伴随着卢沟桥畔骤起的枪声,抗日战争全面爆发。面对日本军国主义蓄谋已久的侵略野心,以蒋介石为首的国民政府截然表示:"临到最后关头,便只有拼全民族的生命,以救国家生存。最后关头一到,我们只有牺牲到底,抗战到底","地无分南北,人不分老幼,皆有守土抗战之责!"表明了坚持抗战的决心。然而,因为当时中日两国军事实力过于悬殊,加之此前缺乏足够的应战准备,难以抵御日寇的军事进攻。7月底,北平、天津先后沦陷,日军随即向华北发起全面进攻,至1937年底占领了河北、山西、山东各战略要地,华北全境陷入危急之中。

平、津失守后,国民政府本着"以空间换时间"的战略原则,主动在上海及其附近地区与日军展开了长达三个月的激烈战斗。淞沪会战虽粉碎了日寇"三月亡华"的狂妄企图,却无力阻止其军事进攻的步伐。11月17日,国民政府撤离南京,在途经武汉时发布"移驻重庆宣言",确定重庆为战时首都,初步奠定了重庆的抗战大后方中心地位。作为全国最高教育行政机构的教育部,自然也偕同迁往重庆。同月12日,上海宣告沦陷。12月13日,日军占领南京,进而制造了惨绝人寰的南京大屠杀。

1938年2月,日本华北方面军意图南下与华中派遣军配合,与国民党军队展开了历时五月的徐州会战。虽然徐州、开封等地在此次会战后相继沦陷,但日军也在台儿庄战役中遭受了自开战以来最为严重的挫折。1938年6月至10月进行的武汉会战,是抗战初期中日之间规模最大的军事对决,双方共投入兵力达100多万,最终日军以伤亡10余万的惨重代价占领武汉。与此同时,广州也因另一路日军登陆广东而宣告失守。至此,华北、华东、华中及华南等地的一线城市全部为日寇所占据,其余城镇和乡村也成为沦陷区或游击区。战略意义上的大后方仅存西南、西北各地。另一方面,日军也在武汉会战后失去了全面进攻的军事实力,抗战转入相持阶段。1940年9月,国民政府正式定重庆为"陪都",则更为充分地体现了其依托以重庆为中心的西部大后方,与日周旋到底的决心。事实上,在八年抗战的大部分时间内,正是凭借大后方的长久支持,中华民族的抗战事业方能得以延续并取得最终的胜利。

需要说明的是,抗战大后方作为专有名词,一般特指"抗日战争时期的西南、西北地区"。根据当时人们的认定,"所谓西南,是指四川、云南、贵州、广西等省而言(还应包括1939年建省的西康和升格为直辖市的重庆,笔者注)","这几省是我们抗战大后方的一部分,也是我们今后复兴的基础"。①"所谓西北,就其轮廓讲,包括陕西、甘肃、青海、绥远、宁夏等省的全部。"②然而,上述各省市虽被视为抗战之大后方,但也并非全然没有受到战火的直接侵袭。如西北的绥远省,在抗战初期即大部沦陷。而云南的龙陵、腾冲等滇西要地,也在1942年成为战区。1944年豫湘桂战役中国民党军队的溃败,则使得日军长驱直入广西,进而占领贵州独山,兵锋甚至一度威胁重庆。由此可见,抗战大后方又是一个较为相对的概念,受到实际军事政治局势的影响,其具体地理范围亦处在不断的变迁之中。

**(二)教育实际背景**

早在抗战全面爆发之前,日本帝国主义即将文化侵略和奴化教育视为灭亡中华的重要手段。正如时人指出:"东北沦陷后,我原兴办之各学校,日人积极摧残,以期消灭民族思想,而作攻心之毒计。"③抗战初期,随着战火的蔓延,华北、华东等地的文教机关也受到了日寇的疯狂破坏,铁蹄所至,庐舍为

---

① 崧:《抗战根据地的西南》,《申报》1939年11月12日。
② 芒:《西北的轮廓》,《申报》1939年11月26日。
③ 《国难中的东北教育》,《申报》1934年7月19日。

墟,很多学校都被指为"抗日思想之巢穴"而遭强制封闭解散。① 尤其是平、津、沪、宁等战前文教发达区域所在高校,大多因事起仓促,不及准备,能将图书、仪器和设备转运内地者仅属少数,其余大都毁于战火。据相关统计,"七七事变"后仅三个多月的时间内,我国高校在日寇大肆轰炸破坏下,所受损失即达2100余万元之巨。至于学校教育整体所遭受的损失则更为严重,"历年在教育上所建立之基础,损毁过半"②。先以上海为例,当地原有高校25所,然而就在开战后的头三个月间,惨遭敌寇破坏的就有15所,其中仅复旦大学就"损失达百万以上"。③ 而在淞沪会战的前两个月,上海地区各级学校、博物馆、图书馆等文教机构损失共计达近1100万元,是抗战初期日寇疯狂破坏我国教育事业的"重灾区"。另如华北的南开大学,被日军作为军事目标而大肆攻击,短时间内就遭夷为平地。"七月二十九日下午二时左右,日机先在南开大学上空飞翔甚久,投一红旗于秀山堂的楼顶,然后即以此为目标连续炮击,同时飞机也施以猛烈轰炸,于是校方的秀山堂(办公室及文商学院课室)、芝琴堂女生宿舍、木斋图书馆等先后起火,化为灰烬。三十日下午三时许,日军为将南开大学全部毁灭,特派骑兵百余名、汽车数辆,满载煤油,到该校各处放火。思源堂(课室)、教授宿舍、学生宿舍等处未数时乃尽成焦土。同时又有日机四架向南开中学投燃烧弹,于是南开中学也就消失在火烟之中了。"④凡此种种,在日寇的疯狂破坏之下,中华民族的教育事业遭遇空前浩劫,其损失之惨重,实在难以仅仅用数据来统计。

由于国民政府当局对战争的突然爆发缺乏充分准备,也未预见到教育领域会首当其冲地受到日寇的蓄意攻击,更没有就此采取提前的预防措施。直到抗战打响整整一个月之后,即1937年8月7日,国民政府教育部才仓促出台《总动员时督导教育工作办法纲领》,作为战时学校教育的第一步调整措施。但令人费解的是,在明知各沦陷区文教机关已遭惨重破坏,临近战区的

---

① 《极力养成东洋复兴人材》,《盛京时报》1937年11月3日。
② 国民政府教育部教育年鉴纂委员会编:《第二次中国教育年鉴》(第一编 总述),商务印书馆1948年版,第10页。
③ 吴南轩:《抗战以来的复旦大学》,《教育杂志》第31卷第1号,1941年1月。
④ 《教育文化史的新页》,《教育杂志》第27卷第9、10号合刊,1937年10月。

各级学校也急需相应转移或疏散的情况下,这份纲领却奉行蒋介石"和平未到绝望时期,决不放弃和平"的错误指示,怀有强烈的侥幸心理和妥协求安的消极态度,首先要求"战争发生时,全国各地各级学校暨其他文化机关务力持镇静,以就地维持课务为原则",难免对抗战初期学校的转移和应变带来了一定程度的消极影响。以高等教育为例,淞沪会战打响后,上海市内高校多数避入租界,一方面确实避免了抗战前期日伪的骚扰破坏,但也正因为身处"孤岛",种下了日后的隐患。1941年太平洋战争爆发,英美等盟国对日宣战,这些国家在中国的租界旋即被日军占领,租界内的高校也因失去保护而惨遭日伪破坏,一些学校就此停办。再如福建、江西的全部高校以及江浙、两广地区的部分学校也在战初向邻近的安全区域游移,但这些游击区域远不如西部后方稳定,致使这些学校随着战事的进行而颠沛流离、朝不保夕。这种"力持镇静,就地维持课务"的原则无疑是战初教育政策的一大败笔。自抗战爆发以来,"我国教育从彷徨到坚定,这中间差不多经过了一年。在这彷徨和混乱的一年中,我国教育所蒙受的损失极其惨重,在此期间大多数学校都无法维持原状,以致学生人数顿减……至于教育机关的财产损失,其数额的庞大,那更是无法统计了"。[①]

受到抗战初期"速胜论"及"焦土抗战"等错误思想的左右,当时教育界部分人士极力主张全面变更学校教育制度,要求后方高中以上学校与战事没有直接关系者全部改组或停办,师生悉数应征入伍,初中以下还未达到兵役年龄的学生也要变更课程,缩短年限。这无疑是孤注一掷,若依此方法,中华民族尚存的教育精粹势必将遭到更大的损失,长期抗战和战后重建所需的种种人才会过早地夭折于战火,学校教育的整体现代化进程也会受到极大影响,甚而面临中断的危险。1937年底南京失陷后,这种观点更是甚嚣尘上。在中华民族面临生死存亡的危急关头,大后方教育究竟何去何从,成为政府当局与教育界人士亟待解决的共同问题。

---

[①] 汪家正:《抗战期间教育设施的总清算》,《东方杂志》第42卷第17号,1946年9月。

## 二、抗战时期大后方教育政策的形成过程

在抗战时期大后方教育政策的形成过程中,同时贯穿着两条主线。一是围绕战时教育应如何办理的争议,国民政府经过总结反思和理性抉择,逐步确立了"战时须作平时看"的基本方针。二是结合当时各方面的实际背景,大后方已成为全国教育之重心所在,大后方教育政策的战略意义也日渐提升。

### (一)"战时须作平时看"方针的确立

1937年8月出台的《总动员时督导教育工作办法纲领》只是一个临时的应急措施。随着战局的节节失利,不仅首都南京失守,华北、华东等文教发达区域也大多沦陷,所谓"焦土抗战"也对后方学校教育的持续稳定颇有冲击,可以说不论"力持镇静,就地维持课务"或是"高中以上学校改组停办,初中以下学校缩短年限",这两种截然相反的论调,都陷入了错误的极端,都会将中国的学校教育引入歧途。幸而国民政府最高当局还算清醒地认识到抗战属于长期过程,各方面人才直接或间接均为战时所需要,加之当时我国的文化教育本来就比较落后和薄弱,每一万人口中才有一名大学生,不仅与英美等国差之甚远,就是与敌国日本相比也有不小的差距。考虑到抗战建国的长远需要,正常的学校教育必须得到维持和稳定,而且就兵源而言,中国人口众多,还没有立即征调高中以上全部学生参战的急需。通过全面的权衡考虑,国民政府终于作出了"战时须作平时看"的理性抉择。

1938年3月7日,陈立夫在重庆宣誓就任国民政府教育部部长。上任伊始,他即对战时全国教育发表了一系列自己的观点和主张,其中以《告青年书》中的三点声明最为重要:"青年愿从事军事工作者,送往军事工作地点;认为不适合军事工作者,送往学校;无论在何期学校肄业之青年,遇国家需要时应随时放弃书本,以应国家征调。"就以上声明的文字而言,还无法分辨学校

教育的工作重心究竟是为军事服务还是坚持正常教学,但在陈氏随后发表的施政方针中,他的真实意图已表露无遗,对战时大后方教育政策的走向发挥了积极的先导作用。"今后教育之根本方针,须德智兼备,文武合一,农工并重,教育与政治措施、经济计划及社会生活实况尤须贯通,并与其他主管机关取得密切联系,庶能学以致用,人尽其才,同时并应注重乡土教育,认识本国国情,适应国防生产之需要。男女教育尤应有别,俾发挥母性优美之特质,建立家庭良好之基础。大学教育,应根据国家各种需要作有计划之实施,对于政治、经济、法律、教育各科,尤应注重质量之提高与本国教材之充实,俾能具备管理之技能与经验,而适应我国由农业而入工业化阶段之需要;专科学校,应以养成各种生产技能人才以应地方经济实况之需要为主要目的;中等教育,应注重地方自治及各种职业之中级干部人员;小学教育,以养成良好公民为主要目的;社会教育,应充分利用社会现有之各种组织以施教,务使目标明显而单纯,用各种方法以达德智体三育之普及,尤宜注重沟通家庭与社会之关系,以发挥社教之效能。"①

简言之,陈立夫的上述构想可用"战时须作平时看"这七个字来加以概括,将教育工作的重心不容置疑地放到了维持稳定的正常教学秩序上面,同时为配合国民政府的抗战建国策略,对各级教育的具体目标也作了明确的规定与说明,从而为稍后正式出台的战时教育方针定下了基调。值得注意的是,虽然陈氏力持"战时须作平时看"的主张,但战争的残酷毕竟不同于"平时",面对抗战初期沦陷区教育遭到严重破坏、流亡师生亟待救援的现实情况,也必须实施紧急的应变措施。故在就职之际,他亦有此表示:"目前所有教育工作应作最紧要而迫切的事务,例如成立临时中学、中小学教师战时服务团及战区学生之救济等。今后对学生之思想行为、生活习惯等项应特别注意,以期适合战时之需要。"②同时在他的主持下,教育部迅速成立了"战时教

---

① 《陈部长谈今后教育方针》,《教育通讯》第 1 卷第 1 期,1938 年 3 月。
② 《改革战时全国教育 教育部短期内发表方案 陈立夫飞渝今就教长》,《大公报》1938 年 3 月 7 日。

育问题研究委员会",专门谋划战争特殊环境下的教育应对措施。[①] 可以说,陈立夫的整体思路是稳中求变,当然"稳"只是相对的,"变"却是绝对的。面对战争中的非常环境,他也充分考虑到了战时教育的特殊背景和实际需要,诸如开办临时中学、设立教师战时服务团、救济战区学生等主张也在抗战期间一一付诸落实。

1938年4月,国民党召开临时全国代表大会。会上制定并颁布了《中国国民党抗战建国纲领》,其中对教育方针列有四点说明:"一、改订教育制度及教材,推行战时教程,注重于国民道德之修养,提高科学之研究与扩充其设备;二、训练各种专门技术人员,予以适当之分配,以应抗战需要;三、训练青年,俾能服务于战区与农村;四、训练妇女,俾能服务于社会事业,以增加抗战力量。"这四项说明都强调了学校及社会教育应服务于抗战的实际需要,显示出教育在战时整体应具有的某些非常特征,切合了当时特定的历史环境与现实形势。此次会议同时通过《各级教育实施方案纲要》,其基本精神即为"九大方针"及"十七要点"。所谓"九大方针",分别为:"一、三育并进;二、文武合一;三、农村需要与工业需要并重;四、教育目的与政治目的一贯;五、家庭教育与学校教育密切联系;六、对文史哲艺,以科学方法加以整理发扬,以立民族之自信;七、对自然科学,依据需要迎头赶上,以应国防与生产之急需;八、对社会科学,取人之长补己之短,以求一切适合国情;九、对于各级学校教育力求目标之明显,并谋各地平均发展;对于义务教育,依照原定期限以达普及;对于社会教育与家庭教育力求有计划实施。"而"十七要点"则是对"九大方针"的具体细化,包括现代学制的维持与变通、学校迁移设置的通盘计划、师资训练的重视、各级学校教材和教学科目的整理、训育标准的订定、教育管理制度的严格、教育经费的筹措和增加、教育行政机构的完善,以及留学教育、女子教育、社会教育、职业补习教育、边疆教育与华侨教育等方面的相应措施。若是对这份纲要加以全盘审视,不难看出其仍然遵循的是"战时须作平时看"的指导原则。用陈立夫本人的话来说,就是"理论上无所谓战时教

---

① 《组织战时教育问题研究委员会》,《教育通讯》第1卷第1期,1938年3月。

育,盖平时教育实应包含战时之准备也"。①

《各级教育实施方案纲要》发布之后,这份总纲作为抗战时期教育的最高指导方针被确立下来,也在一定程度上平息了抗战初期关于学校教育孰去孰从的争议。稍后国民政府教育部以之为准绳,根据"九大方针"调整了各级教育设施的目标和施教对象,并依照"十七要点"拟定了具体的实施方案。于其前者,依序规定了幼稚教育、小学教育、中学教育、职业教育、师范教育、专科教育、大学教育以及研究院等文教学术机关的教育责任和培养目标;于其后者,对学制、设置、师资、教材、课程与科系、训育、体育、管理、经费、建筑设备、行政机构、学术研究及审议、留学制度、女子教育与家庭教育、边疆教育与海外侨民教育、社会教育、建教关系等十七个方面分别作出了详细的规定。整套方案延续并深化了"战时须作平时看"的既定方针,也考虑到了抗战建国的实际需要。其要旨大致体现为如下三个方面:一是为了满足抗战御侮的迫切需求,在一定范围内集中教育领域的物力、财力供应与智力支持,加强战时国防知识的传授和应战人员的培养,同时也对严格教育管理、提高教育质量有所强调;二是为了保证中国教育事业的现代化进程不致因战争而中断,力求尽可能地减小战争所带来的直接损失和负面影响,实现大后方教育事业的持续稳定发展;三是为了战后重建和发展的需要,放眼于更长远的各类建设人才的培养,并预谋对全国教育进行一定的整顿和调整。尽管国民政府当局在制定这些计划时,不无借机加强监督和控制教育领域的考虑,但不可否认的是,这些条文或政策的具体内容切合战时的实际需要,汇集了当时广大教育工作者的经验及智慧,既是抗战时期全国教育工作的指南,也有利于大后方教育有计划、有秩序地稳定发展。

### (二)大后方教育政策战略意义的提升

抗战爆发后,战前文教发达区域相继陷入敌掌,各级学校教育均遭受惨重损失。与此同时,国民政府西迁重庆,西部地区也被视作抗战的大后方,成

---

① 《陈教长就职 发表今后教育方针》,《大公报》1938年3月8日。

为培养抗战建国人才的主要基地。从实施范围来看,抗战期间国民政府颁布的教育政策大致可以分为三类。第一类仅适用于沦陷区及战区,如《沦陷区教育实施方案》将苏、浙、皖、豫、冀、鲁、晋、察、绥九省及平、津、沪、汉四市划为50个教育指导区,设置专员、教育指导员、视察员、干事等职,后又派督导员赴各地从事秘密性质的战区教育工作。1939年5月,教育部战区教育指导委员会正式成立后,将全国沦陷区重新划分为70个区,在敌后设立教育研究会、文化协会、青年服务社等抗日组织,并先后成立各战区教育工作队,吸收在敌伪学校供职的人员,开展战区教育工作。第二类是专门针对大后方而制定的,如关于西南、西北边疆教育发展的一系列法规和决议。第三类数量最多,没有明确地划定适用范围,在名义上施行于全国,但由于客观条件的限制,只有在大后方才能得到真正的贯彻落实。如1939年9月颁布的《国民教育实施纲领》,对于大部沦陷或成为战区的省市,教育部虽也指定其分别维持原有义务教育设施,并酌量推行国民教育,但在实际上已是鞭长莫及,施行区域也只能局限于大后方地区。由此可见,在战时的整个教育政策体系中,大后方具有极其重要的战略意义。战前本不受重视的西部教育自然身价日高,取得了优先发展的有利地位。

大后方教育政策在战时之所以得到特别强调,一则因为战时大后方,即西南、西北各地整体的教育水平在战前远远落后于全国其他地区,国民政府教育部为达到全国教育均衡发展的目的,希望通过战时的调整来逐渐缩小差距,为战后发展奠定一个较为良好的基础。更重要的原因是,伴随着国民政府的西迁,西部大后方作为抗战所需人力、物力及财力的主要供给地,政治、经济和军事地位相对于战前都得到了极大的提升。如《中央日报》在抗战初期发表的一篇社论即称:"西南是国家复兴的根据地,西南又是建国途中文化资源的发源地。西南各省今日对国家的重要,不容再有讨论的余地,政府与人民对西南各省的期望,不必更有宣传……建设西南,不仅为西南各省地方性的发展,这一次西南的建设,应当看作抗战过程中建国的大计划,现在谈建国,国家基础在哪里? 就在西南各省。西南各省这一单位,经过建设后,必使具备立国的各种条件,然后我们的抗战方能再持久下去。只须西南这个单位能加速度地造成立国的基础,现在沿路沿江河各战场据点一时的得失,都是无关宏旨。"①同理,其时国民政府军政要人们也撰文指出:西北"为中华民族摇篮,又是国之屏障。从国防考虑,从经济考虑,从文化考虑,都需开发"。"此次中国抗战的主要根据地,不在沿海或沿江,而在广大的内地,特别是西部诸地"。②与上述观点相似的社论还有诸如《趁战时建设西南西北》③《西康建省的意义》④等文,都对西部的战略地位作出了极高的评价。可见西部大后方已然成为全国重心之所在,但当地落后的教育现状却和这个地位极不相称。为了培养长期抗战的各类人才,也为积蓄战后建国的后继力量,政府及社会各界都对大后方教育的长足发展提出了迫切的要求。

随着大后方军事、政治和经济战略意义的提升,大后方教育的重要地位也日益彰显。而一些原在战区各级学校的相继西迁,犹如不断注入的新鲜血液,使大后方教育的容量和能量得以持续增强。1939 年 7 月 11 日,陈立夫在会见德国海通社远东总经理时称:"中国半数以上之大学及其他学校,均在此次战事中被摧毁一空,但现已在内地各省重行建立"。虽然他未在谈话中明确指认,但从其所举的武汉大学、中央大学等校内迁重建的实例来看,所说的"内地各省"实际上主要指的就是大后方的西部地区。而且他还表示,"政府决定虽至战事结束,仍留若干大学于内地,俾内地人民有均等教育机会"。⑤这和当年稍早时间召开的第三次全国教育会议上通过的"为求全国文化水准平均适合起见,因而将大学教育重新分配区域案"的决议精神是相符合的,即希望趁战时对全国教育资源作一定调整,以使西部教育在战后也能得到长足的发展。同年年底,陈立夫赴昆明主持工程师学会年会,并趁机对滇黔两省教育进行视察。返回重庆之后,他再次强调了发展西南教育的重要性,"西南在抗建过程中,占有非常重要的地位,在这个抗战建国的策源地树立起精神

①《建设西南之初步》,《中央日报》1938 年 9 月 23 日。
②魏永理著:《中国西北近代开发史》,甘肃人民出版社 1993 年版,第 25 页。
③《趁战时建设西南西北》,《大公报》1937 年 10 月 5 日。
④《西康建省的意义》,《中央日报》1939 年 1 月 10 日。
⑤《陈立夫告海通社中国努力教育 半数以上学校被摧毁 在内地各省重行建立》,《申报》1939 年 7 月 12 日。

力量,为国家储建起无尽人才,是西南教育界的当然责任"。同时,他也针对当地各级教育的不足而提出了五点解决措施,特别是考虑到大后方原有师资在质量和数量等方面都存在较大缺陷的实际情况,要求"注意各校教师调训进修,讲授新教授法,并切实考订中小学教师待遇的改善,谋重订其待遇标准"。① 在这样的背景下,教育部自1940年陆续制定了一系列有关改善教师待遇的政策法规,"师范教育运动周"等活动也加紧展开。蒋介石还亲发手谕,称"小学教师对于国家有光荣不朽之勋绩","希望各地社会人士充裕教费尊重教师"。② 作为培养师资的一种实际行动,教育部先后设立了11所国立师范学院、14所国立师范学校、10所国立边疆师范学校,其中绝大多数都位于大后方的西部各地,西部地方的各类省、县立师范教育机构的数量也在抗战中后期获得了较大幅度的增长。

## 三、抗战时期大后方教育政策的具体实施

抗战时期大后方教育政策的具体实施,可以主要从两方面加以说明。其一,就政策环境而言,延续并深化了"战时须作平时看"的基本方针,为大后方教育提供了较为稳定的发展空间,同时也针对战争时期的特殊形势作出了一些必要的调整与应变。其二,从具体落实来看,随着大后方教育战略地位的提升,通过政府当局的大力推进和社会各界的共同配合,大后方各级各类教育都取得了长足的发展。

### (一)"战时须作平时看"方针的深化

1939年3月,第三次全国教育会议在重庆开幕,这是抗战期间关于文化教育最为重要的一次会议,召开的主要目的就是具体"讨论抗战建国时期教

---

① 陈立夫:《祝望西南教育界》,《中央日报》1940年1月21日。
② 蒋介石:《希望各地社会人士充裕教费尊重教师》,《中央日报》1940年1月17日。

育实施方案"。① 国民政府高层对此次会议给予了很高的重视,行政院院长孔祥熙、司法院院长居正、监察院院长于右任等要员多次亲自出席会议,国民党总裁蒋介石和国民政府主席林森也专门发表训词并接见了与会代表,其中蒋介石作为党政军大权的实际掌控者,他的态度起到了尤为重要的导向作用。他首先针对战争环境下的教育主旨发表了自己的看法,"目前教育上一般辩论最热烈的问题,就是战时教育和正常教育的问题,亦就是说我们应该一概打破所有正轨的教育制度呢?还是保持着正常的教育系统而参用非常时期的方法呢?关于这一个问题,我个人的意思,以为解决之道很是简单。我这几年来常常说:'平时要当战时看,战时要当平时看。'我又说:'战时生活就是现代生活。现在时代无论个人或社会,若不实行战时生活,就不能存在,就要被人淘汰灭亡。'我们若是明了了这一个意义,就不必有所谓常时教育和战时教育的论争,我们因为过去不能把平时当作战时看,所以现在才有许多人不能把战时当作平时看,这两个错误实在是相因而致的……我们也不能说因为在战时,一切的学制课程和教育法令都可以搁在一边。因为在战时了,我们就把所有现代的青年,无条件地都从课室、实验室、研究室里赶出来,送到另一种环境里,无选择无目的地做应急的工作。我们需要兵员,必要时也许要抽调到教授或大学、专科学生。我们需要各种抗战的干部,我们不能不在通常教育系统之外去筹办各种应急人才的训练,但同时我们也需要各种各门各类深造的技术人才,需要有专精研究的学者,而且尤其在抗战期间更需要着重各种基本的教育"。"我们教育上的着眼点,不仅在战时,还应当看到战后。我们要估计到我们国家要成为一个现代的国家",所以在制定各级各类教育的具体发展规划时,应该充分考虑到"我们国民的智识能力应该提高到怎样的水准,我们要建设我们的国家,成为一个现代的国家,我们在各部门中需要有若干万的专门学者,几十万乃至几百万的技工和技师,更需要有几百万的教师和民众训练的干部,这些都要由我们教育界来供给的,这些问题都

---

① 国民政府教育部教育年鉴编纂委员会编:《第二次中国教育年鉴》(第一编 总述),商务印书馆1948年版,第69页。

要由我们教育界来解决的"。①

透过蒋介石的这段训词,可以清楚地看到他对战时教育整体走向的态度,先是对抗战初期的所谓"焦土抗战"作了相当尖锐的批驳,进而明确地宣示了保留并提升高等教育质量的主张,也对基础教育的重要性有所强调。这种观点,陈立夫其实早在一年之前,即1938年3月出掌教育部时就已经提出:"教育为立国之本,整个国力之构成有赖于教育,在平时然,在战时亦然……非战时教育之必有异于平时也。"但由于两者身份地位毕竟不同,说话的分量也自不一样。蒋介石训词公布之后,关于教育方针的争议至少在表面上暂时平息下来。第三次全国教育会议即明确表示以这段训词作为"今后我国教育之最高指导原则"。从会上通过的高等教育、中等教育、初等教育、师范教育、社会教育等各项议案来看,都明确地体现了"战时须作平时看"的基本精神。② 如在高等教育方面突出工农及师范专业的扩充,在中等教育阶段对师范学校和职业学校也比战前更为重视,在社会教育领域为稍后开始实施的国民教育制度预先铺平了道路等。诸如"为求全国文化水准平均适合起见,因而将大学教育和师范教育分配区域"、"注重中等教育里职业生产人才的培养"、"积极推动成年补习教育与电化教育"等项决议,都在会后得到了具体的贯彻和落实。③ 可以说此次会议是对一年前《各级教育实施方案纲要》及"九大方针"、"十七要点"的延续和深化,同时为配合国民政府政治、经济政策的实施,也在教育方面进行了一些相应的调整。

第三次全国教育会议后,"战时须作平时看"的教育方针被进一步固定和强化下来,其基本精神也影响和渗透到了随后所制定的各项教育政策与法规。对此,陈礼江曾在1940年撰文指出:"我国的教育政策在先已有决定,以后还是承继着过去预定的教育政策一贯进行,并更发挥充实。以前所定的教育宗旨不变地仍为今日教育的鹄的。抗战后部长所宣示的教育方针……亦

---

①国民政府教育部教育年鉴编纂委员会编:《第二次中国教育年鉴》(第一编 总述),商务印书馆1948年版,第81页。
②《全国教育会议昨闭幕 开大会十次通过议案四百余件 决以蒋委员长训词为指导原则》,《中央日报》1939年3月10日。
③《全国教育会议宣言全文》,《中央日报》1939年3月10日。

为今日教育不易的原则。《抗战建国纲领》(中关于教育的四点说明,笔者注)亦始终奉为今日教育设施的至要方针……总裁不少关于教育的重要训示,在教育方针、内容各方面使理论行见更确定充实,而实施上也有了更高的指导。"[1]

关于战时各级各类教育实施的具体政策,除由国民政府和国民党中央拟定总体方针给予指导外,教育部还根据现实情况的需要,不断地进行修订和调整。如1942年2月,教育部在重庆召集教育学术团体年会,主要目的是"对今后三年各级教育建设计划有所讨论,俾建议政府对施政上的参考"[2]。1943年5月,为响应甘肃、河南等六省教育厅厅长的呼吁,教育部又在重庆召开了各省市教育行政工作会议,对前一阶段各级学校及社会教育的实施成效作出检讨总结,并侧重讨论了大后方的边疆教育问题。[3] 在抗战中后期,"战时须作平时看"的原则一直得到了较好的贯彻和延续。用陈立夫的话说即为:"近年来我国教育设施之主旨,在以全力维持其正常之进展,并不断改进其内容。其目的在配合整个政治设施与抗战急务之要求,注重培养建国力量与推进基层教育两端,一年来(1943年度,笔者注)之教育设施,其主旨不外乎此。"[4]

通观抗战时期国民政府教育政策的整体历程,经过了战初的犹豫、彷徨和观望,也因此而带来了不小的消极影响,造成了一些本可避免的损失。但同时我们也应该看到,面对"历年在教育上所建立之基础""损毁过半"的惨重局面,国民政府当局痛定思痛,及时地作出了理性的抉择,通过督促扶助高校内迁、普施公费及贷金制度、收容战区流亡师生等措施,保存了民族教育的有生力量,使得各级教育逐渐走上正轨,在战时的恶劣局势中得以恢复并有所发展。尤其是"战时须作平时看"方针的确立和深化,更是对国统区教育乃至抗战全局起到了挽狂澜于既倒的关键作用。抗战后期有人就此曾有过一

---

[1] 陈礼江:《民国二十八年中国教育的回顾》,《教育杂志》第30卷第3号,1940年3月。
[2] 《教育学术团体年会研讨完毕圆满闭幕》《今后各级教育之建设 教育学会拟定具体计划》,《中央日报》1942年2月10日。
[3] 《上年度各省市教育工作总检讨》(一),《中央日报》1943年6月25日。
[4] 陈立夫:《一年来之教育》,《中央日报》1944年1月1日。

段中肯的评价:"二十六年(1937年,笔者注)初冬,国府西迁,上海不守,人心浮动,战时教育之说甚嚣尘上……平津及长江一带,教育机关为敌人炮火所毁坏,千万员生彷徨失所,走投无路。陈立夫先生受命于此艰难时代,迅速决定'战时须作平时看'之教育方针,令学校西迁,成立服务团以收容教师,设国立中学以收容学生。于是炮火虽殷,而弦歌未辍,在量的方面且大有增进……陈氏维持教育之政策,实有功于教育,有功于国家民族。倘使陈氏于就职之初,即采当时舆论,变更课程,缩减学校,则万千教师必致转死沟壑,陷身奴房,正气无由维持,人才无由渐生,近年来经济建设无人可以补充,陆军空军学生来源断绝,抗战大局必将为另一形势……陈氏维持教育之功,吾人实不可否认。"[①]应该说这个评价还算是比较客观公允和符合历史实际的。

### (二)大后方教育重要地位的落实

抗战爆发后,尤其是在全国其他地区大部沦陷的情况下,大后方的西部地区已然成为抗战建国人才培养的主要基地,国民政府当局乃至社会各界对当地文化教育的发展也给予了极大的重视。以"战时须作平时看"为前提,大后方教育在抗战期间得以沿着稳定的方向持续发展,将战争带来的消极影响降到了较小的程度,与战前相比较不仅没有出现滑坡,反而借助相关政策及教育西迁运动的支持,取得了明显的发展与进步。大后方教育重要地位的落实,主要表现为以下三个方面。首先,大后方不仅为沦陷区流亡师生提供了较为安定的教育场所,也是抗战人才的重要来源,对战时国防教育起到了关键性的作用。其次,凭借整合内迁教育资源、扩充国立学校阵营、督促地方教育发展等措施,大后方各级各类教育在原有基础上不断充实提高,成为全国教育之重心所在。最后,国民政府最高当局出于对大后方教育的重视,也采取多种手段,在各方面加强了统一管理和控制。

1.大后方教育对抗战重要性的体现

虽然国民政府要人们一再强调战时的教育与平时并无本质的不同,"战

---

[①]《七年来教育行政之检讨》,《中央日报》1944年12月7日。

时须作平时看"也被当局确立为抗战期间教育的最高宗旨并得以强化和延续。但战时毕竟不可能完全等同于和平时期,"战时须作平时看"方针也是针对所谓"焦土抗战"的论调而言,意在避免玉石俱焚,保存民族教育的有生力量,培养战时抗敌和战后建设的后继人才。单就西部地区而言,虽在整体上属于抗战的大后方,但也并非全然没有受到战火的直接影响,如绥远早在抗战初期就已大部陷于敌手,西南的广西、贵州两省也在抗战中后期屡遭日军侵袭,当地的文化教育因此大受影响,促使不少学校朝着更安全的西部腹地迁移。面对中日矛盾全面激化、毫无回旋余地的现实情况,耳闻目睹倭寇令人发指的暴行,抗日救国不仅成为整个中华民族的共同责任,也是全体教育界人士和学校师生的迫切愿望。通过某些战时的特殊调整与应变措施,大后方教育对全民抗战也日渐体现出了不可或缺的重要性。

1939年第三次全国教育会议召开后,国民政府教育部根据决议精神,随即制定了抗战时期教育的十四点注意事项,其中除"教育原理不得因战时有所变更"和"努力教育正常设施"这两条基本准则外,其余十二点都与抗战有着较直接的联系,分别为"精神动员"、"设战时讲座"、"战时服务"、"特殊训练智识技能"、"增加战时补充教材"、"厉行军训"、"民众战时特殊教育"、"战时服务教育"、"加速培养战时需要人才"、"应有特组机关"、"提高战区教育工作人员待遇"、"救济战区中小学教员"等。[①] 从这些注意事项实施的具体范围来看,或多或少地对各级各类教育都有所涉及,但由于学生年龄和智力、体力等方面的差异,具体的开展措施也就各有侧重。

在高等教育阶段,无论教师和学生都是各级教育中程度最高的,能够为抗战作出贡献也最直接和突出,但这并不仅仅意味着需要其直接参战,更体现在为国防军事、经济建设各方面提供智力支持和技术服务。1939年5月,教育部通令全国公私立专科以上学校注重战时课程,遵循"删去不重要科目、在现有科目中增入特殊教材、设置特种教学科目、设置特种研究科目"这四条

---

[①]《教育部推进各地抗战教育工作 订定注意事项 训令教育机关切实遵办》,《申报》1939年6月9日。

原则办理。① 各高校接到指令后，共设有各类特种课程28种，其中兵器学、战时救护、军事看护等科目直接与军事有关，战时经济、战时财政、移民垦荒等则主要是为后方的经济建设服务，在教育学科方面还特别设有战时教育、军事心理学、战时中小学课程研究等三种。这些开设战时课程的高校，基本上都原在或已经迁入大后方地区，如增设航空系的国立中央大学、国立交通大学、西南联合大学及国立西北工学院等四所高校当时就分别位于川、黔、滇、陕四省。② 为增强大学生的实际军事锻炼，教育部还特别规定专科以上学校一至三年级的学生均增设军事训练课程，"每周三小时，其中术科两小时，学科一小时"。③ 迁至四川三台的国立东北大学，就将学生按专业分为政治训练、工程训练、军事通讯、军事工程、军事机械、军事化学、救护训练等班级，利用课余时间加紧训练。④ 除增加学生战时课程的学习外，教育部还督促奖励高校教师积极进行相关研究，指示"除研究纯粹学术外，尤应随时研究各种实际问题，以配合抗战建国之需要"⑤。截至1940年秋，国立四川大学、国立武汉大学、国立湘雅医学院、省立甘肃学院、私立金陵大学等17所高校的研究工作已初见成效，项目总计多达110余件，涉及范围包括酒精代汽油、油类吸收毒气、西部军事地理研究、抗战史料编辑等国防课题，也有川边雷（波）、马（边）、屏（山）、峨（边）垦殖问题，西北民族研究，四川之土地利用及人口分布等大后方建设项目，而这17所高校当时基本上都处在大后方地区。

在基础教育阶段，由于中小学生的基本任务还是学习普通文化知识，其年龄和学识程度还不足以直接从事精深问题的研究或学习。所以相关教学活动主要是围绕培养抗战精神和传授国防常识进行，但一些教学水平和学生质量较高的中学也自发地积极组织开展了简单的国防实践工作，如信号弹、

---

① 《全国专科以上学校增设战时教程》，《申报》1939年5月18日。
② 这里的国立交通大学实指原国立交通大学的北平铁道管理学院与唐山土木工程学院。两院于战初在湖南湘潭合并，1938年5月再迁湘乡，1939年1月迁贵州平越。1942年1月改称国立交通大学贵州分校。原在上海的国立交通大学本校迟至1941年才正式迁往重庆。
③ 《教育部军训部加强学生军训》，《中央日报》、《扫荡报》（联合版）1943年1月22日。
④ 《教部令设战时课程》，《教育杂志》第29卷第7号，1939年7月。
⑤ 《全国高教教员学术研究　战前研究各类专题已有结果　战后研究配合抗建实际问题》，《申报》1940年10月2日。这里的"战后"实指"抗战爆发之后"。

防毒面具的制作等。教育部下设的教科书编辑委员会"适应抗战时期之需要,而以补充现行各种教材之不足为主旨",还专门规定了"使学生了解抗战建国之意义与目的,以激发其爱国热忱"等五条原则,并开展了战时教材的广泛征集和发行工作。① 需要说明的是,这些抗战精神与常识的学习,基本上都是贯穿于各中小学常规科目,如公民、国语、地理等课程中穿插进行,只是增加了相关内容的分量,并没有对正常的教学秩序造成较大的影响。

在社会教育方面,1938 年国民政府教育部在教科用书编审委员会内增设民众读物组,专门负责社教用书的编写工作,涉及的具体内容多与抗战有着密切的直接联系,或是揭露日寇的暴行,提醒大家勿忘国耻,或是着力宣传抗战形势,唤起必胜的信心,还有一些则是介绍基本的国防常识和技能。1939 年颁布的《发动全国知识分子办理民众教育暂行办法》,也特别指出须以"灌输抗战建国之必要常识"为重要目的。② 作为战时民众教育的示范力量,以重庆为中心的大后方地区汇聚了国立社会教育学院、国立中央民众教育馆、国立中央图书馆、国立中央博物院(筹备处)、国立礼乐馆、国立西北图书馆、国立甘肃科学教育馆等"国"字号社教机关。教育部直属的实验巡回歌咏团、巡回戏剧教育队、民众教育巡回施教车、社会教育工作队等组织团体,也广泛活跃于西南、西北各地。

除上述针对抗敌需要而作的直接调整外,为保存沦陷区教育的有生力量,国民政府教育部还在战时大后方采取了一些非常的应对措施,如督促组织战区高校西迁重组,为安置流亡教师而成立战区中小学教师服务团和工作团,为收容失学学生而组设国立中学,为救济青年学子而实施公费和贷金制度等。这些措施的初衷本是为了收容救济战区西迁的师生,但也对大后方教育的发展产生了积极的影响。如战区中小学教师服务团实际上主要是为西部的初等及社会教育服务,各战区高校西迁后生源也逐渐偏向西部,国立中

---

① 《教育部编订中小学校战时教材  以适应抗战需要为主旨  公民国语等已陆续出版》,《申报》1940 年 4 月 11 日。
② 《发动全国知识分子办理民众教育  灌输抗战建国必要常识  教部订定办法通饬各县市遵办》,《中央日报》1939 年 9 月 15 日。

学的情况与之颇为类似,而公费和贷金制度也惠及了众多大后方的清寒学子。

2. 大后方教育体系的日渐充实

由于国民政府当局将西部视为培养长期抗战及战后建国人才的重要基地,除进行战时必要的调整和应变外,更注重于长足的发展,要求在数量和质量上相对战前都能有所改善,为此也制定了不少的具体政策和措施,使大后方教育体系得以不断充实。因相关详情将会在本书其他章节中依次详细说明,这里仅择其要点作一概述。

高等教育阶段,国民政府教育部借着战区高校西迁的机会对其进行了合并和重组,改组后的部分高校即冠以西部地方之名并由此永驻西部地区,其中最为典型的就是国立西北大学、国立西北工学院、国立西北农学院、国立西北师范学院、国立西北医学院这一系列"国立西北"高校,均是由华北迁入陕西的原国立北平大学、国立北平师范大学、国立北洋工学院、河北省立女子师范学院为根底创建,经西北联合大学这一过渡阶段后方才最终独立。另如国立自贡工业专科学校、国立西康技艺专科学校、国立贵阳医学院、国立贵阳师范学院、国立贵州农工学院(后改组为国立贵州大学)等抗战爆发后新设的"国"字号高校,除国立性质外还有一个共同的特点,即在初创之时都以西部地方冠名,这就意味着将来也会长设西部。在教育部等相关部门的督促和扶助下,西部的省立、私立各类高校数量也在战时获得了较快的增长。据统计,抗战时期共有38所高校新设于大后方的西南、西北各地,其中四川(含重庆)17所,西康1所,贵州3所,云南2所,广西3所,陕西10所,甘肃1所,新疆1所。此外,还有近80所高校曾在战时迁入大后方各地。

中等教育阶段,中学教育、师范教育、职业教育这三者的发展轨迹颇有类似之处。其一,在国立学校系统中分别设置了34所国立中学、24所国立师范学校(包括国立边疆师范学校)、17所国立职业学校(包括国立边疆职业学校),其中大多数都设于大后方各地。这些国立中等学校既承继了战区教育西迁的有生力量,也吸收了大后方教育的原有成分,并且不少学校都先后整体或部分划归西部地方教育行政体系,或是以国立的形式留存西部。其二,为督促地方中等教育的发展,陆续在大后方各省实施了划分中学区、师范学校区、职业学校区的制度,并且为此分别制定了较为详尽具体的发展规划,建立了一套较为系统的视察督导制度。其三,直接插手大后方地方中等学校的具体设置和教学事务。如教育部1939年底指示川省教育厅,"川南各地,苗民甚多,而入中学者少,宜再设若干公费学校,而联络民族感情","今后添设省立学校,应以边区为先"等。① 1943年,南充私立育才高级职业学校、陕西省立三原工业职业学校等地方职校也接到教育部的指令,要求其尽快设法增办水利职业班,加速培养地方中等水利人才。其四,针对大后方中等教育原有基础薄弱、经济落后的现实情况,出台了一系列的相关政策,在办学经费、师生待遇等方面给予扶助。

在初等教育阶段,抗战期间最大的调整莫过于义务教育制度向国民教育制度的转轨。以1940年3月颁布的《国民教育实施纲领》为标志,全国开始分期推行国民教育制度,由于客观环境的限制,真正在抗战期间得到全面贯彻的也基本上为大后方各省市。这套制度是当时国民政府大力推行的"新县制"的配套产物,其核心即为所谓的"管、教、养、卫合一"体制,教育部也随即将原普通教育司分设为中等教育司和国民教育司,由后者专司其职,采取"行政三联制"的原则来加强管理和监督,经费方面则通过分发"国民教育中央补助费"、设立地方国民教育"特种基金"的方式来加以保证,师资方面也采取了诸如检定培训小学教师、提高其物质待遇及社会地位等措施。当时的国民教育实际上包含小学教育及成人补习教育两个组成部分,两者的受教对象在年龄上有较大的差异,但教学程度同属于初等教育层次,学校设置、经费来源、行政管理等方面也有着很多共通之处,这也是国民教育制度的一大特征。虽然战时的小学教育和社会教育在一定程度上出现了相互融合的趋势,但毕竟不能混为一谈。国民政府教育部为了达到"普及文化,扫除文盲"的目的,对大后方的社会教育还另外制定了一些专门的政策措施,如培养地方基层社教人员、督促地方政府及各级学校办理社教、组织编辑社会教育用书等,并在

---

① 《教育部令川教厅改进中等教育》,《教育通讯》第2卷第47期,1939年12月。

战时陆续开展了戏剧教育与电化教育、识字教育与国语教育、补习教育等社教运动。

3. 大后方教育管理的不断强化

"战时须作平时看"的整体方针确立后,为适应战争时期的特殊形势,国民政府对大后方教育进行了相应的调整和应变,同时更加注重于其长足的发展。为达到这两个目的,中央政权逐渐加强了对西部教育的管理和控制,特别是国府西迁重庆后,强化了对西部各种事权的统一管理,在教育方面也不例外。这主要是为了便利中央的教育方针政策能得到更好的贯彻和落实,当然也含有全面控制各级学校的用意。

抗战全面爆发后,中国军队节节失利,大片国土迅速沦丧,固然与当时中日两国军事实力的差距有关,但不可否认,由于蒋介石在战前顽固推行"攘外必先安内"及"忍让和戎"政策,对红色根据地多次组织"围剿",对日作战准备不足,也大大消耗了本国军队的元气,"兄弟阋于墙"的后果使外人得利。然而,惨痛的现实并没有使蒋介石认识到自身的错误,反而将失利归结于其他因素,对抗战之前的教育大加责难,批评其抛弃中国固有的德性和民族精神,培养的学生不是真正的中国人,对社会、国家、个人都毫无益处,使得强敌入侵而无力反抗,这样的教育是亡国的教育,是灭种的教育等。由此,他提出以"四维"、"八德"来重新塑造教师和学生的精神,以国民党党员守则和蒋式三民主义来约束学校教育,并特别要求加强对各级学校的管理和监督。如1940年2月,他曾对全国各大中小学校长发出通电,规定今后各级学校校长及教职员的职责应该是:"一、指导学生思想;二、陶铸学生品性;三、管理学生生活;四、锻炼学生体力;五、健全学生人格。换句话说,就是由普通知能方面的教育,进而到德智体全面的教育,训练青年们个个成为一健全的公民、忠勇的斗士、干练的领袖。这样,教育界才能尽到'供给国家以抗战建国之基干'的责任,才能促中国光明的到来。"[①]

先从高等教育管理的加强来看,早在战前,针对全国高校各科发展不平

---

① 《教育界的指导原则》,《中央日报》1940年2月21日。

衡及院系设置相对重复的情况，国民政府当局于20世纪30年代初期就有了加强高等学校统一管理的动议，但并没有开始真正的全面落实。抗战爆发后，战区高校纷纷西迁，西部也陆续新设了不少高校，全国高等教育格局出现了急剧的变化，从而为实现上述调整计划提供了客观的便利条件，教育部也开始更多地插手高校具体事务，在扩充增设直属国立高校的同时，也就招生、院系和专业设置、课程安排等方面加紧了统一管理的步伐。

其一，增设扩充国立高校阵营。首先，战区中的原省立、私立高校迁入西部后，整体或部分改并为国立性质的就有十余所之多，这也是西迁高校调整改组过程中的一大特征。更重要的是，抗战期间新设于大后方的38所高校中，国立者就占到了20所，另如重庆大学、云南大学、广西大学、甘肃学院等大后方原有省立高校也在战时相继被教育部收为国立。

其二，实行高校统一招生政策。早在战前的1932年，教育部即开始对各高校招收文科类新生的数量有所限制，1934年更是明确限制专办文科之高校中每系招收新生及转学学生数额均不得超过50名，但实际上直到1938年《国立各院校统一招生办法大纲》出台后，统一招生政策才开始得到实行。由于客观条件的限制，这一制度还不够全面和彻底，也不可避免地带有非常明显的战时特征，如参与的高校基本为公立高校，实施区域主要为大后方各省市，真正实行的时间也只限于1938至1940年。

其三，统一高校院系课程设置。1939年夏颁布的《大学及独立学院各学系名称》，通令高校所设学系名称必须整齐划一，同时也规定了各高校内设的文、理、法、农、工、商等学院下辖各系的具体名称。经过这次调整，理、工、农、医等院系所占比例大大增加，初步扭转了战前高等教育各科发展不平衡的态势，也为抗战期间大后方工农业生产、医疗卫生各项事业的发展起到了积极的支持作用。除此之外，战时高教系统内比较大的调整措施还有创设高等师范教育体系、开办大学先修班和专修科等。在对高校院系进行划一整理的同时，国民政府教育部也加快了大学课程及教学用书统一设置的步伐，于1938年7月召开了第一次大学课程会议，会后即陆续公布了文、理、法、师范、农、工、商等学院的必修及选修科目表。

至于大后方的中等教育和初等教育,国民政府当局在战时也采取了一系列的措施以加强监督管理,其中以推行训育制度、完善视导监督体系、编订课程及审查教材这三项最为主要。

抗战期间,为了监督控制师生的思想和言行,在蒋介石的亲自干预下,1938年至1939年,《青年训练大纲》和《训育纲要》先后出台,各级学校的训育制度也由此相继展开,并在战时得到了普遍的强调和重视。这一制度在内容上包括信仰训练、德行训练、生活训练、服务训练等要项,实质上都以蒋介石所标榜的"四维"、"八德"为其核心,并以导师制作为贯彻落实的主要保证。如中等教育方面,《中等学校导师制》实施办法规定每年级设导师一人,由校长聘请专任教员担任。每学期开学时,由教导处制定训导计划作为实施训练的依据。各年级导师对于学生的思想言行、学习情况等方面都具有监督和管理的责任,甚至有直接开除学生的权力。小学阶段的训育标准虽然还没有如此严格,但在指导思想上却并无二致。

除以训育制度和导师制加强学校内部管理外,国民政府也强化了中央及地方的教育视察和督导体系。教育部在战前虽设有相关机构,但仅有十名工作人员,且职权范围没有明确的规定和分工,抗战爆发后又全部被抽调办理收容流亡师生登记、组设战区教师服务团等,致使正常工作中断了一段时间。上述事务告一段落后,中央教育视导制度旋即恢复并得到了显著加强,《教育部视导规程》《教育视导室办事细则》《教育部督学服务规程》等专门法规相继出台,使得中央视导制度得以进一步完善。就具体实施来说,1940年教育部恢复设置督学室后,确定了其对专科以上学校、国立社会教育机关及各省市地方教育的视导计划,同时采取定期视导与特殊视导两种形式。其中定期视导又包括分区视导和分类视导两项,都以每年普遍视察一次为基本原则。特殊视导则是相对定期视导而言,即根据教育部部长或次长的命令展开的临时性视察。这些工作基本由督学、视察员等专职人员具体承担,有时也根据需要聘请部内外其他专家共同参与。可以说,战时建立的这套视导制度相当全面和完善,但由于客观条件的限制,真正大规模的视察活动也多限于大后方地区。如1940年下学期教育部派出督学多人,会同国民党中央宣传部、三青团等合组视察团,赴川、滇、黔、陕、甘等省督导各级教育。1945年上学期的三个高等教育视察团也是分别为督察四川、陕甘、云南各地的高校而组设。至于西部的地方教育视导机构,根据1942年各省市教育视导会议的规定,省市教育厅局都须下设督导室来全面主持本地教育视导事宜。

1938年国民党临时全国代表大会订定的《战时各级教育实施方案纲要》中,专门提到了整理中小学课程及教材的要求,这一政策也在战时得到了不断的贯彻和强化。如1941年教育部就召集专家修订中小学课程标准,并加紧进行编订和征集教科书的工作。1942年中小学教科用书编辑委员会归并于国立编译馆后,编辑方法及思想内容等方面的审核更为严格。教材草稿完成后先由编译馆有关人员加以校订,然后呈交教育部核定付印暂行本,再召集教育专家分别举行修订会议,最后经过全体编辑人员的参酌修订,暂行本才能最终发行。蒋介石本人就对这方面的工作都非常重视,曾亲自对中学教材的编订原则发出过三点指示:"一、伦理科目以春秋礼记材料为中心;二、农村生活为国民生活之本位;三、自然科学之浅说与注重机械之原理与常识,分别选拟,各科有完整系统,每课有中心思想,文字求清浅生动,标图求正确丰富。至于各科法令统计数字,均根据最新最可靠之资料,课本内有一课或一节与某机关团体有关系时,应分别抄送审阅,以期无误。"[1]由此可见,除学科知识的传授外,教材的思想性和政治性受到了更为特别的关注。

## 四、抗战时期大后方教育政策的历史评价

在"战时须作平时看"方针的指引下,抗战时期国民政府对大后方的教育开发不可谓不重视,既针对战争时期的特殊形势作出了一些调整和应变,又注重于当地教育的长足发展,同时逐渐加强了各级教育的管理和控制,这三

---

[1] 国民政府教育部教育年鉴编纂委员会编:《第二次中国教育年鉴》(第一编 总述),商务印书馆1948年版,第355页。

点共同构成了抗战时期大后方教育政策的基本特征。在保存战区教育有生力量的同时,也推动了大后方教育的整体发展,并对抗战事业起到了直接的支持作用。当然,战时国民政府的大后方教育政策并非尽善尽美,出于客观条件的限制或主观动机的考虑,某些具体的制度措施也存在着明显的不足与缺陷。下面即对战时大后方教育政策的直接影响加以概要评析,并顺带对其战后的延续调整作一简单交代。

**(一)支持了全国的抗战事业**

虽然按照蒋介石、陈立夫等人的指示,抗战期间大后方教育须以持续稳定发展为首要任务,但战时毕竟不同于和平时期,国民政府在制定相关政策时,仍相当重视和强调抗战精神和国防知识的培养,这也是时局发展之必然。战前国民政府对日实行的"忍让和戎"政策并没有带来和平,中日战争终于不可避免地全面爆发,面对日寇节节紧逼的嚣张气焰和大片国土相继沦陷的惨痛局面,就连蒋介石也一改最初彷徨犹豫的心态,在庐山发表了著名的抗日宣言:"地不分南北,人不分老幼,皆有守土抗战之职责。"对此,大后方的爱国师生当然不能无动于衷。日军对滇黔桂等省的进犯及敌机对后方重庆、昆明等城市的频频空袭,都使得当地学校教育受到了不小的损失,也进一步激起了大后方师生抗敌救国的同仇敌忾。凡此种种,都决定了大后方教育必然要为抗战的需要作出某些调整,这也在国民政府制定的大后方教育政策中有所反映,注重爱国精神的培养、增加战时课程的分量等措施,即是其具体表现。对于广大师生的反日意识,当局从战前的强行压制转向战时的积极鼓励,也使得大后方各级学校师生抗敌的救国热忱不断高涨,虽然学生的年龄和程度各不相同,所在学级和专业也有差异,但或多或少地都为中华民族的抗战事业作出了自己的直接贡献。

经济、物资方面,首先表现为当时各校普遍开展的献金运动,广大师生不仅走上街头向社会各界人士募集捐款,而且还纷纷慷慨解囊,抽出自己本已非常微薄的薪金或补助来支持前方的抗战。如四川大学学生在抗战爆发伊始就先后自发组织了"声援华北抗战大会"、"学生抗敌后援会"、"四川大学抗敌后援会"等爱国组织,走出校门在成都及附近地区积极募捐,并影响和带动了同在蓉市的华西协合大学、光华大学等兄弟院校,共同掀起了四川高校献金活动的高潮,其中不少教师还主动捐献出一个月的薪水。西康会理县立第四初级小学的全体学生利用课余时间参加当地修筑马路的劳动,得到了国币十六元的报酬。他们将这些钱全部呈献相关部门作为前线将士添购子弹之用,并且还附书一封:"我们很希望瞄准敌人打,百发百中,添一粒子弹,多打死一个倭鬼子,替那殉国的忠勇将士、惨死的同胞们出一口气……"①孩子们的天真童稚及对日寇的仇恨跃然于纸上。云南省立腾越简易师范学校的学生虽然深处西南边陲,但对支持抗战同样不遗余力。该校女生用自己的劳动所得买进棉花布料,赶制棉背心五百余件献给前线将士。② 对于抗战物资的筹集和保证,大后方教育的直接贡献尤其表现在紧缺军用物资的研制上。太平洋战争爆发后,国外物资的供应通道几乎被全部切断,汽油的供给尤为紧张。根据军令部的要求,重庆大学等高校纷纷展开研究试验,先后试制出了以柴油、桐油、酒精、木炭、煤气等代用品为燃料的汽车,从而缓解了燃眉之急。

  精神动员方面,向民众积极宣传抗日精神、激发爱国情绪,进行兵役宣传、慰问军属等活动,是大后方各级学校普遍开展的日常活动。国立贵州师范学校就多次组织学生为出征军人家属捐献现金和义务耕种田地,所用农具、耕牛及伙食都由学校自备,还利用假期将全校师生分为若干队前往附近地区广为开展兵役宣传。③ 在陪都重庆,各级学校于1940年2月4日召开筹备会议,一致同意将当月9至15日定为"重庆市学生寒假扩大兵役宣传周",开展出征军人家属恳谈会、兵役演讲会等活动,并为此专门发行宣传的刊物。渝市各高校学生则纷纷组织小队分赴附近乡镇进行宣传和劳军活动。对于学校的此类活动,当地政府亦相当重视,并指示:"各学校办理成绩将由该筹

---

①《西康小学生的一封慰问信 敲瓦子得款十六元 呈献政府购买子弹》,《中央日报》1939年2月11日。

②李家贤:《抗战时期的腾冲教育》,政协西南地区文史资料委员会编:《抗战时期西南的教育事业》,贵州省文史书店1994年版,第16—17页。

③《国立贵州师兼办社教近况》,《教育通讯》第3卷第48期,1940年12月。

备会派员考核,由社会局列入各校本期考(核)成(绩)之一。至(于)各学生担任宣传事宜,由各学校校长切实监督考核,如有奉行不力者,得呈报予以留级、扣分等处分。"①

除在后方进行物质和精神各方面的支援外,大后方学校不少师生还响应征召或自发请缨参军参战,走上抗日的最前线。但这并不等同于所谓"焦土抗战",而是以保证后方教育的正常发展为前提。其实高中及以上程度的学生在学识、心智和体力诸方面已经发展到相当水平,能够为军事斗争作出自己的直接贡献,而且抗日战场其实也需要一批科技文化素质较高的各类专门人才。国民政府在征调学生参军参战时,还是有着相当明显的目的性和针对性,也比较注重发挥他们的专业特长,如分配外语专业学生为盟军担任翻译工作,医护专业的学生则从事战地救护治疗等。据有关资料反映,抗战时期仅被征调的高校生即达 3600 余人。面对民族生死存亡的危急关头,大后方各级学校师生主动请缨更是相当普遍的现象。西南联大迁居昆明期间,仅加入青年军和空军者先后就有 300 多人,另有 400 多人在战时充当军务译员。1944 年初在陕西境内,国立第七中学、省立汉中师范学校、省立城固中学、私立文治中学等多所学校的师生纷纷请愿入伍,就连"僻处山野"的陕南留坝中心小学的七名小学生也要求参军抗战。② 虽然他们年纪尚小,这种行为并不值得过分鼓励,但其爱国精神和抗敌勇气却是可嘉可赞。1944 年豫湘桂战役失利后,日军先后串入广西、云南、贵州省境,在国民政府"一寸山河一寸血,十万青年十万军"的号召下,后方大批热血青年相率共赴国难。到 1945 年 2 月,先后编成序号从第 201 师至第 209 师的 9 个整编师,组为中国远征军第 6 军、第 9 军、第 31 军,走出国境参与滇缅会战,为收复滇西和缅甸发挥了重大作用。在这批从军青年中,就有众多自愿入伍的大后方师生。可以说,大后方教育不仅推动了中华民族抗战事业的最终胜利,还直接支持了世界人民的反法西斯战争。

---

① 《学生寒假宣传兵役举行扩大宣传周　渝各大学生已下乡工作》,《中央日报》1940 年 2 月 5 日。

② 《学生踊跃从军　陕南小学生亦请缨》,《中央日报》1944 年 1 月 14 日。

**(二)保存了全国教育事业的有生力量**

为免遭日寇的疯狂破坏和奴化改造,大批不甘沦为亡国奴的战区师生纷纷向大后方撤退转移。通过组织战区高校内迁、创设国立中等学校阵营、设置战区教师服务团、办理战时儿童保育院等举措,大后方为这些流亡师生及儿童提供了较为安定的教学和生活环境,从而保存了全国各级教育事业的有生力量,延续了我国教育早期现代化的宝贵进程。

抗战初期,为避免战区教育事业遭受更大损失,国民政府紧急颁布《战区学校处置办法》,通令战区学校向内地迁移,并要求内地各教育行政机关尽量予以协助和方便。高等教育方面,平、津、沪、宁等地的一些重要高校从1937年8月陆续退往大后方各地。1938年,国民政府教育部还专门成立了"全国战时教育协会",具体负责全国高校的迁建工作。与某些中等及初等教育机关的内迁有所不同,当时战区高校几乎是整体性的迁移,多数的公私立大学、独立学院及专科学校都遵令或自发地加入这场声势浩大的西迁运动中。据不完全统计,抗战时期先后迁入大后方的战区高校就有近80所之多。其中一些高校本因损毁严重而暂时停顿,但随后在部分师生的努力下,克服种种困难来到大后方复办,得以浴火重生。资料显示,战时曾一度停顿,后在大后方复办的高校有:国立交通大学北平铁道管理学院、国立吴淞商船专科学校、国立上海音乐专科学校、江苏省立蚕桑专科学校、私立燕京大学、私立齐鲁大学、私立沪江大学、私立东吴大学法学院、私立东亚体育专科学校、私立两江女子体育专科学校(1940年在重庆再次停办)、私立立信会计专科学校等。另外,有少数高校,如私立光华大学、私立之江文理学院、私立上海法学院,在沦陷区的校本部虽然未曾西迁而被迫停顿,但在西部设立的分校却使其命脉获得延续,弦歌不致歇绝。

对于战区迁来的高校师生,大后方原有高校给予了无私的援助和支持。抗战初期,南京的私立金陵大学、金陵女子文理学院,山东济南的私立齐鲁大学,江苏苏州的东吴大学生物系等几所教会大学及国立中央大学医学院陆续西迁成都,当地的华西协合大学竭尽全力,除将部分宿舍、教室让出外,还另新购房屋以供友校使用,最大限度地满足了西迁各校的教学及生活需要。太平洋战争爆发后,原在北平的私立燕京大学、私立协和医学院部分师生也辗转来到成都复校,同样得到了大力的支持与援助。抗战期间,华西协合大学共接纳战区西迁的五所大学及两所大学之一部,其所在的华西坝也成为当时名震西南的"文化四坝"之一。此外,对于部分无法赶到本校迁在地,或因本校已经停办而无"家"可归的战区流亡学生,大后方一些高校也尽量给予接纳。距平津沦陷不到一个月的时候,地处西南边陲的省立云南大学就明确表示,愿意接收"凡在国立或曾经教育部立案之大学修业一年或二年之上学生,经审查可插入相当班次报名"①。

国立中等学校的设立,改写了"中央向不直接办理国立中学"的历史,实为战时中等教育应变中的一大创举。抗战时期,国民政府教育部先后创办了34所国立中学、24所国立师范学校(包括国立边疆师范学校)、17所国立职业学校(包括国立边疆职业学校),其中大多数都设于大后方各地。这些学校设立的最初目的为收容战区退往后方的流亡师生,如贵州铜仁的国立三中,主要接收京、沪、浙、苏、皖、赣等地退往湘黔边境的中学员生,而四川阆中的国立四中,接收的对象主要是察哈尔、绥远、河北、山东等省的中学员生。国立中等学校体系的建立和充实,不仅救济收容了由战区流亡后方的大批中学师生,也带动了大后方中等教育的共同发展。教育部在积极扩增国立中学的同时,还令饬大后方教育机关对此尽量予以协助。1941年即两次通令各省教育厅"应就原有中等学校增设班级,其委实不能容纳者,另行增设临时班级,以便收容,继续施教",所需开办费、经常费及学生膳食等费也全部由教育部下拨。② 说到费用,由于教育部在抗战时期实行"公费制"和"贷金制",特别是《国立各学校学生膳食费用补助办法》公布后,不论收容于国中,还是分发到地方中学的战区流亡学生,读书都不用花什么钱:国中的学生除了免除各项费用外,并给以伙食费、制服费和书籍费,全部由教育部补贴;地方中学里

---

① 《省立云南大学招生广告》,《申报》1937年8月16日。
② 《教育部继续筹划收容战区失学学生》,《教育通讯》第4卷第21期,1941年5月;《教育部令各省添设省立临时联合中学或原有中学增加班级收容战区学生》,《申报》1941年9月22日。

的借读生,则是中央与省方各付半数,在物价比较高的地方,还给予特别增加,"以期学生均获饱食"。① 通过大后方教育机关和学校的有力配合,多数战区流亡后方的中学师生都得到了较为妥善的安置。

在开办国立中等学校的同时,国民政府教育部还设立登记处,专门收容战区撤退的中小学教师,并将其组建为战区中小学教师服务团,继续进行基础教育服务。至1940年,已先后开办服务团10个,其中8个位于大后方地区。此外,更多的战区中小学教师也通过教育部直接分配于大后方各省市教育厅安置使用。如1938年9月,教育部部长陈立夫感到云南僻处边远,教育极为落后,特别指示发给收容的80名中学教师薪金及路费,指派赴滇工作。② 而大后方各省市在抗战时期为发展基础及国民教育,正急缺大批师资,自然对收容救济战区教师的工作给予了很多方便和支持。从1941年开始,各服务团团长都是由所在省份教育厅厅长兼任,教育部也于1943年1月起将收容工作转交各省市教育厅局自行办理。此后,教育部又抽调各团精英,在宁夏、西康两省成立边疆教育工作团。据统计,自抗战爆发直至结束,教育部总计登记收容战区中学教师6976人,小学教师11631人,共计18607人,既为沦陷区战后教育的恢复发展保留了元气与火种,也使得西部教育在师资缺乏的情况下,注入了一股有生力量而受益匪浅。

战时儿童保育院的设立,实为抗战期初等教育政策中特别值得浓墨重彩的一笔。抗战爆发后,华北、华东、华中等大片国土相继陷于敌手,沦陷区内的民众流离失所,其中有大批的孤儿和难童无依无靠,亟待救援。为保存抗战救国的后续力量,国共两党连同社会各界知名人士在1938年3月共同发起成立了战时儿童保育会,决定在四川、云南、贵州等大后方地区设立保育院,抢救并保育战区的难童。至当年年底,全国已有保育院26所,其中10所即在四川省内。到1939年10月第一届儿童保育院院长会议开幕时,保育院

---

① 《战区中小学生膳费已由主管方面分别酌增》,《教育通讯》第3卷第19期,1940年5月。
② 《教部派教师八十名赴滇服务》,《教育通讯》第1卷第28期,1938年5月。

总数共达48所,多数都位于大后方各地。[①] 抗战期间,战时儿童保育会共收容救济儿童29486名,使这些在战火中失去家园、失去父母的儿童获得了安定的环境,弱小的生命得以延续和保护,也为全国教育事业挽救了大批的后备生源。在纪念保育会成立五十周年时,邓颖超对当年保育院的历史贡献作出了高度评价:"当时保育院的儿童,现在都已长成,有的成为艺术家、工程师、教授,许多成为各条战线上社会主义现代化建设的骨干。有的已成为党政领导。"[②]

### (三) 对大后方教育的直接影响

为培养长期抗战及战后建国的后续人才,国民政府对于大后方教育的长足发展给予了高度的重视,也为此制定了一系列的政策措施,使其在整体上取得了较大程度的进步,这是首先应当肯定的历史事实。但在另一方面,这些政策还存在着某些缺陷和不足,从而也造成了一定程度的消极影响。整体而言,战时大后方的高等教育与中等教育在质量和数量上都取得了相当明显的进步。与之相比,初等教育和社会教育虽然也在学生、学校数量和普及比率等方面有较大的增长,但实际质量并没有彻底改变战前的落后局面。此外,国民党当局为强化对大后方教育的管理而采取种种措施,多数对西部教育发展有一定积极影响,但其中也有某些以压制师生民主思想为重点,在具体实施中引起了普遍的反感和抵制,甚而影响了学校教育的正常开展。

高等教育阶段,高校西迁运动既保存了沦陷区中的教育精华,也大大带动和刺激了大后方高等教育的发展,如国立西北工学院、国立西北农学院、国立西北大学、国立西北医学院、国立西北师范学院等都是以西迁高校为根底创建的。据统计,抗战期间新设于大后方的38所高校中,除7所迁居他地或撤销外,其余31所都永久性地扎根在西部,为战后西部高等教育的持续发展

---

[①]《参加院长会议各院长名单》,《中央日报》1939年10月16日;《战时儿童保育工作》,《中央日报》1939年10月18日。

[②] 邓颖超:《继承和发扬抗日烽火中育才的光荣传统》,全国妇联编:《抗日烽火中的摇篮——纪念中国战时儿童保育会文选》,中国妇女出版社1991年版,第5页。

提供了坚实的基础。大后方高校总数由战前的 10 所增加为战后的 40 余所，极大地改变了全国高校的分布格局。大后方不少地区的高等教育也正是在抗战期间开始起步，如设于西康的国立西康技艺专科学校，实现了该省高教事业零的突破。贵阳医学院的设立，也使得贵州省高教事业在中辍八年之久后重新得以恢复。其他省市高校的数量比之战前都有了大幅度的增加。这些战时大后方新设高校的专业结构，除 4 所综合类高校外，其余学校以教育类(8 所)为最多，然后依次为商科类(6 所)、工科类(5 所)、医科类(5 所)、农科类(3 所)、文科类(2 所)、边疆及乡村建设类(2 所)，而法科类、艺术类、理科类高校则分别仅有 1 所。可以看到，工、农、医、商等类高校占到了相当大的比例，有利于大后方的经济生产与实际民生，而教育类高校的大量增设，则是抗战爆发后重兴高师教育计划的产物。

中等教育阶段，为大后方中等学校发展的最大推动措施的莫过于分区制度的实行。先以中学区为例，1938 年 12 月，教育部向大后方各省教育厅发出通令，责成其考察本省地方的交通、人口、经济、文化以及现有学校等情况后，于省内划分若干中学区。每区内中学的配置以有高、初合设的完全中学 1 所为原则，无省立中学者，应数县设联立中学或择一私立中学尽先进行整理充实，作为模范学校，每区还应设女中 1 所。区内教育比较发达及经济比较充裕的县份，还可设县立中学 1 所，或数县设联合初级中学 1 所。与之相仿，同年 5 月颁定《第一次师范教育实施方案》，开始实行师范学校区制度。针对各省市师资需求情况、师范区设置、师范毕业生使用、划一师资培养标准等方面制定了相应的具体措施，为大后方中师教育的发展指明了大体方向。而职业学校区的设置情况则比较特殊，教育部除通令各省在省内划设职业学校区外，整个大后方更是有大职业教育区的通盘计划，于 1939 年 2 月正式颁布《陕、甘、宁、青、川、康、滇、黔、桂各省推进农工职业教育计划》，将上述九省分为西北区(陕西、甘肃、宁夏、青海)、川康区(四川、西康)、西南区(云南、贵州、广西)，地理范围包括了大后方除新疆外的所有省份。这三类中等学校区制度的确立和推行，不仅使大后方各省中学、师范学校及职业学校数量相对战前有显著增长，而且地区分布也变得更加均衡合理。此外，教育部在 1942

年对大后方中等教育的整体发展比例还作出了如下的规定和调整:第一,各省市中等教育经费,应至少占教育文化费总数的50%以上;第二,各省市初级中等学校新增班级,以能收容当地中心国民学校毕业生人数1/2至3/4为度。全省高级中等学校新增班级,以能收容本省初级中学毕业生人数1/2为度;第三,各省市中等教育经费之分配,应按中学占40%、师范学校占25%(师范生公费待遇经费除外)、职业学校占35%为原则;第四,中学、师范、职业三类学校设校增班比例,初级中等学校部分应为6(初中):3(简师):2(初职),高级中等学校部分应为2(高中):1(师范):1(高职)。不难看出,与战前相比,这个计划更加注重于师范学校和职业学校的发展。受其影响,大后方各省市地方师范学校总数由战前的112校增加到战后的249校,涨幅为一倍有余。职业学校总数从战前的40余所增加到战后的191所,涨幅更是高达三倍有余。

初等教育阶段,抗战期间最大的政策调整即为义务教育制度向国民教育制度的全面转轨,使小学教育与社会教育逐渐合流。这主要是为配合国民政府推行所谓"管、教、养、卫合一"的"新县制",并不完全符合教育的客观规律及当时的实际情况。国民教育制度对于初等教育其实是一把"双刃剑",一方面将成人补习教育纳入初等教育轨道,使广义上的初等教育得到了更大的重视;另一方面又不可避免地对常规的小学教育带来了较大的冲击。按照相关规定,大后方地区的大部分小学都相继改称为中心学校或国民学校,分设国民教育与小学教育两部,虽然大多数学校的办学重心还在小学教育方面,但办学思路却受到了明显的消极影响,显得无所适从。由于客观历史条件的限制,当时大后方很多小学校连普及基本的初等教育都力不从心,要承担起社会教育的责任实在是勉为其难,直接的后果是社会教育取得了一些成效,但在某种意义上却是以牺牲常规的小学教育为代价。从当时的统计数字来看,大后方各省小学数和学生数、适龄儿童入学率相对战前确实都有了不同程度的提高,特别是入学率一项尤其惊人,截至1945年,陕西、宁夏、西康等省都超过了50%,四川省更是高达80%。但必须指出,虽然战时大后方小学教育的统计数据相当可观,而实际质量却是大打折扣。首先,抗战初期规定的义务教育期限仅有一年,学程如此之短,质量也就可想而知,而当时很多地方又采取了二部制、巡回教学、改良私塾为代用小学等措施,使得当地小学教育的教学时间和教学质量更是无法保证。1940年8月开始施行国民教育制度之后,对义教年限的规定也是非常宽松,直接将其指定为一至二年。虽然中心学校和国民学校的学制年限在抗战后期有所调整,实际上很多儿童仍没有受足四年的小学教育,仅仅只有两年甚至只有一年而已。所以说,战时大后方小学教育阶段的入学率看似不低,但多数学生的在学时间相当有限,只能起到最基础的扫盲作用,并没有真正具备小学毕业生的水准。造成这一现象的主要原因,无疑是受经费及师资两方面条件的制约。正如抗战胜利前夕,时任国民政府教育部长的朱家骅所言:"国民教育为各级教育之基础,其问题之严重,实为至可焦虑之问题。论者每以战时教育数量业已发达为言,不知即以质量而言,与建国需要相差尚远。师资之困难已属如此,学校之建筑设备及发展时应有之经费,所需数量之大,无一不足惊人。"①与此相似,战时大后方的社会教育虽然也取得了一定程度的发展,某些方面的进步可以说是非常明显,但从整体来看,这种进步显然还不够全面深入。特别是在少数民族聚居的边疆地区,由于政治、经济、文化等因素的制约,抗战期间当地的学校和社会教育都还存在着种种缺陷,最为特别的即是西康等地的"雇读"制度,就连正规的学校教育都有些流于形式,社会教育更是有名无实。

抗战期间国民政府加强了对大后方各级学校的监督和管理,广泛实行训育及导师制度,这固然有稳定正常教学秩序的考虑,但也有压制师生民主思想的强烈动机,带有非常明显的党化教育特征。众多进步师生对此纷纷表示强烈反感和抵制,并与之展开了坚决的斗争。特别是在一些国立高等及中等学校,这种矛盾尤其尖锐。设于贵州铜仁的国立第三中学,建校初始就成立了国民党和三青团等组织,对师生的"过激"思想和行为进行严密监控。该校第二任校长李超英就公开声称自己负有搜集整理学校"异党"活动情况并向

---

① 朱家骅:《今日之教育》(下),《中央日报》1945年7月21日。

教育部呈报的职责,校内的一些进步师生也惨遭逮捕杀害或被迫逃亡。① 当然,大部分教育工作者对国民党当局的这套做法颇为不满,也倾向于同情和支持学生的民主运动。如国立浙江大学校长竺可桢虽然不太赞成学生发起罢课斗争,但为使他们免受反动派的迫害,每次学潮发生时总是与学生们站在一起。1942年1月,浙大学生为反对孔祥熙而上街游行时,他就毅然走在游行队伍的前列,保护学生免受军警的伤害。而曾任浙江大学训导长的费巩教授,更是因为同情学生运动,追求民主自由,被国民党部、三青团、军统、中统、警备司令部等列为"重点防范人物",在1945年3月被秘密绑架,最终惨遭杀害。②

对于大后方学校蓬勃发展的民主运动,国民党政权视作"洪水猛兽",绞尽脑汁地力图加以压制消灭,但往往是适得其反,促使矛盾进一步激化。根据有关材料的记录,抗战期间大后方各级学校的学潮是比较普遍的,为了扑灭进步师生的民主思想和运动,当局在大肆镇压捕杀的同时,不惜采取停课整顿甚至封闭学校等极端措施。1939年春国立贵州师范学校发生学潮,致使学校被重新改组,原有教职员全部撤换,学生也必须经过严格的思想审查和政治考核后才能获准注册复课。③ 而1941年夏秋之际的"重大事件",更是引起了社会各界的广泛关注。1940年12月,四川省立重庆大学校长叶元龙辞职,四川省政府于次年7月改派梁颖文为重大校长,遭到学校师生的强烈反对,梁氏悍然率领保安部队冲进学校武力接收,引发了重大学生的"驱梁运动"。9月5日,国民政府教育部竟勒令解散重大,并当场逮捕学生多人。部长陈立夫对此专门发表谈话称:"近年来,学风之坏,其危及国族前途者,影响至巨……总裁迭次训示,特以四维之教为全国学校共同校训,教部亦三令五申,并严格实施军训及推行导师制,注重训育,期能共信共行,以纳青年于正

---

① 傅顺章:《抗战时期的国立第三中学》,贵州省政协文史资料研究委员会编:《贵州文史资料选辑》(第26辑),贵州省文史书店1988年印行。
② 李华超,洪星:《浙江大学在湄潭》;毛正堂:《费巩教授失踪之后》,贵州省政协文史资料研究委员会编:《贵州文史资料选辑》(第26辑),贵州省文史书店1988年印行。
③ 余国铸:《记国立贵州师范学校》,贵州省政协文史资料研究委员会编:《贵州文史资料选辑》(第26辑),贵州省文史书店1988年印行。

轨。重庆大学虽属省立,设在陪都,学风良莠实为四方观瞻所系。乃历届更易校长,均起风潮,学生干涉教育行政,法纪荡然无存……进而演成驱逐校长之狂暴行为,悖礼蔑法,殊可痛心。教部鉴于该校学生之屡教不悛,且进而干预法纪,已非专以教导力量所可制裁,爰于本月五日予以彻底解散,严惩主使者及滋事学生,并派员监理……本部对于风气不良之学校悉将予以彻底之整顿,庶今后不容有学生反对师长、破坏风纪之学潮发生。"①此种破坏教育的倒行逆施遭到了社会各界人士的强烈谴责,纷纷发起声援重大学生的活动,迫使当局在9月30日成立重庆大学整理委员会,开始着手复校的过渡措施。直至1942年2月17日,行政院才通过相关报告,明令重大复校。②虽然这次复校斗争以重庆大学师生的胜利而告终,但正常的教学秩序毕竟受到了严重的影响,学校停顿也长达近四个半月之久,该校随即也被教育部收为国立。

抗战胜利后,战时迁入大后方的大多数学校开始渐次复员返迁。与此同时,原沦陷区内日伪所办各级学校相继被接收整顿,全国教育事业得以恢复发展,重心也再次移向了华东、华北等战前文教比较发达地区。但是,大后方教育在抗战期间毕竟得到了国民政府的特别重视,大后方教育政策措施的连续性也不可能倏然中断。其实,尚在战争结束前夕,很多具有远见的教育界人士就纷纷提议要在战后继续维持大后方教育的稳定发展,讨论的焦点尤其集中在国立高校地域设置的重新分配等问题上。1945年3月,在重庆召开的国立专科以上学校校长会议就战后复员事项,"议决战后内迁之各校依照其历史性质及各地实际需要之情形,分别予以迁移调整,务求分布之适宜,不致有过去集中一隅之弊"③。教育界一些著名人士也呼吁:"战后各大学应合理分配,不应重蹈战前集中少数大城市之现象"。④大后方地方政府亦纷纷向中

---

①《教育部下令解散重大 学风不良彻底整顿 严惩主使滋事学生 陈部长谈处理经过》,《中央日报》1941年9月6日。

②伍子育:《抗战烽火中的重庆大学》,政协西南地区文史资料委员会编:《抗战时期西南的教育事业》,贵州省文史书店1994年版,第72-78页。

③《专科以上学校校长会议决定各校复员问题》,《中央日报》1945年3月3日。

④《战后教育方针 张伯苓谓须以"公能"为指针 梅贻琦称战后大学应合理分配》,《中央日报》1945年3月8日。

央提出了同样的诉求。如云南省参议会提请教育部:"吾国国立大学多设于京、沪、平、津、武汉,迨抗战军兴相继迁于桂、蜀、滇、黔。刻因战事结束教育复员,内迁各校纷纷迁回故址。窃以为在此时期,应宜统筹全局,妥为分配,果属环境需要之已迁者不妨仍留新址,即需迁去者亦不必尽返原地,应以因地制宜使各地大学教育得平均发展,庶不致使交通便利之处学校密集,人满为患,边远之区则千里负笈,求学艰难……是以国立各大学之分配区域应请妥慎选择,趁迁校以前为适当处置。"①这些意见在战后的高等教育调整措施中得到了具体的回应,如战时新设于四川的六所"国"字号高校里只有国立边疆学校、国立社会教育学院两校迁往江苏南京,其余四校中的国立自贡工业专科学校早已冠以西部地方之名,国立中央技艺专科学校、国立女子师范学院、国立体育师范专科学校也留川续办。战后除部分国立高校整体留守大后方外,一些西迁的公私立高校在本校复员的同时,也为大后方留下了再设新校的火种,如西南联合大学师范学院独立为国立昆明师范学院,国立东北大学留川部分改建川北大学,光华大学的成都分校独立为私立成华大学,朝阳学院留渝部分改建私立正阳法学院,复旦大学留渝校友也在重庆复大旧址上建起了私立相辉文法学院。与之类似,战时创设于西部的各类国立中等学校也有不少在战后继续留驻当地或移交地方接办。可见,国民政府对于大后方教育的长足发展还是给予了较多的重视,为其在战后的持续进步奠定了相当的基础。若照此趋势发展下去,应该可以取得更好的成就。但令人惋惜的是,长达八年的艰苦抗战胜利后,蒋介石政权却无视全国人民要求和平的强烈愿望,悍然挑起全面内战。在此形势下,国统区内的教育经费根本无法得到保障,加之为反对当局的倒行逆施,广大师生纷起展开争取民主和平的斗争,当局到处忙于扑灭压制频频发生的学潮,封闭停办学校、迫害进步师生的现象比抗战时期更加严重。如此种种,迫使很多学校的正常教学完全难以保证,大后方教育较之抗战胜利之时,实际上出现了普遍的倒退。

---

① 《滇省参议会呈部主张分配国大所在地点并规定交换教授办法》,《申报》1945年11月30日。

# 第二章　保存民族希望的大后方基础教育

## 一、抗战时期大后方基础教育的方针政策

1938年4月,国民党临时全国代表大会制订并颁布了《中国国民党抗战建国纲领》及《战时各级教育实施方案纲要》,规定了基础教育在战时的大致方向:"小学教育,应为国民基础教育。以发展儿童身心,培养健全体格,陶冶优良德性,教以生活的基本智能。教育对象包括全体儿童,并应在预定年限达到普及教育的目的;中学教育,应为继续小学施行国民基础教育,以造就社会的中级骨干人才,及准备进修专门学术这样两个目的。初级中学应普遍设立于各县,招收小学的优秀儿童;高级中学由省分区设立,招收初中毕业的优秀学生"。

从这两条总体方针来看,基础教育相对战前来说没有太大变化,仍然是以陶融儿童及青年"忠孝仁爱信义和平"之国民道德,并养成国民生活技能、增进国民生产能力为主要任务。但在实际上,1940年国民教育制度正式推行后,小学教育在形式和内容方面都发生了较大的变异。中学教育则主要围绕收容扶助战区后撤中学和学生,发展改进后方中学这两个方面来推行。二者实施的中心自然也是战时大后方的西南、西北地区。

### (一)转轨国民教育制度

抗战时期大后方小学教育政策的最大变化莫过于由义务教育制度向国民教育制度转轨。国民教育的实施是与国民政府推行的"新县制"联系在一起的。为了完善抗战时期的行政组织,增强管理的效能,国民政府于1939年9月颁布了《县各级组织纲要》,正式实施"管教养卫合一"、"政教合一"、"三位一体"的"新县制"。[①] 1940年3月,教育部根据《县各级组织纲要》,颁行《国民教育实施纲领》,决定从大后方四川、云南、贵州、广西、重庆、新疆、西康、宁夏等省市先行实施国民教育制度。至于其他已经大部分沦陷或成为战区的省市,教育部虽也指定其仍分别维持原有义务教育设施,并酌量推行国民教育,但在实际上已是鞭长莫及。期限预定自1940年8月起至1942年7月,各乡镇均成立中心小学1所,至少每3保成立国民学校1所。在本期结束时,入学儿童达到学龄儿童总数65%;1942年8月至1944年8月,国民学校逐渐增加,原有国民学校增加班级。在本期结束时,入学儿童达到学龄儿童总数80%;1944年8月至1945年7月,增加国民学校与班级的同时,入学儿童达到学龄儿童总数90%,总共用5年时间普及国民教育。实行国民教育制度,其主要目的"在于配合《县各级组织纲要》,促进地方自治,以奠定革命建设之基础。故必须政治与教育合为一体,发挥政教人员互助之精神,以教育方法促进地方自治,并运用政治力量,以发展地方教育"。[②] 即用基层行政组织直接控制教育,用教育来加强地方政权。为保障国民教育制度的推行,教育部随之颁布了《乡镇中心国民学校设施原则》《保国民学校》《小学课程

---

[①] 新县制下的国民教育制度与一般学制系统的学校教育不同,它有三个显著特征:一是政治与教育合一,二是管教养卫合一,三是儿童教育与成人补习教育合一。所谓"政教合一",就是"三位一体",集乡镇长或保长、中心学校或国民学校校长、壮丁队长或保壮丁队长于一身,使得乡(镇)、保的教育权与政权、警卫权统由一人掌管,而乡(镇)、保之经济、警卫、文化教育、卫生等建设事业之执行,亦由小学教师负责掌管。所有组织民众,实行自治之使命,完全以小学为中心。因为国民教育包括儿童教育与成人补习教育,后者在教学内容上属于初等教育,但从施教对象来看却属于社会教育的内容,本文对此不作论述,而是就国民教育制度中的儿童教育部分展开说明。

[②] 中国国民党中央委员会党史史料编纂委员会编:《革命文献》第58辑,(台湾)中央文物出版社1972年版,第402页。

修正标准》《国民学校法》《国民学校及中心国民学校规则》等法令。这些法令是对《国民教育实施纲领》的引申和强化，基本精神大体一致。客观地说，国民教育制度的学校设置、行政管理、经费筹集较之以前发生了很大变化。在小学设置和组织上，乡（镇）长兼任中心学校校长与壮丁队长，保长兼任国民学校校长和保壮丁队长的三位一体"管、教、养、卫合一"制度，即是其最为明显的特征；在教育行政与管理上，推行"行政三联制"，即是将各级行政机构分为计划、执行、考核三部分，每级机构各司其责；在经费分配和筹集上，已由地方办理逐渐过渡到中央和地方共同担负的格局。

**（二）提升国民教育质量**

为了确保国民教育政策完成预期的目标，除了在数量方面的硬性规定与推行，国民政府及教育部还不断地颁布新的政策法规，在办学质量与途径方面予以指导，确保国民教育质量的提升，此过程囊括了经费管理、辅导研究、师资培训等方面。

在经费方面，国民政府通过分发"国民教育中央补助"、设立地方国民教育"特种基金"的方式加以保证。从战前的1935年开始，国民政府在对地方义务教育的补助上就已经形成一套定规，即每年从国库和庚款中特别拨出一定数额充作义务教育中央补助费，分配至各省市使用。1940年实施国民教育后，此项补助费在名称上也相应改为国民教育中央补助费，更重要的是在内部分配上明显向西部地区倾斜。[1] 国民教育中央补助费从1940年起开始实施，历年都有增加。自1940年的1000000元，增至1945年的45377300元。[2] 因为初等教育基本属于地方自办，"新县制"实行后，地方政府的财权相对战前有所扩大，占用初等教育经费的现象也随之产生，造成了一定的消极影响，教育部单方面对此无法解决，转而商请国民党中执委出面协调，最终由国民

---

[1] 国民政府教育部教育年鉴编纂委员会编：《第二次中国教育年鉴》（第三编 初等教育），商务印书馆1948年版，第194页。

[2] 国民政府教育部教育年鉴编纂委员会编：《第二次中国教育年鉴》（第三编 初等教育），商务印书馆1948年版，第195—197页。

政府行政院和国防最高委员会联合发布《制止地方政府挪用教款案》,将初教经费划为"特种基金",列入预算,不得挪用,保证了地方初教事业的稳定发展。①

在辅导方面,国民政府组织各级国民教育研究会来加强对国民教育的管理和监督。1941年12月15日,教育部颁发《各省市国民教育辅导研究办法大纲》,要求为督导国民教育的研究与改进,各省、市、县、师范学校和区、乡、镇均应组织国民教育研究会,研究学校行政、课程、教学、训练、政教联系等问题。② 至1943年度,已成立各级国民教育研究会4460所,登记会员36059人③。1943年8月31日,教育部公布《办理国民教育通讯研究办法》,规定有关国民教育行政组织、课程、教材、教法、教育理论等方面的研究报告或问题解答,可用书面形式报送教育部国民教育辅导研究委员会审核,对确有心得或有特殊贡献的作品,将分别赠予图书或奖金。④

在师资方面,国民政府也采取了诸如培训小学教师、提高其物质待遇及社会地位等措施。

"新县制"推行前后,为配合"管、教、养、卫合一"体制的建立,在国民政府官方的宣传口号中,小学教师的地位被提升到了一个空前的高度。为切实提高西部地区初等教育师资的水平和质量,国民政府教育部切合西部初等教育的实际情况在战时采用了诸如办理辅导刊物、开展通讯研究、开办进修班和函授学校等积极措施,对在职教师施以培训。另外,《小学教员待遇规程》《小学教员薪给支配及实施办法》《小学教员子女入学免费办法》《小学教员年功加俸办法》等一系列相关法规相继出台,小学教师的物质待遇得到了一定程度的改观,成绩优良者还可以升格到初级中学任教。虽然这些计划不见

---

① 余子侠,冉春著:《中国近代西部教育开发史——以抗日战争时期为重点》,人民教育出版社2008年版,第409页。
② 中央教育科学研究所编:《中国现代教育大事记(1919—1949)》,教育科学出版社1988年版,第480页。
③ 中央教育科学研究所编:《中国现代教育大事记(1919—1949)》,教育科学出版社1988年版,第502页。
④ 中央教育科学研究所编:《中国现代教育大事记(1919—1949)》,教育科学出版社1988年版,第515页。

得能够完全落实,但至少表明国民政府对初等教育和小学教师的重视程度。

### (三)收容救济战区学生

抗战爆发后,大批无家可归、无学可上的流亡的中学生纷纷从战区向大后方转移。为挽救这些流亡学生,准备抗战建国的后续力量,国民政府教育部于1937年就开始着手进行收容救济。该年8月公布《各公私立中学接受战区学生办法》,令后方各省中学"尽量予以收容,不得留难"。随着武汉、长沙等华中重镇陷落,战线日渐后移,大批学生辗转入川时,四川省政府赓即以《教字第25134号训令》明令本省所属学校,"尽量收容战区退出学生,不得借词拒绝,除各校原有班次应尽量扩充名额收容外,如收容名额超逾一班最大限量时,各校应就原有各项设备,酌量情形,增开班次,以资继续收容,所需增班教员即请由本府指派战区来川经审核合格之教员担任,至应增长至最低限度办公费,并得呈请本府酌予补助,并将先后收容情形及增开学级分别详报备核"。① 四川省政府的这一训令,各县纷纷响应,有些县还指定了所辖学校专门收容战区流亡学生。仅1938年11月,首次分发到重庆各地方中学就有642名之多,12月初又再次分发约200余人。②

除在生活上给予这批学生一定的保障外,国民政府还为其提供继续就学的机会。1938年,先后颁发了《教育部处理由战区退出之各级学校学生办法大纲》《教育部处理战区中小学办法实施要点》《战区各级学校学生转学及借读办法》等重要法令,规定:现在公立及已立案之私立学校肄业生,可凭借读证书或转学证书请求借读或转学。转学、借读不限年限,但须在学期开始时或期中办理。借读或转学生与本校学生一律待遇。中小学生可申请减免学费。③

此外,教育部还在后方各省市设立"战区学生指导处",统一办理战区学

---

① 李定开编:《重庆教育史》第二卷,西南师范大学出版社2006年版,第217-218页。
② 《教部分发战区中学生至各校肄业》,《教育通讯》第1卷第33期,1938年11月;《教部第二次分发战区来渝学生》,《教育通讯》第1卷第37期,1938年12月。
③ 国民政府教育部编:《教育法令汇编》(第四辑),正中书局1939年版,第25页。

生的救济事宜,其中包括学籍审查、编级实验、精神异常治疗等。客观地讲,当时在对战区流亡学生的救济和收容上,国民政府教育部确实作出了相当多的努力,也收到了比较大的成效。

### (四)组建迁转国立中学

抗战爆发后,战区或沦陷区的学校无法再办下去,师生大量流亡到大后方。随着战事告急,沦陷区学校师生流亡到大后方者日益增多,国民政府遂设立国立中学予以安置。1938年2月,教育部颁布《国立中学规程》规定:"为谋战区省市立中学教职员及公私立中等学校学生继续施教与受教起见,特暂设国立中学若干所,以继续发挥教育效能,充实民族力量",并要求"国立中学收容战区公私立中学及师范学校男女学生,必要时亦得收职业学校学生"。国立中学一般分中学、师范、职业三部,课程可依照部颁标准斟酌变通,并应增加生产及战时知能等课程。此外,推行工读以救济战区学生,学生可参加校内服务或学校附近之社会服务,按工作繁简酌给奖金。总体来说,不管是物质条件、学生待遇,还是师资水平、教学成绩,国立中学在同等教育机构中都处于较上乘的地位。八年抗战中,国民政府先后在河南、陕西、甘肃、四川、贵州、广西、青海、宁夏、绥远、重庆等省市设立国立中学23所,国立华侨中学3所,国立中山中学2所,国立女子中学2所,加上改办为国立的原有中学4所,共计34所,其中31所与西部地区有着直接的联系。它们或在战时就设定于西部地区,或是随着战局的变化而转迁西部。国立中学与其他内迁学校一起,共同促进了文化教育原本比较落后的西南、西北地区教育水平的提高。无论何种形式,这些国立中学的设立使流亡到后方的中学教师找到可以谋生的职业,使学生们得以继续学业,还为大后方各公私立中学树立了楷模,在培养中级人才方面发挥了重要作用,也为高等学校提供了大批优质的生源。

表2-1 抗战时期国立中学设置情况简表

| 校名 | 原名或筹设时间 | 校址 | 主要招生对象 | 战后处置 |
| --- | --- | --- | --- | --- |
| 国立第一中学 | 1937年11月登记收生 | 河南淅川 | 冀、察、绥、平、津、苏失学学生 | 迁冀省立 |
| 国立第二中学 | 1937年12月登记收生 | 四川合川 | 京、苏、沪、浙、皖、鄂失学学生 | 迁苏省立 |
| 国立第三中学 | 1937年12月登记收生 | 贵州铜仁 | 京、苏、皖、浙、赣失学学生 | 留黔省立 |
| 国立第四中学 | 1938年2月登记收生 | 四川阆中 | 察、绥、冀、鲁失学学生 | 1946年4月遵部令取消 |
| 国立第五中学 | 1938年1月登记收生 | 甘肃天水 | 晋、鲁、冀、察、绥、平、津及东北失学学生 | 留陇省立 |
| 国立第六中学 | 1938年2月筹校收生 | 四川绵阳 | 鲁、冀等省失学学生 | 迁鲁省立 |
| 国立第七中学 | 1938年3月筹校收生 | 陕西洋县 | 晋省退陕学生 | 迁晋省立 |
| 国立第八中学 | 1938年8月筹校收生 | 湖南乾城 | 皖省退湘学生 | 迁皖省立 |
| 国立第九中学 | 1938年9月筹校收生 | 四川江津 | 皖省退川学生 | 迁皖省立 |
| 国立第十中学 | 1938年10月筹校收生 | 甘肃清水 | 豫省退陇学生 | 迁豫省立 |
| 国立第十一中学 | 1939年4月登记收生 | 湖南武冈 | 湖北及湘北撤退学生 | 留湘省立 |
| 国立第十二中学 | 1939年3月登记收生 | 四川长寿 | 武汉撤往四川学生 | 迁鄂省立 |
| 国立第十三中学 | 1939年9月筹设 | 江西吉安 | 招收赣省失学学生 | 留赣省立 |
| 国立第十四中学 | 1939年夏筹设 | 贵州贵阳 | 中央各机关公务人员子女 | 留黔省立 |
| 国立第十五中学 | 1941年8月筹设 | 四川荣昌 | 川境各儿童保育、教育机关毕业生 | 1945年8月改为国立荣昌师范学校 |
| 国立第十六中学 | 1941年8月组建 | 四川合江 | 战区中小学教师第三服务团学生 | 留川省立 |

续表

| 校名 | 原名或筹设时间 | 校址 | 主要招生对象 | 战后处置 |
|---|---|---|---|---|
| 国立第十七中学 | 1941年8月组建 | 四川江津 | 战区中小学教师第三服务团学生 | 1945年7月改为国立江津师范学校 |
| 国立第十八中学 | 1941年10月改办 | 四川三台 | 原国立东北中学学生 | 留川省立 |
| 国立第十九中学 | 1941年4月筹设 | 江西赣县 | 浙赣铁路沿线退出学生 | 迁浙省立 |
| 国立第二十中学 | 1942年8月筹设 | 湖南芷江 | 湘、黔、桂、粤四省各保育院毕业生 | 1945年秋本校结束，师范、初中部并入国立三中 |
| 国立第二十一中学 | 原为鲁苏豫皖边区中学 | 安徽太和 | 鲁、苏、豫、皖退出学生 | 迁苏省立 |
| 国立第二十二中学 | 原为私立山东成城中学 | 安徽阜阳 | 鲁、苏、豫退出学生 | 迁鲁省立 |
| 国立女子中学 | 原为国立第十六中学合江校本部 | 四川合江 | 战区失学女生 | 本部留川省立；分校留黔省立 |
| 国立第一华侨中学 | 1939年9月筹设 | 云南保山 | 暹罗归国侨生 | 高中部并入国立第二侨中、国立三中；初中部并入国立十四中 |
| 国立第二华侨中学 | 1941年6月筹设 | 四川綦江 | 港澳等地侨生 | 迁海南岛改为国立第一华侨中学 |
| 国立第三华侨中学 | 1942年4月筹设 | 广东乐昌 | 广东各地归国侨生 | 迁广西龙州改为国立第二华侨中学 |
| 国立东北中山中学 | 1934年设立 | 四川威远 | 东北失学学生 | 迁沈阳仍国立 |
| 国立西南中山中学 | 1943年1月筹设 | 云南昆明 | 战区入滇学生 | 1945年秋改国立西南中山高级工业职校；中学班逐渐结束 |
| 国立汉民中学 | 原为私立汉民中学 | 广西桂林 | | 迁粤仍国立 |
| 国立东北中学 | 原为私立东北中学 | 四川三台 | 东北撤入关内学生 | 大部并入国立第十八中学 |

续表

| 校名 | 原名或筹设时间 | 校址 | 主要招生对象 | 战后处置 |
|------|----------------|------|--------------|----------|
| 国立绥远中学 | 1939年6月设立 | 绥远临河 | 边区及战区学生 | 留绥仍国立 |
| 国立黔江中学 | 原为私立黔江中学 | 贵州安顺 | 战区及后方学生 | 留黔省立 |
| 国立河西中学 | 原为私立河西中学 | 甘肃酒泉 | 战区及后方学生 | 留陇仍国立 |
| 国立湟川中学 | 原为私立湟川中学 | 青海西宁 | 战区及后方学生 | 留青仍国立 |

### (五)扶助战区中学西迁

抗日战争爆发后,大量机关、工厂、企业、学校西迁,后方人口陡增,原有中学从数量和质量上都不能适应新的形势,国民政府组织中学西迁,并想办法收容战区后撤中学和师生,发展改进大后方中学教育,使大后方中学教育迅速发展。战区中学的西迁是国民政府为维持大后方中学教育而采取的重大举措。抗日战争爆发后,战区内大批师生纷纷迁往偏远的大后方坚持办学,另外还有一些中学则是由原战区的公私立组织新设于西部,也可计入中学教育的西迁运动之中。西迁各中学大致可分为两类:一是各有关高校附中的西迁,二是各公私立中学的独自迁徙。

高校附中的西迁是战时高校西迁的随行者。随着战局的变化,很多高校的附中也随同本校陆续迁到大后方。这批中学数量虽然不多,但西迁后的情况却比较复杂。有的是在所属高校本部所在地就近择址办学,如武昌艺术专科学校附中,与其本部俱迁到四川江津;有的乃是随所属高校之分部一同西迁,如私立光华大学本部避入上海租界,而其分校与附中西迁至成都西郊。更特别的是,有的高校附中虽然与其所属高校都迁入大后方,但几经辗转,最终迁定后的所在地却相距甚远,如国立中央大学迁至重庆,而其实验学校却在贵阳;还有的附中因为高校合并的关系,自身的校名在西迁后也发生了变易。如北平师范大学附中因北平师大与北平大学、北洋工学院合而复分,最终定名为国立西北师范学院附属中学。[①] 当时,还有一部分高校在西迁后也新办起了自己的附属中学。如中华大学办有湘校、渝校两所中学,武汉大学在乐山开办有附中,西南联大在昆明办有昆华中学等。[②] 这些附中如同西迁的高校,为抗战时大后方的教育开发作出了自己的卓越贡献。

各公私立中学的迁徙,是战时西迁中学的主力军。抗战全面爆发,华北、华东大片国土迅速沦丧,使当地众多公私立中学措手不及,无法进行大规模的有序转移。以浙江为例,战前浙江共有中学94所,抗战时大部分迁入省内国统区或偏远的乡间,另有一部分避入上海租界或迁往中共领导的抗日根据地,也有少量学校内迁到了江西赣州等地。[③] 但随着战区的扩大,越来越多的战区中学通过不懈努力,克服重重困难,陆续迁到了战时大后方。西迁中学多来自上海、江苏、湖北等省市和平津地区,山东、山西、湖南、安徽等省也有一些中学进行了转移。这些中学以迁入四川、重庆地区的数量为最,也有的在云贵陕甘等省择地重建校址,还有一部分迁入鄂西、湘西的偏僻山区。如1938年6月武汉告急时,湖北省教育厅即令武汉的大部分公立学校往鄂西方向分别撤退,其中中学的转移情况如次:武昌高级中学迁恩施,武昌第一女中迁公安,武昌第二女中迁崇阳,武昌初级中学迁蒲圻,汉阳初级中学及鄂东各地的公立中学亦同时奉命西迁。[④]

较之公立中学,数量更多的原战区私立中学也加入了这场声势浩大的西迁运动。其中有个人出资开办者,如孔祥熙任董事长的太原友仁中学;也有由社会团体(如教会、协会、同乡会等)捐资办理者,如位于重庆上清寺的江苏复兴中学即由江苏省青年协会设立。私立中学中,出现了一批办学质量较高、社会影响较大的中学,如贵阳的清华中学、重庆的求精中学等,都成为当

---

①李爱民,曹怀玉:《西北师范学院史略》,甘肃省政协文史资料研究委员会编:《甘肃文史资料选辑》(第23辑),甘肃省新华书店1985年版,第92页。
②政协西南地区文史资料委员会编:《抗战时期西南的教育事业》,贵州文史书店1994年版,第1—44、233页。
③张根福:《抗战时期浙江省中等学校迁移的特征与影响》,《教育史研究》2001年第1期,第70—74页。
④《武昌及鄂东各中小学分别迁移》,《申报》1938年6月22日。

地办得较好的学校。

**（六）督促地方中学发展**

为督促地方中学教育的发展,国民政府相继在后方各省划分了中学区,并且为此制订了较为详尽具体的发展规划。1938年12月,教育部从战时教育现状出发,计划依照各省地方交通、人口、经济、文化以及现有学校等情况,在省内划分若干中学区,每区内中学均有适当的配置,以每区有高、中合设的中学一所为原则。无省立中学者,应设数县联立中学或择一私立中学尽先进行整理充实,以作为模范学校,每区设女中一所。区内教育比较发达及经济比较充裕的县份,可设县立中学一所,或数县设联合初级中学一所。教育部暂定由川、滇、桂、黔、陕、甘、宁、青等后方8省为施行省份,借此熔行政与教育为一炉,促进地方教育机构自觉协助政府改进中学教育。1940年底,中学区制度已经基本成型,各区内中学的设施也已大都齐备,特别是西部的一些边缘地区由此改变了缺少中学教育的历史现状,可以说是实现了零的突破。从1942年起,教育部对各省市地方中等教育在整体上的发展比例作出规划与调整,中学教育作为其中的一个重要组成部分,自然也深受影响。按照规定,初级中学、简易师范学校、初级职业学校,三类学校设校增班比例应为6:3:2。高级中学、师范学校、职业学校,三类学校设校增班比例应为2:1:1。从这些比例和数字来看,虽然中学在中等教育内部受到了一定的限制,但整个中等学校教育在经费和规模等方面得到了政策上的保证,从长远计议,对中学教育的发展还是比较有利的。

除制定总体纲要和指明发展方向外,教育部还针对后方中学教育基础薄弱、经济落后的现实情况,出台了一系列的相关政策,在师资培训、办学经费等方面给予扶持。如为方便中学教员利用暑假进修,即于1939年夏在川、滇、黔、陕、甘五省分别举办中等学校各科教员暑假讲习会,并特别组设委员会,委任各该省教育厅厅长为主任委员。省内各公私立大学校长及独立学院院长为委员,下设国文、史地、数理化等组,每日学科讲演4小时,此外还有精神讲话、时事讲演、体育活动等,采取个别讨论、小组讨论、全体共同谈话等形式,对分科教材进行探讨学习。① 在经费方面,教育部也给西部地方中学以大力扶持,并通令各省市教育厅局订定各该省中学充实科学设备计划,切实筹办并呈部审核。②

关于大后方各省中学教育的具体设置与发展,教育部也是直接插手其中。如在1940年即将四年前公布的《修订中学课程标准》重新修正并通令施行。同年,开始进行中学六年一贯制的试验,这些工作也是先在大后方的某些学校里试行后再推行于全国的。③

## 二、抗战时期大后方基础教育的发展概况

抗战爆发之前,西部基础教育虽较之以往取得了一定程度的进步,但在全国教育现代化进程中居于边缘化的地位,与其他地区的主动交流也较为欠缺,师资、生源、资金、设备等必要因素的匮乏,无疑是致使当地基础教育发展滞缓的重要原因。民初在华东、华北等地激荡一时的数次教育改革,在西部地区竟然没有激起多少引人注目的波澜。至于人才流动,更是呈现被动的输出状态。久而久之,学校体制僵化,优秀师资和生源持续外流,陷入循环往复的怪圈。抗战全面爆发后,西部地区作为抗战建国的大后方,政治、经济、军事乃至教育地位相对于战前都得到了较大的提升。大批战区学校西迁,教育才真正与外界全面接轨。在国民政府的大力扶持和有力督导,外来及当地教育资源有效整合等多种因素的共同促进下,战时大后方基础教育取得了"双赢"的积极效应,进入近代以来的大繁荣、大发展时期。

---

①《教育部举办川滇黔陕甘等五省中等学校各科教员暑假讲习讨论会》,《教育通讯》第2卷第37期,1939年7月。

②《充实中学设备》,《教育通讯》第3卷第26期,1940年7月。

③《指定中学实验六年一贯制》,《教育通讯》第3卷第43期,1940年11月。

### (一)小学教育

小学教育是整个国民教育的基础。南京国民政府上台后,将初等教育作为发展学校教育的重点。1932年和1933年,国民政府及教育部相继颁布了《小学法》《小学规程》,为西部地区小学教育的普及提供了制度保障。依据上述政策规定,在抗战爆发之前的十年间,西部地区的小学教育机构有了一些增添,但各省之间不仅发展步伐不一,而且办学质量相差悬殊,故而各自取得的成效也颇为有别。抗战时期,作为战时大后方的西部地区成为战区各省诸多流亡者的接纳场所和抗战建国的教育基地。沿江沿海的企事业单位先后迁至,沦陷区的逃亡者更纷至沓来。据统计,在抗日战争期间,沿海及沿江地区有近1000万人口迁至西南和西北。这些人员的迁入,大大增加了西部地区的学龄儿童数。如果不大力发展小学教育,就会导致一部分儿童入不了学,成为新文盲。所以,国民政府加大了对大后方小学教育的重视程度,并认真办理,使之在数量上比战前有了很大的提高。

大后方的小学教育经历了两个阶段,即义务教育阶段和国民教育阶段。在抗战前夕和抗战前期推行义务教育,在抗战中期和后期推行国民教育,而以推行国民教育的成效最为显著。为了解抗战期间大后方小学教育发展的大致情形,先以国民政府教育部编制的《第二次中国教育年鉴》中初等教育部分为主要参考系,对其中有关数据进行分析、归纳和处理,分别选取抗战爆发的1937年、实施国民教育后的1941年、抗战结束的1945年这三个年份,列表展示出战时大后方各省小学教育的发展变化情况。

表2-2　战时大后方各省小学教育发展简表①

| 省份 | 小学校数(所) 1937年 | 小学校数(所) 1941年 | 小学校数(所) 1945年 | 小学生数(人) 1937年 | 小学生数(人) 1941年 | 小学生数(人) 1945年 | 入学率 1937年 | 入学率 1941年 | 入学率 1945年 |
|---|---|---|---|---|---|---|---|---|---|
| 四川 | 24474 | 31330 | 52711 | 1871979 | 2169060 | 3814743 | | 47% | 80% |
| 贵州 | 3171 | 5503 | 8825 | 264588 | 441250 | 772217 | | 约30% | |
| 云南 | 14163 | 11017 | 11417 | 704328 | 638146 | 710762 | | 31% | 43% |
| 西康 | 119 | 589 | 1338 | 6109 | 39780 | 165281 | | 45% | 57% |
| 青海 | 748 | 882 | 947 | 35527 | 43589 | 51535 | | 35% | 59% |
| 广西 | 24267 | 22191 | | 1665092 | 2846443 | | | 79% | |
| 陕西 | 11722 | 14602 | 13974 | 484078 | 729923 | 852237 | | 50% | 58% |
| 甘肃 | 3887 | | | 162756 | 276349 | 398260 | | 32% | 49% |
| 宁夏 | 293 | 373 | 443 | 13612 | 35772 | 36509 | | 52% | 58% |
| 新疆 | | 2455 | | | 224681 | 298600 | | 27% | 37% |

1. 义务教育阶段

抗战前夕,国民政府及教育部就先后制定了义务教育的学制及有关变通性法规,包括1932年的《小学法》,1933年的《小学规程》,1935年的《一年制短期小学暂行规程》《一年制短期小学暂行课程准令》及《二年制小学暂行规程及课程标准总纲》。这些法规的主要内容有:小学收受满6岁之学龄儿童,修业年限6年;前4年为初级小学,可单独设立,暂定为义务教育;后2年为高级小学,须与初级小学合并设立。为便于推行义务教育,教育部要求各地采用变通办法积极实施,即各地先设立一、二年制简易小学,招收不能入初等小学之学龄儿童。一年制短期小学,课程开设国语、算术、公民训练、体育,教学采用半日制或全日二部制。二年制短期小学,教学科目为公民训练、国语、常识、算术、工作、游唱,实行二部制教学。二部制的编制分为以下几种:①全日二部制二教室,即由同一教员在两教室间往复施教;②全日一教室二部制,

---

①资料来源:国民政府教育部教育年鉴编纂委员会编《第二次中国教育年鉴》第三编第二章"各省实施义务教育概况"、第三章"各省市实施国民教育概况"。其中贵州、青海两省在抗战中期采用的是1942年的数据。

即以一教室同时容纳两班儿童,间时交替入教室,由一教员施教;③半日二部制,即以一教室同时容纳两班儿童,分上下午由同一教员施教;④全日半日混合部制,以二教室容纳两班或三班儿童,一班全日在校,余两班上下午交互在校;⑤间日二部制,以一教室容纳两班儿童,间日轮流施教。①

1935年5月,教育部遵照国民党第四届中央执行委员会第五次全体会议决议颁布了"实施义务教育暂行办法大纲",酌定分期普及办法,由推设一年制、二年制短期小学逐渐完成四年制义务教育。大纲颁布执行后,又另设订普及义务教育的办法及细则,通令苏、浙、赣、鄂等19省市为首批实施义务教育的省份,分期"自1935年8月起至1940年7月止为第一期,各省市广设一年制短期小学,招收9—12周岁的失学儿童,受教育一年,此阶段结束时,至少应使80%以上的学龄儿童接受相应的教育;1940年8月至1944年7月,将一年制短期小学逐渐改造为二年制短期小学,招收8—12周岁的失学儿童,此阶段结束时,接受相应教育的学龄儿童亦不少于80%;1944年8月,将二年制短期小学逐渐改造为四年制初级小学,以便今后使全国学龄儿童接受至少4年的初等教育"。② 与分期计划相配套,国民政府还通过有关法令制订了一系列实施办法,如市县划分小学区、实施巡回教学、改良私塾、强迫入学等。现选取进步比较明显的四川和贵州两省为例,作较为详细的介绍。

依照实施义务教育暂行办法大纲及实施细则,四川省订定分期分年计划,于1935年8月起开始实施义务教育。除分别设置省县义务教育委员会外,1935年增设短期小学1313所,短期小学班72班。1936年短期小学达3431所,短期小学班达1022班,此外增设普通小学512所,简易小学68所,附设二部制82班,设置巡回教学27组。根据统计,四川省历年设置各类小学校数为:1935年度共17177所,1936年度共20322所,1937年度共24474所,1938年度共25975所,1939年度共25481所。历年入学儿童数:1936年

---

① 中国第二历史档案馆编:《中华民国史档案资料汇编》(第五辑),江苏古籍出版社1994年版,第633-663页。
② 国民政府教育部教育年鉴编纂委员会编:《第二次中国教育年鉴》(第三编 初等教育),商务印书馆1948年版,第180页。

度共 1022254 人,1936 年度共 1360309 人,1937 年度共 1891979 人,1938 年度共 2001194 人,1939 年度共 2045192 人。历年教职员数:1935 年度共 37802 名,1936 年度共 40332 名,1937 年度共 50232 名,1938 年度共 52999 名,1939 年度共 52465 名。

到 1934 年,贵州全省仅有小学 1819 所,在校学生 145653 人,在校学生约占学龄儿童总数的 10%。1935 年,该省先后制定了《贵州省义务教育实施计划》《贵州省短期小学校长与教员任免及待遇暂行规定》《贵州省巡回教师任免、待遇及服务暂行规定》等法规。从 1935 年至 1940 年,省政府每年都有指令性的计划下达各县。在推行义务教育的第一期(1935 年至 1940 年),小学教育有了较大发展。1937 年,全省已有小学校数 3171 所,至 1940 年已达到 4221 所。为有效推行义务教育,贵州省采取了诸如兴办短期小学、试办巡回教学、鼓励私人办学、改良私塾等措施。

2. 国民教育阶段

1939 年 9 月,国民政府公布《县各级组织纲要》,正式实施"管教养卫合一"、"政教合一"、"三位一体"的"新县制"。1940 年 3 月,教育部根据《县各级组织纲要》,颁行《国民教育实施纲领》,决定从大后方四川、云南、贵州、广西、重庆、新疆、西康、宁夏等省市先行实施国民教育制度。现将四川、重庆、贵州在此方面的实施情况分述于次。

四川省在抗战爆发的 1937 年时已有小学 24474 所,学生 1871979 人。但由于该省人口基数较大,失学儿童在全部学龄儿童中所占比例仍相当高。根据 1940 年上半年的统计,当时全省共有完全小学、初级小学及短期小学共 25350 所,学生 2069854 人,入学率约为 44%。但到 1945 年国民教育五年计划完结时,仅中心国民小学较以前的完全小学就增加了 2733 所,国民学校较以前的初小、短期小学增加了 23520 所,入学儿童占到了学龄儿童的 80%。通过五年的努力,四川的小学教育在数量上大为发展。而且该省教育厅采取了一系列措施,使得小学教育的质量也有所改进。一是健全初等教育视察与辅导制度。在 1940 年 3 月,国民教育制度推行之初,川省教育厅即召开第一次全省教育视导会议,开始筹划建立初等教育视导制度。到 1941 年 6 月第二次会议时，便出台了一套较为完善的方案：在省内划分若干视导区并派驻督学，每年定期举行区视导会议，另外专门成立了 3 个国民教育巡回指导团。视导区下属的各县市也仿照这一范式建立起本地的初等教育视导组织，承担对本地初等教育进行督促指导的责任。到 1945 年抗战结束之时，基层的国民教育辅导团已达到 127 团之多。二是设立国民教育示范区和实验小学。国民教育运动开始推行后，川省的万县及资中两地被定为国民教育示范区，由省教育厅代为拟定工作计划大纲，在当地加紧展开各项工作，作为其他各县仿效的样本。同时在全省内还设立了 46 个示范乡镇，作为小学教育的重要实验基地。三是编制地方小学乡土教材。川省教育厅在 1943 年秋设立了乡土教材编辑委员会，组织专人编写本省的小学自然、社会、常识等科教材，省立科学馆也受命编有《四川乡土历史》《四川乡土地理》《四川乡土游戏》等小教辅导用书。省立成都实验小学编印了《四川物资分布图》《四川歌谣》《四川的都江堰》《四川的盐、糖、纸》《成都的社会》等 12 册小学读物。这些乡土教材紧密联系本省民众生活实际，符合儿童心理特点与认知水平，取得了不错的实用效果。四是提高小学教师经济待遇。国民教育开始实施之时，川省境内小学教师的薪金普遍低下，每月最高的不过 45 元，最低的仅有 20 元，面对当时物价飞涨的局面，小学教师们常常捉襟见肘。从 1941 年开始，省教育厅规定除发给原有薪水外，所有小学教师每人每月还可以领到食米 2 至 3 市斗，1942 年再统一增加为 4 市斗。由于全省各地实际办理情形不一，1943 年通过制定《四川省各县市局国民教育促进会组织办法》，对此重新作了统一的布置。抗战后期法币急剧贬值，为稳定小学教师队伍，相应地提高了他们的薪水。依据当时的规定，各省立小学教师都可以比照省级公务员的待遇领取食米和生活补助费。

除上述四点，四川战时发展本省小学教育的措施还有诸如加紧培训和检定初教师资、办理教育经费特种基金、筹集地方学田及校产等。随着这些措施的落实，战时川省的小学教育取得了较大的发展，学龄儿童入学率也渐有提升：1941 年为 47.37%，1942 年为 65.51%，1943 年为 80.06%，虽然 1944 年曾下跌到 75%，但 1945 年旋即恢复为 80.44%。学校数量也由战前的

24474 所增为战后的 52711 所,增加了一倍有余。①

至于陪都重庆小学教育的拓展,也与国民教育制度的推进不无关系。1940 年,重庆市各类别的小学仅 42 所,其中市立小学 5 所、私立小学 12 所、国民基础学校 25 所,入学儿童为 17692 人。1941 年推行国民教育后,入学儿童数逐年增长。1941 年,全市入学儿童为 44740 人,1945 年增加为 92960 人。②

同四川省一样,重庆市也设有国民教育试验区、实验中心,并成立国民教育委员会,促进了本市小学教育质量的提高。在校舍、设备建设方面:1941 年,创办了镇中心小学 27 所,保国民学校 45 所,代用中心学校 4 所,连同私立小学 60 所,计 136 校。1942 年,重庆市教育局曾通令各镇按教育部颁中心国民学校标准建设学校,但因战时财力困难,不免因陋就简。1943 年,又制定了《国民教育行政工作竞赛办法》,通令执行,并强调"质"、"量"并重。到 1944 年,所有中心国民学校均修葺或新建了校舍、添置了课桌椅及时钟等。其中 18 所学校校舍、教具齐全,符合部颁标准;31 所学校校舍、教具尚敷应用,基本符合标准;11 所学校亟待充实。而全市的国民学校多校舍破烂、教具不齐。所以,1945 年重庆市教育行政部门又制定了《中心国民学校充实设备分年实施大纲》《充实国民学校设备计划》和《社会扶助市立小学各校建校计划》等,并成立了各区建校委员会,分别办理。在师资队伍建设方面:重庆直辖后,市政府及教育行政主管部门较为重视国民教育师资建设。早在 1941 年就曾开办小学教师暑假训练班,集中训练一月,以后每年均开办。1943 年,为了更加规范地培养和补充小学师资,还设立了市立师范学校 1 所,招收初中毕业生,施以三年的专业训练。此外,市教育局成立了国民教育委员会,编印出版国民教育指导月刊,帮助教师进修提高。在国民教育五年计划期间,小学教师由 1296 人增加到 3476 人。

为了配合"新县制"的实现,贵州省根据《贵州省各级组织纲要实施计

---

① 国民政府教育部教育年鉴编纂委员会编:《第二次中国教育年鉴》(第三编 初等教育),商务印书馆 1948 年版,第 181 页。

② 徐文涛主编:《四川教育史》,四川教育出版社 2007 年版,第 444 页。

划》的规定,制定了《贵州省实施国民教育计划》,规定以"量的扩充力谋质的改进"为原则,于1941年在全省推进国民教育。其中有关小学教育的措施有:设立国民学校示范区和实验小学、分别采用单级教学和复式教学、培养小学教师等。经过几年的努力,国民教育取得了明显的进展。至1945年,全省共有中心国民学校1595所,已超过每乡镇一校的标准;国民学校8693所,已达到每三保二校的标准。在师资培养方面,贵州省政府于1941年又新办了国民学校师资训练所。到1943年左右,全省共有这种省立师训所4所,县立37所,学生近2000人。[①]

在对战时大后方小学教育进展状况进行扫描时,我们还可以从云南省的昆华小学在抗战期间发展变迁的具体个案观察,得到一个更为直观清晰的认识。

云南省立昆华小学(前身为云南省立第一师范附属小学)原设昆明市区,在1938年9月因躲避日机的空袭而疏散至晋宁县。初到该地时,所用校舍颓垣断壁,瓦砾成堆,荒芜破败不堪,连开展基本的教学都比较困难。当时的校长王建遥面对简陋条件,带领学生,手拿锄头,肩挑箩筐,填塘平地,开辟出了体育场,又将一片杂草丛生的小丘修造为一座名副其实的"百花山",成为学生课外活动场所,终于使学校初具规模。这座小学不仅让原昆华小学的学生得以复学,还吸引了晋宁各乡子弟。由于学生增多,原校舍容纳不了,又在新街设立分校。这两所小学对当时比较落后的晋宁小学教育事业,具有一定的推动作用。

为抓好基础知识的训练和掌握,昆华小学在校内设有图书室,学生可向图书室短期借阅儿童读物,还组织教师和学生共同编写抗战宣传简报和黑板报。学生的课外活动尤其丰富,校内成立了田径队、游泳队、校刊编委会等,经常开展作文演讲、歌咏图画、远足采集植物标本等活动。该校学生在云南省小学的各种竞赛中屡获佳绩,如在航空建设讲演比赛、航空建设图画比赛、国庆抗战建国比赛中先后获得冠军。除在教学中注意稳抓基础和社会实际

---

[①] 贵州省政府秘书处:《黔政五年》,1943年版,第76页。

外,昆华小学还非常强调对学生爱国精神的培养。学校每天举行升降国旗仪式,每周讲解时事,向学生进行爱国、救国的思想教育,还拟定简明的"愿词",供人人背诵熟记。如:"我愿做杀败倭奴的戚继光!""我愿做马革裹尸的马伏波!""我愿做精忠报国的岳武穆!""我愿做鞠躬尽瘁的诸葛亮!"或将一些富有意义的格言张贴在教室里或画在教室外的墙壁上,采用通俗易懂的形式,向学生介绍著名历史人物及其功绩,树立为国为民的崇高典范,传播祖国优秀文化和爱国主义思想。在这种环境的熏陶下,学生素质得到了较大的提高,甚至在举办抗日歌曲比赛时能够作四部混声大合唱,戏剧小组的同学给附近居民及伤兵演出《放下你的鞭子》等街头剧,不少人都深受感动流下了眼泪。昆华小学的毕业生中,有不少人后来都成为国家的有用人才。如李家宝任哈尔滨工业大学副校长,李振家任云南工程学院教授,杨贞元任云南大学政治系主任。

应当承认,抗战期间大后方小学教育确实得到了一定程度的发展。战后各地小学数和学生数、适龄儿童入学率相对战前都有了不同程度的提高,其中入学率的变化最能代表小学教育的发展水平。特别是那些教育基础较好的省区,战时在教育部的大力督进下,更是发展迅速。而从西部地区的整体概况看,根据战胜结束之际时人的反映,"就大后方十省市而言(陕、甘、宁、青、新、康、川、滇、黔、渝,未计入广西和绥远,笔者注),二十五学年(1936年)小学生数原为三百万人,三十二年度(1943年)增为六百七十六万人,增加一倍以上……若依民国元年(1912年)至二十五年度平均数推之,则上列十省市小学生数须至1966年方能达到(目前水平),今则提前二十年"。①

**(二)中学教育**

抗战之前,国民政府教育部先后颁布了《中学法》《中学学生毕业会考规程》《修正中学规程》等一系列法规,对改变西部中学落后的局面起到了一定的促进作用。但总体而言,无论数量的分布还是办学的条件,同华东、华北、

---

① 王万钟:《从数字上看教育》(上),《中央日报》1945年10月1日。

华中等文教发达区域相比仍有较大的差距。

抗战爆发后,为培养抗战所需的中等人才,迅速扭转西部地区中等教育的落后局面,国民政府教育部制订了一些有益于发展大后方中等教育的政策和措施,中学教育自然也受到了深远的影响。

在国民政府及教育部的大力督促下,各省市教育厅局在战时也采取了多方面的措施来促进本地自办中学的发展。如云南省教育厅改善中等学校教职员待遇,举办中学教员进修班。重庆市教育局召开中学校长会议,向地方绅士招募奖学金,为中等学校招生在报纸上代为通告等。此外,西部各省都按照本省内的中学区相应成立了各区的中学教育研究会,并选取各区内一所模范中学作为教育研究会的召集人。凡此种种,都使得大后方各地的中学在抗战时期得以持续稳定地发展。从总体情况来说,四川、云南、贵州、广西等省在战前原有基础上有了进一步的提高,陕西、甘肃、宁夏、新疆等省则是取得了突破性的飞速进展。

表 2-3 抗战前后大后方各省中学数变化表[①]

(单位:所)

|        | 四川 | 云南 | 贵州 | 青海 | 西康 | 广西 | 陕西 | 甘肃 | 宁夏 | 新疆 | 绥远 |
|--------|------|------|------|------|------|------|------|------|------|------|------|
| 1936 年 | 230  | 68   | 26   | 3    |      | 51   | 22   | 12   | 1    | 3    | 4    |
| 1945 年 | 554  | 131  | 127  | 4    | 24   | 188  | 134  | 63   | 8    | 8    | 8    |

战前四川省的中学教育在西部地区一直处于领先水平,1940 年时全省已共有公私立中学 448 所,1945 年更是到达了空前的 554 所。而重庆市在战时中学数量的变化更是可以视为战时整个大后方地区的一个缩影:"二十八年度全市公私立中学计二十所,二十九年度因遭敌机残酷轰炸学校外迁,中学减至十六所,三十年度增为二十七所,三十一年度增至为三十八所,三十二

---

[①] 资料来源:国民政府教育部教育年鉴编纂委员会编:《第二次中国教育年鉴》(第四编 中学教育)第三章"各省市中学概况"及当时各报刊杂志中相关资料统计分析而成,其中四川、广西战前是采用 1930 年之数据,宁夏战后是采用 1944 年的数据。

年度增至四十所,三十三年度增至五十所,三十四年度学校复员,中学减至四十六所。"①

云南省战前中学教育的底子也算不错,抗战爆发前已有中学68所,1939年春增加到91所,其中高初中合设之完中19所,初级中学72所,学生18456人。分布也较战前更加均衡,全省108个县里面只有27县没有中等学校。1943年全省计有省立中学19所,县立中学72所,另有私立中学12所,共103所。② 1945年全省公私立中学复增至131所。

贵州省战前的1936年有中学26所,1937年为32所,1938年为33所。为使中学教育得到有计划的均衡发展,该省教育厅自1939年起将全省划为6个中学区,规定每区至少设完全中学一所,每县至少有一所初级中学,同时鼓励私人和社会团体创办中学。这一时期,先后制定了《贵州省中等学校设校计划和划分中学区办法》《全省公私立中学办学成绩优良学校和校长奖励办法》等法规,以促进中学教育的发展。至1945年,全省中学已发展到128所,其中省立中学20所,县立中学71所,私立中学37所,尚有国立中学以及未经教育部备案的私立中学共44所未统计在内。中学区经多次调整,1945年全省79个县共划为7个中学区。当年,已基本上达到了分区设校的要求,每个学区都有完全中学,绝大多数县份设有初级中学。

现以贵阳市为例,借以详细说明贵州省中学教育在数量和质量方面的改进情况。抗日战争爆发前,贵阳全市只有7所中学,在校生2930人。抗战后,贵阳成为大后方的重要城市,人口激增,普通中学也相应增多。至1946年,已达到20所。③ 其中除部办的国立中学外,还有战区西迁中学、大后方地方自办中学等。中央大学附属实验中学、私立大厦中学和私立清华中学恰好是这三类学校的典型代表。

---

①国民政府教育部教育年鉴编纂委员会编:《第二次中国教育年鉴》(第四编 中学教育),商务印书馆1948年版,第480页。

②《云南文化界一瞥》,《新华日报》1939年3月1日;《滇教育厅全省教育近况》(一),《申报》1940年11月29日;《滇省教育进步》,《中央日报》、《扫荡报》(联合版)1943年1月18日。

③杨适:《民国时期贵阳普通中学简介》,贵阳市政协文史资料委员会编:《贵阳文史资料选辑》(第26辑),1989年印行,第1页。

中央大学附属实验中学于1938年9月辗转迁至贵阳,建校舍于马鞍山,杨希震任校长。1941年校名改为国立第十四中学。该校以学业成绩优异著称,1941年的50余名毕业生中除1人考取邮务员外,其余均为西南联大等著名大学录取。1942年和1943年度的全省中学毕业会考和升学考试,十四中均名列第一,在1944年还得到了教育部的特别嘉奖。

抗战爆发后,大夏大学从上海迁至贵阳,1938年6月增设附属中学。校长由大夏大学校长王伯群兼任,另设附中部主任负责学校事务,后改为大夏中学,吴照恩任校长。1947年,为纪念新故王校长,改校名为伯群中学,校址迁至大南门外马鞍山。解放后,并入贵阳中学。学校注重提高学生学习质量,培养学生的勤学精神,如安排每天早读和夜自习的时间。规定每周一、三、五朗读指定精读的古典文学,二、四、六朗读英语范文。由值日教师、教务处负责人参加巡行抽背。该校除正课外,也重视学生的课外活动。利用课外活动,丰富学生生活,培养学生良好品德,发展学生个人爱好与专长。开展的活动有:学术讲演、校刊级刊、成绩展览、音乐会、话剧等。该校历时12年,高、初中毕业生约2000余人。①

私立清华中学于1938年5月始建于贵阳市区龙泉街复圣祠。原清华大学校长梅贻琦任名誉董事长,清华大学前身清华学堂老校长周诒春为董事长。1939年,因避空袭迁至花溪,遂为永久校址。该校在创办之初,周诒春董事长特别强调其私立性质,提出该校应有相对的独立性,有一整套自己的做法,逐步形成自己的特色,即清华精神。主要内容是使学生养成爱国、诚实、自立、合作的品格,同时要求学生具有正义感和服从真理、积极向上、勇敢顽强的精神,具有处事待人的礼貌、言谈举止的文明、劳动简朴的生活和清洁卫生的习惯等等。该校对学生要求严格,教学成绩突出,1943年,全省19所中学参加联合考试,清华及格人数比例为53.57%,为全省第二名。1943年,省政府嘉奖全省7所办理成绩显著的学校,清华即是其中一所。

---

① 吴照恩:《伯群中学概况》,贵阳市政协文史资料委员会编:《贵阳文史资料选辑》(第9辑),1983年印行,第38—40页。

## 三、抗战时期大后方基础教育的要素分析

抗战烽火中的大后方基础教育,肩负着发展国家基础教育事业的重任。为适应战时的特殊环境,更为西部基础教育的长足发展,其在行政机构、经费来源、师资培养、课程教材、学生管理等方面都作出了一系列必要的调整,整体制度日益完善,适应性日渐加强,成为战时大后方教育发展的一个重要组成部分。

### (一)行政机构与经费管理

抗战时期大后方基础教育的发展离不开教育行政机构的合理设置,更离不开教育经费的筹集与管理。

#### 1.行政机构

战时大后方的小学大多沿袭1936年修正的《小学规程》,规定小学设校长1人总理校务,实行校长负责制。设教导主任1人,由校长选用,秉承校长主持教导事宜。小学校长、教导主任必须是师范学校或师范科毕业,具有一定工作年限,成绩显著者承担。1939年实施"新县制"后,曾试行过乡镇保长、国民学校校长、壮丁队长三位一体的管理模式,后来又改为"中心国民学校、国民学校校长,以专任为原则"。在经济相对发达的重庆、成都、贵阳等地,小学一直实行校长专任,没有受到乡镇保长兼任校长三位一体制的影响。

至于战时大后方中学的行政组织,抗战初期根据《中学规程》的要求,设校长1人,统管全校事务。校长管理权限,早期采用"校长负责制",后期实行"校务分权制",制约校长权力。学校按照规模大小和学生多少,设置教务、训导、事务、体育、卫生等处组。另设训育指导委员会和经费稽核委员会,负责人为专职或兼职。与校行政系统并立的有定期召开的民主会议制度,具体包括校务会议、教务会议、训育会议等。在1942年颁行的《中等学校校务处理

办法大纲》中,学校系统各部分职责的划分更为明确。校长本职为规划校务,修订及审核各项规定,选聘教师,分派职员,考察辅导教学,考核并调整教职工,检察学生学业情况,提高教育教学水平。教务主任职责为主管日常教学、学籍管理、教学设备、生产劳动训练、战时后方服务训练、社会教育、专业训练等,下辖教务、训育、体育各组。总务主任分管一切总务事项,下辖文书、会计、事务、卫生各组。更值得注意的是,抗战期间大后方中学,只准设校长1人,不准设副校长;同时不准校长身兼数职,使其全部精力能用在学校管理上。教育行政当局的上述规定,既能避免校长管理权限不够,造成互相推诿的现象,也能防止校长管理范围过宽,造成顾此失彼的恶果。

2. 经费管理

教育经费是教育事业生存发展的基本物质基础。教育经费的预算制度、筹措清理、管理使用,在很大程度上制约着教育事业的建设规模和发展走向。抗战爆发后,日本帝国主义的大举入侵破坏了正在发展中的中国教育。全民族的抗日烽火,不可避免地使军费开支急速增加,教育经费相对萎缩。有鉴于此,1938年4月国民党临时全国代表大会确立"抗战建国"的基本国策时,在《战时各级教育实施方案纲要》中明确规定:"对中央及各地方之教育经费,一方面应有整个之筹集整理方法,并设法逐年增加;一方面用得其当,勿使虚縻"。① 教育部根据纲要拟定具体实施办法时重申:"中央对教育文化事业与其他事业费应有相应之比额,对其用途,应合理支配。对地方义务教育经费,应按预定计划,逐年增加。各地方教育经费之依法独立者,应予保障;教育产款应予处理"。② 国民政府推行新县制后,曾一度改革财政收支系统,实行国家财政与自治财政并立制度。国家财政层面,统一全国税收,并统筹省级预算;自治财政以县市为单位,乡镇财政由县市政府统筹编制。在这一制度下,省级教育经费较过去更有保障,而县市教育经费则普遍地被侵占挪

---

① 国民政府教育部教育年鉴编纂委员会编:《第二次中国教育年鉴》(第一编 总述),商务印书馆1948年版,第12页。
② 国民政府教育部教育年鉴编纂委员会编:《第二次中国教育年鉴》(第一编 总述),商务印书馆1948年版,第12页。

用,原来的教育经费保障制度遭到破坏。原因主要在于地方经费来源少,财政当局又不能开源节流,便挪用教育经费以作他用。为此,国民党五届九中全会于1942年春发布决议,"重申国家保障教育经费之主旨;原有地方学款学产租息,因物价增高之溢收,均应全部拨充地方国民教育经费,绝对不得藉口统收统支,移挪别用"。此决议颁发后,各省大体上都遵令设立了教育经费管理机构和稽核机构,各县也大都设有教育产款委员会或教育经费委员会。

抗战期间,小学教育经费制度最为详密,前后变化也比较大。关于经费来源,曾规定各省市应按照各地情形,或在省市教育经费项下及省市总收入项下提出若干成,或指定专款充之;各县市也应指定学产,或指定特种捐税充之,还可劝导民众尽力捐助。[①] 国民教育制度实施后,按照《国民教育实施纲领》的规定,国民教育经费以地方自筹为原则。其中保国民学校的经费,以各保自行筹集为原则,不足时得由县市经费下支给;乡镇中心学校经费,校长、教员薪给由县市教育经费项下开支,办公及设备扩充等经费应由所在地方自筹;各县市筹设国民学校及中心国民学校经费不足时,可在本省或及中央拨助经费项下酌予补助。1941年和1943年,教育部先后颁布《各县市筹集义务教育经费暂行办法大纲》和《修正国民学校及乡(镇)中心学校基金筹集办法》,进一步明确了县市义务教育经费的筹集途径和使用原则。[②]

因为初等教育基本属于地方自办教育,经费来源的主渠道并非来自中央政府,但从战前的1935年开始,国民政府对地方义务教育的补助就已经形成一套定规,即每年从国库和庚款中特别拨出一定数额充作义务教育中央补助费,分配至各省市使用。其分配原则,抗战前侧重东南沿海各省市,抗战爆发后自然逐渐向西南、西北各省市倾斜,且每年均有增加。至1941年实施国民教育后,此项补助费在名称上也相应改为国民教育中央补助费,更重要的是在内部分配上继续向西部地区倾斜。

在教育经费审核方面,"新县制"实行后,地方政府财权相对战前有所扩大,占用国民教育经费的现象也随之产生,造成了一定的消极影响。为解决

---

[①] 国民政府教育部编:《教育法令汇编》(第一辑),商务印书馆1936年版,第26页。
[②] 宋恩荣主编:《中华民国教育法规选编(1912－1949)》,江苏教育出版社1990年版,第311页。

这一问题,教育部于 1941 年订定《稽核各省市国民教育经费暂行办法》,严令各省市所领到国民教育中央补助费及各地自筹经费,应以专款名义存储省市金库或银行;教育部国民教育视察人员遇有各省市经费管理使用不当或其他严重问题时,应立即呈请核实办理,不按时呈报教育部者,应由教育部予以处分;各省对县市教育经费的稽核,应由各省拟定具体办法,呈报核准实行;省教育行政机关应按时将国民教育经费收支情况通知视察员,保证地方国民教育的稳定发展。

中学教育经费制度,抗战初期主要沿袭了 1933 年《中学规程》里关于教育经费的规定。中学开办、经常、临时各费,省(市)立者由省(市)款支给,县立者由县款支给;私立者由其校董会支给。县立中学确有地方贫瘠及成绩优良者,得受省款补助;私立中学非确属成绩优良者,不得受公款补助。补助标准,由省市教育行政机关规定,并呈报教育部备案。《中学规程》还规定,中学可向学生征收如下费用:学费、图书费、体育费;私立学校还可向学生收寄宿费;学校代办学生膳食,应核实收支。各学校在征收各项费用时,应根据省、市、县所定标准执行。图书费专用于图书馆添购学生必需参考图书;体育费专为供给学生体育运动之用,均不得挪作他用。

抗战爆发后,为救济从战区内迁的失学青年,国民政府还先后设立国立中学多所,并要求各地方中学尽量收容学生,对其普遍予以贷金或公费待遇。如 1941 年即两次通令各省教育厅"应就原有中等学校增设班级,其委实不能容纳者,另行增设临时班级,以便收容,继续施教",所需开办费、经常费及学生膳食等费也全部由教育部下拨。[①] 特别是《国立各学校学生膳食费用补助办法》公布后,无论收容于国中,还是发放到地方中学的战区流亡学生,读书都不用花什么钱:国中的学生除了免除各项费用外,并给予伙食费、制服费和书籍费,全部由教育部补贴;地方中学里的借读生,则是中央与省方各付半数,在物价比较高的地方,还给予特别增加,"以期学生均获饱食"。[②]

---

[①]《教育部继续筹划收容站区失学学生》,《教育通讯》第 4 卷第 21 期,1941 年 5 月;《教育部令各省添设省立临时联合中学增设班级收容战区学生》,《申报》1941 年 9 月 22 日。

[②]《战区中小学生膳食已由主管方面分别酌增》,《教育通讯》第 3 卷第 19 期,1940 年 5 月。

### (二)教师资格审定与培养进修

1. 资格审定

抗战期间,中小学教师采用聘任制。1936年《修正小学教程》第62条规定,小学级任教员或专科教员须具备以下条件之一:(1)师范学校毕业者;(2)旧制师范本科、高级中学师范科或特别师范科毕业者;(3)高等师范学校或专科师范学校毕业者;(4)师范大学或大学教育学院、教育科系毕业者。在中学方面,1935年教育部颁布的《中学规程》规定高级中学教员任用资格为:(1)国内外师范大学毕业者;(2)国内外大学研究院研究期满得有硕士或博士学位者;(3)国内外大学教育学院系毕业,或其他院系毕业,曾修习教育学科20学分以上有证明书者;(4)高等师范学校本科或专修科毕业后,有1年以上之教学经验者;(5)国内外专科学校或大学专修科毕业后,有2年以上之教学经验者;(6)曾任高级中学或其同等学校教员5年以上,经主管教育行政机关考核,以为成绩优良并有专门著述者。初级中学教员任用资格为:(1)具有高级中学教员规定之一者;(2)高等师范学校本科或专修科毕业者;(3)国内外专科学校或大学专修科毕业后,有1年以上之教学经验者;(4)曾任初级中学或其同等学校教员5年以上,经主管教育行政机关考核,以为成绩优良者。

由于当时在广大的西部地区,小学师资数量缺乏和质量不佳的情况尤为严重,战前教育部已有意对此加以整顿。抗战爆发后,特别是为了配合国民教育制度的推进,便在后方加紧展开了对小教师资的登记和检定工作。1942年4月,教育部公布《各省市小学教员总登记办法大纲》,规定各地方因合格教员登记人数过少,不敷支配时,得举行代用教员登记。由县教育行政机关举行甄别实验,将录取人员报省教育厅核准后,分别派充职务。合格教员登记核定后,由主管教育行政机关发给登记证。[①]1943年12月《小学教员检定办法》出台后,对原有小学教员的任职资格又进行了一定的完善。在中学方

---

[①] 国民政府教育部教育年鉴编纂委员会编:《第二次中国教育年鉴》(第三编 初等教育),商务印书馆1948年版,第223页。

面,教育部为对中学的教师水平进行考查,并激发其工作热情,相继制定《中学及师范学校教员检定办法》《给予中等学校教员奖助金办法》《奖励中等学校教员休假办法》以及《国立中等学校薪给表》等政策法令。主要内容包括:各省市成立专门的中学及师范学校教职员检定委员会,办理检定工作。检定分试验检定与无试验检定两种。无试验检定由委员会审查各种证件决定。试验检定除审查有关证件外,尚须进行考试。检定的科目分共同应试科目与专科应试科目。共同应试科目包括:教育概论、教育法、总理遗教及总裁言论。专科应试科目分为18科,各科教师从中选择相应科目参加考试,满60分为及格。经检定合格者,由省市教育行政机关发给证书,有效期为6年,期满重行检定。

2. 培养进修

为加强师资建设,各级政府还采取了一系列措施,着力提高在职师资的教学水平,其中最主要者为短期进修和长期辅导两项。

先以短期进修而言,具体又可分为暑期讲习会、师资训练班等多种形式。如1939年夏,教育部在川、滇、黔、陕、甘五省分别举办中等学校各科教员暑假讲习会,并特别组设委员会,委任各该省教育厅厅长为主任委员,省内各公私立大学校长及独立学院院长为委员,下设国文、史地、数理化等组,每日学科讲演四小时,此外还有精神讲话、时事讲演、体育活动等,采取个别讨论、小组讨论、全体共同谈论等形式,对分科教材教法进行探讨学习。[①]次年暑假,教育部又将是项活动再次铺开,参加的省份较之前次更多,还在组别中增加了教育组。[②]四川省教育厅也曾特令成都实验小学举办暑假讲习会,培训省城附近31所中心小学教师,并规定优秀者由教育厅申送到大学旁听。

比之短期进修,长期辅导的方式更加灵活多样。如1941年,四川省教育厅通令所辖各县分别设立"国民教育巡回辅导团"。这类辅导团的中心任务即为加强推行国民教育,对县境内乡(镇)中心国民学校及保国民学校进行辅

---

[①]《教育部举办川滇等五省中等学校各科教员暑假讲习讨论会》,《教育通讯》第2卷第27期,1939年7月。

[②]《各省市举行教员暑假讲习会》,《教育通讯》第3卷第24、25期合刊,1940年6月。

导,以提高教师的进修兴趣,增进教师的基本知识与教学和训导方面的技能。很多乡镇也成立了辅导委员会,设专任辅导员,对当地小学的行政与教学等事项进行辅导。此外,教育部还通过颁布《师范学院辅导地方教育办法》等法规,令饬各师范学院对地方中学加以长期的辅导。在四川郫县,教育局组织了"小学教育通讯网",用通讯方法指导教学上之各种实际问题,以提高教师对教学业务的研究兴趣。同时对教师的在职进修制订了六条措施:成立教育研究会,行政、训导、教学等方面所发生的问题,可提供研究会讨论;设置巡回书库,由县府统购图书,专人保管,分别送往各校浏览阅读,教师按月呈报读书报告;成立小学教育通讯研究处,作为县内各校的咨询机关;创立地方教育月刊,发表教师心得著作,交流教学经验;设立教育参观团,到各校轮流参观,取长补短,提高业务水平;示范教学,由县邀请省上优秀教师来县示范,通知全县教师集体听讲、观摩学习。[①]

**(三)课程标准与教科选编**

**1. 课程标准**

抗战时期大后方基础教育的课程实施主要表现为:一是配合抗战建国所需的教育目标;二是针对原有中小学课程标准的弊端重新进行修订。

1938年4月,在国民党召开的临时全国代表大会上,制定了《战时各级教育实施方案纲要》,提出课程应以发扬民族精神,加强抗日意志为主旨,责令各小学应一律注重精神训练与体格训练。具体的一些规定有:"在国语、音乐、社会等科目中应注重阐明关于唤起民族意识之教材,在朝会及其他集合时间,应多讲述有关精神训练之时事史实,以激发儿童爱国、爱群之情绪";"高级小学应酌量组织童子军,并应增加体育课外活动及远足、竞走、爬山等运动";"应设法多予学校儿童集合,举行关于精神及体格训练之大团结生活"等[②]。国民教育制度推行后,《修正小学课程标准》在实施过程中也暴露出不少弊端,包括理想太高,非一般小学能够普遍实施,内容较深,非一般儿

---

[①] 四川省郫县教育局编:《郫县教育志》,四川省郫县教育局1984年版,第52—53页。
[②] 顾岳中编:《中国战时教育》,正中书局1947年印行,第215页。

童能够切实领受;分量太重,非在规定时间内所能教学完毕;各科课程内容间多有重复之处;学习时颇不经济;教材编选的伸缩性过大等等。①

基于以上原因,国民政府教育部于1942年对小学课程标准进行了再一次修订。这个课程标准配合抗战建国所需的教学目标,规定初小课程科目为:团体训练、音乐、体育、国语、算术、常识、图画、劳作8科。高小课程科目为:团体训练、音乐、体育、国语、算术、社会(公民、历史、地理)、自然、劳作、图画9科。把所有课程整体分为道德训练、身体训练及知识训练三个部分。根据这三大部分,使各科尽量归并为三类:(1)道德方面,将公民训练及音乐等科尽量联系,以陶冶儿童品性,培养国民道德;(2)体育卫生方面,将体育卫生等科尽量合并或联系,以增进儿童健康;(3)在知识技能方面,将国语、算术、社会、自然等科尽量合并或联系,以增进生活必需的知识技能。② 由此体现了战时国民教育课程普遍性和时代性的特点。

大后方各小学对上述课程标准的贯彻与执行情况,可以借用重庆私立自力抗属小学的相关情况加以具体说明。自力抗属小学在1941年春成立,根据修正小学课程标准,在初小和高小阶段都开设了公民训练、国语、社会、自然、算术、劳作、美术、体育、音乐9门课。后来,把初小阶段的社会、自然合并为常识科;劳作、美术合并为工作科;体育、音乐合并为唱游科;卫生知识在初小阶段归入常识,高小阶段归入自然。1942年,自力抗属小学实行教育部修订后的标准,在初小开设团体训练、音乐、体育、算术、常识、图画、劳作8科,在高小开设团体训练、音乐、体育、国语、算术、社会(公民、历史、地理)、自然、图画、劳作9科。③ 可见,自力抗属小学所开设的课程完全是对部颁标准刻板式的遵照执行。

但也有小学在课程实施过程中对教育部修正标准有所增减,如重庆市歌乐山镇中心学校,添加了书法、作文、珠算等。④ 表面上略有差异,但实质上是

---

① 国民政府教育部:《小学课程标准》,正中书局1943年版,第9页。
② 国民政府教育部教育年鉴编纂委员会编:《第二次中国教育年鉴》(第三编 初等教育),商务印书馆1948年版,第207-208页。
③ 李定开主编:《重庆教育史》(第二卷),西南师范大学出版社2006年版,第194页。
④ 李定开主编:《重庆教育史》(第二卷),西南师范大学出版社2006年版,第194-195页。

完全相同的。这也即是说,大后方多数公私立小学所开设的课程基本没有脱离教育部规定的樊篱。

关于中学课程设置,大后方中学在抗战初期使用的是1936年的《修订中学课程标准》。"卢沟桥"事变之后,教育界对于中学教育的意见产生了较大的分歧,一种意见认为抗战时期应放弃学科课程,实施为战争服务的生活课程。另一种意见则认为应维护学科课程模式,但应当适当减少课程量,增加军事课程如"步兵操典"、"野外勤务"、"射击教范"、"阵中要令"、"夜间教育"等。① 国民政府实行的基本是后一派的意见。为此,教育部在1940年再次修订了《中学课程标准》,主要作出了如下两方面的调整。

一是适应战时需要,及时改造课程。首先,减少了国文、算学、英语三科的教学时数。其次,合并了一些教学科目。如植物与动物关系比较密切,教学时间相互可以调剂,故将初中植物与动物合并为博物一科,使教学时间相对灵活。再次,设置战时课程。这类课程虽然没有列入正式课表,但在高、初中课程标准中都分别注有说明:各年级须有2小时为战时后方服务训练。

二是恢复选修科目,兼顾学生需要。首先,实行分组选修。考虑到初中不单纯为升学作准备,所以各学年均分为甲乙两组,甲组作就业准备,乙组作升学准备,各有3学时的选修科,区别主要在于是否选修英语。甲组第一学年,选修国文2学时,历史1学时,第二、三学年选修公民科1学时,职业科2学时;乙组一至三学年选修科的3学时全部用来学习英语。高中分组以文理为标准,并且从第二学年开始。其次,高中设职业科。规定高中阶段各校须视地方情形,酌设简易职业科目(如商业簿记、会计、统计、应用文书、打字、农艺、合作社等。女生设家事)。学生必须就所设科目中选习一种至两种。

对于1940年重订的《修正中学课程标准》,大后方各公私立中学大多能照章执行,且各有侧重之处。如重庆清华中学要求学生每日下午强迫运动1小时;开运动会时,每人必须参加两项体育项目;注册及放假前各普查体格一次。南开中学把体育与数、理、化、语文、外语同列为主科,作为学生的学业考

---

① 章育才:《抗战时期的中学教育》,《教育杂志》第29卷第1号,1939年1月。

核标准之一。

2. 教材选编

抗战以前,我国中小学教科书采用审定制,由教育部公布课程标准,各出版单位遵照标准各自编辑课本,呈教育部审查。抗战全面爆发后,为加强战时对教科书的管理和控制,教育部成立了各级学校各科教材编订委员会,同时规定"中小学及师范学校所用之公民、国文、历史、地理教科书,应由国家编辑,颁发应用"。[①] 这在政策上实际明确了教材的"国定制"。蒋介石在1942年5月给陈立夫的信函中建议:"以后凡中小学教科书应一律限期由部自编,并禁止各书局自由编订。"[②]1943年11月,教育部重申:"所有各书局编印同类教科书之版本,不论其尚在审定有效期间,或已超过审定有效期限,或曾经核准发行,或尚未经审定者,均一律停止发行。"[③]中小学教科书中,公民、国文、历史、地理四科都必须采用国立编译馆统编的国定本,而其他科目则不限,可以采用比较灵活、开放的审定制度。但在实际操作上,教育部一方面由国立编译馆加紧编纂上述四门课程的国定本教科书,另一方面还加强了对其他各科教材的管理。通过向实验学校或社会征求,或直接选用各书局、出版社的优秀课本,经严格审查修改后,确定为教育部部编教科书(即国定本)。

除系统编纂教科书外,教育部还对教科书内容提出了具体的要求。随着战局的发展,教科书编审政策更为明显地显示出了抗战时期的特色。1938年3月,国民党中央在汉口召开了临时全国代表大会,通过《中国国民党抗战建国纲领》,规定教育制度和教材要以增进抗战力量为指导。同年7月,教育部发布《各级教育实施方案》,要求"各级学校教科教材要成为一贯之体系,而应抗战与建国之需要,尤宜编辑中小学公民、国文、史地等教科书及各地乡土教材,以坚定爱国爱乡之观念"。抗战进入相持阶段后,各种物资紧缺,流通不畅。教育部积极调查各省所需教科书数量,暂定教科书补充办法,并编印

---

[①] 中国第二历史档案馆编:《中华民国史档案资料汇编》(第五辑),江苏古籍出版社1997年版,第28页。

[②] 中国第二历史档案馆编:《中华民国史档案资料汇编》(第五辑),江苏古籍出版社1997年版,第28页。

[③]《教育部训令》,《教育部公报》第15卷11期,1943年11月。

战时补充教材。1939年10月,教育部在为国民党六中全会撰写的教育报告书中指出:"中等学校采用之教科书,虽经教育部审定,但多数系在抗战前编辑,于抗战建国纲领及国民精神总动员教材多付缺如,教育部为补救此项缺点起见,特编辑战时补充教材,用以激励抗敌情绪,发扬民族精神。是项教材,计有国文、公民、历史、地理四种,业已次第出版"。①

抗战时期的中小学教科书中较多地体现出了国防教育的精神。1937年中华书局出版的地理教科书中,用一章内容专讲国防,包括国防形势的今昔,我国陆军、海军和空军编制,国防要地以及国防资源等内容。课文解释:"所谓国防,就是静态的国家总动员……维护民族的生存,领土的完整,觉得有建设新国防的必要"②,说明了国防教育对于抵抗侵略的重要意义。抗战后期,国民政府还专门要求加强对中小学生航空知识的教育。蒋介石曾亲自就此发出手令:"全国中小学教育应注意于航空知识之灌输与滑翔运动之提倡,凡中小学课本内均可将飞行与制造等材料特别编入,以作教材"。③

**(四)训育管理与学业考核**

1. 训育管理

学生管理在这里主要指学生思想和行为品德的培养,抗战时期,主要是通过训育的方式来完成此项工作。特别是为配合"管教养卫"新县制的施行,教育部在1939年颁布《中学训育纲要》,规定中学训育目标为:"自信信道——高尚坚定的志愿与纯一不移的共性",实质是以三民主义为信仰对象,主要与文化教育生活(教)相联系;"自治治事——礼义廉耻的信守与组织管理的技术",主要与政治生活(管)相联系;"自育育人——刻苦俭约的习性与创造服务的精神",主要与经济生活(养)相联系;"自卫卫国——耐劳健美的

---

① 中国第二历史档案馆编:《中华民国史档案资料汇编》(第五辑),江苏古籍出版社1997年版,第253页。
② 葛绥成编,金兆梓校:《初中本国地理》(第四册),中华书局1937年版,第78页。
③ 中国第二历史档案馆编:《中华民国史档案资料汇编》(第五辑),江苏古籍出版社1997年版,第462页。

体魄与保民卫国的智能",主要与军事及体育(卫)相联系。①1941年,教育部又制定了《小学训育标准》,规定小学训育目标为"根据建国需要,发扬我国固有道德及民族精神,制定标准,训练儿童以养成奉行三民主义的健全公民"。

大后方各级中小学皆遵照执行上述文件,并依据具体情况开展本校的训育工作。例如重庆树人中学制定了以下训育标准:一、遵守总理所著之三民主义,以养成学生正确思想信仰、民族意识及革命精神。二、遵照总裁所订新生活纲要、国民精神总动员办法及其礼义廉耻之校训,以养成学生之朝气、责任心及自治精神。三、遵照童子军誓言、规律、铭言及智仁勇三大目标,以养成学生健全之知识、道德、体格及其服务公众之精神。四、遵照中华民国中学之规程及中国国民党抗战建国纲领之规定,以养成学生基本知识及科学头脑,以作为升学及抗建之预备。②

关于训育内容,主要包括公民训练和军事训练两项。1938年国民政府公布了《抗战时期小学公民训练标准》,同时按高中低不同程度编写"小学战时公民训练标准"条文各二十条,具体内容包括:"爱国、守纪律、节俭、诚实、整洁、健康、勇敢、知耻、礼貌、服从、生产、奉公、公益、负责、自治、节俭、敏捷、精细、拥护、心理、反抗强权"等条目,作为各级儿童的生活准则,加强训练。③大后方各小学正是遵照这一系列训育文件,分别开展了具体的公民训练工作。如在郫县各乡镇小学,按公民训练标准书写标语,粘贴于四周廊房,并通过总理纪念周、周会、级会、朝会、夕会和升降旗仪式等活动对学生进行团体训练或精神讲话。花园场等小学还根据训练标准,举行中心训练周,每周或间周按条目编写歌词,进行教唱。④中学公民训练的标准和内容与小学大体相仿,但程度略高一些。

---

① 中国第二历史档案馆编:《中华民国史档案资料汇编》(第五辑),江苏古籍出版社1997年版,第165页。
② 李定开编:《重庆教育史》(第二卷),西南师范大学出版社2006年版,第250页。
③ 胡颜立:《抗战时期小学公民训练标准及其实施研究》,《新教育旬刊》第1卷第1期,1938年11月。
④ 四川省郫县教育局编:《郫县教育志》,1984年版,第33页。

国民政府为严格控制学校和学生,将学生军事化也作为学生训育的重要组成部分,方法是在小学和初中实行童子军训练,在高中以上学校实行军事教育和军事训练,用管理军队的方式来管理学校,目的在于养成学生的服从精神、团队意识和军事知识技能。蒋介石曾指示"要将教育武装起来,来造成健全进步的新国民,建立富强康乐的新中国"。[①] 1940年5月,教育部颁布《学生军事训练实施方案》,规定学校军训的目的是:"在造成体魄坚强、人格高尚、学识丰富与行动积极、能为民族牺牲、为国家奋斗的中国国民;在造成态度庄严、操作勤敏、负责任、守纪律、明礼义、知廉耻的现代国民;在造成思想统一、精诚团结、爱国爱群、共同奋斗,以复兴中华民族、完成国民革命为自任的忠勇国民"。[②]

关于训育工作的开展方式。抗战初期,大后方中小学有不同的实施途径。小学方面,1943年教育部令发《初步充实中心学校要项》,规定"教职员均应负担训导学生之责","训育的实施应依照部颁小学训育之标准及卫生训练标准,并根据学生之实际需要,制定每周训练中心"。在进行过程中,应采用多种方式,注意方法的使用,力求取得好的效果。其具体实施方法主要包括如下几项。

一是利用升旗、降旗仪式以及国父纪念周、国民月会的时间,直接对学生进行道德行为的教育。中高年级还组织级会,指导学生的自由活动,解决学生违反纪律等问题,进而开展团体活动,使儿童行动纪律化。此外,经常与学生家长联系,进行家庭访问与调查,争取父母的配合,以补充学校工作之不足。如重庆市江北区各小学在"每周星期一至星期六的早晚(雨天除外)举行升降国旗仪式。每周星期一第一节是周会课,向全校师生布置一周公民训练的中心内容及具体要求"。[③]

二是利用教学对学生实施训育。顾树森在《小学训育标准修订经过及实

---

[①] 蒋总统集编辑委员会编:《蒋总统集》(第一册),台湾国防研究院出版社1961年版,第1102页。
[②] 中国第二历史档案馆编:《中华民国史档案资料汇编》(第五辑),江苏古籍出版社1997年版,第216页。
[③] 李定开主编:《重庆教育史》(第二卷),西南师范大学出版社2006年版,第190页。

施要点》一文中曾谈道:"小学教师实施此项训育标准时,应视此项科目为全部教学中的整个训练,无论在何时何地,均须随时随地予以训练之机会,甚至在各科教授时,亦须互相联络,故绝不能视为一种学科的科目,与国语、常识、算术等科目相等,仅在一定时间设施也。"重庆市第一小学在各种教学活动中就很好地贯彻了这一精神,利用各种教学活动培养儿童爱国家、爱民族的热情,并借以训练其行为。如在社会科教学时,着重使学生对民族过去的光荣感到自豪,立志努力创造民族新的光荣。

三是利用学校环境清洁及学生礼貌秩序的检查评比,养成学生讲究清洁卫生、行为礼貌和遵守秩序的品质。关于这一点,重庆市沙坪坝中心国民学校就做得较为突出,要求新生入学前必须经过体格检查方可入学;所有学生均须接受定期检查,进行预防注射及缺点矫治等。同时,校内的卫生实验室还经常就学校的卫生问题向校方提出意见,由校务会议通过执行。[①]这些措施有助于儿童健康水平的提高和学校卫生环境的改善,对于儿童卫生习惯的养成也有很大帮助。

四是制订有关学生日常作息及团体生活等规则,认真督导学生实践。抗战时期大后方各小学开展的团体实践活动有避灾、消防、救护、警备、恳亲会及体育活动等形式。这些实践活动养成了学生的战备意识,增进了学生的体质,加强了学生和家庭之间的联系。此外,童子军组织也为实施小学训育的重要阵地。

中学训育工作主要是通过导师制来完成的。抗战初期,国民政府教育部总结反思了战前学校的德育功能和师生关系,认为"近十年来,放任主义和个人主义思潮,泛滥中国,遂影响于教育制度。修身伦理,既不复列为教科,而教育功能亦仅限于知识技能之传授,师生之关系仅在口耳授受之间,在讲堂为师生,出讲堂则不复有关系"。[②]部分教育界人士也指出,"教育内容偏重知识,忽视德育,学校成为贩卖知识的场所"。随着抗战的发生,"一切过去教育缺点,充分暴露,尤其是忽视精神训练一方面"。这不仅仅是教育的失败,而

---

[①] 李定开主编:《重庆教育史》(第二卷),西南师范大学出版社2006年版,第191页。
[②] 国民政府教育部训育委员会:《训育法令汇编》,1940年版,第38页。

且会影响人心的统一,不利于抗战建国的顺利进行。"为补救此缺点之起见,故决心创建导师制"。①

关于导师指导学生的职责和范围,1938年教育部颁布的《中等以上学校导师制纲要》规定:"各校应将全校每一学级学生分为若干组,每组人数以五人至十五人为度,每组设导师一人,并由校长指定专任教师充任之";"各组导师对于学生之思想与行为各项,应负责任。学生在校或出校后,在学问或事业方面有特殊之贡献者,其荣誉应同时归于原任导师。其行为不检,思想不正,如系属于导师之训导无方者,原任导师亦应同负责任"。② 导师对于学生的训练与指导是全方位的,"各级导师对于学生之思想行为、学力及身心,均应体察个性,依据训育标准之规定及各该校教导计划,施以严密之训练"。训导的方式包括个别指导以及谈话会、讨论会、远足会、交谊会等相关团体活动。具体训导办法为:由导师对学生之性行、思想、学业、身体状况各项情况作详细记载,针对学生特点提出改进意见,每学期报告训导处2次,并于可能范围内举行学生家庭访问,与学生家长或监护人即时通讯联络,训导处于每学期结束,根据考察结果及导师报告,通知家长。如平时发现学生不良之习性或其他特殊事项,也应及时通报。各级导师应每月出席一次由训导处召开、校长主持的训导会议,报告实施情形,并研究关于训导的共同问题。

为对训育工作进行集中统一领导,各中学都设有训育(训导)处。训育处设主任1人,承秉校长综理全校训导事宜。训育处设训导会议,以训导主任、导师及体育、卫生、军训、童子军等有关学生训导之主管人员组成。训导主任的人选,须呈报教育主管行政机关备案。训育处还可设训导员协助训导事宜,训导员须具备下列资格:中国国民党党员,专科学校以上毕业,品学兼优。训导处的任务包括如下几个方面:(1)关于训导计划之拟定,(2)关于导师之分配,(3)关于学生之分组,(4)关于学生思想之训导,(5)关于社会服务之策划,(6)关于课外体育活动之指导,卫生营养及军事管理或童子军管理之监

---

① 王凤岐:《训导制度和青年训练》,《教育通讯》第3卷第10期,1940年3月。
② 宋恩荣主编:《中华民国教育法规选编(1912-1949)》,江苏教育出版社1990年版,第159-160页。

督,(7)关于学生团体之登记与指导,(8)关于党部或童子军理事会之委托事项。①

抗战期间的训育考核,主要是依据学生在校内外的行为表现,考核其整体成绩。考核的具体项目各校有所差异,但均未脱离蒋介石"四维八德"所规定的范围。如重庆裕华小学规定考核的训育条目为:服务、言语、公德、守时、礼貌、纪律、勤俭、诚实、清洁、进取、平均等。考核时教员要根据学生操行表现,逐项打分,填入表内。除存入学籍档案,还要报告家长,使家长了解学生在学校的表现情况,以配合学校教育。丰都县各小学开展"日行一善"的纪录比赛,同时又以"四维八德"为标准,以"勤俭、服务、纪律、思想、公德、卫生、态度、资质、服务、言语"等十个项目考查学生操行,并根据优劣情况把操行分为甲、乙、丙、丁四个等级,对学生言行严加约束。国民政府对中学阶段的训育考核尤为强调,规定军事等课程不合格者,即应留级。

2. 学业考核

除对学生的思想和行为品德进行考核外,学生的学业成绩也是教学评估的重要内容。抗战期间,中小学生的学业考核分为两种:平时成绩和考试成绩。平时成绩包括课堂提问、小测验及作业评分。考试成绩有半期考(或月考)、学期考、学年考和毕业考四种,尤以学期考和毕业考最为重要。各科平时成绩和学期成绩按一定比例折合为学期总成绩。按学生学期成绩好坏,可确定升留级。各学期总成绩与毕业考试成绩结合评定为毕业成绩。如果学生因病因事,不能参加学期或学年考试,一般以缺考处理,并以学生平时成绩为学期或学年成绩,免予补考。但免考或补考的学生,不得列为优秀。如果学生缺课的时间超过课时的三分之一以上,不得参加学期或学年考试,并作留级处理。各项考试的具体规定,多由各学校自行制定。很多学校都规定有严格的考试纪律,特别是期考、年考、毕业考更是认真执行,一般都要编座位,增派监考老师,公布考场纪律,严禁作弊。学生有违规者,视其情节轻重,宣布考试成绩无效并给予处分。

---

① 《第三次全国教育会议决议案提要》,《教育通讯》第2卷第44、45期合刊,1939年11月。

中学毕业会考是中学教育制度的一个重要组成部分。会考由省教育厅主持,所有中学毕业生都要赴省城参加会考。考试科目以国文、数学、理化、史地为主。学生参加会考各科及格后,才准予毕业,成绩优良或学科优秀的学生将获得奖励,不及格者次年还可补考一次,补考及格发给毕业文凭,补考后仍不及格者发给修业证明文件。

## 四、抗战时期大后方基础教育发展的评价与启示

抗战时期大后方的基础教育,在国家存亡之际保存了民族教育的命脉,将后方众多儿童与青少年培养成为抗战建国人才,为国家和民族作出了巨大贡献。抗战时期大后方基础教育的发展不仅有着深刻的历史意义,还有重要的现实价值,对我国当今基础教育事业具有一定的借鉴和启示。

### (一)抗战时期大后方基础教育发展的特色

1. 政府主导,社会广泛参与

抗战时期大后方基础教育是在以政府为主导、社会民众和各团体机构大力参与之下展开的。国民政府在其中起着很大的主导作用,这主要是因为其意识到基础教育对抗战救国的重要性和紧迫性,所以对此给予了极大的重视。如在政策制度方面,加大教育立法力度,为大后方基础教育的稳定发展提供法律保障。经费保障方面,将基础教育经费列入专款预算,并且明确了中央、地方所筹集经费的比率;对中学实行奖学金制与公费制等。这些都成为推动大后方基础教育发展的重要动力。

除了政府的关心和重视,大后方基础教育的发展还离不开社会的广泛参与和支持。抗战八年中,大后方基础教育虽以中央政府和地方政府办的各类公立中小学为主,但当时政府的财力毕竟有限,难以开办充足的公立学校以满足人们的就学需求。社会力量所办的各类私立学校为教育的普及发挥了

关键的补充作用。在具体的办学过程中,各界人士和民间团体积极地参与进来,真正做到了"有钱出钱,有力出力",使大后方基础教育能在当时艰苦的条件下维持下来并取得显著成效。

2. 开源挖潜教育资源,为抗战建国服务

战时大后方基础教育得以发展,既是因时借势,凭借中央政策的支持和吸收外来的教育资源,也是开源挖潜,积极发挥内部兴学因素的结果。为解决教育资源相对不足的问题,教育部要求各地采用变通办法积极改善,大后方各省先后设立一、二年制简易小学,并实行二部制教学。中学方面,根据各校实际情况,分别采用四年制、五年制、六年一贯制并行的办学模式。

抗战时期大后方基础教育非常重视学生爱国主义精神的培养,不仅开设时事课,给学生讲解国内外政治和战争形势,还组织学生举办读书会,开展演讲讨论等活动,培养民族意识,唤起抗战觉悟,激发爱国情感。生产劳动教育亦是大后方基础教育的一大特色,大部分学校为确保办学经费充足,都开设了劳作课程,并创办农场、工厂等设施让学生实践。这一方面培养了学生的吃苦耐劳精神和基本劳动技能,另一方面通过生产劳动改善了学校艰苦的生活条件。学生们不仅养成了自力更生、艰苦奋斗的精神,还掌握了必要的生产劳动技能,为将来能在社会中独立打下了基础。

根据政府颁布的规定,战时小学毕业成绩优秀者可升入国立中学继续学习,中学成绩优异者可免试升入师范、大专深造。不升学者,小学毕业后亦可以进入工厂习艺,接受职业技能训练,并在社会上谋得职业,获得自立。此外,战时还有大批适龄学生踊跃报名参加远征军等,奔赴战场杀敌以报效国家。

**(二) 抗战时期大后方基础教育发展的历史评价**

抗战爆发前,西部基础教育还处于相当落后的局面。大后方基础教育是带着极其沉重的历史包袱进入抗战时期的。由于战时特殊时代背景和历史使命的需要,大后方基础教育获得了前所未有的发展契机,不仅支持了中华民族的抗战救国大业,也推动了西部教育的发展,更为战后西部的经济建设培养了大批有用人才。

1. 支持了中华民族的抗战救国大业

抗战促进了大后方基础教育的发展,大后方基础教育的发展又直接支援了抗战。首先,大后方各中小学响应国民政府"战时须作平时看"的办学方针,根据抗战的实际需要增加了战时课程的分量,激发学生爱国情绪,并发起了兵役宣传等救国实践。如贵州龙里县立小学每周星期六下午改为"抗日活动课",以抗日为题材,举办歌咏、游戏、演讲、诗歌朗诵等活动,抗日救亡空气十分浓厚。[①] 1938 年暑假,国民党组织全国高中以上的学生集中军训,贵阳各校也组织了集训队。集训队的男女学生经常举办讲演会、辩论会、座谈会,在这些活动的鼓舞下,当地很多学生都主动请缨参军作战。[②] 贵阳达德学校女子小学部的学生组织了"儿童抗日救亡工作团",由六年级学生凌钟蔚任团长,团内成立了歌咏队、话剧队,平时课余排练,星期天或寒暑假外出到乡镇进行抗日宣传。他们"在贵阳西湖路口演出街头剧《放下你的鞭子》,观众围得水泄不通"[③]。

其次,大后方各中小学师生积极发起和开展抗敌捐募及劳军等活动。如 1940 年,贵州与重庆小学生共同发起了"中国儿童号"飞机捐款运动。由于当地爱国教职员和家长的支持,在短短时间内,贵阳市的儿童们便捐款 11700 多元。这些款项"纯系各小学生节省日常领用所捐输,其爱国热忱,殊堪嘉许"。1941 年,国立黔江中学也向全国各中学发起了"中国学生号"献机运动。许多学校还组织学生进行宣传讲演,写标语,办壁报,还带动了许多家长投入全民的抗日捐募活动之中。

最后,大后方中小学为抗战建国和高等教育输送了大批亟需的各类人才。仅 1943 年 12 月,成都市参军的中学生与公教人员就达 5049 名,其中女

---

[①]《龙里县抗日救亡活动情况》,《龙里县志通讯》第 10 期,1983 年。

[②] 朱立斌:《忆抗日战争时期贵阳学生运动》,贵阳市政协文史资料委员会编:《贵阳文史资料选辑》(第 9 辑),1983 年印行,第 46 页。

[③] 何治华:《贵阳达德学校琐记》,贵阳市政协文史资料委员会编:《贵阳文史资料选辑》(第 9 辑),1983 年印行,第 14 页。

生795名。① 1939年夏,国立八中的296名高中毕业生里,就有220多名考取了国立专科以上学校,加上军事院校计划外录取,升学总人数达250名左右,毕业升学率达80%以上。②

2. 树立了"教育救国"的精神典范

第一,突显战时教育地位。日本帝国主义的侵略使我国大片领土沦陷,西部地区就担当起为国育才的重任。战时西部地区各种人才的短缺,也使得政府和有识之士意识到知识救国的重要性和紧迫性,于是,在大后方掀起了以抗战救国为宗旨,"指导抗战、服务抗战、推动抗战"的兴学之风。这些中小学校的创办人,有的本来就是教育工作者,有的是爱国爱乡的资本家,有的是国民党元老或地方知名人士,还有的是民间团体,如地方会馆、同乡会之类。这些学校坚持自己的办学方针,由于教育思想、办学传统不尽相同,因而形成了各具特点、百花齐放的局面,在艰苦的办学条件下,把学校办得有声有色、朝气蓬勃,总结出了许多好的办学经验和教育经验。战时的大后方基础教育唤醒了社会各界的爱国热情,为国家培养了一代有知识、爱国家、爱民族,为抗战救亡和为建设祖国献身的人才,其中有革命家和社会活动家,有自然科学和社会科学工作者,还有音乐、电影方面的艺术家。抗战时期的大后方基础教育,为西部地区教育史谱写了光辉的篇章。

第二,创造条件开办学校。战时大后方基础教育的办学条件相当艰苦,以云南大学附中为例,1937年8月,该校因躲避空袭迁至昆明小东门内原县衙门旧址。迁移完竣后,仅有高中男生3班,学生130人左右。除教室课桌及寝室内的六七张高架床外,仅有3张办公桌、4把烂藤椅,没有1本图书,没有1件仪器,每月经费仅折合国币750元。面对这种惨淡的局面,全校师生并没有心灰意冷,反而干劲十足,利用课余时间自己动手,在学校里修建了篮球场、排球场、网球场,还利用社会人士及学生家长的捐赠,在上海购买了上

---

① 万金裕:《抗战八年四川人民在征兵服役上之贡献》,成都市政协文史资料研究委员会编:《成都文史资料选辑》(第11辑),1985年印行,第95—96页。

② 吴振潮:《国立八中简况》,湘西土家族苗族自治州委员会政协文史资料研究委员会编:《湘西文史资料》(第12辑),1988年印行,第96页。

万册图书和几套中学理化仪器。在简陋的办学条件下,教学工作却取得了相当的成绩。1941年高中毕业生里,有31人报考西南联大,27人被录取。[①] 抗战时期,大后方中小学克服艰难困苦,创造条件开办学校,并采用戏剧、音乐、宣传报等形式将抗战精神深入民间,使得大后方基础教育形式更加灵活,为抗战精神的发扬提供了视角与方向。

3. 延续发展了中国的基础教育事业

第一,对战时基础教育的挽救与发展。日本帝国主义发动侵略战争的目的,不只是觊觎中国的版图和物质财富,还妄图毁灭整个中华民族的精神财富和文化传统。为避免战火,除战区高校外,一些中等学校和小学也向西进行了迁移。如中央大学实验中学由南京经长沙迁到贵阳,并更名为国立十四中。据统计,仅湘西一地,截至1941年10月,即先后有17所中等学校迁入。[②] 所里(今吉首市)迁入了江苏省立旅湘临时中学,国立第十一中学高中第一部、第四部、女中部等;泸溪县也迁入了中学6所,小学5所。[③]

在讨论抗战时期大后方基础教育的作用和意义时,我们应侧重分析与比较其与战前的不同之处与独特价值。毫无疑问,抗战时期大后方基础教育的发展,既有因时借势,凭借中央政策和吸收外来资源的机遇,也是开源挖潜,发挥内部兴学积极因素的结果,相对旧制有了很大的改进与革新,更适合当时西部教育的实际情况和进步趋势。如一部分西迁中学的性质完全国立,地位得以提升;广设一年制、二年制短期小学与四年制、五年制、六年一贯制的中学,相比以往的结构功能更完善,更具有层次性和开放性。

第二,对战后西部基础教育发展的奠基作用。以抗战时期创设的34所国立中学为例,战后继续留在西部的共有11所之多。从地域分布来看,四川4所,贵州3所,甘肃2所,青海1所,绥远1所,它们最终都永久性地并入了西部基础教育阵营。

---

① 杨春洲:《云大附中十年》,政协西南地区文史资料委员会编:《抗战时期西南的教育事业》,贵州省文史书店1994年版,第189—201页。
② 杨策主编:《少数民族与抗日战争》,北京出版社1997年版,第182页。
③ 周定方:《抗战时期迁入泸溪的团体与学校》,湘西土家族苗族自治州委员会政协文史资料研究委员会编:《湘西文史资料》(第11辑),1988年印行,第98页。

### 4. 推进了西部地区教育现代化的进程

第一,促进了传统教育观念的改变。西迁学校的文教工作者们牺牲小我、兢兢业业的精神,为大后方人民做出了良好的表率,也促进了地方文化思想观念的转换,开拓了大后方人民的知识和视野。例如在升学与择业观上,就有了明显的改变,"学而优则仕"的传统就业观念已明显淡化,择业之道开始呈现出多元化的趋势。另如女子教育在战前的西部地区本不受重视,女生入学率特低。"男中不招收女生,女子小学毕业的女生不能升入高一级的学校学习,只能失学做家庭妇女。"①湘西各县女子甚至没有读书上学的习惯,国立八中迁到当地后,本地家长深受启发和感染,纷纷让女孩子读小学、初中,开了当地女子入学之风气。②

第二,推动了教学方法的革新。抗战时期,随学校西迁的战区中小学教师掌握较新的的现代教育理论和教学手段,改变了大后方传统的教学方法,为抗战建国培养出了众多的人才。战时迁川的铭贤学校就是其中的代表之一。该校教师大多毕业于燕京、齐鲁、北师大、山西大学等高等学府,具有一定的学术成就和丰富的教学经验,大多选用自编教材进行授课。如英语教学普遍采用直接教学法,特别重视课堂问答、单词造句、语音校正、句型分析、课堂测验,使教学获得显著成效。不少高中部的学生都能和教师进行日常生活对话,能阅读英文版的代数等科教科书和《天方夜谭》等英文小说。学校还开展了丰富的勤工俭学活动,成为校园生活中的一大特色。家在敌占区的不少同学背井离乡,经济来源断绝,全靠半工半读维持学业。有的参加军乐队,司号报时;有的替代校工,清扫校园;有的协助教师管理图书、理化实验仪器和运动场体育用品。部分同学还组织了学生生活服务社,出售文具纸张,供应豆浆、油茶;有的为同学理发或为宿舍挑担生活用水。通过紧张艰苦的磨炼,

---

① 秦元明:《安顺女子师范学校和女子中学的沿革》,安顺市政协文史资料研究委员编:《安顺文史资料》(第1辑),1983年印行,第88页。

② 吴振潮:《国立八中简况》,湘西土家族苗族自治州委员会政协文史资料研究委员编:《湘西文史资料》(第12辑),1988年印行,第98页。

培养了同学们自立自强、自尊自治的能力和团结友爱、进取服务的精神。① 还有一些教育界人士所办的学校采用了较为特殊的教学方法,如陶行知创办的育才学校根据生活教育的原理和方法,进行的天才教育,培养具有特殊才能的儿童,及早发现他们的个别优异倾向,分别进行有针对性的培养。② 这些教学方法的普遍使用,为大后方教学活动带来了新的气息。

第三,改善了大后方基础教育的师资队伍。如国立交通大学唐山工程学院与贵州省教育厅合办的平越高中,就有一些师生应聘到平越初中和城乡小学兼课,既为地方办学解决了师资不足的困难,又进一步提高这些学校的教学质量。③ 另如国立八中,也很注意和地方中小学合作,彼此参观交往,教师也是互相兼课和互通有无。该校师范部为乾城培养了20余名教师,就连部分安徽籍学生后来也留在湘西各县就业,"多半从事教育工作"。④

5.带动了西部地区各级各类教育的整体进步

八年抗战中的大后方基础教育,在中国教育发展的漫长历程里所占的时间可谓短暂,却有着深远的影响和独特的地位。其对于战时中国基础教育的维持,对于西部教育的发展都具有重大而积极的历史意义。不仅推动了西部地区基础教育在质量和规格诸方面的发展,而且带动了西部地区各级各类教育事业的整体发展,使战前西部教育落后的面貌有了相当大的改观,对西部教育的现代化进程作出了突出的贡献。

第一,抗战时期大后方基础教育的开发对高等教育产生了积极的影响。这主要可从战区和西部各自的中学和高校在战时的交互作用来加以具体说明。

先就战区西迁中学对西部原有高等教育的影响来说。高等教育的发展

---

① 范敬一、成一:《抗战期间迁川的铭贤中学》,成都市政协文史资料研究委员会编:《成都文史资料选辑》(第16辑),1987年印行,第165页。
② 文履平:《陶行知与重庆育才学校》,政协西南地区文史资料委员会编:《抗战时期西南的教育事业》,贵州省文史书店1994年版,第146页。
③ 吕晶:《交通大学唐山工程学院在平越》,贵州省政协文史资料研究委员会编:《贵州文史资料选辑》(第26辑),贵州省文史书店1988年印行,第111页。
④ 吴振潮:《国立八中简况》,湘西土家族苗族自治州委员会政协文史资料研究委员会编:《湘西文史资料》(第12辑),1988年印行,第96页。

必然要以良好的中学教育为基础和生源保证,而很多战区迁入大后方的中学都以质量好、升学率高而闻名,为大后方原有高校提供了大批高质量的生源。如四川大学战前历来以招收本省学生为主,兼收西部其他各省学生。但抗战爆发后,川大的学生来源发生了很大的变化,每年新入校的学生有1/3以上来自沦陷区。[①]可以说,西迁中学不仅为西迁高校提供了良好的生源,也为大后方高等教育的长足进步作出了自己的贡献。

再从西部原有中学为西迁高校提供的生源来看,现以湖北武昌迁入大后方的3所高校为例。武汉大学在武昌时仅有1名乐山籍学生,于1938年春迁往四川乐山后第一届招生,就有乐山籍学生5人,以后逐年增多,到1946年已有30余名乐山学子加入学生队伍。中华大学于1938年冬转迁重庆,到渝后的第一个学年,全校各级学生320人中,就只有一半来自战区,其余均为川籍学子。华中大学在西迁之前,生源主要在两湖地区,来自西南的学子少得可怜,云南籍学子更是绝无仅有,搬迁至大理喜州以后,大后方地区尤其是云南籍学子的比例增长很快。1941年秋季时,在注册的77名新生中,云南籍学生就占有32名;至1945年秋季,云南籍学生更高达174名,占整个在校注册人数286名的68%以上。[②]

第二,抗战时期大后方基础教育的开发对职业教育和师范教育也有所促进。与战前废除综合中学制,将师范学校、职业学校与普通中学分设的做法有所不同,其时不少普通中学都保留了师范教育与职业教育。1943年初,国民政府教育部为使中等教育内部均衡发展,再次要求部分国立中学增设师范及职业两部。而在国立中学里,一部分学校在创立之初即设有师范科或师范部,专门收容流亡内地的原沦陷区师范生。教育部在1940年初开始对各国中师范部(科)进行整理,除一部移交后方各省外,其余改为国立师范学校。以1940年3月国立二中师范分校改办国立重庆师范学校为嚆矢,[③]抗战时期

---

[①] 陈复光、张明:《抗战激流中前进的四川大学》,政协西南地区文史资料委员编:《抗战时期西南的教育事业》,贵州省文史书店1994年版,第38—54页。
[②] 余子侠著:《民族危机下的教育应对》,华中师范大学出版社2008年版,第226页。
[③]《二中师范部独立设置》,《中央日报》1940年2月24日。

先后有 5 所国中的师范部或国立中学整体转易为国立师范。其后,一些国中在抗战中后期又陆续恢复或增设了师范分校或分部。1945 年时,各国中内办有师范教育的有国立六中等 9 校。据统计,在抗战期间所建的 34 所国立中学里,就有 22 校曾设过师范分校或师范部。与此相似,战时曾经办有职业分校或职业部的国中也有 13 所之多,其中一部在抗战中期相继移交当地教育厅局接管,而国立第二中学水产部和国立西南中山中学更是分别直接改组为国立四川水产职业学校和国立西南中山高级工业职校。

除国立中学外,很多西迁公私立中学也都办有自己的师范教育和职业教育。如迁至璧山的江苏私立正则学校就同时办有绘秀、绘画、劳作师范等班,①国立社会学院附属中学也曾一次招收社会教育师范科学生 250 名。②

第三,从对大后方边疆教育的影响来看。西南、西北自古以来就是多民族地区,由于长期远离我国政治经济中心,边疆教育十分落后。抗战时期教育重心的西移,为西部边疆教育的发展带来了契机。内迁的专家学者中,不少人深入少数民族地区,调查研究,撰写了一批有关边疆教育发展思路的论文,为发展边疆教育提供了学理性的依据。同时,他们还结合地方实际,编印适合当地的教材或简易读本,切实推行边疆教育。许多中小学校的师生更是深入边地,进行讲学或演出。部分中小学还开设了边疆教育课程,对少数民族学生招生采取倾斜政策,推动了少数民族文化的改善,提高了地方教育水平,加强了边疆与内地的文化交流。四川省的边疆学校在战前只有屏山简易师范 1 所,在抗战爆发的 1937 年即新设边民小学 9 所,1939 年又在理番、威州增设省立乡村师范,直至战后全省已有边疆中等学校 7 所及边疆小学 30 所。③ 贵州省政府考虑到省内少数民族人口比例较高,特别规定以全省中心及国民学校的 1/3 专负边教之责。根据战后的统计,贵州省内的独山、都匀、榕江等 21 个少数民族聚居县里,边民学校多的达到了 84 所,最少的也有 19

---

① 《江苏正则蜀校招生广告》,《中央日报》1943 年 8 月 23 日。
② 《国立社会学院附属中学招生广告》,《中央日报》1944 年 1 月 15 日。
③ 郭莲峰:《抗战四年来之边疆教育》,《教育通讯》第 4 卷第 28 期,1941 年 7 月;曹树勋:《抗战十年来的边疆教育》,《中华教育界》(复刊)第 1 卷第 1 号,1947 年 1 月。

所。云南省在战时将中甸、麻栗坡等31县划为边教区域,建有边地小学34所,另有维西、滇康、双江、滇越等4所县立初级中学。边疆教育的发展有利于促进民族平等,为各民族的相互团结、共同繁荣打下了坚实的基础,也是西南、西北教育现代化发展一个不可缺少的环节。

在带动西部地区各级各类教育整体进步的同时,大后方基础教育也调整了中国基础教育的空间布局,教育发展不平衡的现象有所改变。抗战爆发以前,全国基础教育发展水平呈现极不平衡的状态。特别是中学比较集中于上海、北平等少数大城市及沿海地区,内地中学则相对较少。抗战时期,西部地区创办了大量新的中学,加之国立中学的办理和战区中学的西迁,使得上述不平衡状况有所改善。抗战前只有230所中学的四川,抗战后已拥有中学521所;战前没有中学的西康省,在战后也有24所中学。甚至连恩施这样的边远偏僻的民族地区,也拥有了3所中学[①]。

**6. 抗战时期大后方基础教育发展的历史局限**

抗战时期,在"战时教育方针"的引导下,社会各界通力合作,使相对落后的大后方基础教育获得了长足的进步,取得了前所未有的发展。然而在抗战的特殊历史形势下,难免会遇到多种困难和阻力,因此,也在某种程度上限制了大后方基础教育的发展。

先就教育经费而言,"战前二十五年度(1936年)全国小学生平均岁占费为七元整,三十二年度(1943年)为六十二元,约为战前十倍……而公教人员生活费指数即以陪都而论,三十三年度(1944年)六月与二十六年度(1937年)上半年比较,计增加四百一十七倍整,零售物价计增加四百六十八倍,一般费用增至四百倍以上。而教育费仅增六倍至十倍,供求悬绝,顾此失彼,惨淡踌躇,可以想见"[②]。

再看师资方面,虽然国民政府教育部在抗战期间对师范教育较为重视,除组织师范院校西迁外,还在大后方创办了大批国立师范学校,各地方也扩充了数量不少的各类师范学校及师资培训班,并修正了中小学教师检定制

---

[①] 恩施市教育委员会教育志编纂室编:《恩施市教育志》,1985年版,第46页。
[②] 王万钟:《从数字上看教育》(上),《中央日报》1945年10月1日。

度,改善了教师待遇,但相对实际需求来讲,仍未改变师资缺乏的现象。一直到战争结束之时,大后方很多中小学的教师水平不高,不合任职资格,滥竽充数的现象屡见不鲜。以1937年郫县之教师学历结构为例:中等师范学校毕业的占20%,高中毕业的占20%~30%,短期师范学校和师训班毕业者约占10%,其他文化程度的教师约有30%~40%。[①] 四川省政府教育厅先后六次对代用教师(高中毕业以下程度的教师,笔者注)进行检定,经检定合格后,再由教育厅发给合格教师证。但教师检定常有流弊现象发生,实际上有很多检定合格的教员,并不符合检定的要求。这些无疑都成为抗战时期大后方基础教育发展的实际障碍。

在教育教学方面,训育制度的推行限制了学生的发展自由。国民党政权大力推行所谓训育制度,根本目的就是从各方面对学生进行限制,使学生向着"三民主义"的方向发展,阻碍民主自由等观念的传播,惟领袖意志是从,违背了教育的发展规律。再如将"恢复固有道德"、"以党员十二守则为纲"、"将党义融于各科中"的课程指导思想渗入基础教育课程,无端地加重了基础教育的负担。

在教学制度方面,当时为达到义务教育的普及,很多小学使用的是二部制或巡回教学法。与全日制教学组织形式相比,教学时间短缺成为最致命的弱点。如果组织不得要领、安排不妥当,或是教师能力欠缺,都可能使教学质量更为大打折扣。此外,当时的中小学考试制度可谓完全而周密,对于提高学生的卷面成绩确实起到了一定的促进作用,但对于中小学生,要应付月考、期考、年考、毕业考、会考,经常处于应试的紧张状态,造成压力过重,影响身心的健康发展。抗战期间,人们对会考制度的指责,除了其隐藏着的束缚思想、消灭学生民主精神的政治意图之外[②],还有如下几点:一、养成投机取巧的不良学风。会考制度的建立,使得市场上流行起了"考试必读"、"会考指南"、"各科考试回答"之类的书籍。一些人不仅编印历年考试问答以投学生所好,甚至盗窃试题预先发售。学生为了在短时间内准备大量的各种考试,

---

[①] 四川省郫县教育局编:《郫县教育志》,1984年版,第51页。
[②] 王钧:《抗战时期中会考制度的商榷》,《星芒、救亡联合周刊》第1期,1937年11月。

仔细研读课本是不可能的,于是只能取法乎其下,以上述书籍代替课本,甚至为了取得好成绩而不惜作弊。二、严重地伤害了学生的身心健康。在考试之前,学生唯有夜以继日、废寝忘食;考试之后,不免形销骨立,甚至失眠重听,造成慢性神经衰弱。加以社会动荡,个人及社会问题始终盘横脑际,结果使许多人麻木苟且,失去生活的情趣和健康体魄。三、会考不能充分考虑不同课程的特征,一律以笔试进行,重在书本知识的记忆,无法考查和培养学生的学习能力,促进学业水平的提高。① 这些都影响了大后方基础教育的实际质量。

### (三)抗战时期大后方基础教育发展的当代启示

1. 基础教育的发展需要政府的正确管理,增加教育投入

抗战时期,国民政府为维护其一党专制的目的,对大后方中小学的管理极其严格。虽然政府制订了一系列有关的政策法规,使其办学质量有所提升,但过于强调对学校的监督与控制,致使中小学的办学自主权有名无实。如向中小学指派军事教官和训育人员,加强对教师学生的监督,强制干涉师生的民主活动等,严重影响了学校正常的教学秩序和学科课程的教学,也明显制约了基础教育的发展。

基础教育师资不足,是制约基础教育发展的一个重要因素。一个重要的原因,即是教师的待遇偏低,地位又不高。"报酬已经不好,生活很感困难,并且还要动辄欠薪二三月,或者来个七折八扣,这样无怪会有断炊的事实发生……教师职业在现况下,既得不到重视,又得不到安慰,所以由事实的驱使,就会养成心理上的变化。"② 所以一些教师纷纷改行,或进工厂,或入机关,或开商店,以获取更高的待遇来改善生活。1939年12月,《教育杂志》上发表了丁庆生《物价飞涨与教师改业问题之探讨》一文,分析了教师改业原因有:为各部门的延揽;信心不坚纷纷改业;教育界待遇太清苦,迫于生活改就

---

① 《论总考制》,《大公报》1940年6月1日。
② 柯柏材:《教师节里话教师》,四川教育研究会编:《教育谈》第5期,1937年6月。

他业;教师社会地位低下,不受社会重视。① 这些都导致了合格师资的缺乏,优良教师更是少之又少。1941年3月31日,《中央日报》发表专论《教育界的才荒问题》,也指出新教师不易请,旧教师不易留,教育界才荒问题乃愈趋严重,平常的人才竟无法招聘。②

"教育之良窳,由于人为者半,由于制度者半"。当今我国基础教育的发展既需要政府的严格管理,又需要政府的大力支持。而保障中小学的依法办学自主权,是政府正确管理的核心。只有以此为前提,政府再实行科学的宏观调控与指导,才能在根本上推动基础教育的发展。另外,政府也应该切实解决中小学经费不足、师资困难等问题,增加教育投入。比如给予一定的资助,调动教师的教学积极性,充分发挥教师的作用。另外,抗战时期国民政府对中小学教师与学生实行优惠奖励政策,这一点在今天也是可取的。

2. 基础教育的发展需要满足社会和学生发展需要,提高教育实施的质量

抗战时期,大后方的基础教育之所以获得较为显著的成绩,是和它不断根据社会需要,及时加以调整的结果。根据"抗战建国纲领"和"战时须作平时看"的方针,采取了一些战时的应急措施,如组织战区学校师生内迁,增加国防军事、乡土等实用性课程,在高中开设职业课程等,培养了学生抗战救国的意识,保存了抗战救国的后备力量,为抗战提供了一个较稳定的后方教育根据地。

抗战时期大后方的基础教育在满足社会当前需求之外,还根据学生的发展和需要进行及时的调整。例如随着武汉、南京等大城市的相继沦陷,战区很多师生流亡大后方,对教育的需求大增。针对不断增长的教育需求,国民政府开设国立中学收容流亡师生,并在经济上给予援助,实行奖学金和公费制,满足了流亡学生继续接受教育的需求。另外,还对课程进行相应调整,使其在满足学生身心发展能力上更具合理性、科学性。

---

① 中央教育科学研究所编:《中国现代教育大事记(1919—1949)》,教育科学出版社1988年版,第443页。
② 中央教育科学研究所编:《中国现代教育大事记(1919—1949)》,教育科学出版社1988年版,第464页。

基础教育是国民教育的基础,其最大的功能就是促进社会和个体的发展。促进基础教育又好又快地发展,是不断适应社会发展需要,将我国巨大人口压力转变为人力资源优势的根本途径。近几年,我国基础教育强调学生主动发展,努力培养学生兴趣,减轻他们的课业负担,注重实施因材施教,尊重学生的年龄阶段特征和个体差异;保护学生的求知欲、好奇心,让学生感受到成功的喜悦。各级教育行政部门要熟悉课堂,了解教学实际,体察教师和学生需要,为之提供保障支持。教育研究部门要进课堂,加强对学校教学工作的指导,与教师一起备课,研究解决教学中的实际问题,指导教师改进教学方式。广大中小学校长更要进课堂,加强教师教学管理,督促教师提高课堂教学效率,不断提高教育的实施质量。

3. 基础教育的发展需要考虑区域差异的特点,促进教育均衡发展

我国地域辽阔,区域差异明显,各地区之间与城乡之间在经济社会发展、教育基础、人口素质、民族习俗、人文传统等方面有很大的差别。因此,教育尤其是基础教育必须考虑当地实际情况,不能搞"一刀切"。基础教育的开展既要有全国基本的统一要求,又要有一定的灵活性和地方性,照顾地区和城乡差异,体现统一性和灵活性的结合。目前,我国虽然对此给予了大力支持,但教育区域差异问题依然未得到很好的解决。当前我国基础教育必须充分注意到西部广大农村地区和城市中弱势学校的教育实施条件,制定出能够确保所有学校和学生均能达到的最基本的课程内容、质量标准和切实可行的课程开发建议。此外,为了真正发挥基础教育的功效,政府在时间上也应该注意统一性和灵活性的结合。在教育内容的推广上注意共同的改革与不同地区发展的层次性,在知识传授的时限上应该区别对待。对于目前确无实施新课程改革条件的偏远落后地区和学校,应给予充分的过渡时间而不能强制性的行政要求。教育主管部门尤其要注意一些地方政府曲解教育成绩的现象,不应当津津乐道于教育实施在单纯区域和学校数量的扩大,而应当确保教育得到切实、真正的落实。

我们不妨参照一下抗战时期大后方基础教育在这方面的举措。首先是在教育立法力度加强的统一前提下,大后方各省市都依照各自实际情况执

行,贯彻落实。如1940年《国民教育实施纲领》颁布后,各省市都积极贯彻执行,并增发了补充性文件,采取了相应的措施。其次是顾及师资设备的困难,为补救"理想太高,内容较深及分量太重"的缺点,对于有些学科的教材在质量上略有减轻;或是加以一定的变更。如音乐科过去规定"曲谱用五线谱,非万不得已,不用简谱。用五线谱教学的,绝不得并用简谱"。《修正课程标准》则规定"如师资缺乏,不能教授五线谱时,改用简谱";初级教材的认谱练习,更规定"简谱得并用"。又如图画科规定"绘画制作的工具,以毛笔土纸为主";劳作科教材内容富有弹性,并删除"小学劳作科应有设备一览表",根本去除了一般教师以为劳作科没有设备即不能实施的心理。凡此种种,均为顾及师资设备的困难,力求切合实际的表现。同时,适时增加国防、乡土内容,改善了后方教科书不足的现象。

4. 基础教育的发展需要动员社会力量,提高国民的参与意识

抗战时期,大后方普及教育的任务非常繁重,政府财政力量有限,难以开办足够的公立学校以满足人们的就学需求。政府利用社会力量所办的私立学校为教育的普及发挥了重要作用,教育部对此也给予了大力的支持,所以,抗战八年中,私立中等学校不仅没有减少,反而有较大增加。

表2-4 1936年至1945年全国私立中等学校统计简表[①]

| 年份 | 私立中等学校数量变化表 |||
|---|---|---|---|
| | 私立学校总数 | 公私立学校总校数 | 私立学校所占总校数之百分比 |
| 1936 | 1200 | 3264 | 36.7 |
| 1937 | — | — | — |
| 1938 | 618 | 1184 | 34.1 |
| 1939 | 904 | 2278 | 39.6 |
| 1940 | 999 | 2606 | 38.3 |
| 1941 | 1041 | 2812 | 37.0 |

---

[①] 资料来源:国民政府教育部教育年鉴编纂委员编:《第二次中国教育年鉴》(第二编 教育行政),商务印书馆1948年版,第124-125页。

续表

| 年份 | 私立中等学校数量变化表 |||
|---|---|---|---|
| | 私立学校总数 | 公私立学校总校数 | 私立学校所占总校数之百分比 |
| 1942 | 1261 | 3187 | 39.5 |
| 1943 | 1368 | 3455 | 39.6 |
| 1944 | 1471 | 3745 | 39.2 |
| 1945 | 2150 | 5073 | 42.4 |

利用社会办学的另一个重要意义就是争取办学经费的援助。在教育经费缺乏的抗战时期,利用社会资金来兴办教育显得尤其重要。社会办学的资金来源是多方面的,包括私人捐赠、企业捐助、政府补助和田产课租等。如私立松溉求精中学的固定资产,是校董会捐出的田产600挑,地方慈善会400余挑构成的。私立清华中学的创校经费10万余元,也是由董事罗清四处募集到的。私立树人初级中学的校舍,由杨若愚捐法币20万元修建。私立棠香中学在1940年开办了荣鸦工厂,烧制陶器,厂长、经理均系棠香中学的教师。该校经费基本是靠这个厂子的收益来运作的。

抗战期间,多种社会力量都积极投入国家民族的教育事业,多种社会资源也被配置到教育环节中。政府利用社会力量办学取得了相当大的成效。一方面,民众参与社会办学,兴办现代教育,表明了国民对公共事业的参与意识的增强,私立学校创办者的多种多样,从企业家到教育家,从乡绅到军人,从企业学校到会馆,充分地说明了这一点。另一方面,对社会办学的参与,也增强了人们的主人翁意识,直接为抗战作出了贡献。

5. 基础教育的发展需要发扬艰苦奋斗的精神,创造条件办好人民满意的教育

八年抗战时期,基础教育在艰难的外界条件下,在政府、社会、团体和个人的通力合作中获得了较快的发展,以川、康、滇、黔、桂、陕、甘、宁、青、新等10省市的中学为例,中学数量由战前1936年的716所增至战后1945年的1184所,中学在校生数和毕业生数与战前最高的1936年相比,分别增加162%和233%。

当我们再次反思这段历史时,中国教育人在民族危机中表现出来的激昂的爱国热情和艰苦奋斗的报国精神、不屈不挠的全民团结奋进的品质,无疑是抗日战争取得胜利的重要保证,也是中国基础教育得以维持和发展的保证。发扬爱国主义和艰苦奋斗精神,是中华民族活的灵魂,把社会各界人士紧紧团结在一起。广大爱国师生和进步教育人士不怕困难、艰苦奋斗办教育的精神,值得发扬光大。当前我国还有一些偏远贫困的落后地区,师资相当缺乏,有的中小学只有为数不多的代课教师,有的甚至缺乏真正的教育设施,师生教学和居住的条件还很艰苦,但是比起抗日战争时期的条件还是好多了。因此,只要我们继续发扬抗战时期教育人士艰苦奋斗办教育的精神,就可以在努力改善办学条件的前提下,办好人民满意的教育,从而提高国民素质,为振兴我们的民族与国家而努力。

# 第三章　服务全国抗战的大后方职业教育

抗日战争时期,作为中国历史上抗敌御侮的特殊时期,在严峻形势的考验下,国民政府确立了以"战时须作平时看"的教育总方针,并在应战时之需的指导方针下,对各级各类教育包括职业教育制定了一系列的实施政策,通过采取扩大建教合作、设立国立职业学校、奖励私人办学等措施,将抗战前线的需要与后方经济发展的需要紧密结合,推进大后方职业教育的发展。在贯彻实施的过程中不仅注重培养与军事国防相关的职业技术人才,而且还力谋地方生产建设和经济的发展,充分体现了当时的时代特征,使职业教育的作用通过为抗战服务的特殊形式得以彰显。

## 一、抗战时期大后方职业教育的政策措施

抗战期间,培养实用的专业技术人员服务于抗战的宗旨目标,使职业教育的作用日益凸显,国民政府对职业教育的重视程度加强。在1938年4月国民党临时全国代表大会制颁的《中国国民党抗战建国纲领》中,提出战时职业教育的发展目标为:"训练各种专门技术人员,与以适当之分配,以应抗战

需要"。① 这就要求为了抵御强敌、适应抗战的需要,最大限度地发挥科学技术的作用,必须加大职业教育的培训力度,扩大专业技术人员的培养范围。教育部长陈立夫也认为要"使地尽其利、物尽其用,必须人尽其才。如何人尽其才,是教育上的问题。所以今后的教育方针,应于最短的时间内,大量养成工农业人才,以应改进生产事业的急需"。② 随后,教育部根据《战时各级教育实施方案纲要》中有关职业教育的规定,于1938年制定了战时职业教育的发展原则:"职业学校教育,应为发展生产事业之教育,以注重公民生产道德与职业道德之陶冶,劳动习惯之养成,职业知能之增进,创造精神之启发,俾养成各种职业中等专业及技术人才为目的。同时并提倡各种短期职业训练班及各种职业补习学校,使无力升学及工厂商店之学徒、农村青年,均可利用余暇,入班入校,补习有关职业之知识、技能及公民常识。高级职业学校应视一省之职业需要为施教计划之根据,专招各县初中毕业不能升学者入之,以造就农工商业之中级技术人才"。③ 如此,根据"农村需要与工业需要并重"以及"为谋教育行政与国防及生产建设事业之沟通与合作,应实施建教合作办法,并尽量推行职业补习教育,使各级干部人员均有充分之供给,俾生产机构早日完成"的宗旨和指示,通过不同的教育形式,注重实际技能的养成,不仅扩大了职业教育的范围,而且还充分发挥了职业教育的实效性,使之满足抗战和民生需求,推动了战时大后方职业教育的发展。

抗战时期大后方诸省职业教育的开展均是在以上方针政策的指导下拉开序幕,并如火如荼地进行着。而通观整个大后方的职业教育政策措施,当以以下要点为著。

### (一)扩大与加强建教合作

为了用生产技能弥补学校理论的不足,使理论与生产相联系,切实提高

---

① 《中国国民党抗战建国纲领》,国民政府教育部编:《教育法令汇编》(第四辑),正中书局1939年版,第123页。
② 陈立夫:《战时教育方针》,国民党中央委员会党史史料编纂委员会编:《革命文献》(第58辑),(台湾)中央文物供应社1972年版,第14页。
③ 沈云龙编:《近代中国史料丛刊》(第三编),文海出版社1989年版,第10页。

职业教育的质量，自战前的 1936 年 3 月，国民政府教育部就曾先后颁布《职业学校设置顾问委员会办法》《职业学校与建设机关协作大纲》等法令，鼓励建教合作，提高学生的动手操作能力和专业技能，加强职业教育的实用性，但实际运作的效果不佳。于是在抗战爆发后，国民政府采取相关政策措施，进一步扩大与加强建教合作的组织和实施。在 1938 年 4 月国民党临时全国代表大会制颁的《战时各级教育实施方案纲要》中，即提出应进一步实施建教合作办法。再于同年 6 月颁布《中央建教合作委员会组织规程》，并依此组建了中央建教合作委员会，任务主要是"登记调查各方需要的技术人员种类及数量，以作为各大学、专科学校及职业学校设系科参考；筹议训练方法；促进教育与国防及生产建设机关联络沟通；毕业生服务分配；对技术人员调查与登记"。①按照此项规定，陕、甘、川、黔等大后方各省相继成立了该省的建教合作委员会，负责协调各地区职业教育与经济建设部门之间的合作。1939 年 8 月，为服务国防建设，教育部会同军政、经济、交通部订颁《大学理工学院与经济交通及军备工厂合作办法》，规定了校厂合作的 6 项事业。此后，指定近百家工厂与所在地的理工学院办理合作事业，以增加军需生产。1941 年 1 月，教育部会同农林部共同商订颁布了《农林技术机关与农林教育机关联系与合作办法大纲》《农林建教合作实施办法大纲》等建教合作文件，进一步扩大合作范围。是年 8 月，教育部又与农林部、经济部联合颁布了《公私营工厂矿场农场推行职业补习教育并利用设备供给职业学校学生实习办法大纲》，其中再次重申各公私营工厂、矿场、农场应遵照《职业学校与建设机关协作大纲》的有关规定，为职业学校的学生提供实习场所。为加强对建教合作进行组织和领导，1942 年教育部还会同经济、农村、交通等部及兵工署、资源委员会、航空委员会、水利委员会、卫生署等机关，共同组成中央建教合作委员会，省教育厅则会同相应的行政产业机构，组成省一级的建教合作委员会，负责调查全国及各地所需专门人才的种类与数量，呈给教育部以供职业学校等设立科系、选择教材、进行实习研究及筹划毕业生服务的重要参考。

---

① 国民政府教育部编：《教育法令汇编》（第四辑），正中书局 1939 年版，第 6—7 页。

### (二)创设国立职业教育体系

职业学校作为教育体系中的重要组成部分,在传统上是以地方举办为原则,但是由于职业科目种类繁多,加上地方财力有限,使得教学实习设备的添置十分困难,而且教学方法正处在尝试探索阶段,有赖实验指导示范。另外,就整个国家建设而言,推进职业教育的发展已刻不容缓,而地方又未意识到其重要性,因此国民政府为进一步示范的需要,抗战以前曾相继筹设过国立北平第一助产学校、国立中央高级护士职业学校、国立中央高级助产职业学校、国立中央工业职业学校这四所国立职业学校,但其专业范围多集中于护理方面,且数量很少,没有形成体系。抗战期间出于职业教育亟待发展,而大后方诸省职业教育基础相对薄弱的情形,除将三所战前原有的国立职校西迁四川外,一批新设的国立职业学校及国立边疆职业学校相继应运而生。此外,教育部于1938年12月颁发《国立中学增设职业科办法》,要求各国立中学均应设置"以不需多量及特殊设备而切合于地方或抗战建国之需要"的职业科。1941年,教育部再度要求各国立中学增设或扩充职业科。[1] 另一方面,又指定若干大学及专科学校分别附设职业学校及职业科,在1941年12月颁发《大学各学院、独立学院及专科学校附设中小学或职业学校暂行办法大纲》,规定公私立大学农工医商学院或各独立学院,经教育部核定后,设立职业学校;专科学校也要依据有关规定,附设高职部。如国立同济大学附设高级工业职业学校、国立复旦大学附设高级职业学校、国立贵州大学附设工业职业学校、国立江苏医学院附设高级护士职业学校等,遂使国立职业教育系统得以初成规模。抗战胜利后,教育部又按照各国立职业学校的历史、需要及各地实况,令其复员或改交省市办理,或保留校名另予调整。现将抗战期间新设或内迁于大后方的国立职业学校设置情况简列如下。

---

[1]《教育部规定国立中学增设职业科》,《申报》1941年7月28日。

表 3-1 抗战时期大后方国立职业学校设置简表①

| 学校名称 | 设立时间 | 战时变迁 | 战后处置 |
| --- | --- | --- | --- |
| 国立中央高级护士职业学校 | 1933年春 | 初设于江苏南京,原隶属于卫生署,1935年7月归教育部,战时经长沙、贵阳迁至四川重庆 | 1946年5月回迁江苏南京 |
| 国立中央高级助产职业学校 | 1935年秋 | 初设于江苏南京,原隶属于卫生署,1935年秋划归教育部,战时迁四川重庆 | 1946年秋回迁江苏南京 |
| 国立中央工业职业学校 | 1937年6月 | 初设于江苏南京,战时迁四川重庆,1940年秋升格为专科学校,并在四川巴县设立分校 | 留渝续办 |
| 国立四川造纸印刷科职业学校 | 1939年 | 战时初设于重庆,后改名国立高级印刷科职业学校 | 由重庆市接办,改名重庆市立造纸印刷科职业学校 |
| 国立青海初级实用职业学校 | 1940年5月 | 设于青海贵德格林墩 | 1947年8月迁青海湟源,1949年8月移交地方接办 |
| 国立宁夏初级实用职业学校 | 1941年1月 | 设于宁夏省城,1942年2月更名为国立宁夏实用职业学校 | 留宁夏 |
| 国立拉卜楞初级实用职业学校 | 1941年6月 | 设于甘肃夏河,原由国民党中央组织部主办,1941年6月移交教育部 | 1946年1月移交地方接办 |
| 国立松潘初级实用职业学校 | 1941年6月 | 设于四川松潘,原由国民党中央组织部主办,1941年6月移交教育部 | 留松潘 |
| 国立西康初级实用职业学校 | 1941年9月 | 设于西康荥经,原为国立西康学生营,1941年9月改办职校 | 1947年8月迁西康汉源 |
| 国立金江初级实用职业学校 | 1941年10月 | 设于西康会理 | 留会理 |

---

① 资料来源:余子侠,冉春著:《中国近代西部教育开发史——以抗日战争时期为重心》,人民教育出版社2007年版,第378-380页。

续表

| 学校名称 | 设立时间 | 战时变迁 | 战后处置 |
| --- | --- | --- | --- |
| 国立四川水产职业学校 | 1942年8月 | 设于四川合川,由国立第二中学水产职业部改办 | 迁上海崇明由江苏省教育厅接办,1946年冬复改为国立高级水产职业学校 |
| 国立歌剧学校 | 1943年 | 设于重庆 | 1945年停办 |
| 国立清溪职业学校 | 1943年春 | 设于四川犍为 | 留犍为 |
| 国立玉树学校 | 1945年1月 | 设于青海玉树,原为国立玉树小学,1945年1月改办职校 | 留玉树 |
| 国立拉卜楞寺青年喇嘛职业学校 | 1945年4月 | 设于甘肃夏河 | 1947年改办师范,沿用原名,1948年10月停办 |
| 国立高级机械职业学校 | 1945年 | 设于四川重庆 | 并入国立中央工业专科职业学校 |

**(三)奖励私人办学,推广地方职业教育**

抗战期间,为了培养更多的实用技术人才以应对抗战和后方建设的紧急需要,国民政府不仅在诸多国立中学增设职业科,而且还鼓励动员多方社会力量创办职业学校,从而加大了职业教育的培养力度。教育部于1941年6月公布了《奖励农工商业团体办理职业学校、职业训练班及职业补习学校办法》七条,规定:"农工商业团体设立职业学校班者,各省市政府应依照修正职业学校规程第二十二条及职业补习学校规程第十八条之规定,给予补助。农工商业团体设立之职业学校班,除照前列各条予以补助奖励外,仍照其出资多寡,依照捐资兴学褒奖条例褒奖"。[1]该法令措施的颁布极大地激发了企事业单位、工厂、商人、个人团体等创办职业教育以及捐资兴建职业学校的热情,使得私立职业学校如雨后春笋般地遍布整个大后方,在一定程度上弥补了政府办学的不足,为国防建设和经济发展培养了大批实用技术人才。

---

[1] 中国第二历史档案馆编:《中华民国史档案资料汇编》(第五辑),江苏古籍出版社1997年版,第656页。

虽然自抗战爆发以来,国民政府根据时局的发展状况设立了国立职业学校,但是相对于当时生产建设事业的急需来说,仍远远无法满足实际的需要。而且大后方职业教育要想取得长足的进步,也有赖于地方职业学校的增设与完善。于是教育部也效仿战时设置中学区、师范学校区的办法,通令各省在省内划设职业学校区,并要求在每区内分别设置高级职业学校一所、初级职业学校两至三所。除了在大后方各省内划分职业学校区,抗战期间在整个大后方还设置有大职业教育区。1939年2月教育部正式颁布《陕、甘、宁、青、川、康、滇、黔、桂各省推进农工职业教育计划》,将上述九省分为西南区(云南、贵州、广西)、西北区(陕西、甘肃、宁夏、青海)和川康区(四川、西康)三大区域,在地理范围上涵盖了大后方的大部分地区,对战时大后方职业教育的走向也有着十分重要的影响。该计划按照建教合作的原则,对这九个省的职教发展进程在整体上予以规定,要求每个大区除筹设农工学院各一所外,还要大力发展中等农工职业学校,并就此作出了比较细致的说明和规划,限定在三年内完成。① 另外还结合各地生产的实际和需要,如"在扩充农业职校方面就规定青海、西康以畜牧为主,贵州、云南以农林为主,四川则是农产、水产、蚕桑、棉织并重"②,分别对各区职业教育的现状和蓝图进行了分析指导,与此同时还下拨分配专门费用保障该计划的顺利进行。

**(四)为职业教育提供物质和政策保障**

考虑到抗战时期对专业技术人才的大量需求以及大后方地区职教基础相对落后的现状,国民政府教育部在对地方职业教育进行督促指导的同时,在职业教育的经费、设备、教材、师资力量及师生待遇等方面制颁相关政策措施,给予相应的物质保障和政策支持。

首先,在经费和设备方面。战前制定的《各省市中等学校设置及经费支配标准办法》就职业教育的经费分配曾有相关规定,指定职业教育的经费比

---

① 《边省农工职教 教部积极推进中》,《中央日报》1939年8月19日。
② 《陕、甘、宁、青、川、康、滇、黔、桂各省推进农工职业教育计划 分九省为三区 限三年内完成》(上、下),《申报》1939年2月12、13日。

例不得低于中等教育整体经费的35%。1936年7月,教育部也曾制定《教育部补助公私立优良职业学校办法》,充实职业学校的教学设备,并具体明确了各职业学校应达到的设备标准。其次,在教材方面。为统一教学标准和提高办学质量,直接指定委托相关机关和学校编写职教教材,如工业类的教材由一些办学成绩优良、经验丰富的工业职业学校分别编译修订,农业类和医护类的也是分别由农业教科用书编辑委员会和医学教育委员会负责编写。此外,还在1942年5月颁布《奖励编译职业技术教材暂行办法》,设置奖金征集初级、高级及补习职业学校的各科教材,不仅调动了社会各界参编教材的积极性,而且在专家的进一步修订与补充下,教材的质量也得到了保证。最后,在师资培养方面。通过相继出台的《各省市职业学校、职业学科师资登记、检定及训练办法大纲》《津贴职业学校专科教员及导工薪给暂行办法》和《国立职业学校职业科目教职员补助办法》等政策法规,教育部对大后方职业学校教师的培养和进修作了比较细致的规定,以增设职业学科师资训练班和奖励职业学校教师进修的方式,增强职业学校的师资力量。

国民政府在抗战爆发后确定的以"战时应作平时看"的教育指导方针,既注意到教育为抗战服务的应急需要,更考虑到教育为战后的发展建设培养人才的战略意义。而职业教育各种实施方案的颁行,基本上体现了前线抗战与后方经济建设并行的精神,使后方各省的职业教育不仅在极其困难的战争环境中得以维持,而且还在原有基础上有所发展,为中华民族取得抗战胜利奠定了基础。

## 二、抗战时期大后方职业教育的具体发展

1937年抗战军兴后,在日军的强势猛攻下,我军终难抵挡,遂使我国职业教育一向发达的沿海沿江腹地很快陷落。于是,培养人才的重任就落到了未受到日军侵袭的西南西北大后方诸省人民的肩上,后方各省的职业教育也因

此而逐渐发展起来。尽管战争带来了灾难性的破坏,但从某种程度上来说,却促进了职业教育的发展。著名教育家黄炎培就曾对职业教育和战争的关系有过精彩的评论:"职业教育经过两次最大规模的世界战争,它的价值,只有看高,不会看跌。如果世界不幸而有第三次大战,结果职业教育也只有更改进,更扩大,绝对不会减少需要,乃至消灭。"[1]可见,战争这粒催化剂在某种程度上激发挖掘了职业教育的发展价值。

**(一)整体概况**

抗战时期大后方职业教育的发展,一方面从职业教育的层级划分来看,战时的中等职业教育从数量和质量上均占据较强优势,构成了整个职业教育的核心,而初等职业教育(包括初级实用职业学校、职业补习教育以及职业训练班与技工训练)[2]和高等职业教育则起到了必要的补充和辅助作用,为前线抗战和后方经济建设培养了多种实用技术人才,有力地促进了职业教育的普及与发展。另一方面从抗战时期大后方整个地域范围来看,涵盖了我国的整个西部地区,包括西北、西南的诸多省份,西北地区以陕西省的职业教育发展为甚,而西南地区相对西北地区的职业教育成就来说,已展现出明显的优势和成绩,尤以四川(包括重庆)、云南、贵州三省的收效比较显著。

首先就抗战期间职业教育在大后方的整体发展状况来分析,抗战初期的1937年和1938年两年中,职业教育遭受战争的破坏非常严重,随之在抗战的中后期,逐渐有所恢复和发展,创办的学校数和入学的学生数均呈逐年递增趋势。学校数从抗战中期1939年的75所增加到抗战结束后的1946年的191所,增幅接近两倍,其发展速度是战前不能比拟的。从年增长率来看,1939年到1945年,职业学校数年平均增长率为12.71%,学生数年平均增长率为16.17%。[3] 由此可见,职业教育在抗战时期获得了快速的发展。战时

---

[1]冯学礼:《抗战时期的福建职业教育》,《教育与职业》1995年第12期,第37页。
[2]国民政府教育部教育年鉴纂委员会编:《第二次中国教育年鉴》(第八编 职业教育),商务印书馆1948年版,第26-30页。
[3]沈云龙:《近代中国史料丛刊》(第三编),文海出版社1989年版,第33-38页。

大后方职业教育的发展不仅体现在职业学校数量上的持续增长,而且从与全国整体状况的横向比较来看,其差距也有所缩短。"1936 年大后方职业学校只占全国总数的 10%,1939 年约占全国总数的 26%,1942 年约占全国总数的 31%,1945 年约占全国总数的 33%"。① 从战前 1/10 的比例到战争结束时 1/3 的比例,由此可见抗战时期大后方职业教育发展的进度之大。

表 3-2　1936—1945 年大后方职业教育发展概况统计表②

| 年度 | 大后方职业学校数(所) | 大后方职业学校的年增长率 | 全国职业学校数(所) | 全国职业学校的年增长率 | 大后方占全国职业学校总数的比重 |
| --- | --- | --- | --- | --- | --- |
| 1936 | 50 | — | 494 | — | 10% |
| 1937 | — | — | 292 | -40.89% | — |
| 1938 | — | — | 256 | -12.33% | — |
| 1939 | 75 | 33.3% | 287 | 12.11% | 26% |
| 1940 | — | — | 332 | 15.68% | — |
| 1941 | — | — | 344 | 3.61% | — |
| 1942 | 111 | 32.4% | 359 | 4.36% | 31% |
| 1943 | — | — | 384 | 6.96% | — |
| 1944 | — | — | 424 | 10.42% | — |
| 1945 | 190 | 41.5% | 576 | 34.23% | 33% |

其次,就大后方各省职业教育的发展状况而论,发展速度首当其冲的当属西南地区,这是由于在抗战期间"西南是国家复兴的根据地,西南又是建国途中文化资源的发源地"。③ 而在当时西南各省中,四川、云南、贵州三省的职

---

① 余子侠、冉春著:《中国近代西部教育开发史——以抗日战争时期为重心》,人民教育出版社 2007 年版,第 402 页。

② 资料来源:沈云龙编:《近代中国史料丛刊》(第三编),文海出版社 1989 年版,第 33-38 页;余子侠、冉春著:《中国近代西部教育开发史——以抗日战争时期为重心》,人民教育出版社 2007 年版,第 402 页。

③《建设西南之初步》,《中央日报》1938 年 9 月 23 日。

业教育发展颇有成效。抗战军兴，国民政府把重庆定为战时陪都，把以四川为中心的大后方作为战略基地，"谋原有基础之坚实；培养民族精神；实施国防教育；实施生产教育"。[①] 依靠人口众多、地大物博的有利条件，不仅扩大了职业教育的发展规模，而且结构也渐趋合理，四川省的职业学校战前的1936年有33所，学生4380人，到抗战中期已有职业学校"51所，学生7233人"。[②] 抗战结束时的1945年，已达到职业学校"69所，491班，学生12197人（高级6777人，初级5420人），教职员1901人"的规模。[③] 经过八年抗战，四川省职业教育发展所取得的成就影响到整个大后方，对后方各省职教事业的发展与繁荣起到了强有力的示范和推动作用。云南在抗战初期将全省划分为7个职业教育区，分区配置各类职业学校，进一步推广职业教育。1938年全省共有"职业学校11所，学生人数1572人"。[④] 至抗战结束后的1946年，全省的"各类职业学校合计15所，在校生1913人，教职员365人"。[⑤] 贵州省在抗日战争时期，由于政府比较重视，再加上相关部门的支持，职业教育发展较快。据1936年统计，全省有职业学校6所，学生296人。[⑥] 到1945年时，全省有职业学校13所，学生1204人，并在一些中学和师范学校附设职业科。与抗日战争前相比，这是一个很大的进步。[⑦] 而在西北地区，陕西和甘肃两省在战时职业教育的发展成绩较为突出。到1946年时，陕西全省举办的职业学校有29所。甘肃省在战时正式立案的公私立职业学校有14所，有107个班，在校生为3194人，比1936年时增加4.6倍，累计毕业学生2651人，相当于抗战前近三十年毕业生总数的4倍。[⑧] 通过对抗战期间和抗战结束后大后方各

---

[①] 徐文涛主编：《四川教育史》（上册），四川教育出版社2007年版，第438页。
[②] 《三十一年度全国教育工作总检讨》，《中央日报》1943年6月25日。
[③] 四川省地方志编纂委员会：《四川省志·教育志》（上），北京方志出版社2000年版，第222页。
[④] 云南省地方志编纂委员会编：《云南省志》（第60卷），云南人民出版社1995年版，第386页。
[⑤] 蔡寿福主编：《云南教育史》，云南教育出版社2001年版，第484页。
[⑥] 谢本书，温贤美主编：《抗战时期的西南大后方》，北京出版社1997年版，第292页。
[⑦] 孔令中主编：《贵州教育史》，贵州教育出版社2004年版，第348页。
[⑧] 甘肃省地方史志编纂委员会、甘肃省志教育志编辑委员会编：《甘肃省志·教育志》，甘肃人民出版社1991年版，第236页。

省职业教育发展的比较状况来看,抗战时期职业学校的发展呈现逐渐增长的势头,具体统计情况见下表。

表 3-3　1939 年、1942 年、1946 年大后方各省职业学校数量对照表[①]

(单位:所)

| 年度 | 四川 | 云南 | 贵州 | 西康 | 青海 | 广西 | 陕西 | 甘肃 | 宁夏 | 新疆 | 绥远 |
|---|---|---|---|---|---|---|---|---|---|---|---|
| 1939 | 30 | 8 | 8 | 4 | 1 | 8 | 6 | 7 | 1 | — | 2 |
| 1942 | 62 | 12 | 9 | 3 | 1 | 9 | 3 | 11 | 1 | 3 | 0 |
| 1946 | 94 | 13 | 10 | 5 | 2 | 16 | 29 | 14 | 2 | 4 | 2 |

从上表统计数据分析可知,大后方的职业教育在战时获得了快速的发展,大致呈曲线上升趋势。然而在把握战时后方职业教育整体发展态势的同时,通过对抗战时期前、中、后三个历史阶段相关发展数据的比较分析,可以发现这三个阶段职业教育发展也有自身的特色。首先,抗战初期由于受到日军突如其来的袭击,再加上国民政府没有及时采取应对措施,导致大后方的职业教育较战前呈现衰退之势;其次,抗战中期国民政府教育部吸取战初挫败的沉痛教训,调整方略,加大专业技术人才的培养力度,达到为抗战服务的目的,由此职业教育得以重生,较之战前和战初的发展状况有所改观;最后,抗战后期的职业教育在中期的发展基础上,更是将大后方职业教育的发展进程推向顶峰。

**(二)初等职业教育**

初等职业教育作为战时职业教育的重要阶段之一,以创办初级实用职业学校、开展职业补习教育、职业训练班与技工训练为主要表现形式,在较短的时期内培养初级技术人员。这不仅是培养技术人才的有效方式,同时也符合战时实际状况的需求,缩短了专业技术人员的培养周期,缓解了抗战时期对

---

[①]余子侠,冉春著:《中国近代西部教育开发史——以抗日战争时期为重心》,人民教育出版社 2007 年版,第 399 页。此表的统计数据不包含国立高校附办的职业教育机构。

大量实用技术人才的供需矛盾,成为中等职业教育的来源和后备力量。

首先,在初级实用职业学校方面。抗战时期大后方物资匮乏,教育部"为谋养成实用技术人员,解决各县人民食住行日常生活必需之供给"[1],于1938年7月制颁了《创设县市初级实用职业学校实施办法》,规定各省教育厅会同建设厅,以训练实用技能及从事当地小工业之改良推广为主要目的,先行调查本省内主要产业供销的实际情况,分类编制统计表作为创办初级实用职业学校的主要参考依据,然后依照所需,根据轻重缓急分别设置职业学校及科目。同时按照建教合作的原则,要求各省教育厅在设校时应与地方生产机关和部门保持密切联络,还可采取联合办校的方式。当年,教育部即拨出专款给川、黔两省试办了四所职业学校以供示范,此后云南、广西、甘肃、西康、陕西、宁夏、青海等省也先后依照成例增设了此类初级职业学校,约有20所,设有造纸、染织、金工、土木、制糖、制茶、酿造等专业。从具体办学制度的规定上来看,创办的这些学校既比较切合实际生产的需要,也符合职业教育自身的特色。"如规定应首先注重实习和学生实际操作能力的培养,实习的学分要占到总评的50％,学校还要不定期地指派学生到当地生产建设机关或农村从事服务,学生即使毕业之后,也得每月递交服务工作报告回校审核,并且每年寒暑假期间学校还要对毕业生进行2—4周的再培训"。[2]

其次,职业补习教育方面。为进一步扩大职业教育的作用和范围,在战前的1933年9月,国民政府教育部就曾制颁《职业补习学校规程》,1936年2月又订颁《各省市推行职业补习教育办法大纲》,令饬各省教育厅推行职业补习教育,以填补正规职业学校教育的不足。抗战时期,大后方各省市遵照战前颁布的办法大纲开展实施工作,各教育机构及社会团体大量举办职业补习教育。诚然,职业补习教育的推行需要相关职业学校的规范和加强,但也需公私营企业、农场等多方社会力量通力合作得以实现和完成。于是1941年8

---

[1] 国民政府教育部教育年鉴编纂委员会编:《第二次中国教育年鉴》(第八编　职业教育),商务印书馆1948年版,第26页。

[2] 余子侠、冉春著:《中国近代西部教育开发史——以抗日战争时期为重心》,人民教育出版社2007年版,第387页。

月,教育部与经济、农林、社会等部会商,拟定《公私营工厂矿场农场推行职业补习教育并利用设备供给职业学校学生实习办法》。依照规定,凡公私营工厂、矿场职工人数在500人以上,农场职工人数在300人以上者,应于一年内一律开设职业补习学校;人数在200人以上者,应督饬办理或联合数厂办理;人数在200人以下者,由附近的教育机关办理巡回职业补习班,定期分赴各工厂、矿(农)场训练,以教育本厂(场)职员艺徒为主。1944年4月,教育部又制定了《推行职业补习教育办法》五条,令各省市开展职业补习教育宣传运动,要求各省市公私立职业学校限期单独或联合举办职业补习教育;督促工厂、农场等附办或联办职业补习学校;除此之外,还需详细考察已设立的职业补习学校,予以调整、奖励或补助。抗战时期的职业补习教育在上述政策指引下,以各种形式蓬勃开展起来。以陪都重庆为例,为救济失学青年,维持社会稳定和增强我军抗敌的战斗力,重庆市大力推行职业补习教育。据重庆市教育局的统计,战时已立案的职业补习学校数如下:1940年2所,1941年7所,1942年12所,1943年24所,1944年52所,1945年98所。[1]可见,职业补习学校在战时逐年成倍地增长,学生已逾万人。而且职业补习教育还以讲座的形式面向青年开展,一年有44次讲座,约有1.9万人的受众群体。职业补习学校虽每次招生人数不多,但均以招生频率高为特点。重庆中华职业学校一年最多招5次,昆明职业补习学校平均3个月招一次,在抗战的几年里连续招生,其培养的初级职业技术人才的数目是比较可观的,超过万人以上。西北部的甘肃省根据利用当地资源和建教合作原则,于1939年在省教育厅和建设厅的联合下,开办了华亭陶瓷、武威硝皮、靖远纺织等八所职工补习学校。[2]

最后,在职业训练班与技工训练方面。1935年,教育部订颁短期职业训练班办法,分甲乙两类,分别招收初、高中毕业者或具有同等学历者,培养社会所需的各种专业技术人才,训练期限定为三个月至一年。此项办法颁布后,最初只有少数实习所和讲习所遵照办理。直到抗战时,迫于技术人才急

---

[1] 重庆市教育委员会编:《重庆教育志》,重庆出版社2002年版,第308页。
[2] 魏永理著:《中国西北近代开发史》,甘肃人民出版社1993年版,第522页。

第三章 服务全国抗战的大后方职业教育

需的形势,教育部指定原有职业学校依其设备人才情形,"举办土木、测量、驾驶、机械、电机、电焊、染织、毛织、印刷、制革、蚕桑、合作事业指导、农机制造、畜牧、制糖、护士、助产、调剂、会计等各类训练班"。① 其办班成绩显著,1938年开办了 8 个训练班,次年开办了 30 个训练班,增长趋势明显,直至抗战胜利时,才逐渐终止。大后方各省市还根据不同的需要,结合自身特点,在抗战期间举办了特殊的职业训练,例如四川省依靠本土特色发挥自身优势,从 1941 年到 1946 年培养高级蚕桑人才共计 50 余人;广西省为解决各地收音机人员技术不熟练,故障时常无法排除的困难,于 1940 年 8 月在桂林开办中小学收音机人员暑假培训班,又于 11 月 12 日在梧州等地举办中小学收音机人员巡回讲习班。② 此外,出于抗战期间对大量机械和电机技术人才的紧急需求,蒋介石于 1939 年饬令由国防工业委员会设立技工训练处并办理技工训练班,计划在五年内训练各科技工 7000 名。这些训练班大部分由经济部、国防工业委员以及会兵工署直属的一些工厂代为办理,国立中央工业职业学校也参与了培养。譬如西北工会组社工作开始以后,在陕西、甘肃等地举办了以纺织为主的短期技术训练班,培养青年徒工四五百人。据《第二次中国教育年鉴》的统计数据显示,抗战期间特别技工训练班共有 988 人受训,普通技工训练班共有 1746 人受训,速成技工训练班受训的人员有 132 人,总计 2876 人。③

初等职业教育就战时整个大后方的区域来说,遍布范围较广,呈现出培训周期短、效率高的特征,而且就训练场所来看,除部分需新设外,其余均借助于内迁工厂、商店等作为培训场地,因此从某种程度上缓解了职业教育受制于资金设备匮乏的矛盾,为前线抗战和后方经济建设发展培养了大批初级技术人员,适应了抗战的需求。

---

① 国民政府教育部年鉴编纂委员会编:《第二次中国教育年鉴》(第八编 职业教育),商务印书馆 1948 年版,第 29 页。
② 广西省政府十年建设编纂委员会编印:《桂政纪实》(下),1941 年版,第 309 页。
③ 根据国民政府教育部教育年鉴编纂委员会编:《第二次中国教育年鉴》(第八编 职业教育),商务印书馆 1948 年版,第 29 和 30 页表格数据计算而得。

### (三)中等职业教育

作为抗战时期职业教育的中流砥柱和主要组成部分,中等职业教育的发展成绩尤为突出,培养了大量中等技术人才。大后方的中等职业教育主要通过以下三个渠道得以在严峻的战时形势下发展:一是教育部直接创办的国立职业教育系统,二是由战区西迁入后方的公私立中等职业教育系统,三是后方各省市自己创办的中等职业学校。这三类职业教育系统构成了战时大后方中等职业教育的整体,其中尤以大后方各省市自办的职业学校为主,不仅促进了当地职业教育的发展,还为抗战取得最终胜利作出了贡献。

首先,在教育部创办的国立职业教育系统方面。针对抗战爆发后沿江沿海等职教发达地区相继沦陷,以及大后方各省职教基础相对薄弱的实际状况,国民政府教育部采取了相关对策保持及扩充原有的国立职业学校,在战时相继增设了十余所国立职业学校和国立边疆职业学校,使国立中等职业教育系统得以延续,并为其在战后的壮大奠定了一定的历史基础。抗战爆发之前,全国只有4所国立职校。抗战爆发后,原在江苏南京的3所职校——国立中央高级护士职业学校、国立中央高级助产职业学校、国立中央高级工业职业学校都相继迁至四川重庆续办。从抗战中期开始,先后在大后方设立了16所国立职教机构,另外在国立中学、国立高校里分别附设职业科或职校等其他职教机构,国立职业教育的阵营由此逐渐发展壮大。抗战结束时,随着原沦陷区学校的复员回迁,大后方国立职业学校数量比战时有所退减,但仍达到了11所的数量。在民国时期整个国立职业教育系统的演进过程中,抗战期间设于大后方的这些国立职业学校起到了承上启下的衔接作用,保存了原有国立职业学校的战斗力,也为战后的发展奠定了坚实的基础。

其次,在由战区西迁入后方的公私立中等职业教育系统方面。沦陷区内的职业学校以及附设有职业科的公私立中学相继迁入西部大后方,为后方诸省职业教育的发展注入了一股新力量,培养了不少的中等技术人才。如江苏省立女子蚕业学校、私立汉口宗汉会计科职业学校、私立武汉高级护士学校等,先后分迁四川乐山、重庆等地;迁至重庆璧山的江苏私立正则学校设有绘绣、绘画等职教班。① 这些学校在战后大多回迁复员,同时也为沦陷区职业教育的恢复和发展起到了至关重要的作用。如迁入鄂西的 8 所职业学校,除 1 所农校留设恩施外,其余相继回迁武昌、汉阳等地,使得武汉在战后的短短时间内得以重新建立起门类比较齐全的职业学校体系。②

最后,战时大后方职业教育要想获得长足发展,除了上述两种力量的支撑外,更需要自力更生,依靠地方政府和私人团体等力量,增设和扩充本地的职业学校。随着战事的日益激烈,大后方各省市自设职业学校的数量呈现递增趋势,但在其整体进步发展的同时,地区间仍存在明显差异。其中四川省由于自身中等职业教育的基础较好,而且在教育部相关政策的督促与指导下,相继成立了一批与当地生产实际需求相结合的职业学校,专注于职业教育的发展,所以业绩最为突出,云南、贵州、广西、陕西和甘肃等省的进步亦较为明显,而后方其余省份职业教育的进展不大甚或处于原地徘徊的境遇。据统计,战后仅四川一省的职业学校几乎占大后方地区总数的一半,西康、绥远、宁夏、青海、新疆等省份的地方职校都不过 2—5 所。在大后方各地创办的职业学校中,尤其值得一提的是私立职校的数量占到了相当大的比例,如四川省有 26 所私人创办的学校,占全省总数的 1/4 强,尤其是重庆市内的 20 所地方职校中就有 17 所为私立,陕西省也有 9 所属于私立,占全省总数的 1/3 强③。可见,私人创办职业学校对当地职业教育的推广和发展起到了积极作用。

纵观整个大后方的中等职业教育发展状况,西南地区四川省职业教育所取得的成绩可谓是一枝独秀,1942 年四川省已有职业学校 62 所,到抗战后更发展为 94 所,其中省立 23 所、市立 3 所、县立 27 所、私立 41 所。战前,重庆

---

① 余子侠,冉春著:《中国近代西部教育开发史——以抗日战争时期为重心》,人民教育出版社 2007 年版,第 393 页。
② 余子侠,冉春著:《中国近代西部教育开发史——以抗日战争时期为重心》,人民教育出版社 2007 年版,第 401 页。
③ 余子侠,冉春著:《中国近代西部教育开发史——以抗日战争时期为重心》,人民教育出版社 2007 年版,第 401 页。

的职业学校仅有7所,到抗战胜利前夕,已增加为22所,为战前的3倍。① 战时云南省的职业学校由8所增至13所,其中省立7所、县立4所、私立2所,这些职业学校大多集中于省会及其附近区域,分农工商医等科。贵州省在抗战初期已有6所中等职业学校,但多因经费设备和师资等问题的制约,截至到1943年只增为10所。战时广西的中等职业教育在当局和中华职业教育社的提倡协助下,得到了较快的发展,抗战前夕,广西中等职业学校处于一片空白,尽管在战时省内大部分地区遭受两次沦陷,但到1944年正规职业学校数仍达到22所之多。在西北地区尤以陕西和甘肃两省职业教育的成绩可观,尤其是在抗战中期相继成立的一批县立和私立职业学校增进了陕西省职业教育的发展进程,截至1946年陕西省有省立职业学校10所、县立9所、私立10所。甘肃省在战初新建省立、私立职业学校近10所。到1946年时,全省4个职业区有14所职校(含公立、私立),107个班,在校生3194人,比战前增加6倍,累计毕业生2651人,相当于战前近30年毕业生总数的4倍。② 其他省份如宁夏、青海、新疆和西康、绥远等地在战时的职业教育也填补了战前的空白,分别增添到2—5所不等。

### (四)高等职业教育

整个抗战时期,国民政府在着力发展中等职业教育,培养中等专门技术人才以应抗战所需的同时,也没有忽视高层技术人才的养成。战前西部各省市的专科学校大多开设艺术、体育两科,而农工医各科则比较少。抗战爆发后,国民政府倍感技术人才十分缺乏,于是在1939年颁发了《特设各科专修科办法要点》,指定中央大学、西北大学等14所高校开设各项职教专修科,"如西南联大之电讯,金大之汽车,云大之采矿,武大之机械,川大之化验,西北农学院及中央政校之农业经济,中大之畜牧兽医,中央政校及光华大学之

---

① 艾新全:《抗战时期的重庆教育》,选自黄友凡、彭承福著:《抗日战争中的重庆》,西南师范大学出版社1986年版,第90页。
② 国民党中央委员会党史史料编纂委员会编:《革命文献》(第五十七辑——抗战时期之中等教育),(台湾)中央文物供应社1972年版,第30页。

会计,重庆与复旦大学之统计,贵阳医学院之卫生工程与行政","并创办中央技艺专科学校,设造纸、皮革、农产制造、染织、水产、蚕丝六科,西北技艺专科学校注重畜牧兽医及水利工程等科"。① 在这些高校内设农、工、医、商科四大类,含电气、汽车、采矿、机械等 12 个专业,计 20 个班,比战前的数量增加一倍以上,此外,还在战时大后方的国立高校附办职业教育机构,如国立同济大学附设高级工业职校、国立复旦大学附设工业职校等,培养了一批抗战建国的高层次技术人才,使我国战时高层次人才的储备量明显增加了许多。大后方的四川、云南、贵州、广西四省在职工程技术人员达到 912 人,占全国总数的 11.8%;在职的工程技术人员中,虽然西南省份占据绝大部分,但西北地区的新疆畜牧科技工作者也达到了 72 人的规模。这不仅为这些地区提供了大量高层次人才,而且带动了中等技术人才的发展。

另一方面,国民政府还根据大后方各个省市自身条件的优劣,以教授应用科学,养成高等技术人才服务于抗战和战后经济建设为目标,因势利导,增设各类专科学校,设置适合各个省市发展的、符合地方特色的高等专业技术科,招收高级中学及高中职业科毕业生,在战时取得了相当大的成绩,推动了当地职业教育和经济建设的发展,也为战时专业技术人才的培养注入了新的血液。如西北地区的甘肃、青海两省以毛纺织科和皮革科为盛。据统计,从抗战前的 1932 年截至抗战爆发时,全国共有专科学校 29 所,其中仅有一所国立西北农林专科学校设于西部的陕西省;从抗战初期的 1938 年到抗战结束后的 1947 年,全国的专科学校上升至 68 所。② 其中设于大后方的占 22 所,含国立 5 所,省立 9 所,私立 8 所,与战前的数量相比,增加了二十几倍,其中设于四川 11 所,陕西 5 所,湘西 3 所,广西、甘肃和西康分别各 1 所。战时新设于大后方诸省的专科学校的具体情况见下表。

---

①国民党中央委员会党史史料编纂委员会编:《革命文献》(第 61 辑),(台湾)中央文物供应社 1972 年版,第 226 页。
②国民政府教育部年鉴编纂委员会编:《第二次中国教育年鉴》(第八编 职业教育),商务印书馆 1948 年版,第 14 页。

表 3—4　　抗战时期新设于大后方的专科学校一览表①

| 类别 | 名称 | 校址 | 所设科组 | 备注 |
|---|---|---|---|---|
| 国立专科学校（5所） | 国立中央工业专科学校 | 重庆沙坪坝 | 机械工程科、土木工程科、电机工程科、化学工程科 | |
| | 国立中央技艺专科学校 | 四川 | 造纸科、农产制造科、皮革科、纺织染科、蚕丝科、化学工程科 | 1939年1月设立于四川乐山，其自贡分校后独立为国立自贡工业专科学校 |
| | 国立自贡工业专科学校 | 四川自贡 | 化学工程科、机械工程科、土木工程科、附设职业科 | 1944年设立，由原国立中央技艺专科学校自贡分校独立而成 |
| | 国立西北农业专科学校 | 甘肃兰州 | 青林科、畜牧科、牧草科、农医科、农田水利科 | 由设立于1939年的国立西北技艺专科学校改组而成 |
| | 国立西康技艺专科学校 | 西康 | | 成立于1939年8月 |
| 省立专科学校（9所） | 陕西省立医学专科学校 | 陕西西安 | 医科 | 1938年12月迁陕西南部，1939年9月回迁西安 |
| | 陕西省立商业专科学校 | 陕西西安 | 工商管理科、会计统计科、银行科 | 1941年8月设立 |
| | 陕西省立医学专科学校 | 陕西西安 | | 1938年12月迁陕西南郑，1939年9月回迁西安 |
| | 四川省立会计专科学校 | 四川成都 | | 1942年6月先于四川省立教育学院中附设会计专修科，1943年2月独立设置 |
| | 四川省立体育音乐专科学校 | 四川成都 | | 1941年秋先于四川省立重庆大学中附设，1943年春独立设置并迁四川成都 |
| | 四川省立艺术专科学校 | 四川成都 | 建筑科、应用艺术科、音乐科 | |

---

①资料来源：国民政府教育部教育年鉴编纂委员会编：《第二次中国教育年鉴》（第八编　职业教育），商务印书馆1948年版，第15-16页；余子侠，冉春著：《中国近代西部教育开发史——以抗日战争时期为重心》，人民教育出版社2007年版，第226-231页。

续表

| 类别 | 名称 | 校址 | 所设科组 | 备注 |
|---|---|---|---|---|
| 省立专科学校（9所） | 湖南省立农业专科学校 | 湖南南岳 | | 三校1941年秋同时设立于湘西南岳,1944年夏停办。1945年冬复校,商专留南岳,农专与工专迁湖南长沙。1947年2月三校合并为湖南省立克强学院 |
| | 湖南省立工业专科学校 | | | |
| | 湖南省立商业专科学校 | | | |
| 私立专科学校（8所） | 私立重辉商业专科学校 | 重庆 | | 1944年9月成立,1946年3月迁江苏南京 |
| | 私立中华工商专科学校 | 重庆 | | 成立于1943年秋,战后迁上海 |
| | 私立求精商业专科学校 | 重庆 | 银行科、会计科、工商管理科 | |
| | 私立西南美术专科学校 | 重庆 | | |
| | 私立储材农业专科学校 | 重庆南岸 | 农业经济科、园艺科、农艺科 | 1944年成立,1947年改名为私立汉华农业专科学校 |
| | 私立西南商业专科学校 | 广西桂林 | | 1942年设立于广西桂林,1944年7月停办,1945年8月复办 |
| | 私立西北药学专科学校 | 陕西西安 | | 由1937年设立之原私立西北高级药剂科职业学校改组而成 |
| | 私立知行农业专科学校 | 陕西鄠都 | | 1945年8月设立 |

抗战时期,不论各国立高校内附设的职业教育机构,还是新设的专科职业学校,均以适应抗战需要为宗旨和目标,不仅培养了一批抗战建国的高层次人才,而且带动了中等技术人才的发展,推动了大后方诸省市的地方建设。除此之外,一些社团也不遗余力,积极响应服务抗战的号召,对战时专科职业教育的发展作出了贡献,培养了诸多高级人才,为战后国家建设事业的发展奠定了基础。譬如中华职业教育社在抗战中期的1940年7月创办了银行专

科学校,并于抗战后期的1943年9月在重庆创办了中华工商专科学校。

另外,战时西迁大后方的专科学校也成为高等职业教育发展中一股不可忽视的力量。由于日军的侵袭,沦陷区的专科学校不得不考虑西迁至大后方,据统计,抗战期间西迁至大后方的专科学校数量达到24所(国立8所、省立6所、私立10所),其区域范围遍布大后方各省市,尤其集中于四川和重庆。然而在西迁的过程中,除部分专科学校一次迁定,于战时再未变动外,多数学校都是经历了一迁再迁的辗转流亡,最终才落脚于大后方的某地。具体的变迁过程详见下表:

表3-5 抗战期间西迁大后方的专科学校情况简表[1]

| 类别 | 校名 | 原址 | 新址 | 迁变过程 |
|---|---|---|---|---|
| 国立专科学校(8所) | 国立北平艺术专科学校 | 北平 | 重庆 | 北平艺专先迁湘西沅陵。杭州艺专首迁浙江诸暨,再迁江西贵溪,三迁沅陵。1938年3月两校合并改称国立艺术专科学校,10月迁云南昆明,1939年夏迁呈贡,1940年秋迁四川璧山,1943年夏迁重庆 |
| | 国立杭州艺术专科学校 | 浙江杭州 | | |
| | 国立吴淞商船专科学校 | 上海 | 重庆 | 战初一度停办,1939年夏在重庆复办,改为国立商船专科学校。1943年并入国立交通大学 |
| | 国立牙医专科学校 | 江苏南京 | 四川成都 | 1937年10月迁四川成都 |
| | 国立南京药学专科学校 | 江苏南京 | 重庆 | 1938年8月迁湖北武汉,再迁四川成都,1939年11月三迁重庆 |

---

[1]资料来源:余子侠:《抗战时期高校内迁及其历史意义》,《近代史研究》1995年第6期;《抗日战争时期高校内迁表》,章绍嗣等主编:《中国抗日战争大辞典》,武汉出版社1995年版;国民政府教育部教育年鉴编纂委员编:《第二次中国教育年鉴》(第五编 高等教育),商务印书馆1948年版,第256—303页。

续表

| 类别 | 校名 | 原址 | 新址 | 迁变过程 |
|---|---|---|---|---|
| 国立专科学校（8所） | 国立中央国术馆体育专科学校 | 江苏南京 | 重庆 | 首迁长沙，改称国立国术体育专科学校，再迁广西桂林，三迁龙州，四迁云南昆明，1940年冬迁重庆 |
| | 国立中央工业职业学校 | 江苏南京 | 重庆 | 首迁湖北宜昌，再迁四川万县，三迁重庆，并在巴县设立分校。1940年改称国立中央工业专科职业学校 |
| | 国立戏剧专科学校 | 江苏南京 | 重庆 | 首迁湖南长沙，1938年2月再迁重庆，三迁四川江安，1945年7月返迁重庆，改称国立戏剧学校 |
| 省立专科学校（6所） | 山东省立医学专科学校 | 山东济南 | 四川万县 | 1937年冬迁四川万县 |
| | 山东省立药学专科学校 | 山东青岛 | 四川万县 | |
| | 江苏省立蚕桑专科学校 | 江苏苏州 | 四川乐山 | 战初停办，1939年秋迁四川乐山复办 |
| | 江苏省立银行专科学校 | 江苏镇江 | 湖南乾城 | 首迁湖南桃源，再迁乾城。1941年改为国立商学院 |
| | 湖南省立农业专科学校 | 湖南南岳 | 湖南辰溪 | 1941年成立于湘中南岳，后迁湘南东安，再迁湘西辰溪 |
| | 湖北省立农业专科学校 | 湖北武汉 | 湖北恩施 | 迁鄂西恩施，后改组湖北省立农学院 |
| 私立专科学校（10所） | 私立山西工农专科学校 | 山西太谷 | 四川金堂 | 首迁山西运城，再迁河南陕县，三迁陕西西安，四迁沔县，五迁四川金堂。1940年改称私立铭贤学院 |
| | 私立东亚体育专科学校 | 上海 | 四川泸县 | 1941年停办，1944年夏在四川泸县复办 |
| | 私立民治新闻专科学校 | 上海 | 四川成都 | |
| | 私立两江女子体育专科学校 | 上海 | 四川重庆 | 1938年8月迁四川重庆，1940年被勒令停办 |

续表

| 类别 | 校名 | 原址 | 新址 | 迁变过程 |
|---|---|---|---|---|
| 私立专科学校（10所） | 私立立信会计专科学校 | 上海 | 四川重庆 | 1937年和1939年先后在四川重庆设立第一、第二分校。后第二分校停办，1942年沪校亦迁四川重庆 |
| | 私立正则艺术专科学校 | 江苏丹阳 | 四川璧山 | |
| | 私立武昌文华图书馆学专科学校 | 湖北武汉 | 四川重庆 | |
| | 私立医药技士专门学校 | 湖北武汉 | 四川重庆 | 1938年迁四川重庆 |
| | 私立武昌艺术专科学校 | 湖北武汉 | 四川江津 | 1938年8月首迁湖北宜都，1938年春迁四川江津 |
| | 私立川至医学专科学校 | 山西太原 | 陕西宜川 | 首迁山西临汾，再迁新绛，三迁陕西三原，四迁宜川，1940年3月并入国立山西大学 |

由此可见，战时大后方高等职业教育以增设职业专修科、新设专科学校以及战区专科学校西迁这三种方式为依托，专业涵盖了农工商等科，填补了我国高等职业教育的空白，扩大了高等职业教育的发展规模，培养了为抗战服务的高等技术人才。

初等职业教育、中等职业教育和高等职业教育三者并驾齐驱的局势构建并推动了抗战期间大后方职业教育的发展，为大后方培养了初、中、高三个不同层次和各种门类的专业技术人才，由此，职业教育在战时的特殊形势下，获得了前所未有的进步，不仅适应了战争的需要，促进了后方诸省的经济发展，而且也在某种程度上为战后的建国工作做好了准备。

## 三、抗战时期大后方职业教育的要素分析

在严峻的战时情况下,大后方的职业教育之所以能够得以顺利开展,并取得比战前更大的成就,除了国民政府方针政策的有利引导和约束外,更离不开大后方诸省以积极践行的态度保障职业教育基本元素的有序实施,主要包括职业教育的课程设置与教科书、行政组织与经费设备、师资培养与进修、招生与学生就业等多层面的方略。

### (一)课程与教材

抗战时期大后方职业学校的课程设置大致可分为两类:一是职业技能科目,主要包括农工医商和家事等科,并根据抗战需要做出了新的调整,增设中等技术科;二是基础知识科目,包括公民、军训、体育、语文和数理化等基础科。

依照教育与社会之间的供需原则,培养适应抗战需要的实用性人才,是抗战时期职业教育区别于其他教育形式的主要特征,由此,职业教育的特殊性决定了其必须具备多种类别以及专业科目,才能满足抗战的实际需要。职业学校大致可分为农业、工业、商业、海事、医事、家事、艺术七类,每类下设多个专业科目,如农业和工业两类就包括几十个科目,最初各校多根据自身需要参酌欧美及日本学制自行拟定,因此使得各职业学校的课程设置参差不齐,导致规划订制统一的课程标准难度较大。国民政府教育部于战前1934年6月就曾制颁过《职业学校各科课程表、教材大纲、设备概要汇编》,但由于没有把握时代动向,与社会所需人才的迎合度也较小,导致造就出来的人才或是英雄无用武之地,或是所学的技能不能满足社会的需要,因此适当调整战时职业教育的课程设置已成当务之急。抗战开始后,教育部为加强推进职业教育,以培养抗战建国需要的各级各类技术人才,邀请各科专家起草和规

划课程,并征集办理颇有成效的职业学校及有关企事业机关的意见,于1939年和1940年先后订定各类职业学校《教学科目及每周教学时数表》《教材大纲》《教学要点》等相关法令,具体科目"计有农业职业学校方面的农艺科、园艺科、畜牧科、水产科、养殖科等十一种;工业方面的机械科、电机科、土木科、电讯科、水利科、棉织科、陶瓷科等十七种;商业方面的会计科、统计科、银行科、文书科等七种;海事方面的驾驶科、轮机科两种;医事方面的护士科、助产科、护士特科、助产特科等五种"。①

针对战前以农科职校占绝对优势的非均衡化现象,国民政府在战时根据服务于抗战的教育方针适当调整了职业设科,将重心逐渐转向军事国防和经济建设方面,并随着客观形式的变化而不断调整职业教育尤其是中等技术科的科目设置,根据实际情况添设了中等机械电机科、中等水利科和中等农工医各科。抗战初期,国民政府因感到机电技术人才的匮乏,令饬教育部联络军政部、经济部、交通部、兵工署、航空委员会、资源委员会等机构共同会商培养办法,订定《教育部指定职业学校设置中等机械电机技术科办法大纲》,自1940年秋相继委托四川的国立中央工业职业学校、国立同济大学附设高级工业学校、省立成都高级工业职业学校、私立中华职业学校、私立大公职业学校,云南的国立西南中山高级工业职业学校,贵州的省立安顺初级实用职业学校,湘西的湖南省立第一职业学校以及陕西的私立西北高级机械科职业学校等9所职校增设中等机械电机技术科,培养技术人员。"据统计,该科在战时招收三届共六十班的学生,其中的毕业生全部由交通部、经济部、兵工署、资源委员会、航空委员会等分派使用"。② 随着战事的发展,大后方的陆路交通在日军的封锁下出现危机,使得物资的运输不得不依赖水运,推广水利教育已成当务之急。教育部遂于1943年与水利委员会联合制定了《指定职业学校设置中等水利科办法》,指定四川的国立复旦大学附设高级职业学校(后由时在四川綦江的导淮委员会附设高级水利科职业学校接办)、私立南充育

---

① 毛礼锐,沈灌群主编:《中国教育通史》(第5卷),山东教育出版社1988年版,第339页。
② 余子侠,冉春著:《中国近代西部教育开发史——以抗日战争时期为重心》,人民教育出版社2007年版,第383页。

才高级职业学校和陕西的省立三原工业职业学校三所职校举办中等水利科，"在战时累计招收两届共十六班学生，毕业生由水利委员会分派使用"。① 除机械电机技术科及中等水利科外，教育部依照1941年所拟具的《战后十年内培养经济建设干部人才方案草案》，计划培养大批农、工、医科中等技术人员，并交由各省市教育厅局自行操作办理。另外，在初级职业教育和专科职业教育方面，战时设置的科目不仅遵循实用性的原则，而且灵活多样，主要包括农艺、纺织、养蚕、应用化学、木工、土木以及印刷科。至此，整个职业教育的设科门类更加多样化，课程设置更加丰富，非均衡化的设科局面得以大大改观。

职业学校的课程除各专业技能科目的学习外，也设有公民、军训、体育、语文和数理化等普通基础科目。1940年9月，教育部规定中等技术科学生在受训期间，除施以技术训练外，还应注重军事、精神、体格三种训练。② 以1939年修订的高级农业职业学校农艺科教学科目为例，"新增加了体育课，三个学年每周都设1节，地理第一学年每周设2节，历史第二学年每周设2节，军训增加三个学年，每周都开设3节"。③ 通过体育锻炼和军事训练，强壮学生体魄，增强学生意志力，培养艰苦奋斗、不屈不挠的国民精神，从而使之适应了战争环境的需要，提高了军事战斗力。另外，通过培养学生的创业精神和职业道德，不仅适应了职业教育为社会服务、培养实用性人才的旨要，又体现了提高学生综合素质以备就业和升学的需求。而公民、语文和数理化科目的开设，培养了学生的爱国主义情操，激发了爱国热情，使抗战的意义在学生的头脑中更加明晰化。

在教材方面，抗战前职业学校多采取自编教材的方式，没有统一标准，导致教科书存在质量和范围参差不齐的问题。虽然教育部也曾与商务印书馆合作组设"职业学校教科用书审查委员会"负责审核教科书的事宜，且发行有

---

① 余子侠，冉春著：《中国近代西部教育开发史——以抗日战争时期为重心》，人民教育出版社2007年版，第384页。

② 国民政府教育部教育年鉴编纂委员会编：《第二次中国教育年鉴》（第八编 职业教育），商务印书馆1948年版，第22页。

③ 《修正高级农业职业学校农艺科教学科目及每周教学时数表》，国民政府教育部编：《教育法令汇编》（第五辑），正中书局1940年版，第202-203页。

"农业学科四十种,工业学科二十九种,商业学科十二种,家事学科六种,普通学科十二种"教科书①,但终因抗日战争的爆发而中断。而抗战爆发后,由战争所造成的印刷困难、交通阻梗等不利因素,导致抗战初期职业学校的教科书不仅在数量上十分匮乏,而且内容多有脱离社会实际的弊端。因此,为应急需,同时也为统一教学标准和提高办学质量起见,教育部一方面直接委托相关学术机关或专家先行编辑机械、水利、农工医、土木、应化、电讯等各科教科书;另一方面公布《奖励编译职业技术教材暂行办法》,积极鼓励广大职业学校及个人编译教科书,给予不同等级的奖励。在这一奖励措施的鼓励下,先后有农、工业技术教材数十种问世,并且编印出版了职业技术指导丛刊和相关书目,对于促进职业教育的正常发展起到了积极作用。大后方各省以上述方法为指示,结合自身实际情况,选用合适的教材进行教学。以四川职业学校的教材选用为例,主要采取以下三种办法:一是普通学科采用普通中学教本,二是选用商务印书馆、中华、正中书局等出版的课本或有关职业技术书籍,三是由教员自编讲义。②可见在战时教材紧缺、标准不一的情况下,国民政府制颁的相关政策为职业教育教材的选用和配置起到了一定的保障作用。

现以西迁重庆的中华职业教育社所附设的中华函授学校的设科概况为例,从中可窥战时大后方职业学校教学设科状况之一斑。

表3-6 中华职业教育社附设中华函授学校设科概况③

| 科别 | 课程大要 | 教材 | 修业期限 |
| --- | --- | --- | --- |
| 初级簿记 | 复式簿记原理,整理记录,公司会计等 | 立信商业簿记 | 六个月 |
| 高级簿记 | 基本知识复习,寄售承销,公司银行合作会计等 | 立信会计学校教科书 | 六个月 |
| 普通会计 | 决算之编制,财产估价,长期投资,企业解散清算与破产等 | 立信会计学校教材 | 六个月 |

---

① 毛礼锐,沈灌群主编:《中国教育通史》(第5卷),山东教育出版社1988年版,第339页。
② 四川省地方志编纂委员会编纂:《四川省志·教育志》(上),方志出版社2000年版,第229页。
③ 资料来源:李定开著:《抗战时期重庆的教育》,重庆出版社1995年版,第86页。

续表

| 科别 | 课程大要 | 教材 | 修业期限 |
|---|---|---|---|
| 政府会计 | 编制各级政府预算,设计会计制度及处理会计事务 | 立信会计学校教科书 | 六个月 |
| 写作 | 写作之理论与技术 | 写作进修读本 | 六个月 |
| 土木力学 | 力学在土木工程中之应用部分 | 自编 | 六个月 |
| 土木绘图 | 房屋构造、建筑制图等 | 自编 | 六个月 |
| 简要机械 | 学理、计算、绘图、工作法 | 自编 | 六个月 |
| 应用文 | 公文程式,档案管理,书法 | 正中应用文写作法 | 六个月 |
| 统计 | 统计学,统计数学,统计实务,统计制图 | 自编 | 八个月 |
| 英文甲班 | 相当于高三程度,名作阅读研究及写作研究 | 商务高中英语文选 | 六个月 |
| 英文乙班 | 相当于高二程度,名作阅读、文法研究及写作 | 商务高中英语文选 | 六个月 |
| 英文丙班 | 相当于高一程度,名作阅读及文法研究 | 商务高中英语文选 | 六个月 |
| 英文丁班 | 相当于初三程度,书报阅读及写作练习 | 开明英文讲义 | 六个月 |

**(二)行政组织与经费设备**

抗战时期大后方职业教育的发展离不开强有力的制度保障和行政组织机构的合理设置,更离不开经费和设备的筹设举措。

教育部对国立、省立、县立和私立这四类职业学校实行分级管理体制,哪一级办的职业学校,就由哪一级政府机关或教育部门领导管理。行政组织主要采取层层负责的制度,具体行政又取决于各级会议,以保证各项工作的有效管理。就职业学校的行政组织机构来看,大后方职业学校大多沿袭1935年修正的《职业学校规程》,规定普设专职校长一人,综合管理校务。校长统领教务、训育、事务三处,各处按业务分工再设若干股。学校设实习主任一人,设有多科的学校还需设科主任,主任由专任教员兼任。学校设校医一人,并视事务繁简酌设事务员及书记若干人,但总人数不得超过教员人数的四分之一。此外,设置三种委员会,一是训育指导委员会,担负指导学生品德行为之责;二是职业指导委员会,担负指导毕业生及推广职业知能之责;三是经费稽核委员会,担负审核收支账目及实习出品销售情况之责。训育指导委员会和职业指导委员会由校长与有关人员组成,校长为主席。经费稽核委员会由专任教员中公推三人组成,委员轮流充当主席。另外,《职业学校规程》还规定职业学校要定期举行下列四种会议:一是校务会议,讨论学校一切兴革事项,由校长、全体教员、校医及会计组成,校长为主席;二是教务会议,讨论一切教学、实习及图书设备购置事项,以校长与全体教员组成,校长为主席;三是训育会议,讨论一切训育及管理事项,由校长、各主任及校医组成,校长为主席;四是事务会议,讨论一切事务进行情况,由校长、各主任及全体职员组成,校长为主席。

在战时特殊的历史环境下,由于创办职业学校的条件和校务的繁简程度不同,各校的行政组织不尽一致,但大都依照规程,结合自身实际情况,采取灵活性的措施进行规划组织。以四川省的省立成都高级工业职业学校为例,该校校务会议下设校长、经费稽核委员会两机构,校长下设教务处、训导处、事务处、体育处、军训团、师生劳动服务团等机构。教务处下又设置了图书室、注册组、教学组以及由各学科组成的科务会议,这些机构共同组成教务会议;训导处由训导组、管理组组成训导会议;事务处由文书组、出纳组、庶务组、营业组、设备组组成事务会议;体育处由体育组和卫生组组成。[①]可见,该校的行政组织规划以规程精神和旨要为核心,根据自身实际适当调整,添设了体育处。另外,重庆的中华职业补习学校也以规程为中心,结合办学实际,设置教导、事务两处,而昆明的中华职业补习学校则设教导、总务、推广、指导四处。

在经费方面,抗战时期全国的财力、物力大都集中用于战争上,因此投入到其他事业包括教育方面的资金相对较少,但由于国民政府意识到教育培养经建人才用于抗战建国的重要性,明了教育经费是创办职业教育的命脉之一,于是通过出台一系列相关政策措施,力图从制度上保障职业教育经费的

---

[①]成都市档案馆档案:第62宗,第123卷,第2页。

配给。在战前的 1936 年 7 月,教育部曾公布《补助公私立优良职业学校办法》,规定对公立及已立案私立职业学校之办理成绩优良而经费困难的学校给予补助。补助费由教育部就生产教育费预算项下每年发给,用以扩充职业科实习与研究设备。其中特殊情形经部核准者,可将所得补助费的 20% 补助添设职业学校主要学科的技术教员。还规定每年补助费比例为农工两科职业学校占补助费总额的 70%,商业及家事职业学校占补助费总额的 30%。① 在上述相关政策的指导下,教育部依照各省情形在生产教育经费项下斟酌拨助职业教育经费,充实职业学校的设备。据统计,1939 年教育部下拨给大后方七省职业学校的补助金额分别为:四川 55000 元,西康 25000 元,云南 70000 元,陕西 46000 元,广西 39000 元,贵州 55000 元,宁夏 20000 元。② 除了国民政府所提供的补助费外,大后方各省还通过其他途径自行筹措经费,使得职业教育的经费日渐增长。如广西省在 1938 年投入到职业教育上的经费有 22.81 万元,1943 年时则达到 331.27 万元,五年间增长了 10 多倍。③ 通过"省市立职业学校之开办经常、临时各费,由省市款支给之;县市立或联立职业学校经费,由县市款或联立各县现款支给之;私立职业学校经费,由校董会支给之"④的相关规定,确保将各级各类职业学校的经费拨付责任落实到各级相关部门。随着战时形势的日益紧迫,国民政府逐渐意识到职业教育对抗战的重要性,于是在《今后发展中等工业教育与造就中等工业人才计划》中提出"尽量利用可能利用之人力物力及原有设备,支拨经费范围,务使达到最经济之运用,发挥最高度之效率"⑤的原则。由此,各级政府投入到职业教育的经费数目在抗战时期呈现逐年增多的趋势。以四川省中等职业教育经费的投入情况为例,1937 年为 523691 元,到 1944 年已达到 141766770 元的金额,

---

① 刘英杰主编:《中国教育大事典(1840—1949)》,浙江教育出版社 2001 年版,第 698 页。
② 国民党中央委员会党史史料编纂委员会编:《革命文献》(第 58 辑),(台湾)中央文物供应社 1972 年版,第 162 页。
③ 蒙荫昭,梁全进主编:《广西教育史》,广西人民出版社 1999 年版,第 457 页。
④ 国民政府教育部编:《教育法令》,中华书局 1947 年版,第 259 页。
⑤ 国民政府教育部教育年鉴编纂委员会编:《第二次中国教育年鉴》(第八编 职业教育),商务印书馆 1948 年版,第 2—3 页。

增长了近 270 倍。

职业学校的设备关乎教学质量的高低和职业训练的成败。为了保障职业学校教学设备的供给,1936 年教育部曾制颁《教育部补助公私立优良职业学校办法》,规定了职业学校应达到的设备标准,将其分为"最低限度设备"、"补充设备"和"精密设备"三个等级,而且对各专业门类的教学设备标准也作了相关说明,包括农业、园艺、蚕桑、森林、畜牧、护士、助产等十多科。设备作为职业学校硬件设施的考察元素,在战时资金缺乏的情况下,国民政府还提倡自行制造仪器设备,如标本、工具模型及校具等,尽量由教员和学生共同制作。

**(三)教师资格与培养进修**

师资力量是决定职业教育发展程度的灵魂。为保障职业学校的教学质量,在特殊的战时情况下,国民政府从教师的任教资格、培养和进修三方面着手,采取一系列相关奖励措施提高了职业学校教师的素养,促进职业教育的发展,为抗战服务。

依照战前 1933 年订颁的《各省市职业学校职业学科师资登记检定及训练办法大纲》,将职业学校师资分甲乙两种:甲种是高级职业学校师资,规定"凡国内外专科以上学校毕业后具有二年以上之职业经验者,或职业界高等技术人员继续任职四年以上者"可以充任;乙种是初级职业学校及补习学校师资,规定"凡高级职业学校、初级实业学校或高级中学农工商科毕业后,具有二年以上之职业经验者,或职业各中级技术人员连续任职四年以上者"得以担任。[①] 而初级实用职业学校和职业补习教育的师资力量"除由学校指定教员担任外,可选择成绩优良高年级学生助理,必要时并得聘各业技术人员及匠师担任"。[②] 由此可见,教师任职资格十分注重其学科背景及经验。根据 1937 年教育部发表的职业学校教员资格分析,留学与大学专门学校以上毕业

---

[①] 刘英杰主编:《中国教育大事典(1840—1949)》,浙江教育出版社 2001 年版,第 690 页。
[②] 国民政府教育部教育年鉴编纂委员会编:《第二次中国教育年鉴》(第八编 职业教育),商务印书馆 1948 年版,第 28 页。

者占78.63%,其他占21.3%,从事过实际职业或受过专门训练的占10%。①

随着抗战的爆发,各行各业对专业技术人才的需求日益增长,再加上政府为适应抗战建国的需要,也十分重视技术人才的培养,如何提高职业学校教师的素质也被提上日程。考虑到大后方地区职业教育师资紧缺的状况,教育部采取了增设职业学科师资训练班的对策,在程度上分为高级与初级两种。高级班招收高中、师范、旧制中学、高级职业学校、甲种实业学校毕业生,予以三至四年的训练,其中高级职校和实业学校毕业生仍习原职业学科者,修业年限可缩短为二年;初级班招收初中、乡村师范或初级职业学校毕业生,予以三年的训练,其中初级职校毕业生如仍习原职业学科者,修业年限可缩短为一至二年。② 以上师训班的训练科目大致包括普通学科10%,职业理论学科占30%,职业技术学科占50%,教育学科(如教育、教育心理、职业教育、职业教学法、教育实习等)占10%。为了保证质量,教育部还指定一批大专院校,如中央大学、武汉大学、金陵大学、中央高级助产职业学校等,在川、滇、黔、陕、康五省分别开办农业、园艺、机械、护士、助产等职业科目的师资训练班。

由于我国向来以农业为基础产业,历年来对于专业技术人才的重视程度甚微,导致战前职业教育的师资力量本就十分缺乏,在战时更是面临着师资严重不足而且难以延聘的现象。诚如黄炎培在《中华职业教育社宣言书》中所说:"闻农学校最困难为延聘实习教师。夫实习既不易求之一般教师,则所养成之学生,其心理自更可想"。③ 于是国民政府教育部决议通过订定奖励教师进修及提高待遇等办法,对于职业教员予以优待,提高教员的积极性,培养从事技术科教学的专业人才。1940年教育部公布了《奖励职业学校职业教员进修暂行办法》,规定合乎条件的教员可以得到由部给予的进修奖学金到学术或事业机关休假或进修。云南省根据教育部的要求设立进修奖学金,规模虽然不大,但对于战时教师低收入的窘况来说,仍有较大鼓励效用。另外,

---

①刘英杰主编:《中国教育大事典(1840-1949)》,浙江教育出版社2001年版,第691页。
②毛礼锐,沈灌群主编:《中国教育通史》(第5卷),山东教育出版社1988年版,第344-345页。
③陈学恂主编:《中国近代教育文选》,人民教育出版社1983年版,第388页。

抗战期间在川、滇、黔、陕、甘等省还举办了三次暑期讲习会，分别由重庆大学、中央大学、金陵大学、中央工业试验所、中央工业职业学校、中央农业实验所等学校机构具体承办，聘请专家对农业、机械、土木、染织和应用化学等科教员在暑期开展培训工作，提高师资力量。广西省开办的中等劳作教员讲习班为期1个月，设有8门必修课和5门选修课，参加培训的人数达到70人。[①] 1940年，教育部订颁《津贴职业学校专科教员及导工薪给暂行办法》及《国立职业学校职业科目教职员补助金办法》等法令，规定职业教育师资薪俸应较初、高级中学教员提高30%～40%，旨在提高专业技术教师的待遇，巩固和扩大职业教育的师资队伍。1943年，教育部再次规定：给予各职业学校和国立中学职业部校长、各主任技术人员、教职员及各学科教员工资数的20%～50%的补助金。

通过考察抗战时期大后方职业教育的师资建设，不难看出国民政府在政策措施方面结合实际情况进行了有益的尝试，取得了一定成绩。据统计，战前1936年四川省的教职员数是580人，到抗战结束时的1945年达到1901人，比战前增长了2.2倍；云南省自1938年将全省划分为7个职业教育区起，计有210名教职员，到1946年教职员有365人。

### （四）招生制度与学生就业

抗战以来，迫于战争和经济的压力，国家制定了一系列有关职业学校的招生标准和公费待遇的措施，使职业教育获得了一定程度的发展，入学人数大幅增长。以大后方的四川省为例，战前1936年全省有4380名职业学校学生，到抗战结束时的1945年达到12197人，增长了1.5倍。可见，国民政府采取的一系列招生纳费制度在战时起到了促进职业教育发展的作用。

首先，国民政府在战时对大后方各级各类职业学校的招生标准进行了限定。初级职业学校和实用职业学校招收小学毕业生或从事职业具有相当程度者，修业年限前者为一年至三年，后者以所习技术科目的进程和难易程度

---

[①] 广西壮族自治区地方志编纂委员会编：《广西通志·教育志》，广西人民出版社1995年版，第708页。

而酌定。高级职业学校招收初级中学毕业生或具有相当程度者,其修业年限为三年,或是招收小学毕业生或具有相当程度者,修业年限五年或六年。短期职业训练班则招收初级或高级中学毕业程度或具有同等学力者,予以相当时期的训练。职业补习学校须接收曾受一定程度的识字教育,年龄在 12 岁以上的青少年入学。为了扩大专科学校的数量和规模,增强职业科的培养力度,国民政府教育部对专科学校的招生对象作出了新的补充规定。按照这一规定,在专科学校内增设五年制、六年制学校,招收初中毕业或具有同等学力的学生,以技艺专科为主。除此之外,还采取指定市县定额考送新生与学校直接公开招考相结合的办法。如四川省立成都高级医事职业学校在 1938 年秋额定招生 60 名,其中 30 名指定成渝两市各考送 6 名,万县、泸县、乐山、南充、绵阳、内江等 6 县各考送 3 名,其余的 30 名分成都、重庆两地公开招考。①

其次,为了扩大职业学校的数量,教育部还通过提高职业学校学生待遇的方式,使更多的青少年愿意接受职业教育,培养抗战所需的专业技术人才。规定职业学校的学生以不收学费为原则,1941 年通令公立职校除一律免收学费外,还有 30% 的学生可以享受公费的生活补助,私立职业学校也有一定的公费名额。1944 年更是将职业学校各科学生享受公费待遇的比例明晰化,规定"农工医科学生应有总数百分之八十享受公费,商科学生应有总数百分之四十享受公费"。② 由此,各省市遵照规定,并按照地方经济状况对享受公费的学生配给生活物资费用。据记载:四川省立职业学校公费生,1946 年上期每名每月发给食米 2 市斗 3 升,副食费 5620 元;县立职业学校公费生,1946 年上期每名每月发给食米 2 市斗 3 升,副食费 2100 元。③ 公费制度的实施,为学生在战火纷飞、经济拮据的情况下进一步完成学业提供了保障。

战时大后方职业教育的目的是为抗战服务。因此,如何分配各级各类职业学校学生到所需的行业发挥作用,已成教育部必须面对和考虑的问题。国

---

① 四川省地方志编纂委员会编:《四川省志·教育志》(上),方志出版社 2000 年版,第 231 页。
② 国民政府教育部教育年鉴编纂委员会编:《第二次中国教育年鉴》(第八编 职业教育),商务印书馆 1948 年版,第 11 页。
③ 四川省地方志编纂委员会编:《四川省志·教育志》(上),方志出版社 2000 年版,第 232 - 233 页。

民政府教育部在《修订职业学校规程》中规定,职业学校在学生修业期满,成绩及格的情况下发给毕业证书,并在建教合作政策引领下,介绍分配到各职业机关实习就业。抗战期间,大后方各省依据自身状况相继成立了与职业指导相关的组织,对毕业生的就业给予方向性指引,使就业更具针对性,稳定了就业形势。就战时职业教育发展成绩较突出的四川省来说,省立重庆高级工业职业学校成立有职业指导推广委员会,主要负责办理毕业生的职业介绍并调查其服务状况。同时,也有由省政府或有关部门统筹分发工作或介绍就业等。如四川省立成都高级医事职业学校的毕业生,除由军医署征调服务外,其余则由学校造册送四川省卫生处分派录用。该校从1938年创办到1949年的11年间,共有各科毕业生406人,其中大约有95%在本省各县卫生院及乡村卫生所服务,4%在省外各医院服务,1%个人开业或作卫生行政工作。除此之外,中华职业教育社也在大后方的重庆、广西等地设有职业教育指导机构,通过聘请职业教育专家到校演讲的方式,普及宣传职业知识并对毕业生进行职业指导。据统计,中华职教社在重庆的职业指导机构自1938年10月成立以来,截至1944年2月,共委托介绍职业582人,委托物色人才78人,介绍得业36人。[①]中华职教社广西分社单在1939年至1941年两年期间,共帮助介绍6000余人成功就业。由此可见,在职业指导机构的引领下,职校毕业生的就业问题得到解决,在抗战时期输送了大量经世致用的专业技术人才,为获得抗战的最后胜利奠定了基础,也使毕业生获得了谋生技能,解决了国民的生计问题,缓解了就业矛盾,为维持社会的稳定作出了贡献。

## 四、抗战时期大后方职业教育发展的评价与启示

职业教育的发展,有利于社会经济的进步,尤其是在抗日战争时期,更是

---

[①] 重庆市教育委员会编:《重庆教育志》,重庆出版社2002年版,第362页。

为前线抗战和后方建设培养了诸多经建人才,在抗敌御侮的同时带动了大后方诸省经济的发展,而且形成了结构合理的职业教育体系,转变了长期以来存于人们头脑中的对职业教育的偏见,解除了职业教育发展的诟疾。当然,由于当时政治局势、经济因素的影响,抗战大后方职业教育的发展也有其历史局限性。尽管如此,国民政府统辖下的大后方在抗战时期仍有诸多经验值得我们借鉴,对于当今我国职业教育的发展也提供了很多启示。

**(一)对战时大后方职业教育发展的评析**

大后方的职业教育在困境丛生的抗战年代,以经世致用人才的大量培养和后方诸省社会经济的发展进步为标志性特征,构建了合理的职业教育结构体系,使职业学校设科门类更加齐全,改变了人们对职业教育的偏见,从而使我国近代社会的教育体系趋于完善。然而由于战争具有强大的破坏力,导致国民经济日益衰微,财力枯竭,使国民政府依据战时教育方针而制定的一系列职业教育措施无法得到有效地贯彻实施,严重影响了战时大后方职业教育的实施效果。

抗战时期,各方财力枯竭,经济衰退,以经费短缺为根源,导致了教育难以按照国民政府制颁的政策法令不打折扣地有效实施。1943年,教育部令云南增办职业学校并增设班级,该省则因受制于经费等诸多因素,而只能在原有学校内增2个班,即高级、初级职校各一班以示应付。[①] 尽管当时国民政府制定了相关政策措施来保证教育经费的正常拨给,但是在各方局势混乱、经济严重受损的战争环境下,各行各业经费短缺,教育经费投放政策也就难以保证实施。但凡按章发放教育经费,大都是杯水车薪。以战时大后方的贵州省为例,省政府在中央政府的指导下十分重视教育的发展,拨给教育方面的配额在数值上呈逐年增长趋势,如"1940年至1942年的教育经费分别为1607987元、3166756元、5021108元"。教育经费貌似每年增长近一倍,然而同时期贵州省物价分别比前一年增长了2.3倍和3.6倍。因此,若把投入到

---

[①] 蔡寿福主编:《云南教育史》,云南教育出版社2001年版,第483页。

教育上的经费与战时猛涨的物价指数相比,不难发现教育经费实际上是在逐年减少的。而在职业教育经费的投入上也由于战事和经济所限,未能按照教育部规定的占中等教育经费 35% 的比例进行划拨。1940 年贵州省普通中学、师范学校、职业学校的经费分别为 970044 元、369464 元、266479 元,三者所占的比例分别为 60%、23%、17%。[①] 职业教育的费用比教育部规定的 35% 的比例低了一倍。四川省职业教育的发展状况虽在整个大后方区域首屈一指,但同样受到了经费等各方面因素的限制。据统计,"全省 143 个县市中,还有 100 个(占总数的 70%)没有设立职业学校"。[②]

资金作为职业学校得以正常运转的主要动脉之一,其供给量的不足,难以保障职业学校的硬件和软件设施的全面配置,严重制约了职业教育的发展。在职业学校的硬件配置方面,学校的设备简陋,十分缺乏实习设备。就资金短缺导致设备添设日渐困难的局面,四川省教育厅厅长有守曾有过精辟的评论:"抗战发生以来,物价飞涨,学校校具、教具等设备,俱因经费困难,无力购置。因此学校设备,旧有日渐耗损,新添倍感困难,目前仍然异常空虚。"[③]"有的学校学生在黑板上认识机器的变形图,在黑板上作各种实习。"[④] 1945 年,广西省的省立柳州高级工业学校仅有 2 座车床;省立平乐高级工业学校纺织科只有铁、木机各 2 部;桂林职业学校印刷科只有 2 部印刷机,2 部铸字炉,2 部石印机。[⑤] 而学生实际操作技能的训练工作在缺乏实习设备的情况下也无法实施开展。另一方面,在战时经济日益吃紧的状况下,作为职业学校软件设备的主力军——教师,工资待遇也十分微薄,难以维持生计的教师也不得不离开教学岗位,从事其他行业谋生,从而造成职业教育的师资力量奇缺,教育质量的提高也成为一种奢望,由此阻碍了职业教育规模的扩大和质量的提高,降低了职业教育实施效果。1939 年青海成立省立西宁职业

---

[①] 欧元怀:《三年来贵州教育改进之趋势》,《东方杂志》第 39 卷第 8 号,1943 年。
[②] 四川省地方志编纂委员会编:《四川省志·教育志》(上),方志出版社 2000 年版,第 222 页。
[③] 郭有守:《四川省中等教育现状与今后设施》,《中等教育季刊》(成都版)1942 年第 1 期。
[④] 《关于目前工业职业教育问题》,《新华日报》1944 年 7 月 15 日,第 2 版。
[⑤] 广西壮族自治区地方志编纂委员会编:《广西通志·教育志》,广西人民出版社 1995 年版,第 351 页。

学校,开设工、农两科,但该校教学设备简陋,师资缺乏,所培养的农科学生大多分赴农村小学任教,导致用非所学,甚至有民谚讽刺道:"职业学校捻毛线"①,一语影射出职业教育收效甚微、未达预期目的的尴尬处境。

尽管受制于抗战的特殊历史背景,大后方职业教育遭遇了多重困难和诸多阻力,但通观古今上下,我们可以清晰地看到战时大后方职业教育所取得的成绩赶超以往历史年代,为我国最终取得抗战胜利和战后经济重建作出了突出贡献,在我国职业教育史上留下了浓墨重彩的一笔。

首先,抗战时期的职业教育为后方诸省经济的发展培养了大批实用的人才,为国家的国防和后方诸省的经济建设作出了贡献。抗战军兴,考验的是一个国家的军事实力。因此,要想取得抗战胜利,就须培养一批掌握先进科学技术的专业人才,尤其是军事方面的专业技术人才。抗战时期,兵工署诸厂内迁大后方,创办了技工学校,培养兵工技术人才达千人以上。以重庆地区为例,"到重庆解放时,西南地区的兵工职工近4万人,占当时全国接管的各兵工厂、军械厂总数的4/5,而重庆地区的兵工工人就占了西南总人数的一半以上"。② 兵工技术工人的大量培养使抗战时期国民政府的军工生产能力迅速提升,保证了军用物资的储备量,为抗战的胜利作出了贡献。除了培养军事方面的人才外,还根据战时的具体状况相继增加培养了其他方面的技术人才,包括机械电机、水利、土木、应用化学以及农工医等各科。这些技术科的增设以及专门人才的培养应战时之需,为前方的抗战输送了各种各样的国防人才。从下表可以看出,职业教育的发展在抗战初期虽进步不明显,但在抗战中期和后期均呈现逐年递增趋势。

---

① 王昱,聪喣主编:《青海简史》,青海人民出版社1992年版,第251页。
② 谭刚:《抗战时期大后方的内河航运建设》,《抗日战争研究》2005年第2期,第146页。

表 3-7 抗战期间职业学校毕业生人数统计表①

| 年份 | 1937 | 1938 | 1939 | 1940 | 1941 | 1942 | 1943 | 1944 | 1945 |
|---|---|---|---|---|---|---|---|---|---|
| 毕业生(人) | 7023 | 6618 | 5644 | 7329 | 10309 | 12253 | 13932 | 14030 | 18764 |

战时培养的各种专业技术人才使大后方诸省发生了巨大的变化,促进了后方诸省的经济建设和社会发展。在西康,"从前遍地文盲的边区,现已学校林立;从前只有原始的手工生产,现已出现了马达与机械;从前半牧半农的社会,今已受灌溉与水利;从前高险的溜索桥,现已变成坦荡的汽车道;从前专恃符咒疗病的地方,现已享受现代医药……"。② 后方各省还根据自身的优势与特色,培养相关的技术人才。如四川向以蚕桑业闻名,在战时共计培养了约 50 余名的高级蚕桑人才,陕甘宁三省的农业和农田水利技术也得到了大规模推广,新疆以畜产品技术改良为中心,培养畜牧人才。1940 年,新疆的畜牧科技工作者有 72 人,兽医 112 名。③

其次,抗战时期大后方职业教育的发展促使职业教育的结构体系渐趋合理化。大后方各省以战时教育方针为指导,立足于自身经济发展的需要和教育事业的进步,在国民政府的高度重视和社会各界的积极参与下,使职业教育形成了以培养中等技术人才为核心,初级和专科职业技术人才为辅的人才培养体系,构建了国立、省市立、私立职业学校以及各种形式的职业补习教育和短期职业培训班共同发展的良好局面,取得了较大的成绩。

从职业教育的学科设置结构来看,为适应抗战的需要,国民政府通过调整与增设职业教育的学科门类,使之进一步满足抗战时期对各种专业技术人才的需求。抗战期间,打破了战前职业教育分为农、工、商、家事、其他五类的格局,将其扩充为农、工、商、家事、医事、海事、其他共计七类,从而形成了更加合理的专业体系。

---

① 资料来源:国民政府教育部教育年鉴编纂委员会编:《第二次中国教育年鉴》(第十四编 教育统计);沈云龙编:《近代中国史料丛刊》(第三编),文海出版社 1989 年版,第 39-40 页。
②《西康在成长中》,《中央日报》1944 年 5 月 22 日。
③ 魏永理著:《中国西北近代开发史》,甘肃人民出版社 1993 年版,第 530 页。

表3-8 抗战前后各学科门类的学校数和学生数①

| 年度 | 学校数 | | 学生数 | |
|---|---|---|---|---|
| | 1936 | 1946 | 1936 | 1946 |
| 农业 | 161 | 273 | 15431 | 46884 |
| 工业 | 128 | 157 | 18055 | 39910 |
| 商业 | 69 | 121 | 14144 | 29125 |
| 家事 | 109 | 28 | 5055 | 38320 |
| 医事 | — | 124 | — | 10440 |
| 海事 | — | 12 | — | 2310 |
| 其他 | 27 | 9 | 2749 | 1403 |
| 总计 | 494 | 724 | 55434 | 168392 |

上表的统计数据显示,抗战前的医事和海事两大门类处于一片空白。在抗战期间,为了顺应抗战的特殊局势,培养了大批医护人员和海上作战人员。除了增设的两类科目以外,原有的农工商各科也增强了培养力度。农业类的学生数由战前的15431人增长到46884人,增幅达到2倍有余,工商业学生数的增幅也达到一倍有余。

从各级各类职业学校的构成来看,除了在普通中学和高等院校附设职业科外,新设的职业学校中国立职业学校起到了先锋示范作用,总计达到了15所的规模。于是,大后方各省市以国立职业学校为效仿榜样,依据各省的自身特征建立了各种省市立职业学校。如四川省根据其农业经济占优势的地位,先后在万县、宜宾、遂宁、眉山、巴中等地各增设一所农业职业学校,包括制革、陶瓷、蚕桑等科。直至抗战结束时,四川省的省立职业学校有23所。②另外,在战时国民经济入不敷出的状况下,社会各界伸出援手,出资兴办职业

---

①资料来源:国民党中央委员会党史史料编纂委员会编:《革命文献》(第57辑),中央文物供应社1972年版,第116－117、120－121页;国民党中央委员会党史史料编纂委员会:《革命文献》(第61辑),中央文物供应社1972年版,第231－232页。

②四川省政府统计处编印:《四川省统计年鉴》(第四册),1947年,第15－16页。

学校,又为职业教育的发展注入了一股新生力量,据统计,私人创办的职校在总数中占约1/3的比重,从而在一定程度上弥补了政府办学的不足。在国立、省市立和私立职校三者的合理配置下,职业学校的结构体系更趋于合理均衡化。

最后,抗战时期大后方职业教育的发展在某种程度上转变了我国轻视职业教育的传统观念,使我国近代社会的教育体系趋于完善。自古以来,我国"学而优则仕"的传统教育观念主导着人们的思想,期待用"知识改变命运",在官场上谋得官职,从而十分轻视体力劳动和生产劳作。由此以来,以升学为目的的普通教育尤受青睐,而以注重实用技能的职业教育较受冷落,人们普遍认为"职业学校没有青年升学的出路"。[1] 由于此种思想观念作祟,国民宁愿忍受因不能升学带来的生计困难,也不愿另辟蹊径,学习生产知识,从事生产技能的培养。然而,当抗战爆发时,由战争带来的破坏以及生活物资的匮乏,使得大后方人民的日常生活更是举步维艰,再加上应战时之需创办的各级各类职业学校以及从沿海发达地区迁来的职业学校,为大后方的人们带来了接触先进生产技术的机会,对人们原有的思想观念形成了一定的冲击。另外,普通中学的毕业生在战时就业困难,而职业学校毕业生由于抗战的军需运输及各项业务的需求出路甚广,"往往一个高级职业学校毕业生,同时可能有二三职务之机会,人力供应,远逊于事业之要求"。[2] 因此使得人们更加清晰地认识到了职业教育的实用性和现实性,逐渐转变原有的歧视职业教育的观念,并积极参与其中。抗战时期职业教育的招生对象除了适龄的青少年外,还通过创办一定数量的初级实用职业学校、职业补习学校和短期训练班等多种形式,把职业教育的受教对象扩大到社会群体,从而进一步扭转了长期以来轻视职业教育的传统观念,增加了职业教育在整个教育体系中的比例,使抗战时期教育体系更加适合社会需要,我国近代社会的教育体系也进一步得到完善。

国民政府应战时之需,调整了普通教育和职业教育的比例,在一定程度

---

[1] 黄觉民:《为职业学校青年呼吁》,《东方杂志》第39卷第7号,1943年。
[2] 钟道赞:《抗战十年来中国的职业教育》,《中华教育界》(复刊)第1卷第1期,1947年。

上也加速了人们对职业教育传统思想观念的转变,其中规定在初级中学里普通中学、师范、职业三类的比例为6∶3∶2,在高级中学里三者之比应为2∶1∶1。此外,通过确立职业学校独立办学的方针,采取扩大设校规模和增加投资金额的方式,加大职业教育在整个学制体系中的比重,改变普通中学数量过多,而职业学校过少的局面,使职业学校的数量得到了增长,从而促进了职业教育的发展,为进一步完善我国近代社会的教育体系奠定了基础。

**(二)战时大后方职业教育发展的当代启示**

在战争特定的历史背景下,为适应抗战的需要,大后方的职业教育得到了前所未有的发展,不仅为抗战的胜利作出了贡献,而且还改变了大后方原本落后的经济面貌。而通观其整个发展过程,可以发现大后方借时代之托、地势之优,在政府的干预和指导下,联合社会多方力量,培养了一批经世致用的人才,促进了大后方职业教育的发展,为当代我国如何发展职业教育提供了启示和借鉴之意。

1.弘扬抗战的时代精神是发展我国职业教育的内驱力

战时大后方的职业教育之所以取得丰硕的成果,除了国民政府应抗战之需而颁布实施的一系列方针政策以及社会各界人士的积极践行以外,更离不开国人在大敌当前、国家面临生死存亡的危急时刻所弘扬的时代精神。

就抗战救国的特殊历史时期来看,对时代精神的弘扬在职业教育的办学上主要体现在如下三方面:一为树立教育优先发展的开发策略。就一般情形而言,地方教育的进步与经济的发展相辅相成,大后方地区的经济相对落后,大力发展教育的客观条件不足,但抗战期间大后方各省市在倾尽全力支援前方的同时,教育的发展不仅蒸蒸日上,而且还能供给大批内迁学校及师生的教学与生活需要,可见在战时如此艰难的处境下,倘若没有顽强的办学精神,恐难取得这样的成绩。而当今我国经济的发展速度和物质条件与战时不可同日而语,理应将职业教育的发展推向新的高度。二为抓住外部的历史机遇。战时大后方,尤其是川滇黔三省的职业教育之所以空前繁荣,得益于战时全国教育中心地位的确立以及文教西迁带来的历史机遇,沦陷区的教育资源和工厂的大量涌入,为大后方职业教育的长足进步提供了宝贵的条件并有着深远影响。无论时代如何变迁,职业教育的发展都始终要抓住有利时机,以人为本。在当今我国重视发展职业教育相关政策的指导和促进下,全国各地理应主动加强与外界的交流合作,吸收引进外来的信息资源和优秀人才。三是主动发挥内部的有利因素。职业教育的发展不是孤立的,它与初等、中等和高等教育以及地方经济、文化事业紧密相连,通过在战时编印与生产生活实际相结合的教材,划分职业教育区,加大职业教育的宣传力度,扩大职业教育的范围,从而使更多受教者明了职业教育对国家、社会和个人的重要意义。即使在今天,仍需注重发挥职业教育的经济效益和社会效应,由此才能使职业教育同其他各项社会事业的发展相得益彰。

倘若当今国人能汲取战时发展职业教育的理念和精髓,弘扬抗战的时代精神,那么势必会在经济社会高速发展的当代发挥职业教育的应有之义。

2. 加强政府的指导和管理是发展我国职业教育的基石

大后方职业教育在时局动荡的年代所取得的成绩,离不开国民政府对职业教育的高度重视和有效指导。抗战军兴,国民政府意识到培养专业技术人才、发展职业教育对于国防经济建设的重要性,于是在战时教育总方针的指导下,通过制定一系列政策制度和法令措施保证职业教育的发展。如战前1932年制颁的《职业学校法》沿用至整个抗战时期,对职业教育的基本元素,包括学校行政组织和管理、师资建设、课程设置、教学设施、招生入学和学籍管理等方面,进行了界定和约束。另外,教育部分别于 1933 年、1935 年和 1938 年颁布的《职业补习学校规程》《短期职业训练班暂行办法》和《创设县市初级实用职业学校实施办法》,不仅规范了职业补习学校、短期训练班和初级实用职业学校的办学流程,而且也体现了对职业补习教育的重视程度有所提高,保障了职业教育补充力量的充分发挥。

除此之外,国民政府更是在具体实施过程中加大对职业教育的扶持力度,对创办职业学校的资金筹备、师资培养、教材编辑、实习设备等方面给予相应的优惠政策和资助。譬如 1940 年 5 月《奖励职业学校职业教员进修办法》、1941 年 6 月《奖励农工商团体办理职业学校职业训练班及职业补习学校办法》和1942年5月《奖励编译职业技术教材暂行办法》等各项奖励措施的颁行和实施,扩大了职业学校的规模,调整改善了职业教育的结构,使大后方的职业教育在基础薄弱和战时困境中得到快速发展。依照国民政府制定的宏观策略和颁行的具体措施,大后方诸省根据各自的实际情况,制定了发展职业教育的原则,并积极践行推动职业教育发展,取得了明显的效果。

从战时大后方职业教育的发展历程来看,在艰难的历史环境下,如果没有政府的高度重视以及正确教育方针的指引和财政支持,倘若没有政府在推广职业教育上的有力措施和审时度势地及时调整职业科目设置,那么战时的职业教育事业要想在基础薄弱的大后方地区取得快速的发展,是不可能实现的。因此,政府的有效指导和管理成为其快速发展的重要基础条件。战时大后方职业教育发展的历史证明,在我国特殊历史时期以及经济文化比较落后的情况下,发展职业教育需要政府的担当,政府的合理指导和参与构成了促进职业教育发展的基石。

3. 培养应时代和社会之需的人才是发展我国职业教育的关键

教育的发展规律决定了教育必须体现时代的特征,必须适应生产力发展的要求,必须符合社会经济发展的需要,职业教育的发展尤应如此,"办理职业教育,必须注意时代趋势与应走之途径,社会需要某种人才,即办某种学校"。"职业教育的原则,着重在社会需要"。[1] 这是由职业教育的实用性特征而决定的,职业教育必须培养满足社会需要的专门技术人才。

战时大后方职业教育所取得的成绩,是根据社会尤其是抗战时局需要而不断加以及时调整而取得的。战时大后方职业教育以"为抗战服务"为中心,培养各式各类专业技术人才。在设科设校方面,以满足战时需要为前提条件,加大军事国防及相关行业技术人员的培训力度,并根据战事的发展状况和社会条件的变化而及时调整专业设置,例如,由于敌机轰炸对房屋建筑的破坏严重,加之沦陷区大量机构、工厂和人口内迁,对土木建筑的需求量大大增加,于是运用增设土木工程科的办法培养了大批土木工程人才。另外,抗

---

[1] 黄炎培:《断肠集》,生活书店1936年版,第46页。

战同期,大后方的经济建设步伐比战前更快,通过因势利导,充分开发利用后方诸省的自身优势和资源,重点加大后方工农职业教育的方式,不仅促进了大后方经济的发展,而且还为前线抗战提供了较稳定的后方根据地和军事物质储备地,对于抗战的胜利奠定了后勤基础,提供了坚实的物质保障。由于大后方职业教育在战时是以适应社会和时代需求为培养宗旨和目标,因此当时大后方各级各类职业学校的毕业生就业状况较普通教育乐观,这在一定程度上保证了社会的稳定。

战时大后方职业教育应时代和社会之需培养人才,将职业教育社会化的模式,是发展职业教育的关键,为当今我国的职业教育提供了借鉴和启示。在当今的和平年代,没有战时的艰难困境,但这并不意味着没有挑战。无论是在城市抑或农村,都有各自的时代特征和使命,同时对职业教育的社会化也提出了新的要求。在城市经济建设中,职业教育要适应提高企业管理技术水平和发展第三产业的需要。在农村改革中,职业教育要适应调整产业结构和提高农民生活水平的需要,如此按照时代和社会化需求来进行职业科目的设置与技术培训,才能让职业教育的发展之路走得更远。

4. 动员社会力量通力合作是发展我国职业教育的保障

战时大后方职业教育的发展固然需要政府的指导和实施管理,但由于战争本身存在破坏力强、危害大等因素,对职业教育的发展形成一定程度的阻碍,造成一定的困难。因此若是单纯依靠政府的力量是难以应对解决的,还需要企事业单位、机关团体以及个人等社会力量的支援与合作,才能保障大后方的职业教育在抗战这种特殊环境下的顺利进行和快速发展。

抗战爆发后,国民政府西迁,西南西北大后方地区一时间成为国家政治经济的中心,肩负起抗战建国的重任,这无疑为大后方诸省的发展提供了契机,但同时后方相对贫困落后的现状也令其地方政府和民众感到强大的压力。面对此种压力与困难,西南西北各省市的政府、企事业单位、机关团体和个人都普遍意识到,只有通过培养专业技术人员、发展职业教育,才能提高大后方的生产力,为抗战前线提供充足的物资,保障抗战的胜利。在政府的指挥引领下,后方各界社会力量团结合作,共同发展职业教育。

一方面，后方诸省的企事业单位和机关团体大力举办职业教育。针对抗战时期专业技术人员奇缺的现状，教育部制颁了《公私营工厂矿场农场推行职业补习教育并利用其设备供给职业学校学生实习办法纲要》，借此鼓励推动企事业单位办理职业补习教育，而各企事业单位也出于自身利益的考虑，对教育部颁布的此项技工训练方案积极地配合与执行。如民生实业有限公司十分重视公司职工的教育训练和技术人才的培养，创办者卢作孚秉持着"企业即学校，且是最实际的学校"的经营理念，在公司里大办实业教育培训，成绩斐然，成为将事业与教育紧密结合的典范。中华职业教育社在抗战期间的大后方也掀起了一股兴办职业学校的热潮，致力于职业教育的发展，1938年和1939年在广西分别成立广西职工培训所和广西平乐实用职业学校，开办店员训练班和会计训练班，1938年9月在重庆成立中华职业学校，1944年2月创办四川灌县农业职业学校。

另一方面，战火纷飞、国难当头的年代，在政府的感召和企事业单位的支持下，社会各界人士也受到鼓舞和激励，中华民族的整体意识大为强化，也逐渐意识到发展职业技术教育，培养技术人才，使之抵御强敌、保家卫国的重要性。驻于欧美国家的各行各业专家纷纷回国赶往内地，成为大后方各种生产的生力军。另有各类人士纷纷奔走呼号，为职业学校的兴办奠定了思想基础。如中华职业教育社的奠基人黄炎培，在大力宣传职业教育思想理论的同时，四方奔走，为发展大后方职业教育做了大量的组织工作。他创办的重庆私立中华职业学校，"先后开办有机械、土木、商科、中等机械技术科及会计训练班，并办有机械、会计两专修科，学生从60人发展到708人"。[1] 黄炎培及中华职教社的活动，对四川职业教育的发展起到了积极的促进作用。更有许多资金实力雄厚的私人纷纷解囊出资兴办职业教育。截至1947年"四川独立的私立职业学校有24所，重庆17所，云南3所，广西1所，西康1所"。[2]

至此，形成了以政府为主导大力兴办职业学校，各企事业单位、机关团体

---

[1] 四川省地方志编纂委员会编纂：《四川省志·教育志》（上），方志出版社2000年版，第223页。
[2] 根据国民政府教育部教育年鉴编纂委员会编：《第二次中国教育年鉴》（第八编 职业教育），商务印书馆1948年版，第42、62、39、41、44页数据整理而得。

和个人资助举办职业补习与培训的新局面。以史为鉴,当今发展我国职业教育需要各级政府部门高度重视,采取统筹规划的方式,认真贯彻方针政策,运用各项措施充分调动各部门、企事业单位和社会各界人士的积极性,力争形成全社会兴办、多形式、多层次的繁荣局面,着实推进我国的职业教育事业。

# 第四章 培养民族精英的大后方高等教育

1937年7月7日,"卢沟桥"事变宣布全面抗战爆发,日本侵华变本加厉,中华民族面临着空前浩劫。随着战争形势发展,政治中心西渐,诸多高校纷纷西迁,形成了大后方高等教育的主体部分。高校内迁是一场史无前例的高等教育大转移,延续了中国高等教育之事业进程,为挽救民族危亡、争取抗战胜利起到重要作用,于战后教育及西部发展亦有重大意义。

## 一、大后方高等教育概况

大后方高等教育概况可分为两大块:一是国民政府大后方高等教育,其高校包括本科、独立学院和专科,其中又各有国立、省立、私立;二是大后方抗日根据地高等教育,本部分将单独陈述,在数量分布、地理划分方面也不与前者交叉。前者之高等院校又可分为原生高等院校和内迁高等院校,所谓"原生"包括两种情况——抗战爆发前大后方建立的高校及抗战期间大后方各省新设立的高校;所谓"内迁",包括以下几类——原校迁入大后方、在大后方设分校、原校一部分转入大后方与他校合办、到大后方复校、迁入大后方后因故停办或并入他校及编制保留在他校。

### (一) 国民政府大后方高等教育概况

1. 抗战时期国民党高等教育主要政策法规

1929年3月15日,中国国民党在南京召开第三次全国代表大会,中央宣传部提出《教育方针及实施原则案》,其中有云"中华民国今后之教育,应为三民主义之国民教育,已无疑义"。此案提出后,即经该次大会第十一次会议议决,中华民国之教育宗旨为"中华民国之教育,根据三民主义,以充实人民生活,扶植社会生存,发展国民生计,延续民族生命为目的;务期民族独立,民权普遍,民生发展,以促进世界大同"。1931年9月2日中国国民党第三届中央执行委员会第一五七次常会,又通过三民主义教育实施原则,亦为宪政时期以前各级教育实施之重要依据。[①] 则上述宗旨原则亦为抗战时期国民政府高等教育之重要依据。

1929年7月,国民政府颁布《大学组织法》《专科学校组织法》,是年八月,教育部公布《大学规程》《专科学校规程》。1934年,教育部公布《大学研究院暂行组织规程》。战时,国民政府高等教育仍沿用了以上政策法规。依据上述法规,高等教育机关分大学、独立学院、专科学校。大学分文、理、法、教育、农、工、商、医8学院,具备3学院以上者方称大学,且3者中必有一理、农、工、医学院。不满三学院者称独立学院。修业年限除医学院为5年外,余均4年。大学及独立学院设研究院所,研究院分文、理、法、教育、农、工、商、医等科研究所,具备3研究所以上者,始称研究院。研究所每所设若干部,修业2年。专科学校分工、农、商、医、艺术、音乐及体育等,修业年限2到3年。大学由教育部、省及市设立,均得经教育部核准。私人亦可设办大学。大学各学院下设若干系并附设专修科。专科学校由省、市及私人设立者,均得经教育部核准。《大学课程》还规定,"大学院及独立学院各科除党义、国文、体育、军事训练及第一、二外国文为共同必修科目外,须为未分系之一年级生设

---

① 国民政府教育部教育年鉴编纂委员会编:《中国第二次教育年鉴》(第一编 总述),上海商务印书馆1948年版,第2页。

置本科目。"①

除沿施战前法规,国民政府亦采取部分应变措施,加强对高校规范调整和统一管理。特别自 1938 年 1 月,陈立夫出任教育部长后,一系列主要教育政策的制颁对战时高等教育起到决定性的作用。

1938 年 4 月,国民党临时全国代表大会颁布《中国国民党抗战建国纲领》。同时,大会还通过了《战时各级教育实施方案纲要》,即"九大教育方针"和"十七项实施要点"。涉及高等教育的内容主要有:"对于全国各地各级学校之迁移与设置,应有通盘计划,务与政治经济实施方针相呼应,每一学校之设立,及每一科系之设置,均应规定其明确目标与研究对象,务求学以致用,人尽其才,庶几地尽其利,物尽其用,货畅其流之效可见";"对于各级学校、各科教材,应彻底加以整理,使之成为一贯之体系,而应抗战建国之需要";"订定各级学校训育标准,并切实实行导师制";"对于学校社会体育应普遍设施";"对于管理应采严格主义";"对于中央及地方教育经费,一方面应有整个之筹集与整理方法,并设法逐年增加,一方面务使用得当,毋使虚縻";"对于各级学校之建筑,应只求朴实合用,不宜求其华美,但仪器与实习用具之设备,应尽量充实,期达到规定之标准";"各级教育行政机构,应设法使其完密,尤应重视各级督学工作之联系与效能,对各级教育行政人员,选以德行与学识并重,特别情重权衡";"全国最高学术审议机关应即设立,以提高学术标准";"改定留学制度,务实今后留学生之派遣,为国家整个教育计划之一部分,对于私费留学应加以相当之统制,革除过去分歧放任之积弊";"为谋教育行政与国防及生产建设事业之沟通合作,应实施建教合作办法"。根据九大方针,教育部又确定了各级教育实施之目标及施教之对象,其中第六项规定:专科学校教育应为培养各业专门技术人才之教育,应由省市视需要在企业之附近地区,设立各专科学校,以造就各项事业应用之专门人才。第七项规定:大学教育应为研究高深学术能治学治事治人创业之通才与专才教育。其学院之设置,应以国家之需要为对象。第八项规定,研究院为创造整

---

① 熊明安,徐仲林,李定开:《四川教育史稿》,四川教育出版社 1993 年版,第 371 - 383 页;冯开文:《中华民国教育史》,人民出版社 1994 年版,第 90 - 91 页。

理学术之机关;纯粹学术与应用学术之创造与发明,应顾及国家需要分列缓急先后。据十七要点,又拟其实施方案。其中关涉高等教育的有:师范学院应独立设置,或将大学教育学院改称;各省得设专科学校若干所;全国应划为若干大学区及师范学院区,分别设置大学及师范学院;各专科学校以省设立为原则;各级学校所用之各科教材与教科用书,国家应聘请有名学者及有教学经验之专家暨教师从事搜集与整理编订;大学各院之科系全国多不一致,亦应厘定调整。①

上述纲领、方针及要点乃是战时国民政府高等教育政策之蓝本,其间诸多教育法令法规无不以之为据。

1938年,教育部公布《师范学院规程》,规定师范学院单独设立,或于大学中设立之。通令各校将原有之教育学院改为师范学院,并分为国文、外国语、史地、训育、公民、算学、理化、博物、教育各系,须呈准教育部核准后设立。②

1938年,陈立夫任教育部长后,整理大学课程,从文理法三学院着手,制定《文理法三院各学系课程整理办法草案》,提出课程整理的三大原则和九大要项。三大原则为:规定统一标准,注重基本训练,注重精要科目。九大要项是对三大原则的细化,主要包括:规定各院系必修及选修课程一律部定;各学院第一学年注重基本科目,不分学系;规定国文及外国文为基本工具科目;采用学年制、学分制;强调自习、讨论、习作或实验与上课讲习并重;教师应详定自习书目与其他参考资料;各科目需确实规定学生习作或实习次数,凡习作及实习报告应由教师按期批阅;各学系应在高年级课程中,规定重要科目数种,指导学生学科论文,其题目应由教员指定或核定。是年七月,召开第一次大学课程会议,陆续公布文、理、法、农、工、商各学院共同必修科目表及共同选修科目表。选修科目方面,高校拥有一定自主权,但仍需"遵部定范围"。

---

① 国民政府教育部教育年鉴编纂委员会编:《中国第二次教育年鉴》(第一编 总述),商务印书馆1948年版,第8—10页。
② 国民政府教育部教育年鉴编纂委员会编:《中国第二次教育年鉴》(第五编 高等教育),商务印书馆1948年版,第2页。

1944年,教育部召开第二次大学课程会议,修订文、理、法、师范4学院共同必修科目表,正式将"三民主义"及"理则学"列入;西洋通史改为世界通史;文学院社会科学中增设社会科学概论及法学概论;社会科学中民生概要改为法学概论;自然科学增列科学概论、普通心理学及地学通论;各学院自然科学及社会科学中之各科目,均加"普通"二字,以示教材范围。

1939年,教育部成立大学用书编辑委员会,初附设于教育部,1942年开始改隶国立编译馆。1940年,于四川北碚举行第一次会议,决定先编各学院共同必修科用书,次及各系必修科书,再次及各系选修科用书。编辑方式为选取成书、公开征稿及特约编著三种。各种书稿须经初审、复审、校订手续,然后提交该会常务委员会会议通过,由教育部核定付印。

1939年,教育部公布《大学及独立学院各学系名称》,规定:(1)文学院设中国文学、外国语文、哲学、历史学及其他各学系。(2)理学院设数学、物理学、化学、生物学、地质学、地理学、心理学及其他各学系。(3)法学院设法科、政治、经济、社会学及其他各学系。(4)农学院设农艺、森林、畜牧、兽医、蚕桑、园艺、植物病虫害、农业化学、农业经济及其他各学系。(5)工学院设土木工程、水利工程、机械工程、航空工程、电气工程、矿业工程、化学工程、纺织工程、建筑工程及其他各学系。(6)商学院设银行、会计、统计、国际贸易、工商管理、商学及其他各学系。(7)凡各校单独某院之一二系,而该院并未单独成立者,得附设于性质相近之学院。(8)两学门以上并合组成之学系,由该校院就合组情形拟定名称,呈请教育部核定。大学各学院可附设专修科。医学院不分系的作法也未变更。教育学院仍依前《大学规程》之规定,设立教育原理、教育心理、教育方法及其他各学系。[①] 上述措施使当时大学学科、院系设置等有章可循,愈加规范,使国民政府实现了对高等教育的一次规范调整,改变了战前的混乱局面。但鉴于时情,当时即有学者对上述诸多规定提出质疑和建议。

1939年,第三次全国教育会议认为大学之行政组织尚欠详备,各校内部

---

①熊明安:《中国高等教育史》,重庆出版社1983年版,第382-383页。

系统机构仍多自行拟定,名称亦多分歧,致影响行政效率,故于学校效能之增进案内特有《规定专科以上学校行政组织系统以健全学校机构》之决议,教育部依此订定《大学行政组织补充要点》并于是年5月公布实施。

2. 大后方原生高等院校

战前,全国高等教育事业不甚发达,且分布极为不平衡。据1936年国民政府统计,当时全国高等院校共108所,多集中于华北华中沿海一带,大后方省份仅有11所。其分布如表4-1所示(其校名、校址及性质均以抗战爆发前夕为准)。

表4-1 大后方省份战前已有高校

| 校名 | 校址 | 备注 |
| --- | --- | --- |
| 国立四川大学 | 四川成都 | 1939年底迁峨眉,1943年返迁成都 |
| 私立华西协合大学 | 四川成都 | 抗战爆发后,为金陵大学、金陵女子文理学院、齐鲁大学、中央大学提供部分校舍 |
| 省立重庆大学 | 四川重庆 | 1943年春改为国立 |
| 四川省立教育学院 | 四川重庆 | 其会计专修科于1943年2月独立为四川省立会计专修科 |
| 私立西南美术专科学校 | 四川重庆 | 1938年迁往郊外渔洞溪,1941年秋迁成都,后返迁重庆 |
| 省立云南大学 | 云南昆明 | 1938年7月改为国立,1940年因时局突变,理学院迁滇中崇明,工学院迁滇北会泽,农学院迁滇中呈贡 |
| 广西军医学校 | 广西桂林 | 1937年2月由广西大学医学院独立建制而成 |
| 省立广西大学 | 广西桂林 | 1939年8月改国立,1944年秋迁桂东融县,11月迁黔南榕江,战后返迁桂林 |
| 国立西北农林专科学校 | 陕西武功 | 1938年7月,与国立西北大学农学院合并为国立西北农学院 |

续表

| 校名 | 校址 | 备注 |
|---|---|---|
| 省立甘肃学院 | 甘肃兰州 | 1909年,清政府批建甘肃法政学堂。1913年,学校改为省立甘肃法政专门学校。1928年改为兰州中山大学,并由专科学校改为本科院校。1932年改为甘肃大学。同年底又改为省立甘肃学院。1944年改为国立甘肃学院。1946年,在国立甘肃学院等学校基础上成立国立兰州大学 |
| 省立新疆学院 | 新疆迪化 | 前身是创办于1924年的新疆俄文法政专门学校;1928年改称新疆省立俄文法政学校;1930年改为新疆俄文法政学院。1935年改建为新疆学院。1941年省建设厅农业学校并入新疆学院;1950年新疆语文学校和伊犁阿合买提江专科学校并入新疆学院,同年10月更名为新疆民族学院,1951年新疆第二师范并入新疆民族学院,1953年西北民族学院畜牧系兽医班并入该校;1960年正式更名为新疆大学 |

由上表可见,大后方仅有的11所高校中,4所集中在四川,即大后方省份间高校分布亦不平衡。除已有高校,抗战期间,大后方部分省份又陆续新建了高等院校,如表4-2所示(其校名、校址及性质均以初创时为准)。

表4-2 抗战时期大后方各省份新建高校[①]

| 校名 | 设立时间 | 设立时校址 | 备注 |
|---|---|---|---|
| 四川省立戏剧实验学校 | 1938年春 | 四川成都 | 1938年春设立于成都,1939年春扩充为四川省立戏剧音乐学校,1941年收编四川省立成都高级工艺职业学校并改称四川省立技艺专科学校,1942年改为四川省立艺术专科学校 |

---

① 国民政府教育部教育年鉴编纂委员会编:《中国第二次教育年鉴》(第五编 高等教育),商务印书馆1948年版。

续表

| 校名 | 设立时间 | 设立时校址 | 备注 |
|---|---|---|---|
| 国立中央技艺专科学校 | 1939年1月 | 四川乐山 | 校址设在四川岷江畔的原乐山县，为综合性化工学校；1950年该校改为乐山技专；1952年大专院校院系调整时并入沪州化工学院，后又将造纸专业并入天津大学造纸系；现在的天津轻工业学院造纸专业，其前身就是中央技专的造纸科 |
| 教育部特设大学先修班 | 1939年9月 | 四川江津 | 1945年停办 |
| 私立川康农工学院 | 1939年11月 | 四川成都 | 1946年12月改为国立并更名为国立成都理学院 |
| 私立求精商业专科学校 | 1940年 | 四川重庆 | 由美国基督教卫理公会创办，1947年改为私立求精学院 |
| 私立中国乡村建设育才院 | 1940年10月 | 四川巴县 | 1945年8月改名为私立乡村建设学院 |
| 国立女子师范学院 | 1940年11月 | 四川江津 | 1940年设立于四川江津，1946年迁往重庆 |
| 国立边疆学校 | 1941年8月 | 四川巴县 | 1940年由江苏南京迁四川巴县之中央政治学校蒙藏班扩充为蒙藏学校，1941年独立为国立边疆学校，1946年夏迁江苏无锡，1947年迁江苏南京 |
| 国立社会教育学院 | 1941年8月 | 四川璧山 | 1941年8月设立于四川璧山，收编江苏省立教育学院大部。1946年迁江苏南京 |
| 国立体育师范专科学校 | 1941年秋 | 四川江津 | 1941年秋迁四川江津，1946年迁湖北武汉 |
| 四川省立会计专科学校 | 1943年2月 | 四川成都 | 由四川省立教育学院于1942年附设之会计专修科独立而来 |
| 四川省立体育专科学校 | 1943年春 | 四川成都 | |
| 私立中华工商专科学校 | 1943年秋 | 四川重庆 | 战后迁上海 |
| 国立自贡工业专科学校 | 1944年7月 | 四川自贡 | 由国立中央技艺专科学校自贡分校独立而成 |

续表

| 校名 | 设立时间 | 设立时校址 | 备注 |
|---|---|---|---|
| 私立重辉商业专科学校 | 1944年9月 | 四川重庆 | 1946年迁江苏南京 |
| 私立储才农业专科学校 | 1944年 | 四川重庆 | 1947年改为私立汉华农业专科学校 |
| 私立辅成法学院 | 1945年7月 | 四川万县 | 由上海迁万县之上海法学院商业专修科改组独立而成 |
| 国立西北工学院 | 1938年7月 | 陕西城固 | 由原西北联合大学分出,并收编原私立焦作工学院,1946年6月迁陕西西安 |
| 国立西北农学院 | 1938年7月 | 陕西武功 | 由原西北联合大学分出,并收编原国立西北农林专科学校 |
| "陕西"省立医学专科学校 | 1938年9月 | 陕西西安 | 1938年12月迁陕西南郑,1939年9月回迁西安 |
| 国立西北医学院 | 1939年8月 | 陕西南郑 | 由原西北联合大学分出 |
| 国立西北大学 | 1939年8月 | 陕西城固 | 由原西北联合大学分出,下设文、理、法商三个学院,1940年迁陕西西安 |
| 国立西北师范学院 | 1939年 | 陕西城固 | 由国立西北联合大学所属的师范学院独立而成,称国立西北师范学院,1940年,迁至兰州建校,校址在兰州市十里店 |
| 私立西北药学专科学校 | 1940年9月 | 陕西西安 | 由1937年设立之原私立西北高级药剂科职业学校改组而成。1947年停办 |
| "陕西"省立商业专科学校 | 1941年8月 | 陕西西安 | |
| "陕西"省立师范专科学校 | 1944年7月 | 陕西西安 | 1944年,国民党陕西省政府组建师专。1949年西安解放后,西北地区改造调整大专院校;同年并入西北大学教育系,成立西北大学师范学院 |
| 私立知行农业专科学校 | 1945年8月 | 陕西鄠都 | |
| 广西省立医学院 | 1939年10月 | 广西桂林 | 由原广西军医学校改组而成,1944年迁广西八步,再迁融县、三江 |

续表

| 校名 | 设立时间 | 设立时校址 | 备注 |
|---|---|---|---|
| 广西省立师范专科学校 | 1941年10月 | 广西桂林 | 1941年重建于桂林,1942年改为广西省立桂林师范学院,1943年改为国立,并收编国立广西大学师范专修科。1944年秋迁广西三江,再迁贵州榕江,1945年迁平越。1946年迁桂林,同年秋迁广西南宁并改为国立南宁师范学院 |
| 桂林美术专科学校 | 1941年 | 广西桂林 | 1941年筹建,1942年校址迁往定桂门陈文恭公祠,改名为私立桂林榕门美术专科学校。1944年因日军进犯被迫停办 |
| 私立西南商业专科学校 | 1942年秋 | 广西桂林 | 1944年7月停办,1945年8月复办 |
| 私立初阳美术学院 | 1943年7月 | 广西桂林 | 由著名画家、教育家阳太阳在李济深、茅盾、田汉、欧阳倩予等人资助下创办而成。1943年7月16日正式招生。阳太阳任院长、教授。1944年秋因日军进犯而被迫停办 |
| 公立西江学院 | 1944年11月 | 广西百色 | 1944年筹建,1945年招生,同年迁至南宁,同时将南宁农业专科学校并入该院。1946年改名广西省立西江学院。1947年改名广西省立西江文理学院 |
| 国立贵阳医学院 | 1938年3月1日 | 贵州贵阳 | 1944年冬迁四川重庆,1945年夏回迁贵阳 |
| 国立贵州农工学院 | 1941年3月 | 贵州贵筑 | 1942年8月并入国立贵州大学 |
| 国立贵阳师范学院 | 1941年10月 | 贵州贵阳 | 1941年成立于贵阳,并收编大夏大学教育学院,1944年冬迁贵州遵义,1945年返迁贵阳 |
| 国立贵州大学 | 1942年5月 | 贵州贵阳 | 1942年行政院决议成立国立贵州大学,国立贵州农工学院归并国立贵州大学,1944年冬奉命迁重庆,但到达遵义时日本即投降,于是返回贵州花溪 |
| 云南省立英语专科学校 | 1942年 | 云南昆明 | 由1940年设立的云南省立英语专修科改组独立而成 |

续表

| 校名 | 设立时间 | 设立时校址 | 备注 |
|---|---|---|---|
| 国立东方语文专科学校 | 1942年10月 | 云南呈贡 | 1945年迁四川重庆,1946年再迁江苏南京 |
| 国立西北技艺专科学校 | 1939年4月 | 甘肃兰州 | 1945年8月奉教育部令改名为西北农业专科学校 |
| 国立西北医学专科学校 | 1942年 | 甘肃兰州 | 1945年,原国立西北医学院迁至兰州后,该校并入西北医学院,1946年国立兰州大学成立后,又并入兰州大学 |
| 国立西康技艺专科学校 | 1939年8月 | 西康西昌 | 由天津北洋大学工学院在抗日时期内迁后独立而成 |
| 新疆省立女子学院 | 1943年3月 | 新疆迪化 | 1946年2月并入省立新疆学院 |

3. 大后方内迁高校

自沈阳沦陷,为避日寇铁蹄寻求生存之隙,自东北大学拉开高校移迁之帷幕,1937年夏,伴随着重重国难,中华民族历史上一首悲壮的高校内迁史诗正式唱响。(其内容将于本章第二部分——跨越雄关漫道的高校内迁——详细展示)

战时八年,随着战争局势变化,政治中心西渐,全国高等教育重心亦移向西部大后方。战间大后方内迁高校中,国立大学12所,省立大学2所,私立大学13所;国立学院5所,省立学院5所,私立学院8所;国立专科12所,省立专科3所,私立专科12所,共计72所。

4. 国民政府大后方高等院校发展概况

自抗战以来,日寇所至,庐舍俱毁。广大军民同仇敌忾,浴血奋战,为中华民族保有最后一方安稳净土,为高等教育争得最后一块喘息之地;广大师生虽颠沛流离,辗转迁移,仍薪火传承我中华民族之文萃;国民政府的诸多应变措施虽将专制控制意识渗透淋漓,却也保得高等教育之命脉。战时八年,大后方高校云集,高等教育总体上获得较大发展。高校数量日增;诸多省份入学生员量增加;多数高校规模扩大,院、系、科数及师生数增加,教学设施设备更加完善,图书资料更加丰富;无论文科、工科、国立、省立还是私立,大学、独立院校或是专科,在教学科研方面都做出了卓著的成绩。

(1)数量增加。战时,虽经诸多拆分合并,且不少高校因战争而停办,但大后方陆续新建不少高校,因此,高校数量日见增长。表4-3乃1937年至1945年专科以上学校概况,包括校数、教员数和学生数,从中自可窥见高校云集之大后方的相关情况;表4-4乃1938年至1944年大后方省份应考生与录取生之籍贯。

表4-3　1937年至1945年全国专科以上学校概况①

| 学年度别 | 校数 小计 | 大学及独立学院 | 专科学校 | 教员数 小计 | 大学及独立学院 | 专科学校 | 学生数 小计 | 研究生及大学生 | 专科及专修科生 | 毕业生数(专科及专修科生) |
|---|---|---|---|---|---|---|---|---|---|---|
| 1937 | 91 | 67 | 24 | 5657 | 5175 | 482 | 31188 | 27926 | 3262 | 5137 |
| 1938 | 97 | 70 | 27 | 6079 | 5544 | 538 | 36180 | 32183 | 3997 | 5085 |
| 1939 | 101 | 73 | 28 | 6514 | 5929 | 585 | 44422 | 39252 | 5170 | 5622 |
| 1940 | 113 | 80 | 33 | 7598 | 6894 | 704 | 52376 | 47135 | 5241 | 7710 |
| 1941 | 129 | 83 | 46 | 8666 | 7591 | 1075 | 59457 | 51861 | 7596 | 8035 |
| 1942 | 132 | 85 | 47 | 9421 | 8129 | 1292 | 64097 | 54388 | 9709 | 9056 |
| 1943 | 133 | 89 | 44 | 10536 | 9171 | 1365 | 73669 | 62646 | 11023 | 10514 |
| 1944 | 145 | 90 | 55 | 11201 | 9411 | 1790 | 78909 | 65269 | 13640 | 12078 |
| 1945 | 141 | 89 | 52 | 11183 | 9504 | 1679 | 83498 | 70047 | 13449 | 14463 |

①国民政府教育部教育年鉴编纂委员会编:《中国第二次教育年鉴》(第十四编　教育统计),商务印书馆1948年版,第4页。

表4-4 1938年至1944年大后方省份公立各院校统一招生应考生与录取生之籍贯[1]

| 省名 | | 四川 | 西康 | 陕西 | 甘肃 | 广西 | 云南 | 贵州 | 宁夏 | 新疆 |
|---|---|---|---|---|---|---|---|---|---|---|
| 1938学年度 | 应考生 | 2489 | | 172 | 19 | 250 | 344 | 198 | 4 | 1 |
| | 录取生 | 1167 | | 85 | 11 | 100 | 113 | 81 | 2 | — |
| | 录取率 | 46.89% | | 49.42% | 57.89% | 40.00% | 32.85% | 40.91% | 50.00% | 00.00 |
| 1939学年度 | 应考生 | 3632 | 37 | 346 | 87 | 371 | 446 | 266 | 4 | 1 |
| | 录取生 | 726 | 8 | 61 | 15 | 74 | 34 | 32 | 1 | — |
| | 录取率 | 19.99% | 21.62% | 17.63% | 17.24% | 19.95% | 7.62% | 12.03% | 25.00% | 00.00 |
| 1940学年度 | 应考生 | 2624 | 29 | 323 | 99 | 433 | 400 | 251 | 2 | 1 |
| | 录取生 | 833 | 18 | 75 | 51 | 168 | 71 | 40 | — | 1 |
| | 录取率 | 33.65% | 62.07% | 23.22% | 51.52% | 38.80% | 17.75% | 15.94% | 00.00 | 100% |
| 1941学年度 | 应考生 | 4331 | 68 | 328 | 92 | 491 | 527 | 345 | 1 | 1 |
| | 录取生 | 1515 | 27 | 961 | 48 | 265 | 177 | 182 | 0 | 1 |
| | 录取率 | 34.50% | 39.17% | 18.60% | 52.17% | 53.97% | 35.59% | 52.75% | 00.00 | 100% |
| 1942学年度 | 应考生 | 5616 | 86 | 718 | 322 | 1072 | 399 | 552 | 4 | 1 |
| | 录取生 | 1859 | 17 | 255 | 154 | 458 | 207 | 206 | 1 | — |
| | 录取率 | 33.10% | 19.77% | 35.52% | 47.83% | 42.72% | 51.88% | 37.32% | 25.00% | 00.00 |
| 1943学年度 | 应考生 | 1352 | 7 | 154 | 24 | 110 | 54 | 71 | 1 | |
| | 录取生 | 674 | 5 | 96 | 22 | 69 | 28 | 12 | 1 | |
| | 录取率 | 49.85% | 75.13% | 62.34% | 91.67% | 62.73% | 51.85% | 16.90% | 100% | |
| 1944学年度 | 应考生 | 9412 | 100 | 749 | 118 | 690 | 505 | 522 | 6 | 2 |
| | 录取生 | 2388 | 26 | 128 | 37 | 168 | 150 | 149 | 2 | — |
| | 录取率 | 25.38% | 26.00% | 17.09% | 31.36% | 24.35% | 29.70% | 28.72% | 33.33% | 00.00 |

（2）规模扩大。战初，多数高校均遭损失，迁移后，又均有发展，主要表现为师生数、系科数及教学资料数增加。如四川省立教育学院，战前仅两个学系，即乡村教育系和农事教育系。学生不足百人。专业教师22人，其中教授

---

[1] 国民政府教育部教育年鉴编纂委员会编：《中国第二次教育年鉴》（第十四编 教育统计），商务印书馆1948年版。

11人,讲师10人,军事教官1人。经过八年发展,至1947年,该校有8系1科:教育系、国文系、农艺系、农制系、英文系、数学系、史地系、博物系及教育专修科。至1945年,教职员125人,较战前增加103人。至1947年大一学年度,学生645名,较战前增加500多人。1940年,国立女子师范学院成立时,有7个学系和1个体育专科科。第二年增设附属小学,同时大学部增设数学系和初级国文科。第三年,接收国立十七中女生部,改为附属中学。第四年改组附中为附属师范学校。第五年增设家政系实习婴儿团,改初级国文科为专修科。第一学年,教授15人,副教授2人,讲师4人,助教5人,职员36人。1946学年度第一学期,教授34人,副教授28人,讲师23人,助教19人,职员45人。初始学生101人,8个班,1946年41个班,共788人。原有中文书9386册,西文书1315册,中文杂志814种,西文杂志254种,挂图71幅。1946年中文书14999册,西文书2135册,中文杂志895种,西文杂志254种,挂图273幅。理化设备上,初有物理仪器236种,化学仪器119种,药品134种。1946年,有物理仪器330种,化学仪器150种,药品106种。1940年,国立交通大学于重庆建分校,设机械、电机两班,1941年,全校迁重庆,陆续增设土木、航空、造船、工业管理(原属财务管理)等系和轮船、航海、电信等3个专修科。到1945年,拥有3个学院即工学院、理学院、管理学院,16个系,3个专修科,1个研究所,1个研修班。学生2991人,教职员477人,图书7600册,杂志4900册。

(3)成果丰硕。如重庆大学,兴建了无线电实验室,开展了远距离电波传送研究;兴建了热工研究室,开展各种原动机改革的研究;进行了对蒸汽车和留赛尔然机的各种实验及其他原动机改造实验;兴办了材料研究室、水利研究室和土壤实验室,开展对钢铁、木材、钢筋混土及道路材料研究;开展对四川水利建设工程及地基工程、土壤力学、堤工土壤的研究;其矿冶系的实验室电解室开展了对四川各种矿物成分和四川土法制造紫钢的研究;其地质学系与四川地质调查研究所合作,开展了对四川地质矿产的调查;其商学院进行了广泛的社会调查,编制出了四川各县的物价指数,等等。国立社会教育学院于抗战期间,约请本院教育行政系教师担任专题研究;指导学生成立有关社教理论与实施问题之学术研究团体;举办论文竞赛;设置学术讲座。出版《教育与社会》季刊第六卷第一期;编著本院丛书、社教丛刊、社会教育词典、民众应用文、乡土教材;发刊民众读物、社会教育周报;整理各项有关社会教育参考资料;征集国内外教育文化、籍贯研究实验报告或计划;编辑社教论文索引;搜集民间流行的读物、民众常用字汇、民间歌谣等。①

**(二) 边区政府大后方高等教育概况**

1. 高等教育相关政策

(1) 统一战线的抗战教育政策

中国共产党领导进行的新民主主义革命,对外要推翻帝国主义压迫,对内要推翻封建地主统治,既是民族革命又是民主革命。抗战爆发,国难当头,中华民族与日本帝国主义的矛盾上升为中国社会的主要矛盾,中国共产党着眼民族利益的大局,提出建立抗日民族统一战线。与此相应,中国共产党在文化教育上提出了统一战线的抗战教育政策。其中尤其强调两点:国防教育、吸收知识分子。边区政府作为中国共产党领导的特殊组织,在抗战大后方教育方面发挥了具有历史性地位的重要作用,因而也值得特别认识。

1937年5月,中国共产党全国代表会议在延安召开,毛泽东作了题为《中国共产党在抗日时期的任务》的报告,指出:"政治上、军事上、经济上、教育上的国防准备,都是救亡抗战的必需条件,都是不可一刻延缓的。"1937年7月,毛泽东在《反对日本进攻的方针、办法和前途》中提出建立"国防教育","根本改革过去的教育方针和教育制度。不急之务和不合理的办法,一改废弃。新闻纸、出版事业、电影、戏剧、文艺,一切使合于国防的利益。禁止汉奸的宣传"。② 1937年8月22日,中共中央政治局在洛川召开扩大会议,通过了毛泽东的《为动员一切力量争取抗战胜利而斗争》宣传提纲。提纲提出了《十大救国纲领》,其第八项为《抗日的教育政策》,指出"改变教育的旧制度、

---

① 李定开:《重庆教育史》,西南师范大学出版社2005年版,第320、321、322、345、346页。
② 人民教育出版社编:《毛泽东同志论教育工作》,人民教育出版社1958年版,第33页。

旧课程,实行以抗日救国为目标的新制度、新课程"。① 此乃抗日根据地实施各项教育政策的总方针。1938年初,日本提出武力灭亡中国的方针,国民党军队节节溃败,大半国土沦陷。八路军、新四军却深入敌后,开展广泛的游击战,建立了许多抗日根据地,形成了敌我对峙的局面。党在1938年9月29日至11月6日间召开扩大的六届六中全会,毛泽东做了《论新阶段》的政治报告。其第十项指出"实行抗战教育政策,使教育为长期战争服务",抗战的教育政策具体为四条,其中包括:"第一,改订学制,废除不急需与不必要的课程,改变管理制度,以教授战争所必需之课程及发扬学生的学习积极性为原则。第二,创设并扩大增强各种干部学校,培养大批的抗日干部。"②六中全会继此又作了《实行国防教育政策,使教育为民族自卫战争服务》的决议。

1939年12月毛在《大量吸收知识分子》中指出:"在长期的和残酷的民族解放战争中,在建立新中国的伟大斗争中,共产党必须善于吸收知识分子,才能组织伟大的抗战力量,组织千百万农民群众,发展革命的文化运动和发展革命的统一战线。"③1940年2月7日的《〈中国工人〉发刊词》中,毛泽东指出"中国革命尚未成功",中国工人阶级"还须付出很大的气力,团结自己,团结农民和其他小资产阶级,团结知识分子,团结一切革命的人们"。④ 1940年12月毛泽东在《论政策》中指出,在文化教育政策方面:"应容许资产阶级自由主义的教育家、文化人、记者、学者、技术家来根据地来和我们合作,办学、办报、做事。应吸收一切较有抗日积极性的知识分子进我们办的学校,加以短期训练,令其参加军队工作、政府工作和社会工作;应该放手地吸收、放手地任用和放手地提拔他们。不要畏首畏尾,惧怕反动分子混进来。这样的分子不可避免地要混进一些来,在学习中,在工作中,再加洗刷不迟。"⑤1944年10月《文化工作中的统一战线》:"统一战线的原则有两个:第一个是团结,第二个是批评、教育和改造。在统一战线中,投降主义是错误的,对别人采取

---

① 人民教育出版社编:《毛泽东同志论教育工作》,人民教育出版社1958年版,第34页。
② 人民教育出版社编:《毛泽东同志论教育工作》,人民教育出版社1958年版,第33页。
③ 《大量吸收知识分子》,《毛泽东选集》(一卷本),人民出版社1964年版,第581页。
④ 《〈中国工人〉发刊词》,《毛泽东选集》(一卷本),人民出版社1964年版,第685页。
⑤ 《论政策》,《毛泽东选集》(一卷本),人民出版社1964年版,第726页。

排斥和鄙弃态度的宗派主义也是错误的。我们的任务是联合一切可用的知识分子、旧艺人、旧医生，而帮助、感化和改造他们。为了改造，先要团结。只要我们做得恰当，他们是会欢迎我们的帮助的。""我们的文化是人民的文化，文化工作者必须有为人民服务的高度的热忱，必须联系群众，而不要脱离群众。"①

(2) 新民主主义教育方针

1940年1月，毛泽东发表《新民主主义论》，在文化教育方面，总结了"五四"以来中国革命文化斗争的经验。指出："一定的文化是一定社会的政治和经济在观念形态上的反映。""帝国主义文化和半封建文化是非常亲热的两兄弟，它们结成文化上的反对同盟，反对中国的新文化。这类反动文化是替帝国主义和封建阶级服务的，是该被打倒的东西。""至于新文化，则是在观念形态上反映新政治和新经济的东西，是替新政治新经济服务的。""在'五四'以前，中国的新文化，是旧民主主义性质的文化，属于世界资产阶级的资本主义的文化革命的一部分。在'五四'以后，中国的新文化，却是新民主主义性质的文化，属于世界无产阶级的社会主义的文化革命的一部分。""所谓新民主主义的文化，就是人民大众反帝反封建的文化，在今日，就是抗日统一战线的文化。这种文化，只能由无产阶级的文化思想即共产主义思想去领导。所谓新民主主义的文化，一句话，就是无产阶级领导的人民大众的反帝反封建的文化。"②"中国国民文化和国民教育的宗旨，应当是新民主主义的；就是说，中国应当建立自己的民族的、科学的、大众的新文化和新教育。"所谓民族的，即"反对帝国主义压迫，主张中华民族的独立和尊严的。它是我们这个民族的，带有我们民族的性质"。科学的，即是"反对一切封建思想和迷信思想，主张实事求是，主张客观真理，主张理论和实践一致的"。大众的，"因而是民主的"，即"应为全民族中百分之九十以上的工农劳苦民众服务，并逐渐成为他们的文化"。③

---

① 《文化工作中的统一战线》，《毛泽东选集》(一卷本)，人民出版社1964年版，第913页。
② 《新民主主义论》，《毛泽东选集》(一卷本)，人民出版社1964年版，第655、656、658、659页。
③ 《新民主主义论》，《毛泽东选集》(一卷本)，人民出版社1964年版，第666、667、668页。

新民主主义教育方针是在解放区教育出现旧型正规化偏差期间提出来的,对当时教育的改革来说真可谓是一剂良药。解放区教育工作中一度产生旧型正规化偏向,即教育一味重质不重量,合并大量学校,忽视了边区群众住户分散,经济负担能力差,农业负担重等实际情况;教育内容刻板,科目繁复,脱离群众生活及抗战需要等。新民主主义教育方针及整风运动及时纠正了这种教条主义和形式主义错误,遂使边区教育重新走向注重实际和科学合理的轨道。新民主主义教育方针也是整个新民主主义革命时期教育上的最高指导原则。

(3)干部教育政策

抗日根据地教育大概分为干部教育和群众教育,后者时称国民教育。高等学校、中等学校及各种训练班属于干部教育,小学和各种社会教育组织属于群众教育,高等小学也有干部教育性质。干部教育又分为在职干部教育和专门的干部学校教育。前者旨在提高现有干部质量,后者针对干部数量奇缺的情况,同时旨在培养高质量的未来干部。抗日民主根据地的高等教育主要就指实施较高级的专门教育,为抗日战争培养军事、政治、经济、文化等方面人才的干部教育,其完全由政府办理,是抗日根据地教育中的重要组成部分。

边区教育总的原则是毛泽东提出的"干部教育第一,群众教育第二;成人教育第一,儿童教育第二"。1939年1月边区召开第一届参议会,会上林伯渠作的工作报告中提出:"边区实行国防教育的目的,在于提高人们文化政治水平,加强人民的民族自信心与自尊心,使人民自愿地、积极地为抗战建国事业而奋斗;培养抗战干部,供给抗战各方面的需要。教育新后代,使成为将来新中国的优良建设者。"在这次会议通过的施政纲领中规定:"坚持巩固与扩大民族统一战线,团结全边区人民与党派,动员一切人力、物力、财力、智力,为保卫边区、保卫西北、保卫中国、收复一切失地而战。""实行干部教育,培养抗战人才","加强干部教育"。[①] 党中央及根据地对干部教育的重视正是基于抗战实际,急需培养大批优秀干部领导发动领导群众、争取革命胜利。

---

[①] 中央教育科学研究所编:《老解放区教育资料(二)——抗日战争时期》,教育科学出版社1986年版,第4、7、20页。

1941年12月,中共中央政治局作出的《关于延安干部学校的决定》,为根据地高等教育的发展奠定了制度方面的基础。根据其精神,干部学校的管理体制为,军事学校大部分由政委负责学校政治领导,正副校长负责行政领导,其他干部学校大都实行校长负责制,部分实行党组织领导下的校长负责制,或组成校务委员会实行集体领导。学校内部机构一般设政治部(处),训练部(处)、校务部(处),教学组织一般按班排连编制或按期编制。学习期限3个月至2年不等。不同的干部学校培养目标不同。中央研究院培养党的理论干部;中央党校培养地委以上及团级以上具有相当独立工作能力的党的实际工作及军队政治工作干部;军事学院培养团级以上具有相当独立工作能力的军事工作干部;延安大学、鲁迅艺术学院和自然科学院培养党与非党的各种高级与中级的专门的政治、文化、科学与技术人才。根据各学校专业的性质,确定其隶属关系,实行专业对口的领导管理体制。[①] 在学校组织领导上,《决定》还规定:"学校行政组织以短小精干为原则。学校内党支部的任务,是在保证学校教育计划的完成,纠正支部与行政并立的现象。支部对学校行政的建议,可经党的路线提出,但不能出于干涉。在统一战线性质的学校内,应纠正党员包办一切的党化作风。"

2. 教学工作

首先,教学内容灵活多样,突出专业特点,力求切合实际需要;依据《关于延安干部学校的决定》,严格课程管理,凡带专门性质的学校,以学习有关该项专门工作的理论与实际的课程为主,坚决纠正过去以政治课压倒其他科目的不正常现象,各类课程的比例应为专业课占50%,文化课30%,政治课20%;其次,根据地教学方式灵活,废止注入、强迫的方式;重观察、重实践,就地取材,进行广泛的调查研究,以发展学生在学习中的主动性与创造性;同学老师相互讨论、启发,民主气氛浓厚,批评与自我批评盛行。再次,师资力量扩充及学生学风强化。抗日民主根据地高等教育师资,初期多是早年参加革命的一些专家教授,以及党政军中富有斗争经验的领导干部。随着高等教育

---

[①] 刘德华:《中国教育管理史》,河南教育出版社1991年版,第484页。

不断发展,培养的诸多学生转而成为师资力量。学生则多是党政军干部及爱国青年知识分子,同时根据地教育本着"来者不拒"、不拘一格的原则,收受的学生成分相当复杂,有不同的文化程度、出身、职业、信仰、党派等,但均是为了共同的革命理想从全国各地奔赴延安学习,甚至有来自敌占区、国统区的知名人士和知识分子。另外,干部学校还要求学生养成"自由思想,实事求是,埋头苦干,遵守纪律,团结互助"的学风,去掉"主观主义、宗派主义、教条主义,好高骛远、无端盲从、夸夸其谈、自以为是以及粗枝大叶、不求甚解的恶习"。[①]根据地教育最大的特点是理论联系实际,教学和实习并重,具体表现在教育为抗战服务、教育与生产劳动相结合,力求教有所学、学有所用,这正契合了抗战时期大后方的经济政治环境,符合抗敌救国的目标。

3. 大后方抗日根据地主要高校

陕甘宁边区乃中共中央所在地,高级干部学校即中共高等学校多集中于红色圣地延安。

(1)中国人民抗日军事政治大学。原名"抗日红军大学",其前身是第二次国内革命战争时期的红军大学,1936年创立于陕北保安,1937年迁延安。林彪、徐向前相继任校长,1940年以前,具体主持校务的是教务长后任副校长的罗瑞卿。

1936年6月,抗大第一期在保安开学。罗荣桓、杨城武、张爱萍、苏振华等都是抗大第一期学员。西安事变和平解决,抗日民族统一战线形成后,国民政府对陕甘宁边区的封锁有所放松,许多知识分子和青年学生涌入抗大,学员陆续由1000多人激增至5000多人,毛泽东亲任教育委员会主席。抗日红军大学遂改名为"中国人民抗日军事政治大学",并迁延安。1937年1月,抗大第二期开学,毛泽东制定抗大的教育方针为"坚定正确的政治方向,艰苦朴素的工作作风,灵活机动的战略战术";要求学员"勇敢、坚定、沉着,在斗争中学习,为民族解放事业,随时准备牺牲自己的一切",并规定抗大校训是"团结、紧张、严肃、活泼"。1938年底,抗大于延安组成一、二分校,进入晋东南

---

① 刘德华:《中国教育管理史》,河南教育出版社1991年版,第484页。

和晋察冀解放区,总校也随后进入晋东南,留下部分分校师生组成延安第三分校。1942年,总校及部分分校师生迁回陕北绥德,抗战胜利后,挺进东北,组成东北军政大学。

抗大旨在培养抗日军政干部。根据实际情况,其课程各期不一样,主要有:政治课,有中国问题、社会科学概论、哲学、政治工作等;军事课,有游击战争、战略战术、炮兵、测绘、地形、射击、救护等;文化课,有地理常识、自然知识、算数、日文等。毛泽东、朱德、李富春等还经常到抗大讲课或作报告。此外,生产劳动在教学计划中占有重要地位。抗大教学遵循两条原则,即理论联系实际和少而精,前者乃根本原则。理论联系实际原则即:原则化,对教授内容及教学活动严格要求;中国化,一切问题切合中国实际,特别是契合抗战实际;通俗化,讲课通俗易懂,多举贴近生活的实例;具体化,讲问题时联系具体的时间地点条件。少而精,即教学内容少而精,根据学员水平和特点,分清主次,重点突出简单明了。其教学方法注重启发,并形成一套具体方法:由近到远,由具体到抽象,中心突出,适当联系,认识发展规律。

九年中,抗大总共办了八期,前后建立分校十二所,辗转陕西、山西、湖北、河北、安徽等省,共培养干部二十余万,其中包括许多高级将领。

(2)陕北公学。抗战爆发后,大批青年前来延安求学,1937年7月底遂于延安成立陕北公学,成仿吾任校长。该校学习期限两到三个月,最长一年。

1937年11月1日陕北公学正式开学,其教育方针为"坚持抗战,坚持持久战,坚持统一战线,实现国防教育,培养抗战干部"。毛泽东为其成立及开学题词,说:"要造就一大批人,这些人是革命的先锋队。这些人具有政治的远见。这些人充满斗志精神和胜利精神。这些人是胸怀坦白的,忠诚的,积极的,与正直的。这些人不谋私利,唯一的为着民族与社会的解放。这些人不怕困难,在困难面前总是坚定的,勇敢向前的。这些人不是狂妄分子,也不是风头主义者,而是脚踏实地富于实际精神的人们。中国要有一大群这样的先锋分子,中国革命的任务就能够顺利的解决。"毛泽东的题词紧密结合抗战国情,强调教育上的革命性、政治性,指出了学校应该培养怎样的人,为该校指明了办学方向。

陕北公学课程是"三分军事、七分政治",科目主要有:社会科学概论、抗日民族统一战线与民众工作、游击战争与军事常识、时事演讲等等。学生除上课,还进行游击战争演习和民众运动演习等。

1938年,由于生员日增,于接近西安的关中分区办分校,成立大学部,培养文化、民运、行政等方面的较高级干部。1939年3月,总校亦迁入关中分区与分校合并。后建立研究员部,设立民主政治、民生经济、民族文化及国防教育等系。1939年7月陕北公学并入华北联合大学。1940年9月,在延安继续招生,1941年全部并入延安大学,前后共培养抗日干部一万多名。

(3)鲁迅艺术学院。1938年4月创立于延安,吴玉章、周扬、沙可夫先后主持该校。其办学目的为"培养抗战艺术干部,研究正确的艺术理论,整理中国艺术遗产,建立中国新的艺术"。

学校初设戏剧、音乐、美术三系,后设文学系。必修课程有:社会主义、辩证法、中国问题、中国文艺运动、苏联文艺、艺术论等;专修课程为各系专业课,戏剧系有戏剧概论、导演术、表演术、化装术、名剧研究等,音乐系有作曲、和声、试唱、指挥等,美术系有美术概论、画法、作法(漫画、木刻)等。选修课程包括外国语及别系课程。该校学制9个月,分三阶段,即学习3个月,去前线或根据地实习3月,再返校学习3月。从第3学期起分初级、高级两阶段,高级阶段又分为各专业组,除实习,共学习8月。1940年夏鲁艺被并入华北联合大学。1940年11月,留在延安的部分师生恢复鲁艺。1940年后加强专业学习,学制为三年(实习除外)。1943年并入延安大学,为其下属的"鲁迅文艺学院"。

1942年延安文艺座谈会,提出文艺为工农兵服务的方针。鲁艺师生积极响应执行,相继创作《兄妹开荒》《白毛女》《粮食》等歌剧、话剧作品。作品取材下层生活,贴近农民群众,反映民间疾苦,亦彰显民众的巨大力量和奋斗精神,深受人们喜爱,为宣传抗战、鼓励生产、团结群众起到重要作用。

(4)中国女子大学。1939年3月8日,延安北门外广场隆重举行三八国际劳动妇女节活动。毛泽东指出:"妇女解放与社会解放是密切地联系着的,妇女解放运动应成为社会解放运动的一个组成部分存在着。"①会上，他倡议创办中国女子大学，得到中共中央的一致赞同。"我们要培养几百几千的女英雄、几百几千的妇女运动的职业家和博士。"②

1939年7月20日中国女子大学于延安成立，专门培养妇女干部。毛泽东在开学典礼上指出："女大的成立，在政治上是有着非常重大的意义，它不仅是培养大批有理论武装的妇女干部，而且要培养大批做实际工作的妇女运动的干部，准备到前线去，到农村、工厂中去，组织二万万二千五百万妇女，来参加抗战。假如中国没有占半数的妇女的觉醒，中国的抗战是不会胜利的。妇女在抗战中是有非常重大的作用：教育子女，鼓励丈夫，教育群众，均需要通过妇女；只有妇女都动员起来，全中国人民也必然会动员起来了，这是没有问题的。"遵照其指示，女大确定其教育方针为"以养成具有革命理论基础、革命工作方法、妇女运动专长和相当职业技能等抗战建国知识的妇女干部为目的"。

成立后，该校有来自全国21个省区（包括台湾）的一千余人，学院按文化程度编为普通班、高级班、陕干班、特别班。普通班学员是来自敌占区的高初中爱国女学生；高级班中，有红军中的妇女领导干部，也有来自敌占区的女高级知识分子；陕干班专门培养边区妇女工作干部；特别班学员是经过长征，有战斗经验，但文化水平较低的女战士。女子大学的政治课有党史、近代史、社会发展史、政治经济学、抗日游击战争及抗日民族统一战线、新民主主义、中国共产党问题、妇女运动等。高级班设有政治经济、马列主义、中国问题等系。特别班有识字课、政治课、妇女工作等。中央领导人包括毛泽东、周恩来、博古、邓颖超都来过女子大学上党史课。除了政治课，女大还开有选修课，包括新闻速记、会计、医药、外语等职业课程。教员多是各机关干部兼任。1941年9月女大被并入延安大学。

（5）华北联合大学。1939年7月7日，陕北公学、鲁迅艺术学院、安吴堡战时青年班、延安工人学校联合，于延安成立华北联合大学，初分社会、文艺、

---

① 毛泽东：《妇女们团结起来》，《毛泽东文集》第2卷，人民出版社1993年版，第169页。
② 赵海：《毛泽东延安纪事》，陕西人民出版社1993年版，第60页。

工人、青年4部,各部皆是短训性质,学习期限四到六个月不等。后来各部改为院。社会科学院还下设财政、法政系,文艺学院下设文学、音乐、美术、戏剧系,教育学院下设教育系,并增设群众工作部和中学部。后该校与抗大一起开赴晋察冀敌后根据地。1948年与北方大学合并为华北大学,1950年改为中国人民大学。

(6)延安自然科学院。为进行科学教育和科学研究,发展科技事业,培养自然科学技术干部,1939年5月中共决定成立延安自然科学研究院,1940年9月更名为延安自然科学院。是党在抗日根据地的第一所理工高等学校,其大学部设有物理、化学、生物、地矿四个系。中学部分为预科和初中。为配合教学和科研,还设有机械实习工厂、化工实习工厂、化学生物实验室和一幢科学馆等。全校师生员工最多时约三百人,他们在配合边区的经济建设中发挥了积极作用。例如:化工实习工厂先后制成肥皂火柴砂糖玻璃等;机械实习工厂先后制造了医疗手术器械、机械配件和一些日用品;物理系和化学系学员到炼铁厂实习,地矿系学员参加煤田地质的调查和测量等等;生物系师生开展南泥湾考察,为三五九旅在南泥湾垦荒种地提出了科学依据。[①]

(7)延安大学。1941年9月,由陕北公学、中国女子大学、泽东青年干校合并而成。初设社会科学院、教育学院、法学院,英文专修科、俄文专修科。其公共必修课为中国政治、中国经济、根据地情况及政策、敌后研究、中国通史、国际问题、三民主义、思想方法论、国文等。

1943年4月,鲁迅艺术文学院、延安自然科学院、民族学院、新文学干部学校并入。1944年5月,行政学院并入。此后,学校改设行政学院,设行政、司法、财经、教育系,学制2年;自然科学院,设技工、农学、化学系,学制3年;鲁迅文艺学院,设音乐、美术、文学系;一个医学系,学习年限两到三年。同时,延安大学制定《延安大学教育方针暨暂行方案》,确定其教育方针为:"以适应抗战及边区建设需要,培养与提高新民主主义即革命三民主义的政治、经济、文化建设的实际工作干部为目的。"自此,延安大学成为解放区第一所

---

[①] 胡琦,何华生,许明修:《延安自然科学院创办的经过》,《延安自然科学院史料》,中共党史资料出版社、北京工业学院出版社1986年版。

工、农、文、理、艺综合性的高等学校。

其教学规划为:其校内学习时间60%,实习40%;学习时间80%,生产20%;公共课30%,专业课70%。课程分共同课程、专业课程和补助课程。其教学注重学用一致,其教学内容和方式亦与边区工作相适应;自学为主,教授为辅,集体互助;鼓励质疑问难、讨论辩论,教育教学的民主自由之风甚是浓厚。

除上述学校,陕甘宁边区还有以下干部学校:中共中央党校、中央研究院、延安马列学院、八路军医科大学、新文字干部学校、延安民族学院、俄文学院、日本工农学校、朝鲜军政学校、炮兵学校等等。①

## 二、跨越雄关漫道的高校内迁

### (一)高校内迁背景

1. 高校内迁的直接原因——日寇破坏教育事业

日寇不满于野蛮的军事侵略,更意欲文化侵略,在占领区,侵略者通过伪政权建立殖民奴化教育体系,对广大国民灌输奴化思想,企图彻底泯灭中华民族之意识。如《申报》有载《日人积极推进之东北奴化教育概况——将采用日系教育一千名,调查学生反满抗日思想》,其中有文"近来日人在东北,强迫施行日本教育精神,用以奴化东北青年学生,可谓不遗余力。惟在表面上均以美妙言辞掩饰之,如藉名发展农业、实业等教育,言之成理,头头是道,然司马昭之心,路人皆知矣"。②"无非在目前要摧毁我们的文化抗战的力量,而在将来受他们统治的中国人,都要变成没有民族文化和国家思想的奴隶、

---

① 毛礼锐、沈灌群主编:《中国教育通史》(第5卷),山东教育出版社1988年版;陈元晖主编:《老解放区教育简史》,教育科学出版社1981年版;高奇主编:《中国现代教育史》,北京师范大学出版社1985年版;中央教育科学研究所编:《老解放区教育资料(二)——抗日战争时期》,教育科学出版社1986年版;皇甫束玉、宋荐戈、龚守静:《中国革命根据地教育纪事》,教育科学出版社1989年版。

② 《申报》1937年5月30日。

臣民和顺民,永远沦落到'哀莫大于心死'的精神状态里面,永远不能从文化的种子当中培养出复兴民族的事业。"①同时,每至一地,有意识地破坏我教育机构、文化机关,高等教育更是首当其冲。其铁蹄每践一地,必侵占、轰炸高校,破坏、劫掠财产,镇压、杀害爱国师生,以彰显其淫威。如沪江大学校长刘湛恩、上海女大校长吴志骞等就因拒绝投降日本而惨遭杀害;燕京大学被强迫解散后,中外教职员和在校学生30余人被拘押,其中就有陆志伟、张东荪;1938年8月,辅仁大学伏开鹏、胡鲁士(荷兰籍)被日本宪兵队逮捕。战前我国高等学校约108所,至1938年8月,有25所因战争不得不暂行停顿,37所被迫迁移,15所高校勉力支持亦屡遭轰炸。至于高等教育机关的财产损失,则更为惊人。下面以1937年至1938年8月底为例,其损失如表4-5、表4-6所示。

表4-5 战区国立专科以上学校损失概况②

| 校名 | 死伤人数及不知下落 | 财产损失(元) | 备注 |
| --- | --- | --- | --- |
| 中央大学 | 6 | 383400 | 据该校呈称内有2330600元系全部校舍不动产,因全部沦陷,故亦视同损失,又牙医专科实验专校损失数字在内,死伤系建筑工人 |
| 北平大学 | | 1922317 | |
| 北京大学 | | 60000 | 此系校具、图书、仪器被毁之数,校址被占未作估计 |
| 清华大学 | | 6050000 | 校址房舍约3500000元<br>图书设备约2500000元<br>长沙校舍被炸50000元 |
| 北平师范大学 | | 1030471 | |

---

① 国民党中央委员会党史史料编纂委员会编:《革命文献》(第60辑),(台湾)中央文物供应社,1972年版,第3页。
② 彭明主编:《中国现代史资料选编》(第五册·下),中国人民大学出版社1989年版,第631-632页。本表财产损失价值以法币元为单位,材料系截至1938年8月底止。

续表

| 校名 | 死伤人数及不知下落 | 财产损失 | 备注 |
|---|---|---|---|
| 山东大学 |  | 1030471 | 青岛房产 2912580 元,校具仪器约 223735 元,图书 181764 元,济南农学院校产约 287584 元 |
| 中山大学 | 12 | 20000 | 死学生 1 人,伤员中学生 5 人,工友 5 人,失踪学生 1 人 |
| 同济大学 |  | 1480000 |  |
| 暨南大学 | 2 |  |  |
| 浙江大学 |  | 1560000 | 校舍约 1300000 元,图书仪器及其他设备约 260000 元 |
| 湖南大学 | 30 | 700000 | 死学生 2 人,工友 1 人,伤 20 余人 |
| 厦门大学 |  | 1288202 | 建筑物地产约 972700 元,图书仪器 80907 元,机器校具古物计 189595 元 |
| 北洋工学院 |  | 300000 |  |
| 中正医学院 |  | 1200 |  |
| 中央国术馆体育专科 |  | 176814 | 校舍校具设备等 196500 元,工厂机件 19400 元,图书仪器 24000 元,员生损失 50800 元 |
| 吴淞商船专科学校 |  | 290700 |  |
| 杭州艺术专科学校 |  | 25000 |  |
| 药学专科学校 |  | 49100 |  |
| 合计 | 50 | 22491867 |  |

表 4-6 战区私立专科以上学校损失概况①

| 校名 | 死伤人数及不知下落 | 财产损失 | 备注 |
|---|---|---|---|
| 金陵大学 | 7 | 103737 | 被掳 2 人,伤 5 人 |

---

① 彭明主编:《中国现代史资料选编》(第五册·下),中国人民大学出版社 1989 年版。本表财产损失价值以法币元为单位,材料系截至 1938 年 8 月底止。

续表

| 校名 | 死伤人数及不知下落 | 财产损失 | 备注 |
| --- | --- | --- | --- |
| 大夏大学 | 7 | 550000 | 死1人,伤6人 |
| 东吴大学 |  | 300000 |  |
| 沪江大学 | 2 |  |  |
| 燕京大学 | 20 |  |  |
| 南开大学 |  | 3750000 | 大学部3000000元,中学部750000元 |
| 复旦大学 |  | 160000 |  |
| 光华大学 |  | 800000 |  |
| 持志大学 |  | 511100 | 该校第一次之变损失约20万–30万元 |
| 金陵女子学院 | 2 | 12400 | 校工1人重伤,1人无下落 |
| 上海法学院 |  | 510000 |  |
| 正风文学院 |  | 100000 | 据呈约10万元以上 |
| 北平民国学院 | 2 | 215000 | 员工2人无下落 |
| 同德医学院 |  | 160000 |  |
| 上海政法学院 |  | 50000 |  |
| 上海女子医学院 |  | 34651 |  |
| 无锡国学专修学校 |  | 26000 |  |
| 新华艺术专修学校 |  | 110000 |  |
| 上海美术专修学校 |  | 60924 |  |
| 东亚体育专修学校 |  | 92000 |  |
| 东南医学院 | 1 |  |  |
| 合计 | 41 | 7545812 |  |

随着战争的发展,日军不断向内地渗透,战火从东北烧向华北、华东再到华南、华中及西南。日军所到之地,高等教育即面临灭顶之危险;国民政府初期奉行"不抵抗政策","速胜论"与"速亡论"甚嚣尘上。我国刚蹒跚起步的高等教育又濒临绝望的深渊,但随着抗战教育思潮讨论、国民政府的政策调整和支持,为保存高等教育命脉、延续中国传统文化,中国的高等教育最终寻

到了一丝曙光——悲壮内迁!

2.高校内迁的政策支持——国民政府的制度应对

1937年7月,国民政府颁布《战区内学校处置办法》,有关迁移的条文有:各省市教育厅局,于其辖区内或境外,比较安全之地区,择定若干原有学校,即速量加扩充,或布置简单临时校舍,以为必要时收容战区学生之用。战区内学校于战事发生或逼近时,应酌量将学生成绩照片、重要账簿、籍册、学校贵重而易于移动之设备,预为移藏。①

1938年,国民政府成立专门的全国战时教育协会,具体负责全国高校迁建工作。3月,教育部颁布《战区各级学校学生转学及借读办法》,规定:本办法所指各级学校学生以现在公立及已立案之私立学校肄业为限。学生凭借读证书或转学证书请求借读或转学,借读转学不限年级,但须在学期开始时或期中办理,借读或转学学生与本校学生一律待遇。4月,教育部颁发《二十六年度专科以上学校学生学业成绩结束办法》,其中规定,各种学校生该年度如有下列情形之一者,其学业成绩结束,得变通处理:甲,学校由战区迁移他区延迟开学者;乙,学校暂行停办,学生转入他校肄业或借读者;丙,原校学生籍隶战区或接近战区,受交通之影响迟期开学者;丁,学生因受交通或其他困难之影响,转学或借读他校,迟期入学者。6月,又颁《抗战期间专科以上学校借读学生学籍处理及毕业证发给办法》。1940年4月,教育部为救济私立大学及独立学院入学资格不合、学籍未经核准学生,特定补救办法,通饬各院办理。1941年11月,教育部颁发《专科以上学校学生学籍规划》,计128条,对于专科以上学校处理学生转学、试读生、借读生、旁听生、研究生学籍,暨休学、复学、退学、留级、转院、转系等事宜,及呈报学生成绩、实习、毕业等手续,均有详规。②

对于内迁借读或转学的学生,国民政府则实行了贷金或公费待遇。1938

---

①国民政府教育部教育年鉴编纂委员会编:《中国第二次教育年鉴》(第五编 高等教育),商务印书馆1948年版,第24页。

②国民政府教育部教育年鉴编纂委员会编:《中国第二次教育年鉴》(第五编 高等教育),商务印书馆1948年版,第57-59页。

年 2 月教育部颁布《专科以上学校战区贷金暂行办法》,是为贷金制度之始,规定公立专科以上学校学生家在战区,费用来源断绝,经确切证明必须救济者,得向所在学校申请贷金。贷金分全额、半额两种,按战时膳食价格,全额每月 8 元或 10 元,半额每月 4 元或 5 元,以所在地生活费用及学生之实际需要决定之。同年颁布的《教育部处理战区退出学生办法大纲》,对各级学校学生的处理作了较具体的安排,愿继续学习的可转学或借读,专科以上学生可申请贷金。贷金以每人每月食米二市斗,照学校所在地中等米市价,另加副食(即油、盐、菜蔬、燃料等)为计算标准。1940 年因物价暴涨,又修订《专科以上学校战区贷金暂行办法》,即非战区学生,亦因经济困难不能自给,甚至教职员无法维持生活,故教育部于是年 10 月另定贷金补免办法。1941 年 7 月又制订《国立中等以上学校学生贷金暂行规则》《省立专科以上学校战区学生贷金暂行规则》《私立专科以上学校学生贷金暂行规则》,并于该年第二学期开始实行。1943 年秋鉴于贷金制度不适合普通需要,又加订《非常时期国立中等以上学校及省私立专科以上学校规定公费生办法》,以科系之分别,定公费之比例,于该年开始实施。规定自当年所招学生,一律不适用贷金制度,另订公费生办法分甲、乙两种,甲种公费生,免膳食费,并得分别补助其他费用。乙种公费生只免膳食费。入国立师范、医、药、工各院科系学生全为甲种公费生;理学院 80% 为乙种公费生;农学院学生 60% 为乙种公费生;文法商及其他各院系学生以 40% 为乙种公费生;私立专科学校学生公费比例少于国立。1944 年冬至 1945 年春,战区扩大,学生内来者日增,亟须安插救济,原有公费生办法不尽适用,于是改订《战时国立中等以上学校及省立专科以上学校学生给予公费办法》,自 1945 年 8 月开始实施,以战区生及经济来源断绝学生为尽先核给公费之对象,不分科系。[①]

相应,鉴于教师在高等教育事业发展中的攸关地位,抗战非常时期,国民政府亦相继制颁了一系列政策法规,旨在保障高校教师的基本生活及教学研究事业。1940 年 8 月,教育部公布《大学及独立学院教育聘任待遇暂行规

---

[①] 国民政府教育部教育年鉴纂编委员会编:《中国第二次教育年鉴》(第二编),商务印书馆 1948 年版,第二编第 24、25 页,总第 52、53 页。

程》。待遇与职称及级别挂钩,教授分九级,副教授、讲师、助教分七级。1940年10月又颁布《大学及独立学院教员资格审查暂行规程》,对教授、副教授、讲师、助教的资格又作了更具体的规定。1941年,教育部参照《非常时期改善公务人员生活办法》订定了《非常时期改善教职员生活办法》,自该年10月起发给平价食粮代金。施行一年后教育部又依照《公务员战时生活补助办法》,另订《国立学校教职员战时生活补助办法》,于1942年10月起施行。国立专科以上学校教员,除以上待遇外,教育部复于1943年10月起发给学术补助费,俾使购置图书、仪器、文具以供参考研究之用。1942年冬,教育部据学术审议委员会第九次会议,呈请行政院拨发专科以上学校专任教员奖金,借以坚定专科以上学校教员终身从事教育人才与学术研究之决心。1942年1月教育部颁布《设置专科以上学校教员资助金办法》,旨在奖励服务有成绩之专科以上学校教员研究著述,并减轻其战时生活之困难。该奖助金分甲乙两种。但因生活困难程度逐渐高涨,法币价值日形低落,奖助标准时需调整,深感不便,复以申请奖助者有一定手续,且战时交通困难,公文往返颇需时日,难迅速办理,亦不免有缓不济急之处。1945年后,停止发放(原借之贷金,亦不偿还),而于其他补助费中增加其数额。另外,1945年夏,美国援华救济联合会捐赠我国大学教职员福利金国币两亿六千五百万元,同时由教育部呈请行政院另拨国币三千五百万元,凑成整数三亿,为全国公私立专科以上学校及学术研究机关教职员福利金之用。①

上述政策为迁移高校师生提供了一定程度的制度保障,于高等教育持续发展发挥了重要作用。

### (二)高校内迁概述

由于战时高校在迁移中的拆分合并及新建较多且相当复杂,抗战时期我国内迁高校约72校(详见表4-7)。因日寇残行,"九一八"事变后,东北大学首起被迫迁入关内,1931年11月于北平复课,同时接收东北交通大学为

---

① 国民政府教育部教育年鉴编纂委员会编:《中国第二次教育年鉴》(第五编 高等教育),商务印书馆1948年版,第26、28、29、30、31页。

东北教学交通学院。翌年,冯庸大学停办,学生亦归并东北大学。1933年5月日本践我长城以南滦河地区,东北大学迁往太原。"塘沽协定"签订后,复迁北平。1936年2月,该校工学院和补习班因政局变动而迁设西安,成立西安分校。1937年初,受"西安事变"影响,国民政府改组东北大学并迁往开封,5月改为国立,6月复令其迁往西安,以其分校为新校址。"七七"事变后,日寇飞机叠袭西安,该校被迫再度流亡,于1938年3月迁往四川三台,至5月方始复课。其工学院因战时需要并入国立西北工学院。自是之后,东北大学在僻远的川北之地一待即8年,直到1946年春才迁返自己的诞生之地。为延续和保存中华民族教育文化之命脉,为抗战的最后胜利,自东北大学拉开抗战期间高校内迁之序幕,随着抗战局势的发展,除少数在后方和在租界的学校坚持在原地办学以外,多数高校都加入了内迁之列!表4－7所示乃抗战时期内迁高校(其校名、校址及性质均以初入大后方时为准)。

表4－7 抗战时期的内迁高校[①]

| 校名 | 原址 | 备注 |
| --- | --- | --- |
| 国立北京大学 | 北平 | 两校与南开大学首迁长沙,1937年8月联合成立长沙临时大学;1937年4月迁昆明,更名为国立西南联合大学 |
| 国立清华大学 | | |
| 国立北平大学 | 北平 | 三校于1937年8月首迁西安,组成西安临时大学。1938年4月再迁陕南汉中,改名国立西北联合大学,三迁陕南南郑。1938年7月,教育部决定将西北联大各学院分别独立为学院,组建新校。如国立西北大学、国立西北工学院、国立西北农学院、国立西北医学院、国立西北师范学院等 |
| 国立北平师范大学 | 北平 | |
| 国立北洋工学院 | 天津 | |

---

[①] 国民政府教育部教育年鉴编纂委员会编:《中国第二次教育年鉴》(第五编 高等教育),商务印书馆1948年版;惠世如:《抗战时期内迁西南的高等院校》,贵州民族出版社1988年版;国民党中央委员会党史史料编纂委员会编:《革命文献》(第56辑),(台湾)中央文物供应社1972年版;余子侠著:《民族危机下的教育应对》,华中师范大学出版社2001年版;熊明安:《中国高等教育史》,重庆出版社1983年版;熊明安、徐仲林、李定开:《四川教育史稿》,四川教育出版社1993年版;李定开:《重庆教育史》,西南师范大学出版社2005年版。

续表

| 校名 | 原址 | |
|---|---|---|
| 国立交通大学唐山土木工程学院 | 唐山 | 两校先后迁往湖南湘潭，1938年合并。1939年1月迁贵州平越。1942年1月国立交通大学北平铁道学院改称国立交通大学贵州分校。1944年12月迁川东璧山 |
| 国立交通大学北平铁道管理学院 | 北平 | |
| 国立交通大学 | 上海 | 1940年在重庆设分校，1942年改为校本部 |
| 国立同济大学 | 上海吴淞 | 1937年8月首迁上海市区，1937年9月迁浙西金华，11月迁赣南赣州。医学院迁赣中吉安。1938年7月迁桂东贺县，1939年迁昆明。1940年秋迁川南宜宾南溪 |
| 国立中央大学 | 南京 | 1937年8月迁四川重庆。医学院、农学院畜牧兽医系则迁成都 |
| 国立山东大学 | 青岛 | 1937年10月迁川东万县。1938年并入国立中央大学。解放后，编制保留在东北大学 |
| 国立浙江大学 | 杭州 | 1937年11月迁浙西建德，12月迁赣中吉安。三迁赣南泰和。1938年7月迁桂北宜山。1939年7月在浙西龙泉亦设分校。1940年2月迁黔北遵义，并在湄潭设分校 |
| 国立上海医学院 | 上海 | 1939年夏部分师生迁昆明，与中正医学院合并，1940年夏迁四川重庆，1941年12月，上海师生分批赴渝 |
| 国立中正医学院 | 南昌 | 1937年10月创办于南昌。12月迁吉安，二迁赣西永新，三迁昆明。四迁黔西镇宁，五迁返永新，六迁泰和。1943年1月迁闽西长汀。战后迁返南昌 |
| 国立武汉大学 | 武汉 | 1937年11月迁四川乐山，农艺系并入国立中央大学 |
| 国立中山大学 | 广州 | 1938年10月迁粤西罗定。后迁云南澄江。1940年4月迁粤北坪石镇。1944年秋迁粤北连县。五迁粤北仁化。六迁粤东兴宁。七迁粤东梅县 |
| 国立东北大学 | 沈阳 | "九一八"后迁北平。1937年初迁开封。5月改国立。6月迁西安。1938年3月迁四川三台，6月，工学院并入国立西北工学院 |
| 省立山西大学 | 太原 | 抗战爆发后，各学院分别迁至晋中平遥、晋南临汾和运城。1938年春停办。1939年12月迁陕中三原复课。1941年11月迁陕北宜川。1943年2月迁晋南吉县，4月改为国立，7月迁回宜川 |

续表

| 校名 | 原址 | |
|---|---|---|
| 省立河北女子师范学院 | 天津 | 1937年8月部分师生赴西安,转入西安临时大学各系。家政系仍保持原来建制与西安临大合办 |
| 江苏省立医政学院 | 镇江 | 初迁长沙,1937年11月迁湘西沅陵,与私立南通学院医科合并。1938年8月改为国立江苏医学院,同年冬迁贵阳。1939年迁重庆 |
| 江苏省立教育学院 | 无锡 | 初迁长沙。1938年1月迁桂林。后迁川东璧山。1941年停办,以此为基础改办为国立社会教育学院 |
| 省立河南大学 | 开封 | 抗战爆发后,各学院分迁河南鸡公山、镇平。1938年8月均集中到镇平。1939年5月迁豫西嵩县。1942年2月改为国立。1944年迁豫西淅川。1943年春迁陕西宝鸡 |
| 广东省立勷勤大学教育学院 | 广州 | 1937年9月改称广东省立教育学院。1937年10月迁桂东梧州。1938年9月改称广东省立文理学院,10月迁桂东腾县,12月迁往桂东融县。1939年8月迁广东乳源 |
| 广东省立勷勤商学院 | 广州 | 1938年迁广西融县。继迁粤南遂溪。三迁粤南信宜 |
| 私立南开大学 | 天津 | 与北京大学、清华大学首迁长沙,1937年8月联合成立长沙临时大学;1938年4月,更名为国立西南联合大学 |
| 私立燕京大学 | 北平 | 1942部分师生赴成都,设分校 |
| 私立中法大学 | 北平 | 文、理学院先后于1939年、1941年迁昆明 |
| 私立朝阳学院 | 北平 | "七七事变"后,迁鄂南沙市。后迁川中简阳。三迁成都。四迁重庆 |
| 私立复旦大学 | 上海 | 首迁庐山,与私立大夏大学联办。1938年4月迁重庆,独立。1941年改为国立 |
| 私立大夏大学 | 上海 | 首迁庐山,与复旦大学联办;1938年4月迁贵阳,独立,教育学院并入国立贵阳师范学院。1944年冬迁黔北赤水。在上海设分校 |
| 私立光华大学 | 上海 | 为上海光华大学设立于成都之分校,1939年学校由市内王家坝校址迁到西郊草堂寺西侧。1945年11月14日,新校董会议定新校名称为"私立成华大学",于1946年2月1日实行改组独立 |
| 私立沪江大学 | 上海 | 1941年冬后一度停办。1942年2月迁重庆复校,并与东吴大学法学院、之江大学联合组建法商工学院 |

续表

| 校名 | 原址 | |
|---|---|---|
| 私立东吴大学 | 苏州 | 1941年冬停办。1942年法学院迁重庆。后与沪江、之江大学合组法商工学院。文、理学院迁闽西长汀,后迁粤北曲江,不久停办 |
| 私立之江大学 | 杭州 | 私立之江文理学院于1940年扩充为私立之江大学。1941年冬私立之江大学迁浙西金华。后迁闽西邵武。1943年在贵阳设分校,后贵阳分校于1944年迁重庆。1945年与东吴大学法学院、沪江大学合组法商工学院 |
| 私立金陵大学 | 南京 | 1937年11月迁成都 |
| 私立金陵女子文理学院 | 南京 | 抗战爆发后一度在沪、汉、渝设分校。1938年初均集中到成都 |
| 私立之那内学院（佛学院） | 南京 | 抗战爆发后迁四川江津 |
| 私立齐鲁大学 | 济南 | 抗战爆发后学校一度停办,1938年秋大部分师生迁成都复校 |
| 私立焦作工学院 | 焦作 | 1937年10月迁西安,1938年3月迁陇东天水。1938年7月与国立西北联合大学工学院、国立东北大学工学院合并为国立西北工学院 |
| 私立武昌华中大学 | 武汉 | 1938年秋迁桂林,1939年春迁滇西大理 |
| 私立武昌中华大学 | 武汉 | 1938年秋迁鄂西宜昌,后迁重庆 |
| 私立湘雅医学院 | 长沙 | 1938年6月迁贵阳,1940年8月改国立。1944年12月迁重庆 |
| 私立广州协和神学院 | 广州 | 1939年6月迁滇西大理 |
| 私立上海法学院 | 上海 | 1943年2月其商业专修科迁四川万县,1945年7月独立为私立辅成法学院 |
| 私立香港华侨工商学院 | 香港 | 1938年秋成立于香港。1942年迁广西柳州,1944年秋迁江津。1945年秋迁重庆 |
| 国立北平艺术专科学校 | 北平 | 北平艺专先迁湘西沅陵。杭州艺专在抗战爆发后首迁浙中诸暨,二迁赣东贵溪。1938年迁湘西沅陵,与早先到达的北平艺专合并为国立艺术专科学校。1938年10月迁昆明。1939年迁滇中呈贡。1941年迁四川璧山。1943年夏迁重庆 |
| 国立杭州艺术专科学校 | 杭州 | |

续表

| 校名 | 原址 | |
|---|---|---|
| 中央政治学校(属国民党中央执行委员会) | 南京 | 1937年9月迁庐山。1938年6月迁湘西芷江,同年7月迁重庆 |
| 中央政治学校蒙藏班 | 南京 | 首迁皖南青阳。1937年底迁芷江。1938年6月迁万县。1941年8月改称国立边疆学校 |
| 国立军医学校(属军政部) | 南京 | 1938年10月迁黔西安顺 |
| 国立中央工业职业学校 | 南京 | 首迁宜昌,2个月后迁川东万县。1938年夏迁重庆,同时在川东巴县设分校。1940年改称国立中央工业专科职业学校 |
| 国立药学专科学校 | 南京 | 创办于1936年,1937年8月迁武昌,1938年1月迁重庆 |
| 国立中央国术馆体育专科学校 | 南京 | 抗战爆发后迁长沙。二迁桂林,三迁桂南龙州,四迁昆明。1940年冬迁川东北碚 |
| 国立戏剧专科学校 | 长沙 | 战前已筹划建校,后因抗战爆发,在长沙正式开学。1938年2月迁重庆。1938年4月迁川南江安。1945年7月后迁返重庆,改称国立戏剧学校。战后迁返南京 |
| 国立吴淞商船专科学校 | 吴淞 | 战初停办,1939年夏迁重庆复校,改称国立商船专科学校。1943年并入国立交通大学 |
| 国立牙医专科学校 | 南京 | 1937年10月迁成都 |
| 国立上海音乐专科学校 | 上海 | 初入租界,1942年被伪政府接收。1939年11月,该校师生于重庆设音乐干部训练班,为国立音乐院分校 |
| 私立山西工农专科学校 | 太谷 | 抗战爆发后迁晋南运城。1937年11月迁豫西陕县。1938年1月迁西安,11月迁陕南沔县。1939年3月迁川中金堂。1940年8月改为私立铭贤学院 |
| 山东省立药学专科学校 | 青岛 | 抗战爆发后迁万县 |
| 山东省立医学专科学校 | 济南 | 1937年冬迁万县 |
| 江苏省立蚕桑专科学校 | 苏州 | 战初停办,1939年秋迁四川乐山复校 |
| 私立北京协和医学院护士学校 | 北平 | 1942年1月停办。1943年9月迁成都重建 |

续表

| 校名 | 原址 | |
|------|------|---|
| 私立山西川至医学专科学校 | 太原 | 首迁山西临汾,二迁晋南新绛,三迁陕中三原,四迁陕北宜川。1940年3月并入山西大学 |
| 私立民治新闻专科学校 | 上海 | 迁成都 |
| 私立立信会计专科学校 | 上海 | 1937年、1939年先后在重庆设立第一、二分校。后第二分校停办。1942年秋沪校亦迁重庆 |
| 私立两江女子体育专科学校 | 上海 | 1938年8月迁重庆。1940年被勒令停办 |
| 私立东亚体育专科学校 | 上海 | 1941年停办,1944年迁川南泸县复校 |
| 私立无锡国学馆 | 无锡 | 初迁长沙,旋至湘乡。复迁桂林,继迁北流山围。1941年秋回迁桂林。1944年回迁金秀瑶区,1945年返迁北流山围 |
| 私立正则艺术专科学校 | 丹阳 | 抗战爆发后迁四川璧山 |
| 私立武昌艺术专科学校 | 武汉 | 1938年在宜昌设分部,年底迁江津 |
| 私立医药技士专门学校 | 武汉 | 1938年迁重庆 |
| 私立文华图书馆专科 | 武汉 | 1938年7月迁重庆 |

　　根据表4-7的内容,则可以对抗战期间大后方省份先后容纳的内迁高等院校数量作一统计。需要说明的是,由于战时内迁高校的流动性很大,分离组合很多,很多高校曾辗转于几个省份,各省份先后容纳的内迁高校数量之和则会大于实际内迁高校数量,见表4-8。

表4-8 抗战时期大后方省份先后容纳的高校数量

| 省份＼校别 | 国立本科 | 省立本科 | 私立本科 | 国立学院 | 省立学院 | 私立学院 | 国立专科 | 省立专科 | 私立专科 | 总计 |
|---|---|---|---|---|---|---|---|---|---|---|
| 四川 | 6 | 0 | 9 | 2 | 2 | 6 | 11 | 3 | 10 | 49 |
| 云南 | 4 | 0 | 3 | 2 | 0 | 1 | 3 | 0 | 0 | 13 |
| 贵州 | 1 | 0 | 2 | 2 | 1 | 1 | 1 | 0 | 0 | 9 |
| 广西 | 2 | 0 | 1 | 0 | 3 | 1 | 1 | 0 | 1 | 9 |
| 陕西 | 3 | 2 | 0 | 1 | 1 | 1 | 0 | 0 | 2 | 10 |
| 甘肃 | 0 | 0 | 0 | 0 | 0 | 1 | 0 | 0 | 0 | 1 |

由表4-8可见，四川省是高校内迁最集中的地区，曾容纳的高校数占内迁高校总量的68%；其次为云南18%、陕西13.9%，再次为贵州12.5%、广西12.5%、甘肃1.4%。以上集中地区的形成原因主要有以下几点。第一，地理位置，以上省份多数地处大西南，相对偏僻，远离战火。第二，政府动向，如抗战初期，国民政府主要就国立重点大学的迁置做了具体指示和安排，并选定了长沙、西安(第三区域待定)等三区组建临时大学，这也是长沙、西安在初期成为内迁高校集中地的主要原因。随后，政府的迁移带动政治、经济、文化迁移，特别是国民政府定都重庆后，大量工厂、技术人员、科研机构、著名文化人士纷纷聚集重庆地区，因而重庆以及周边省区成为高校内迁的中心地带。第三，学校发展，高校选择迁移地点时除了避难，还得考虑到学校的发展，易于与海外取得联系，便于购买教学设备和书籍的地点便成了迁移的首选之地，如西南联大所选之昆明便是高校云集，盛况空前。

但是，战初，国民政府摇摆不定，"忍让和戎"心理作祟，因此准备不力，缺乏通盘计划。战事既起，部分国立高校有政府和教育部的指示、安排，通常聚集往政府迁移的中心地区，最后迁往大后方；许多省立和私立高校则是"自食其力"，颠沛流离。由于经济等原因，部分高校无力搬迁、延迟搬迁或中途停办，其中一些干脆改为国立，与其他国立高校一样迁至国民政府所在地的周边地区，如省立山西大学、江苏省医政学院、江苏省立教育学院、私立南开大学、私立复旦大学、私立湘雅医学院。由于教会支持,私立高校中的教会高校通常首迁租界,然后设法迁至大后方教会高校集中的地区。少数高校于战前已有准备,全面战争一爆发,则能顺利迁往目的地,如中央大学、武汉大学、交通大学等。绝大多数高校则是仓促准备,且对长期抗战认识不足,往往几经搬迁,在日寇轰炸下历尽磨难,物质损失、人员伤亡惨重。如浙江大学,两年间被迫5次迁移,行经浙、赣、湘、桂、黔5省,行程5000余里,先迁至天目山,再迁至建德,后迁江西吉安,旋迁泰和,又迁贵州青岩、遵义,并在湄潭设分校,在浙西龙泉亦设分校。虽四处辗转,日军轰炸仍如影随形。校长竺可桢在1939年2月6日的一次报告中,针对日军对于中国教育机构的破坏,表示了强烈的愤怒:"谓以日本人之迭次摧残文化,浙大早应在被炸之列,如北方南开、昆明联大、南京中大、梧州西大、长沙之湖大、八步之同济皆一再被炸,而本校之独后已属偶然。"再如,国立杭州艺术专科学校,自1937年11月始,颠沛流离于浙、赣、湘、黔、滇、川6省,辗转撤迁10次,行程6000公里,历时整整9年,共耗去法币35亿多元,损失图书教具大半。师生员工各尝艰险困苦之滋味,死于事故病疾者多人。学生的伙食很差,再加上多年流浪的苦难折磨,种种苦闷和压迫,使有些同学精神陷于崩溃,有些更被流行的肺疥和伤寒疾病夺去了宝贵的生命,其中有几个还是颇有艺术天赋的高才生,难怪"三三级"同学在临毕业时会发出愤懑的感叹:"五年,正像一面淘汰的网,本级原来五十多个同学,如今只剩下我们二十个了,他们?他们在半途中走了!病了!疯了!更有的丢下一切倒下了。"再如中山大学,1938年10月,日本侵略军开始加紧对华南的军事进攻,广州告急,中大奉命西迁,由于事先没做准备,突然仓促搬迁,损失巨大。据不完全统计,仅理、工、农、研各院,两广地质所、广东通志馆未能迁移而丢失的图书、仪器、标本、模型等即达644箱,图书馆图书杂志二十多万册,其他设备、家具等损失无数。1938年8月中旬,中山初迁广东罗定;11月中旬,改迁广西龙州;正往龙州途中,又奉命再迁云南,定址澄江。1938年冬,罗定师生溯西江而上,进入广西,向云南进发。大部分是先到广西龙州,然后出镇南关(今友谊关)到越南同登转河内,由河内乘当时的滇越铁路至昆明。有一小部分学生,在进入广西到柳州后,即步行至贵阳转昆明;有的是由百色步行入云南经开远到昆明,由坪石动身的学生,则经衡阳步行到贵阳再转昆明。由香港动身的师生,则乘海轮到越南海防登陆,经河内到昆明。师生们千里跋涉,忍饥挨渴,备受艰辛。

### (三) 高校内迁阶段

第一阶段,自1937年抗战爆发至1938年武汉、广州失守,国民党政府迁都重庆,约一年半时间。

(1)1937年7月29日、30日,平津沦陷。平津周边高校先后南迁,相继迁至武汉、长沙周边地区,如私立朝阳学院、长沙临时大学、国立交通大学。少数高校如燕京大学、辅仁大学、协和医科大学等试图以其教会高校特殊身份继续办学。部分学校迁往西安,如国立北平大学、国立北平师范大学、国立北洋工学院等组成的西北临时大学。

(2)1937年8月13日到11月12日,淞沪会战。沪、宁、苏、杭相继沦陷。除少数高校直接迁往西南地区,如中央大学、金陵大学等,许多高校最初拟迁往上海租界寻求保护或在省内迁移,如浙江省立医药专科学校等。后因沦陷,许多高校迁往江西,如国立浙江大学、私立复旦大学、私立大夏大学,或转移到武汉、长沙一带,如国立药学专科、国立体育专科学校等。

(3)1938年10月25日武汉失陷,1938年10月下旬长沙失陷。最初迁往武汉、长沙附近地区的许多高校再次迁移,进入西南地区的贵州、昆明、重庆、成都一带,如浙江大学、西南联大等,而武汉、长沙本地区的学校除了少部分在省内辗转流亡外,如湖北省立农业专科学校、湖南省立农业专科学校等,大多迁入西南地区,如私立湘雅医学院、私立武昌艺术专科学校、私立武昌中华大学。

第二阶段,1941年冬,太平洋战争爆发,美英对日宣战,使原来避居在美英在华租界和香港的高校停办或迁移,这一类学校以私立高校为主,大都迁往重庆。而美英在华所办教会高校,被迫停办或迁往内地,主要迁往成都和福建等地。

第三阶段,1944年4月至1945年初,豫湘桂战役爆发。国民政府军队的溃败,使日军迅速占领了豫湘桂三省的大部和粤闽鄂三省的部分地区,日军前锋还一度进逼贵阳,重庆哗然,西南震动。结果引起了广西、贵州的高校和迁移至此的高校再次迁移至重庆等地。

**(四)高校内迁路线**[①]

1. 以平、津为中心的华北高校内迁路线和方向大体向南和西南。具体为:(1)沿平汉线或津浦线南下郑州或徐州,而后沿陇海线西入陕西,如组成西北联大的平津三校。1937 年,卢沟桥事变后,教育部令天津的北洋大学、北平的北平大学和师范大学迁往第二区——西安,组成西安临时大学。1937 年冬,日军大举进犯山西,太原失守,逼近临汾、风陵渡,西安形势紧张。当局为了学校安全起见,力劝学校南迁陕南。1938 年 2 月,临大学生徒步爬秦岭通过双石铺、张良庙、褒妣铺抵达陕南褒城,教职工自己组织车辆结队随往。到陕南后,临时大学的工学院在城固县古路坝,理学院、文学院及师范学院在城固县,医学院在汉中,农学院在沔县等地临时校址开课。是年 3 月,教育部令国立西安临时大学更名为国立西北联合大学。而铭贤学校随着山西战局恶化,难以行课,亦于 8 月中旬渡黄河抵达河南陕县,后于 1938 年春节前迁往西安,不到一年,再由西安经宝鸡沿川陕公路南下,暂以陕西沔县为落脚。1939 年 4 月又决定分批入川,女生和部分家属乘卡车先行,近百名男生和部分教师,则沿着川陕公路徒步行走到达目的地。[②] (2)沿平汉线或津浦线南下抵武汉,再乘粤汉线到湖南,然后从湖南进入西南,如交通大学唐山工程学院,1937 年从河北唐山南迁在湖南湘潭复课,11 月日军侵占武汉,学校师生跋山涉水,风餐露宿,团结互助,经广西桂林、柳州,徒步 2000 余里,于 1939 年 2 月到达贵州平越。1941 年 11 月"黔南事变"期间,日军一度侵占独山,平越告急,交大贵州分校继续北迁四川璧山[③];(3)部分学校南经广州,走海

---

[①] 程朝云:《抗战初期的难民迁移》,《抗日战争研究》2000 年第 2 期;徐国利:《关于抗战时期高校内迁的几个问题》,《抗日战争研究》1998 年第 2 期。

[②] 北京师范大学教育史编写组编:《北京师范大学》,知识出版社 1983 年版,第 112 页。

[③] 惠世如:《抗战时期内迁西南的高等院校》,贵州民族出版社 1988 年版,第 163 页。

路至安南(今越南)海防市,再乘铁路赴云南,如组成西南联大的平津三校、中法大学,当时中法大学就是由北平乘火车到天津,然后乘船到上海,在上海得到了法租界的协助乘海船到越南海防,再乘滇越铁路到达昆明。①

2. 以沪宁苏杭地区为中心的高校内迁方向和路线向西和西南。(1)沿长江水路西上武汉,后多继续溯江入川,如中央大学、复旦大学等。(2)沿浙赣线往西进入江西中南部,或继续进入湖南和西南,如浙江大学和同济大学。(3)往西南、往南进入浙西、浙南或闽西北,再入西南地区,如之江大学。

3. 以广州为中心的学校内迁路线和方向。主要是少数高校从粤西进入广西,如广东省立教育学院、广东省立勷勤商学院,有的甚至远涉云南,如广州协和神学院、中山大学。

4. 武汉地区的高校迁移路线基本是溯江而上鄂西,如湖北省立农业专科学校,或继续西入四川,如武汉大学、私立武昌中华大学,或经衡阳转桂林,入昆明,如华中大学。1937年12月,武汉告急,华中大学准备内迁。1938年7月华中大学师生从武昌辗转迁到广西桂林。10月,武汉失守,桂林成了敌机轰炸的目标,再迁云南大理。

5. 江西省在抗战期间新建了不少高校,这些高校主要在赣中、赣南一带游移,少数又迁出省外,远涉云南、贵州、福建,如国立中正医学院1937年在南昌正式上课,后迁江西永新,由于江西小县无法请来教授,医学基础科目无法开课,乃出镇南关入河内转昆明。1940年昆明院址被炸,中正医学院拟迁贵州,由于蒋介石说了一句:"以我的名字为院名,为什么要迁出江西躲在西南,江西还有地方,应该马上搬回去",中正医学院只好迁回江西,后江西永新、泰和相继沦陷,于是迁福建。②

6. 以长沙为中心的高校,大都在省内迁移,少数经贵阳入重庆,如私立湘雅医学院。

---

① 惠世如:《抗战时期内迁西南的高等院校》,贵州民族出版社1988年版,第89页。
② 惠世如:《抗战时期内迁西南的高等院校》,贵州民族出版社1988年版,第195页。

## 三、抗战大后方云集的著名高校

抗日战争时期,大后方一时高校林立。当时国内著名大学几在此列。国立大学,如北京大学、清华大学、中央大学、同济大学、浙江大学、武汉大学、中山大学、交通大学等;私立大学,如复旦大学、南开大学、大夏大学、沪江大学、大同大学、之江大学、燕京大学、金陵大学等等。

高校内迁非常复杂,其详细内容在本章第二部分已展现。在此,选择几所较有代表性的高校作为案例分析,一方面试图通过这些学校的研究再现抗日战争时期大后方高等教育的面貌,另一方面也希望通过对高校发展变迁历程的把握,借以凸显抗日战争时期高等教育的发展在整个中国近现代高等教育发展中的地位和影响。国立大学选择中央大学,私立大学选择复旦大学,私立大学中的教会大学选择金陵女子大学。

### (一)国立大学的内迁——中央大学

1927年6月,由国立东南大学改组,并合并河海工程大学、江苏法政大学、江苏医科大学、上海商科大学,以及南京工业、南京农业、苏州工业、上海商业等专门学校而成。初名第四中山大学。1928年3月改为国立江苏大学,设有文学、哲学、自然科学、社会科学、工学、教育学、农学、商学、医学及教育行政学院,5月旋改今名,哲学院改为哲学系并入文学院,自然科学院改称理学院,社会科学院改称法学院,次年春教育行政学院迁镇江。1932年秋,商学院、医学院各自独立。1935年5月复在南京增设医学院,是年6月,奉命于中大医学院附设国立牙医专科学校。[1] 至此,中央大学成为拥有文、理、法、教育、农、工、医7个学院40个系科的综合大学,居全国之首。

---

[1]国民政府教育部教育年鉴编纂委员会编:《中国第二次教育年鉴》(第五编 高等教育),商务印书馆1948年版,第100页。

罗家伦于1932年到1941年执掌中大,其就任中大校长后指出大学应该"创立有机体的民族文化","如果一个大学不能负担起创立民族文化的使命,便根本失掉大学存在的意义"。"欲谋中央大学之重建,必循'安定''充实''发展'三时期以推进。"并提出必须树立"诚、朴、雄、伟"的四字学风:诚,即对学问要有诚意,不能把做学问作为升官发财之道和取得文凭资格的工具。朴,即质朴、朴实,做学问不是为做门面、作装饰,不能尚纤巧、重浮华,让青春光阴耗费在时髦的小册子、短文章上面,而是要埋头用苦功夫。雄,即"大雄无畏",要纠正中国民族自宋朝南渡以后的柔弱萎靡之风,要把民族存亡的念头放在胸中,完成振兴中华的伟大理想。伟,即伟大崇高,能摆脱狭隘,放开眼界,有大胸怀,做大事业。在实际操作上,罗家伦注重延聘名师,充实师资;调整扩充学科设置;努力改善办学条件等。罗家伦的苦心经营是中大在抗战期间获得持续发展的重要原因。

### 1. 悲壮迁移

自"卢沟桥事变",日本全面侵华如熊熊烈火呈蔓延之势。高等院校陆续迁移,需求避难栖身之地。国立中央大学则唱响了内迁前奏。

1937年7月17日,时任中央大学校长罗家伦于庐山谈话后立返南京准备迁校事宜。"八一三"淞沪会战爆发,日军进攻上海,南京危在旦夕。且该月15日、19日中央大学连遭空袭,损失大量财物,伤亡数人,迁移工作更加紧迫。经多方勘察,后议定重庆为最佳校址,遂决定迁川。8月下旬,罗家伦于教授会上提出迁渝方案,理由有三:"第一,抗战是长期的,文化机关与军事机关不同,不便一搬再搬;第二,所迁地点,以水路能直达者为宜;第三,重庆不但军事上险要,且山陵起伏,宜于防空。"该方案获教授会一致赞同。于是日夜督工赶制大小木箱,备迁校之用。

实则早在1935年冀东事变时,校总务处已制好550只大木箱,以备急用。此时,师生将重要图书、仪器装箱,运至下关江边码头,并幸获民生公司总经理、爱国实业家卢作孚鼎力相助,均安全运抵重庆。1937年9月23日,教育部下达"准迁重庆"的批复。10月,中大七个学院约1500余人,教职工约1000人,连同家属共约4000余人,由汉口分批乘轮赴渝。文、理、工、法、农及教育学院设在重庆沙坪坝松林坡,医学院和农学院的畜牧兽医系迁成都华西坝,借华西大学校舍开课。中大迁至重庆松林坡,学校陆续修建了教室、宿舍、图书馆、阅览室、实验室等。随着战事日紧,涌入大后方的人愈来愈多,中央大学亦学员日增,后在江北县柏溪村建分校,凡一年级生均在此就读。在渝期间,学生由一千余人增至四千余人。1941年罗家伦在谈及筹建南京中华门外新校址未成而西迁时,曾不无幽默和聊以自慰地说过:"造化的安排,真是富于讽刺性。我在南京没有建成大规模的新校址,但这点未用完的余款,竟使我在兵荒马乱的年头,免除了许多困难的手续,在重庆沙坪坝和柏溪两处,造成两个小规模的新校舍,使数千学生没有耽误学业。"①

此次大迁移,最"荡气回肠"的莫过中大农学院的良种牲畜搬迁了。迁校初,罗家伦即指示农场职工,牲畜不便迁移者可自行处理,并给职工发放了安置费。12月初,日军逼近南京,工人们在技师王酉亭带领下,决定将这些珍禽良种运往重庆。他们先用安置费雇民船越过长江,再徒步从江浦,过安徽,经河南边境,入湖北,到宜昌后再水运至重庆。若雇不到运输工具或道路不便,则将鸡、鸭、兔等小型动物装进笼子,驮在荷兰牛、澳洲羊、美国猪身上,徒步前进。"队伍"于河南休整过冬,次年春暖花开时再踏征程。1938年11月下旬方到沙坪坝,历时整整一年! 罗家伦在一篇回忆文中说:"在沙坪坝见到这批家畜时,就像看到了久别重逢的老朋友一样。当我和这些南京'故人'异地重逢时,心中一面喜悦,一面引起了国难家仇的无限感慨,不禁热泪夺眶而出。"②南开大学张伯苓曾感慨:"抗战开始以后,有两个大学都弄得精光:南开大学被日军飞机炸得精光,中央大学却搬得精光,连畜牧场牛羊都从南京赶到了重庆。"

2. 行政管理

中大在行政管理上,"一室"、"三处"负责日常行政工作,校务会议、行政会议襄助工作。"一室"即校长办公室,为行政总机构,统领全校行政事宜。校长办公室下设人事室,专管教职员聘任派遣,设主任秘书一名。"三处"包

---

①罗家伦:《中央大学之回顾与前瞻》,《中央大学七十年》,第112页。
②罗家伦:《逝者如斯夫集》,传记文学出版社1967年版,第28页。

括教务处、训导处和总务处。柏溪分校设立校长驻分校办公地点,实则由办公室主任秉承校长指示综理分校事务。分校亦设有教务室、总务室,教务长和总务长负责分校相关事宜。主任秘书及三处负责人皆由校长聘任。教务处负责教与学工作,设教务长一名,其下设注册组,负责学生成绩考核和统计;出版组负责供应讲义,检查并发行校刊及由中央大学主编的刊物等;校本部和柏溪分校各设一所图书馆。训导处设训导长一名,柏溪分校和成都医学院均设有训导室,各设主任一名。训导长及训导室主任负责学生训导工作,下设生活指导组、体育卫生组、军事训练组、卫生室。校长每学期召集一次训导会议,制定本学期的训导计划及实施等。训导处每月召开一次处务会议,审议和讨论学生的操行等级以及学生生活安排等。1938年6月,中央大学试行导师制,但其后由训导长完全代替了导师的职责。训导处对学生的管理涉及思想、行为、身心、学业等方方面面。总务处设总务长一名,负责学校事务性工作,下设工务、事务、保管、文书、警卫及出纳室。出纳室独立于学校,其职员均由国民政府聘派。校务会议是决策机构,由校长、教务长、训导长、总务长、各院院长、系科主任、会计主任及教授代表组成,校长任主席,主要审议学校的预算决算、院系增设或裁撤、规章制度的规定、重要设备的购置等等,每学期开会一次。行政会议讨论或布置学校日常事务,由校长或教务长、训导长、总务长负责召集,每周开会一次。

3. 院系发展

八年间,中央大学陆续进行了院系科的改组、扩充,不断发展和完善。1937年夏,工学院增设水利工程系,迁往重庆沙坪坝后,该系获得水利部门的资金支持,于磐溪修造了较大规模的"水力实验室"和"土壤实验室"。1937年,在原有机械特别班的基础上成立了航空工程系。该系于1938年秋正式招生,在磐溪修建了可存放数架飞机、多具发动机的大型棚场,并设有结构、风洞、发动机和仪表四个实验室,还配备修配工厂和小型图书室。

1938年夏,中大奉令改教育学院为师范学院,并新增国文、英文、公民训育、史地、数学、理化、博物等系及童子军专修科,系科设置愈加齐全。至1945年,师范学院共四届毕业生,输送中等教育人才500余人,高级研究人才10

余人，为国家普通教育师资力量及科研力量的壮大作出了贡献。在中大，除师范学院院长须由校长呈报教育部审定后聘任之，其他各学院院长和系科主任，由校长就教授中聘任之，据此也足见师范学院在整个高等学校院系中的重要地位及国民政府对师资培养重要意义一定程度上的认识。

罗家伦认为"没有研究工作的大学，在教学上不但不能进步，而且一定会后退"。1938年，中央大学研究院成立，1939年秋正式招生。初创时研究院有5所7个学部，战时先后经过罗家伦和顾孟馀两位校长的苦心改革，至复员时拥有7所23学部。文科研究所下设哲学部、历史学部、外国文学部、中文学部；理科研究所设数学部、物理学部、化学部、地理学部、生物学部；法科研究所设政治经济学部、法律学部；师范研究所设教育心理学部、教育学部；农科研究所设农艺学部、森林学部、畜牧兽医学部、农经学部；工科研究所设土木工程学部、机械工程学部、电机工程学部；医科研究所设生理学部、公共卫生学部、生化学部。

1939年秋，医学院增设六年制牙科。1939年秋，农艺系设立农业经济组，1942年经教育部批准改为农业经济系。1941年秋，恢复1936年停办的社会学系。该系课程齐全，尤重理论与实践的结合。除课堂教学外，学生踊跃参加社会实践活动，还延请社会名流，开设系列学术讲座，并在《时事新报·学灯》副刊上开辟了社会学研究专栏，由该系师生编辑。1943年初，中央大学气象组奉教育部令独立建制为全国首个气象系。另外，随着政治中心内迁，战火西渐，西北和西南边疆之重要性日益凸显。"开发西北"、"建设西南"日益提上国民政府议事日程。1944年秋，中央大学和西北大学奉令创设边政系，隶属法学院，并于当年招生。学生均享受公费待遇，毕业即由国民政府安排适当岗位。课程设置涉及边疆政治、经济、社会、民族、宗教、历史、地理、语言等诸多方面。

1941年8月，罗家伦辞职。顾孟馀继任校长，后因与陈立夫等政见不和，于1943年春辞职赴美。后蒋介石任校长，但于1943年8月辞职，改为永久名誉校长。接着，教育部任命教育部政务次长顾毓琇为中大校长。顾校长认为师范学院诸多系科与文、理学院重复，如国文与中文，理化与物理化学等，浪费资源,加重负担,遂决定除保留教育、艺术、体育及音乐专修科,其他各系科并入文、理两院相应各系。法学院增设边疆政治系,文学院增设俄文专修科,不久即改为俄文系。至抗战末,中大院系设置概况为:文学院,中文系、外文系、历史系、哲学系;理学院,数学系、物理系、化学系、生物系、地理系、地质系、心理系;法学院,政治系、法律系、经济系、社会系;农学院,农艺系、园艺系、农业化学系、农业经济系、森林系、畜牧兽医系;师范学院,教育系、艺术系、体育系;工学院,土木系、机械系、电机系、化工系、航空系、水利系、建筑系;医学院。以上系科的演变一是源于学科本身的不断发展,二是着眼于社会环境的不断变化。此外,也是罗校长"创造有机体的民族文化"思想的反映。所谓有机体的文化,罗先生认为"从纵的方面讲,自小学、中学、大学以至研究院,缺少一段无从实施;从横的方面讲,无论文、法、教、理、工、农、医、商,都是一整套的配合,缺少一个都配不齐一整个国家的机构"。

中央大学乃当时最高学府之一,且与国民政府关系紧密。学校汇集了众多知名学者,师资力量上众多高校难以比肩。罗家伦、顾孟馀、顾毓琇任职期间,皆注重延聘优良师资。在此以中央大学的"部聘教授"为例,可窥一斑。1940年10月,教育部颁布《大学及独立学院教员资格审查暂行规程》,规定各校已聘与欲聘教师均须"呈部审核",由"学术审议委员会"审查、核定等级,并发给所谓审查合格证明书,各校必须依照教育部审查合格之等级聘任。1941年,实行"部聘教授制",即由教育部直接聘任,每月薪俸600元,为高校各类教职工中最高,与校长同等,另发研究补助费400元。[①] 1941年底,教育部公布了第一批部聘教授30名,中央大学有梁希、孙本文、艾伟、胡焕庸、蔡翘等5位;1943年,第二批部聘教授15名,中央大学有楼光来、胡小石、柳诒徵、高济宇、常导直、徐悲鸿、戴修瓒等7位。1938年,中大有教授副教授133人,讲师34人,助教123人。1945年,教员总数600多,教授副教授约290人,讲师76人,助教224人。师资雄厚不仅体现在数量上,更以质取胜。质不仅包括渊博的学识,亦包括良好的修养,唯有如此,也才能在国难当头之际

---

① 国民政府教育部教育年鉴编纂委员会编:《第二次中国教育年鉴》(第五编 高等教育),商务印书馆1948年版。

克服重重困难诲人不倦。

**4. 逆境欢歌**

与战时其他大学一样,中央大学困境重重。但物质贫乏却孕育出丰富的科研成果和蓬勃的精神气象。

当时曾流传着对各地大学生概括的评说:"洋里洋气的华西坝,土里土气的古城坝,土洋结合的夏坝,艰苦朴素的沙坪坝。"它虽不太确切,但也道出了中大所在的沙坪坝的确是比较艰苦朴素而又充满活力的,它充分概括出抗战时期中大学生的生活学习面貌和沙磁文化区欣欣向荣的特点。中大校歌歌词后半段有这样几句话"……干戈永戢,弦诵斯崇,百年树人,郁郁葱葱,广博易良兮,吴之风,以此为教兮,四方来同"(江东词、程懋筠曲)。吴有训校长曾对毕业班的同学说:"诸君学成于忧患纷乘、国事未宁之际,其所负荷之责任至为艰巨,尚望能捐弃小我之利害,'先天下之忧而忧,后天下之乐而乐',以努力完成大我,造福国家民族,而勿斤斤于一己之得失。临别琐语,诸盼珍重。"从校歌到校长赠言,均足以体现中大艰苦朴素和勤奋上进的校风学风。[①]

西迁期间,中大师生坚持科学研究、发明创造,涌现出了大量颇具水平的成果。教授们著述颇丰,例如,胡焕庸的《中国经济地理》,邹钟林的《普通昆虫学》,黄夏千的《航空气象学》,孙本文的《中国社会问题》,常任侠的《汉唐之间西域乐舞百戏东渐史》,罗根泽的《周秦两汉文学批评史》,吴传颐的《比较破产法》,徐仲年的《初级法文文法》,唐君毅的《中国哲学思想之比较研究集》,林振镛的《刑法学》,朱经农的《近代教育思潮七讲》,朱伯康的《经济学纲要》,许哲士的《工商管理学》,许恪士的《中国教育思想史》,肖嵘的《教育心理学》,赵廷炳的《阳离子分析法》,孙光远的《微积分学》……李旭旦、郝景盛、任美锷受中华自然科学社邀请"西北考察",梁希的"川西大渡河流域木材松脂采集",李学清"陕南矿产考察",耿以礼"青海牧草考察",张可治"川西公路考察",张钰哲、高淑加于1941年9月21日赴甘肃临洮观察日全食,获得了极其宝贵的资料而享誉国际天文学界。另外,航空系开展了"滑翔机

---

[①] 郑体思,陆云苏:《抗战时期迁川的国立中央大学》,http://www.cq.xinhuanet.com.新华网,2005年7月28日。

的构造和研究",王恒守、陈廷芮发明"直接镀镍于钢之方法",方振声发明"汽油精",梁守渠的"耐油精涂料",赵廷炳的"阳离子分析法的研究",赵广增、汤定元的"放电管中电子温度的研究"等等。①

另外,中央大学内各种活动无时不彰显出中大师生乃至国人的不屈不挠。如1938年春,在中共沙磁区委的帮助下,中央大学重建了地下党支部。校内还有"中苏问题研究会"、"女同学会"、"中大文学会"等进步社团。此外,中大还有七八十个社团,其宗旨涉及文艺习作、学术研究、感情交流、砥砺学行、宗教研究等,也有宣扬三民主义、研究战后建设的等等。文艺社团如"风云"、"大地"、"万岁"剧社,他们不仅在校内活动、演出,还到乡间传播文化。艺术创作方面,知名画家徐悲鸿、傅抱石、陈之佛、吕斯百、黄君璧、吴作人等,组织成立了嘉陵美术会、曙光美术会等。音乐社团有伶伦歌咏团、嘉陵歌咏团、联合歌咏团等等,其中最知名数白雪国乐社。学校常举行美术展览、体育竞赛、戏剧表演、音乐会等活动。抗战胜利之际,中央大学还在中国共产党的领导和指示下成立了新民主主义青年社,简称新青社,这是党直接领导下的革命青年组织,为实现新民主主义而奋斗是其宗旨,为反内战、争取民主作出了重要贡献。

### (二)私立大学的内迁——复旦大学

抗日战争期间,私立大学同国立大学、省立大学一样,是日寇蓄意摧毁的目标。为免遭敌人魔掌,抵制敌伪奴化教育,保存中国高等教育命脉,私立大学相继内迁。在迁徙过程中,私立大学面临了更多的困难和艰苦。一些私立大学为了继续办学改为国立,在艰难的条件下坚持办学,支持抗战,服务地方,培养人才,为高等教育的发展和抗战建国作出了重大贡献。在此,谨以复旦大学为例,分析私立大学的内迁及其特点,从中考察私立大学在抗战期间的变迁。

---

① 百年校史——中央大学时期,南京大学校史博物馆,http://museum.nju.edu.cn,2009年10月18日。

1. 复旦大夏联校迁移,未能"一联到底"

复旦大学由马相伯创建于 1905 年,原名复旦公学。"复旦"二字出自《尚书大传·虞夏传》中"日月光华,旦复旦兮"的名句,意在自强不息。1917 年复旦公学改为私立复旦大学,李登辉先生于 1917—1936 年执掌复旦。至 1937 年,复旦大学由文、理、商三科发展为具有文、理、法、商四学院,十六系科的大学。

继"卢沟桥事变"和"八一三"事变,平津宁沪相继沦陷。教育部遂指令复旦、大同、大夏、光华四校组织联合大学内迁,大同、光华因经费无着而退出。复旦、大夏组成联合大学,并遵部令分为二部,第一部以复旦为主体,迁江西庐山,且分两路迁移:一路由欧元怀先生率领大部教职员带着重要档卷图籍、贵重图书、轻便仪器,由上海西站出发,经沪杭铁路转浙赣铁路、南浔铁路直上庐山,另一路则由水路而去,后在沪的校本部教职员生,也分批各自结伴来庐山,复旦大夏联合大学师生借用庐山达官巨富的避暑别墅为临时校舍,勤奋学习,埋头工作。第二部分迁贵州。

1937 年 12 月,南京沦陷,国民政府西撤武汉,江西受胁。复旦大夏联合大学在轳岭复课才三个多月,教育部又命令再往西迁。经联校当局商讨,决定于 1938 年初,溯长江而上迁往重庆。师生从庐山出发,经过九江西行,长途跋涉,历经千辛万苦,将文件图书运往重庆北碚。在北碚不久,由于两校师生众多,校舍不敷,经费十分困难,人事亦不易协调,最后决定两校分开。复旦与大夏之"临时联合"正式宣告解体。最初复旦大学分成两部:校本部为了避免日机轰炸,设在北碚黄桷树镇;分部为了方便兼课,设在重庆市郊菜园坝。1938 年底,鉴于敌机在重庆空袭频繁,分部也迁至北碚校本部,合并为一①。战时,私立大学比国立大学面临更多的现实困难,主要是经费问题。因此,很多私立甚至省立大学相继改为国立。复旦大学亦于 1942 年改国立。

2. 学府生生不息,教学管理科学有效

西迁北碚以后,除学校办公室因陋就简新盖了八间土坯平房外,其余均

---

① 梁山等:《中山大学校史(1924—1949)》,上海教育出版社 1983 年版;惠世如:《抗战时期内迁西南的高等院校》,贵州民族出版社 1988 年版。

是民房。基本教育设施都不敷应用，教室破烂，桌凳有限，总有部分学生得站在门外听讲。图书室是仅能容纳二十来人的两间当街小房子，嘈杂不堪，书籍和报刊杂志很少。由于当时当地还没有电灯，晚上只有宿舍可领到两人一盏的煤油灯，教室、图书馆等地均是漆黑一片，学生们只好挤在宿舍内自修。除了生活教学物质维艰，还有敌机无休止的轰炸。1939年下半年，日机频袭重庆，复旦著名教授孙寒冰遇难。恶劣的环境对师生教学提出了极大挑战，但同时也养成了同学们早起早到的良好习惯及刻苦勤奋的学风，大家都倍加珍惜学习机会，在复旦，每天总能见到学生赶早抢座位、抢书刊的"壮观景象"。正是复旦师生的同心协力，使学府弦歌不致中断，在颠沛流离的生活中，仍坚持严格要求，保证了较高的教学质量。比如，中文和英文基础较差者，入学后先要读补习课程，不给学分，补习课程及格后，方得读一年正式的中文和英文课程，及格后还要参加全校统考，统考及格后学校方予承认，才给予学分。教师上课实行点名，点名不到，超过三次者，不得参加期末考试。另外，复旦考试严格，人所共知，当时《嘉陵江日报》上有一篇特写《复旦考试种种》，赞扬"复旦的考试在国内各大学里，可以说是别开生面，独树一帜……复旦的考试真严格"。

复旦的系科发展上，1938秋，陆续增设了史地系、数理系、统计系、农垦专修科、园艺系、农场组、茶叶组、农艺系等。至此，文学院有中文学系、历史系、新闻系；理学院有物理系、数学系、化学系、生物系；法学院有经济系、政治系、法律系；商学院有会计系、银行系、统计系。两个专修科为垦植专修科和统计专修科。1940年秋，复旦建立农学院。商学院、经济系、新闻系师资最强，在国内最知名，如陈望道，乃修辞学和语言学大师；马寅初，乃中国经济学家、人口学家、教育学家；潘序伦则是当时中国会计学权威；时任经济系主任卫挺生，在财政学、货币学方面颇有造诣……章益继任校长掌校以后，复旦大学获得进一步的发展，增设了农学院，并陆续发展到20多个系科。复旦陆续聘请的大批知名专家学者，保证了教学质量，如陈望道、周谷城、顾颉刚、吕振羽、任美锷、陈子展、曹禺、马宗融、梁宗岱、张志让、童第周、严家显、洪源、卫挺生、吴觉农、全增嘏、萧乾等来校任教，马寅初、潘序伦、潘梓年、翦伯赞、老舍、姚雪垠、郭沫若、邵力子等也前来讲学、演讲。如此强大的师资阵容使学校呈现出一派欣欣向荣的景象。各院院长、各系系主任也均由教授担任,于学校教学科研事宜更加有利。

复旦校长吴南轩,交际甚广,常不在学校。校内事务多由教务长、训导长、总务长及各院院长、系主任分工负责。教务长孙寒冰为国内外知名教授,学识、修养堪称一流,深受学生爱戴。训导长陈望道,乃进步人士,因此复旦的"训导"亦偏离国民政府控制思想、限制行动的本意。1943年初,吴南轩辞职,章益继任校长。

在教学管理上,复旦主要有以下三种制度:"学年制"和"学分制"相结合,"共同必修课"和"选修课"相结合,"A、B、C、D"加"+、-"制度。"学年制"即以读满规定的学习时数和学年、考试及格为毕业标准的教学管理制度。"学分制"即读满规定数量的学分方可毕业。"共同必修课"有全校共同必修课,如国民政府规定的《三民主义》《伦理学》,各系必修课,即各专业的必修课程。"选修课程"即学校开设的供学生根据自己的兴趣和需要而选择的课程,选修不限院系专业。"A、B、C、D"加"+、-"制度即用A、B、C、D附带+、-表示分数,A+为95至100分,A为95分,A-为90至95分,以此类推。学期平均分在A以上为优等生,可免交下学期学费。因此这项制度在战时经济极端困难的情况下有效调动了学生的积极性。

在常规教学上值得一提的是,学校坚持"通才教育",这点与西南联大类似。"通才教育"不仅遵循了教育规律,抓住了人才培养主旨,亦看到了抗战的长期性,着眼于国家民族的长远利益。

3. 校园活动丰富,彰显学人生命活力

除了常规教学,复旦校园的活动亦十分丰富。这些活动不仅是培养人才的一个重要方面,也为师生走出象牙塔、服务民众打下了良好基础。展现了师生自强不息的精神风貌,深深感染了当地群众。

战时,邀请校内外著名学者名流来校报告演说,广泛开展国内或国际间的学术交流是当时大学发展的一条重要经验。其时,重庆作为陪都聚集了大量高等院校、社会名人和著名学者,校际间的交流十分频繁,如马寅初曾应邀讲"马尔萨斯人口论";梁漱溟讲其乡村建设思想等等。1943年,李约瑟也来到了复旦大学,并作了《同盟国作战努力中之科学动态》的演讲,受到了同学的热烈欢迎。后在李约瑟的精心策划下,"中英科学合作馆"在重庆落成。该馆以资助中国科学机构、支援中国抗战为宗旨,工作要点是与中国学术界联系,相互供给研究资料;交换研究意见及文献;为中方提供科技物资:如赠送英文版图书、期刊,代办科学仪器、药品等;推荐中国学者研究论文至欧美著名杂志发表;资送或邀请中国学者赴英国研究考察;延聘英国专家来华讲学等[1]。其中复旦大学就是受惠者之一,这为复旦大学在抗战时期开展科学研究等方面提供了有力的支持。

夏坝时期,复旦足球队是大后方大学球坛上的一支劲旅,曾多次远征沙坪坝,均载誉而归,篮球队在与其他院校举行的比赛中也常常获胜。每年还会在北碚广场开大规模的运动会,有时连开两三天,主力军由复旦师生领衔,另有附近的西江体育专科学校、药学专科学校、立信会计专科学校及兼善中学等校的师生参加,气氛十分活跃。复旦剧社、复旦京剧研究社、青年剧社也十分活跃,他们表演的《屈原》《放下你的鞭子》《雾重庆》《原野》《国家至上》《北京人》《雷雨》《复生草》等剧,既支援了抗战,又丰富了学校附近老百姓的文化生活。复旦进步师生举办了免费民众夜校,有教员10余人,对象是周边贫民。夜校发给课本及基本学习用具,甚至贴钱。报名者甚多,根据文化程度、年龄大小分了几个班次。每晚上三节课,从下午7点到10点,教员教学认真负责,学生也很珍惜学习机会。除常规课程学习,有时还教唱抗日进步歌曲,如《在松花江上》《大路歌》《陕北民歌》《大刀进行曲》等,提高他们对抗日的认识,唤醒他们的爱国热情和对日本帝国主义的仇恨,这所夜校对提高重庆北碚地区民众的文化水平,起到了一定的作用[2]。

此外课余读书会的各种读书讨论活动,墙报、壁报等形式的抗日宣传也颇具影响。围绕抗日时代背景,举办座谈会、讨论会,内容从个人到国家,从学习到救国,从教育到政治、经济、军事。进步师生常以墙报、壁报为阵地宣

---

[1] 杨家润:《李约瑟与复旦大学》,《档案与史学》2001年第2期。
[2] 李本东:《重庆复旦大学的校园文学活动》,《中国现代文学研究丛刊》2001年第4期。

传抗日,同时,国民党、三青团也在此"争鸣"。可见当时校园政治空气还比较自由,同时也可见复旦爱国师生对和平自由的追求以及民族危亡时刻的大无畏精神。

正是因为教师教学质量高,学生学习勤奋刻苦,所以复旦大学于艰难困苦中发展起来。自上海内迁重庆以后,学校无论在教学、科研、管理、学风、培养人才等方面都办得卓有成效,获得社会一致好评。1942年1月,学校由私立改为国立复旦大学就与此不无关系。学校不仅先后建成了相辉堂、相伯图书馆、大礼堂、教室、男女生宿舍、农场,院系设置也日趋齐备,1938年复旦大学迁往重庆北碚之时,有4院16系,后增加到5院22系,师资力量也愈趋雄厚,学生入学人数逐年增加。1943年在校学生已达1900人,后又增至2000多人,自1938年春至1946年春毕业学生共计2981人,为国家培养了大批人才。

事实上,高校与社区的互动关系在战时体现得更加明显。高等学校一方面以社会和社区为依托,另一方面又为其服务,从而形成良性循环,这不仅是抗日战争时期高等教育为继生命、获得发展的动力和条件,也为今天的高等教育改革提供了经验。当时北碚称三峡实验区,该区的嘉陵江两侧分布着中国地理研究所、中国科学院、中央研究院动植物研究所、国立复旦大学、国立编译馆等近二十家文教科研机构。这种优良的科技环境为卢作孚等进步人士的北碚乡村建设蓝图提供了一个有利的历史契机和背景,在振兴经济文化、改变落后局面上充分发挥了科学技术的先导作用。当时复旦大学所在地——夏坝成为四川著名的"四大文化坝"之一亦与此相关。

**(三)教会大学的内迁——金陵女子文理学院**

抗日战争期间,教会大学同当时绝大多数国人自办高校一样,为了避免落入侵略者的魔掌,为了中华民族教育现代化事业不致中辍,相继由北部、东部和中部地区迁移到西南大后方。据统计,当时除天主教所设的震旦大学、辅仁大学和天津工商学院三校因其差会所在国的国际关系未作搬迁外,只有原本就在战时后方办学的华西协合大学和仅在上海市区内稍作搬移的圣约翰大学是例外。在迁徙过程中,教会大学的师生员工冒着生命危险,千里跋涉,风餐露宿,受尽颠沛流离之苦,在极其艰苦的条件下精诚团结,顽强奋斗,坚持办学,写下了中国抗战史册上极为悲壮的一页。其中,作为教会大学办学的典范,在整个中国高教事业尤其是女子高等教育中都极负盛名的金陵女子文理学院,无论是西迁的过程还是内迁后继续办学的特色方面,都具有一定代表性。

金陵女子文理学院由8个美国教会组织协商建立,初名"扬子江流域妇女联合大学",劳伦斯·德本康夫人为第一任校长。1914年,教会行政管理委员会正式将该校定名为"金陵女子大学",这是中国第一所女子大学。1927年,国民政府定都南京,提出收回教育权,德本康夫人被迫辞职。1928年,金女大改组校董会,推选金女大首届毕业生吴贻芳女士(1893—1985)为校长。1930年,根据国民政府教育部的规定,高等学校凡有三个学院者方可称为"大学",而金女大只有文、理两个学院,故改名为"金陵女子文理学院"。

1937年8月15日起,日机每日轰炸南京,学校无法上课。校长吴贻芳与各方商议后决定迁校。起初,学校在上海"租界"和武昌中华大学内分别设立教学中心。不久,日军占领南京,武昌危急,学校乃于1938年1月,将大部师生迁至成都,少数留守南京。从二年级到四年级,均有来自江苏、安徽、江西、湖南、湖北、福建、广东、山东等地的老同学[①]。12月13日,日军占领南京后,进行了惨绝人寰的大屠杀。当时,南京安全区国际委员会以金陵女子文理学院作为接收妇女和儿童的难民营,最多时拥进的难民有一万余人,魏特琳女士为了保护上万名中国妇女免遭日军的蹂躏,利用她是美国人这一特殊身份,同日军展开了殊死的斗争,因而在那些孤立无援、极端恐惧的妇女眼中,她成了希望的化身,难民们亲切地称她为"活菩萨"、"观音菩萨"。她后来由于患上精神分裂症回到美国,用煤气结束了自己的生命。其亲人遵其遗嘱,在她的墓碑上,用中文镌刻着"金陵永生"四个隶体字,表达她对南京的怀念

---

[①] 政协西南地区文史资料委员会编:《抗战时期西南的教育事业》,贵州省文史书店1994年版;钟叔河等编:《过去的学校》,湖南教育出版社1982年版。

之情。①

  金陵女子文理学院等教会高校的西迁无疑是艰苦漫长的,某些教会大学也由于对所在国教会国际影响的"迷信",没有及时迁移,从而遭到了一定的残害和损失。较于国立大学、专科学校以及其他私立学校之内迁,教会大学之迁移亦准备仓促。但其教会大学的身份,也得到过有关教会和组织人员的援助,在内迁后的择所寄居方面有一定优势。早在1936年,经中国各基督教教会大学托事部磋商,"中国基督教大学联合董事会"(United Board Of Christian Universities And Colleges In China)成立,并制订了"中国基督教大学调整规划"。抗战期间,该组织促成齐鲁大学、金陵大学、金陵女子文理学院以及后来的燕京大学,以成都华西协合大学为临时办学场所,较顺利地解决了西迁教会高校寄居借读的迫切问题,有利于各大学在艰难困苦的条件下联合办学。抗战期间,教会大学的内迁形成了几个中心地区,即重庆、大理和成都,其中成都华西坝无疑极负盛名。抗战时期国立大学往往由政府和教育部明令改组联合,形成一所新的联合大学,教会大学的联合往往采取松散结盟的方式,相互利用对方的师资、校舍、设备进行协作办学,但自成系统,拥有完全的独立性②。

  1.联合办学,共渡难关

  由于各学校均历史悠久,校风独特,在组织、编制、教学、管理等方面也都有各自的特点。为了做到既协调一致,又各展所长,教会大学间经常举行各种定期会议,以磋商协调相关事宜。在华西坝,各教会大学校长每周举行一次例会,对行政、财务、教职员待遇等问题作出共同决定;每月,各校教务长和注册主任相聚一起会商课时安排等问题;各校训导长亦定期磋商训导事宜。于磋商中谋求友好协作,使各校关系融洽,为进一步的合作打下了良好基础。当时,各教会大学对教学采取统一安排、分别开课的办法,允许学生跨校、跨

---

①金陵女子大学.http://www.jllib.cn:8080/njmgjz.cn/jyzj/b147.南京民国建筑网(2009年10月18日参考)。

②(美)杰西·格·卢茨:《中国教会大学史(1850-1950)》,曾钜生译,浙江教育出版社1987年版;黄新宪:《基督教教育与中国社会变迁》,福建教育出版社1996年版。

系自由选课。基础课和专业课由各大学分工开设,规定各大学外文系的学生在第一学年结束时必须参加联合举行的统一考试,不合格者令其转学。各系高年级的课程则按专任教师的特长分工开设,如经济系的课程分别由华西协合大学、燕京大学和金陵大学联合开设,各校相互承认学生选读的学分,教学所需的图书仪器设备等均由各校调剂解决。并按选读人数付给对方一定费用,教学场所也由各大学协调安排。

联合办学使各校在办学规模、教学、科研等方面都得到了长足的发展,各校师生朝夕相处,互相取长补短,既增进了友情,也扩展了知识。战时教会大学的联合办学不仅帮助各教会高校渡过了难关,其在联合中所彰显的开放精神和宽阔胸襟以及办学过程中的具体做法和经验,对今天中国高教事业的发展亦具有积极的思考和借鉴意义。

2. 严格要求,保证质量

教学质量是一所学校的灵魂,所以尽管身处困境,每一所高校仍然努力维持教学和科研学术活动。金陵女子文理学院作为教会女校,要求严格,力求德智体全面发展,品学兼优。西迁成都后,成都跳交际舞之风盛行,吴校长就曾在全校大会上告诫师生,不许到外面跳交际舞,认为外出跳舞会影响学习与健康,甚至有损大学生的荣誉。

教学方面,重视基础课教育,保证教学质量。在金陵女子文理学院,一年级新生入学后,人人必修语文、英语、中国历史等基础课,文、法学院学生必修一定学分的理科基础课,理学院学生也必修一定学分的哲学和社会学科。四年大学的必修课程,除主修、辅修者外,还有中文、英文、中国历史、教育学、心理学、音乐美术概论等,从而使学生拥有较全面的基本素养。

另外,重视外语教学是教会大学的优良传统,金陵女子文理学院要求一、二年级必修英语,若英语不能连续过关,则会被迫中途退学或转入他校。学生每学期必须读若干本英语小说名著,平时也很重视培养听、说、读、写能力。参考书往往以英语著作为多,课堂问答,考试书写均用英语。当时所有教会大学学生,不论主修哪一系科,均有相当的英语水平。

学习上的严格要求和来自时局的压力进一步激发了学生勤学苦读以求

提升自身、服务社会的志向。因此,同其他抗战时期的大学一样,金陵女子文理学院教科书、参考书、工具书奇缺,图书馆整天开放,往往人满为患。

3. 重视实践,服务社会

整个抗战期间,教会学校的师生广泛深入民间,大力宣传抗日、服务民众。重视社会服务和社会实践是金陵女子文理学院的传统之一,其校训为"厚生","厚生"一词取自《新约·约翰福音》第十章十节:"我来了,是要叫人得生命,并且得的要丰盛。"其意与耶稣所说"我来不是要人服侍,而是要服侍人"的含义相近。学校用"厚生"作校训,含义又作了进一步的引申:"人生的目的,不是为自己活着,而是要用自己的智慧和能力来帮助他人和社会,这样不但有益于别人,自己的生命也因之而更丰满"[①]。并以此为旨,时时告诫学生:"为人处世,是施予,不是取得;是宽容,不是报复;是牺牲,不是自私"。在"厚生"和"受当施"精神指导下,学校学生特别重视社会服务和社会实践,这些看起来琐碎、不起眼的工作,却深受下层民众欢迎。通过开展社会服务和社会实践活动,加强了学生对服务人生的信仰,并使学生从实践经验中体认到服务社会的意义和价值。早在1939年春,金陵女子文理学院就在四川仁寿县设立乡村服务处,开展社会服务活动[②]:

妇婴组  由一产科医院支援医药器械,借用有经验的助产士1名,在当地招收初中程度女青年1人为助手。每天上午开展门诊,定期检查孕妇情况,及时治疗幼儿疾病,根据季节给儿童打预防针,种牛痘等。对产妇,只要来请,不论远近,日夜出诊接生。白天只收接生费法币0.50元,夜晚才收1.00元,贫苦农民无钱则免费,接生后还要回访,直至婴儿脐带脱落,并不时召集母亲会,宣传育儿知识。因为这项工作切合群众需要,所以受到妇女们的信任和欢迎。

育儿教育组  在农忙季节,组织免费幼儿班,派遣学生去农村挨户招生,再按年龄程度分配班次,并请成都迁仁寿的协和女师学生担任教学工作。

---

① 吴贻芳:《金女大40年》,《江苏文史资料选辑》第13辑,1983年版。
② 政协西南地区文史资料委员编:《抗战时期西南的教育事业》,贵州省文史书店1994年版;钟叔河等:《过去的学校》,湖南教育出版社1982年版。

挑花组　组织当地手巧的妇女,用不褪色丝线或十字线在白麻布上挑花,按用线根数计发工资。所挑绣的桌布、床单、窗帘、餐巾等,由学校运往国外换取外汇。

鸡种改良组　四川母鸡产蛋率低,经常抱窝。"来航"鸡年产蛋可达200多枚,但抗疫力差。于是学校特派一个生物系毕业生,在仁寿试验鸡种改良工作。

仁寿乡村服务处是金陵女子文理学院的实习场所,每年寒暑假都有同学实习。齐鲁大学医学院学生也到此实习和服务。1943年,仁寿乡村服务处由仁寿迁到华阳县中和场,设幼儿园,每期收幼儿60名;设妇女班,分甲乙两班,各三四十人,教以识字、唱歌、手工、卫生常识、珠算等。

1944年秋,学校又在华西坝小天竺街邮局银行背后,将曾经喂过羊的三间草房及侧面的三间瓦房加以修理,兴办儿童福利试验所。所主任是具有留美经历的教授,总干事及干事均为本校毕业生。开办了幼儿班,聘请幼儿教师(均为幼师及幼教专业毕业)、助教(即保育员)各两名,招收幼儿共约50人。另设小学初、高级两班,特请小学教师1人辅导(由华大教育系学生上实习课),由本校勤工俭学的大学生授课,并负担两班班主任职务,总干事负责全所行政事务,安排大学生实习工资,查阅实习记录,主持所里工作会议,召开家长会议。另一干事专责家访,作个案工作,并指导本校大学生个案实习,审阅实习生个案记录。还特约齐鲁医学院护士1名,每周来所一次,为儿童进行简易治疗,并按季节实行免费预防接种。所内所收儿童均为附近摊贩、小商人和城市贫民子女,小学班全部为失学儿童,一律免费。入所时全部体检一次,冬季特设儿童浴室,每周开放一天,供给热水、肥皂,很受家长欢迎。

抗日战争时期,金陵女子文理学院与华大医学院附设医院合作,在专家程玉扁指导下,举办了"儿童行为指导所",参加工作者除华大医学院外,还有本校社会系的助教和一些高年级学生。这个指导所专收一些有异常表现的儿童。如:孤僻、喜怒无常、多动、遗尿、痉挛、捣乱、游荡、口吃、迟钝等,为之诊治和矫正。1943年至1946年间,来所诊治的儿童中,痊愈或显著进步的占88%,进步的占10%,只有少数人因受先天影响较大,诊治无效。

综上可见，在抗战救亡时代主题感召下，教会高校于抗战期间"中国人的学校的形象"在不断地加强，其宗教色彩不断减弱。教会大学和其他类型的中国大学一样承担起了唤醒民众、培养人才、推动科研、服务社会的责任和使命，同时还坚持了其重视对中国传统文化研究、服务于社会特别是下层社会民众的特色。正如章开沅先生所论，"经过抗日战争，很少有人再把教会大学看作外国人的学校，绝大多数教会大学已实现本土化，而且已实际上认同为中国高等教育的一部分"。尽管从教会的角度看，教会各高校为此变局和转型"付出的代价"很大。但从中华民族的高教事业的进步来看，这种中国化、世俗化的转向，滋长了教会高校后来能够为人民政府接收的内在因素[①]。特别是女子教会大学在传统势力、保守观念十分强劲的情况下，走出象牙塔，走向社会，为中国现代高等教育的发展作出了贡献。尤其是在女子高等教育方面，教会大学不仅最早开创了中国的女子高等教育，而且在中国女性知识分子的培养上占有十分重要的地位。

### （四）内迁大合并中间诞生的西南联合大学

抗战期间内迁西南的著名高校中，西南联合大学当属典范。迫于战时需要，亦有其他高校采取联合措施，但均未能"一联到底"。西南联合大学不仅于战时特殊环境中以联合方式求得生存，更在教学、研究及服务社会方面取得杰出成就，创造了中国甚至世界教育史上的奇迹，至今仍是高等教育的典范。

1. 迁移苦旅

卢沟桥事变后，表面是和战未定，但于日本而言，对华侵略乃是处心积虑之既定方针。此前之"九一八事变"、"淞沪之战"、"华北分治"、"何梅协定"、绥远战争等及其间的诸多恶劣举动皆是1927年之"田中奏折"的具体发挥，中日战争无可避免。但国民政府尚存迟疑之心，召开庐山会议商讨和战对策，一心坚持"攘外必先安内"，对外是"和为贵"思想占主导，以为"卢沟

---

[①] 章开沅主编：《文化传播与教会大学》丛书，湖北教育出版社1996年版。

桥"事变仍会以妥协而暂告无事。但随之北平、天津相继沦陷。

当时国民政府无力组织战区高校的大规模迁移安置工作,主要就国立重点大学的迁移做了具体指示和安排,选定三个地点组建临时大学,共分三区:第一区在长沙,第二区在西安,第三区待定。教育部于1937年8月中旬决定让北大、清华、南开三校联合在湖南长沙组建一所临时大学。

选择长沙作校址,主要是从创办新校的物质条件出发。"卢沟桥"事变前后两年,为了给预测的应变作准备,清华大学曾拨巨款在长沙岳麓山山下修建了一整套校舍,预计在1938年初即可全部交付使用。此外为南迁所作的另一准备是,在"卢沟桥"事变前两年的冬季,清华大学从清华园火车站,于几个夜间秘密南运好几列车的教研工作所急需的图书、仪器,暂存汉口,可以随时运往新校。

1937年9月10日,教育部以第16696号令正式宣布在长沙和西安设立临时大学,并成立筹备委员会。长沙临大筹备委员会委员有北大校长蒋梦麟、清华校长梅贻琦、南开校长张伯苓、湖南教育厅长朱经农、湖南大学校长张宗石和教育部长杨振声。三校校长负责校址勘定、经费支配、院系设置、招聘师资、收受学生等事宜。

三校学生陆续奔赴长沙,10月25日临大开学,11月1日正式上课。11月1日即作为临大校庆日。此时约有教师148人,学生1450人(包括他校借读生;原三校学生约七八百人)。三校校长组成常务委员会主持全校校务,下设总务、教务、建筑设备、秘书四部,各部分若干组,处理日常工作。临大将原三校院系进行了调整,共设4学院、17学系,文学院:中国文学系、外国语文系、历史社会学系、哲学心理教育系;理学院:物理系、化学系、生物学系、算学系、地质地理气象学系;工学院:土木工程系、机械工程系、电机工程系、化工工程系;法商学院:政治系、经济系、法律系、商学系。

1937年12月13日,南京陷落,武汉告急。1938年5月,日军不断溯长江而上,并轰炸长沙。虽然湖南省政府主席张治中表示,长沙绝对安全,但长沙临大的行政组织常务委员会考虑到武汉万一弃守,长沙告急,到时人心慌乱,再要从容迁校就来不及了,前途将不堪设想,决定迁往昆明。事实证明,这种预想与迁移是正确的,这一决定,不仅为学校选择了一个比较安全的地区,能够继续办学,而且从容地组织了迁校工作。常委会选中昆明主要出于两种考虑,一则昆明地处西南,距前线较远,且有滇越铁路可通海外,采购图书设备比较方便,这也是当时内迁高校选择云南继续办学的主要原因。

内迁路线分水陆两条,前者由女生、体弱多病,经医生证明不宜步行者和愿走水道者构成,经粤汉路到广州转香港,乘海船到安南(今越南)海防,由滇越路经河口入昆明。后者则由自填志愿,身体健康核准步行者约244人组成湘黔滇旅行团,由湘西步行经贵州至昆明,其中有闻一多、曾昭抡、李继侗、黄钰生、袁复礼等。

湘黔滇步行团于2月20日出发,由军事委员会指派中将参议黄师岳担任旅行团团长,指挥一切,参加步行的教师11人,闻一多、曾昭抡、袁复礼、李继侗组成湘黔滇旅行团指导委员会,由黄钰生任主席,负责日常具体的领导工作。除团本部外,学生组成两个大队,三个中队,每中队又分若干小队,军训教官毛鸿少将任参谋长,另两位教官邹镇华、卓任任大队长,中队长和小队长则由学生担任。每一大队有一伙食班,由学生五六人组成,学校配备炊事员一人。医官徐行敏与教师均属团本部。另有两辆卡车运送行李,学生除带被褥及换洗衣服外,多余物品均于出发前交学校代运,抵昆明后再领回。旅行团学生一律着土黄色军服、裹绑腿、背干粮袋、水壶、黑棉大衣,还有一柄雨伞。

旅行团4月28日抵达昆明,历时68天。除车船代步,旅途休整外,实际步行40天,平均每天走30多公里(最多的日子达45-50公里),他们餐风沐雨,翻山越岭,经受了体力考验和意志磨炼,学到了许多在课堂里、书本上学不到的东西。一路上,他们瞻仰古迹,游览名胜,观赏祖国的壮丽山川,访问了少数民族的村寨,了解各地的风土人情,更体验到了人民群众的困苦生活。他们采集了不少标本,收集到了上千首民歌民谣,刘兆吉先生把他收集的民歌整理成《西南采风录》,交商务印书馆出版,朱自清、闻一多、黄钰生分别为此书作序。钱能欣先生把自己68天日记整理出版了《西南三千五百里》,反映了旅行团的生活。闻一多先生在路上作风景书写数百幅,他从未剃胡子,到昆明时已留起一副美髯,直到日本投降之日才剃掉,一时传为美谈。总之,西南联大的这次迁移无论从行程距离、参加人数以及组织性等方面而言,无疑都是最具特色,史无前例的。①

其间,1938年4月2日,长沙临时大学正式更名为国立西南联合大学。5月4日西南联大正式开课。此时学校分为两部分:理学院、工学院设在昆明,称西南联大本校;文学院、法商学院设在蒙自,称西南联大蒙自分校。随校入滇学生约800人,其余学生或者入国民党军事院校或部队,或者留在长沙参加抗日活动,部分学生投身八路军、新四军,甚至奔向陕北进入抗日军政大学、陕北公学学习,部分回了原籍。

胜利内迁后,联大师生面临更为棘手和现实的问题,主要是如何在物资奇缺、信息闭塞之地顺利开展教育教学工作。

2. 学校管理

(1)行政组织

联大的最高权力机构是常务委员会,由北大校长蒋梦麟、清华校长梅贻琦、南开校长张伯苓、秘书主任杨振声组成,梅贻琦为主席。由于蒋梦麟、张伯苓不常驻昆明,因此8年间,日常校务实由梅贻琦主持。常委会每周举行一次,研究讨论学校各项重大工作,诸如人事安排、经费支配、多种专门委员会的设立或撤销、处分学生等等。常委会下设教务处、总务处、训导处,杨振声任分校主任,李继侗任先修班主任。另外,联大有教授会和校务会议组织,校务会议由常务委员、秘书主任、教务长、总务长、训导长、各学院院长及教授代表(教授会选举12人为代表)组成,常委主席梅贻琦为会议主席。除此,还有许多专门委员会,处理各类专门问题。如,防空委员会、校舍委员会、迁校委员会、校歌校训编制委员会、理工设备设计委员会、图书设计委员会、一年级课业指导委员会、毕业班资格审查委员会等等。这些委员会并不全是常设机构,某些属于临时性质,处理某些临时具体事务,且其成员不另计报酬。

---

① 西南联合大学北京校友会编:《国立西南联合大学校史——1937至1946年的北大、清华、南开》,北京大学出版社1996年版;西南联大校友会编:《笳吹弦诵在春城——回忆西南联大》,云南人民出版社1986年版。

（2）教授治校

教授治校是三校优良传统在联大的继续，其本质是民主治校。根据三校已有惯例，能开三门课程及以上者，方能聘为教授，能开两门者，聘为副教授。其时，教授占教师比例之多数，副教授次之，讲师助教最少。教授乃知识分子中的知识分子，且构成了高校教学科研的主体，关系着学校的发展、育人之大计。他们最清楚怎样的行政、教学管理方式及规章制度最适合学校发展。因此教授治校充分尊重了教授在学校中的主体地位，激发教授的主人翁意识，于生、于校均是明智之策。

联大的教授会包括教授和副教授，分学校教授会及系教授会。开会时，常委主席梅贻琦任会议主席。作为咨议机构，凡是重大事宜必须经教授会讨论通过。教授的主要职责有听取常委会主席报告工作、讨论学校重大问题、向常委会或校务会提出建议或讨论他们交议的事项、选举参加校务会的代表等等。教授会对学校的行政管理、科学研究、学科发展等都起着举足轻重的作用。

其时，国民政府加紧控制各高校，从课程制定、院系设置、学生考核到教师党派归属、教师聘任甚至校训校歌，无所不及。吴泽霖先生在《记教育家梅月涵先生》中说："当时，所谓的教授治校确曾有效地起到过挡箭牌的作用，它维护了纷乱政局下学校的独立自主，抵制了外来的政治压力，在一定程度上促进了内部团结。"维护学校独立自主，使之摆脱政府高压控制，即维护了学术自由、师生思想自由。而学术自由又是学校生存、发展之灵魂。

（3）学生自治

联大对学生的管理集中于一年级和四年级。一年级有"一年级学生课业生活指导委员会"，四年级有"毕业生资格审查委员会"。一年级时重在引导其快速适应大学生活，找到正确的学习方向，四年级多关心学生的毕业去向，注重与社会生活的衔接。二三年级多由学生自行发展，包括课业选择均自定，充分尊重学生的主体和个性。

联大有学生自治会，并鼓励学生根据个人兴趣爱好参加、组织各种社团。蒋梦麟先生曾说："学生自治，可算是一个练习、改良学校社会的机会。我们现在讲改良社会,不是主张一二个人站在社会之上,操了大权,来把社会改良,这种仍旧是牧民制度,将来的结果是很危险的。学生自治,是养成青年各个的能力,他们是以社会分子的资格,来改良社会,大家互助,来求社会的进化,不是治人,是做主人翁,是自治,是服务。有人说,学生自治会里面,自己捣乱,所以自治会是不行的。我想自治会里面起冲突,是不能避免的,这是一定要经过的阶段。况且与其在学校里无自治,将来在社会上捣乱,不如在学校中经过这个试验,比较的少费些时。"① 蒋梦麟先生着眼于国家社会之利益,认为学生自治能为将来改良社会做准备。确实,联大的自治会及诸多社团如"群社"、"冬青社"、"神曲"、"西南风"等在抗日救亡运动中都做出了重要贡献,如办壁报、举办时事报告会、办抗战刊物、向民众宣传抗日救国甚至向世界揭露国民政府的腐败本质等等。可以说,整个抗战期间,除了开化思想、民风,联大不仅为昆明、为云南,甚至为整个西南、为全国的反法西斯事业都作出了重要贡献。

(4)院系设置

在临大院系设置的基础上,联大陆续作了调整和完善。1938 年 10 月,西南联大增设师范学院(附设师范专修科)。文学院哲学心理教育系中的教研组改为师范学院教育系,哲学心理教育学系改为哲学心理系。工学院增设航空工程学系。1939 年 2 月电机工程学系附设电讯专修科。1939 年度起,设立先修班和进修班。1940 年到 1941 年度,文学院的历史社会学系,划分为历史学系和社会学系。1942 年度,社会学系划归为法商学院。至此,联大共拥有 5 院 26 系,2 个专修科,1 个先修班。学生约为 3000 人,是当时学科设置最为齐全的高校之一。各院院长均由教授担任。

3. 教学概况

(1)师资力量,名师云集

蔡元培曾言:"大学者,囊括大典,网络众家之学府也。"梅贻琦以为:"大学者,非谓有大楼之谓也,谓有大师之谓也。""师资为大学第一要素,吾人知

---

① 杨立德:《西南联大的斯芬克斯之谜》,云南人民出版社 2005 年版,第 228 页。

之甚切,故图之也至极。""吾人之图本校之发展,之图提高本校之学术地位,亦以充实师资为第一义。"其著名的"从游论"为:"学校犹水也,师生犹鱼也,其行动犹游泳也,大鱼前导,小鱼尾随,是从游也。从游既久,其濡染观摩之效自不求而至,不为而成,反观今日师生关系,直一奏技者与看客之关系耳,去从游之义不綦远哉!此则于大学之道,体认尚有未尽实践尚有不力之第二端也"。

实际执掌西南联大的梅贻琦十分强调教师的全面引导作用,且极其理解和尊重知识分子,注重延聘确有真才实学者,战时的西南联大,名师荟萃,为各校所不及。如陈寅恪、汤用彤、吴宓、沈有鼎、朱自清、钱穆、陈序经、沈从文、刘文典、罗常培、罗庸、吴晗、潘光旦、冯友兰、金岳霖、钱端升、闻一多、陈岱孙、吴有训、吴泽霖、曾昭抡、袁复礼、李继侗、雷海宗、刘崇鋐、黄子卿、孙云铸、吴大猷、顾毓琇、华罗庚、陈省身、王竹溪等等。所举乃冰山一角,联大名师可谓灿若群星,且均在各自的领域里执学界之牛耳。如,金岳霖是把"形式逻辑"引进中国的第一人,为中国逻辑学界的鼻祖;吴宓开创了中国的比较文学;叶笃正是中国气象学、大气科学的奠基人;冯景兰是中国矿床学奠基人等等。

许多教授学贯中西,跻身世界学术前沿。即使处于偏远的西南之地,他们亦能关注世界学术动态,为联大的教学科研把脉。大师们除了在科学研究上有突出成就,在教学方面亦经验丰富。许多外系、外校学生常来旁听,往往人满为患。这些教授不仅学术造诣深厚,而且具有强烈的敬业精神,因而教学质量水平颇高。联大许多名教授,因空袭移居郊区,远离学校数十里,可是为了同学学习效果好,从不采取连续数小时集中讲授方式,一门3学分课程必按每周三次来校授课,不辞数小时辛苦跋涉,并视为当然。陈达在《浪迹十年》中记载:一天早晨在空袭警报发出后,他"欣然"同意学生到郊外躲警报兼上课的建议,把人口问题带到郊外讲授,"学生十一人即在树林中坐下,每个人拿出笔记本,他坐在一座泥坟上讲 G. Gimi 氏及 R. Peart 与 A. M.

Carrsanders 氏的人口理论,历一小时半有余"①。除我国的诸多大师,梅贻琦还延请了不少国外知名学者专家前来讲学,有的甚至就此将其一生献给了中国的高等教育事业。雄厚的师资力量是联大取得卓著成绩的关键。

(2)课程设置,通识为本

课程设置主要是遵照国民政府颁布的《大学共同必修科目表》《各院系必修选修科目表》,及遵部定全校共同必修课规定,增开《三民主义》《伦理学》。教育部曾依据《建国纲领》提出"专通并重",在规定课程时实际又"提倡理工,限制文法",实际上则是实行专才教育。这种将大学教学事宜高度控制和集中、违背教育规律的做法引起联大师生的强烈不满。在实际执行中,往往作了适当调整改动。

梅贻琦有言:"窃以为大学期内,通专虽应兼顾,而重心所寄,应在通而不在专。""今日而言学问,不能出自然科学、社会科学、人文科学三大部门;曰通识者,亦曰学子对此三大部门,均有相当准备而已,分而言之,则对每门有充分了解,合而言之,则于三者之间,能识其会通之所在,而恍然于宇宙之大,品类之多,历史之久,文教之繁,要必有其一以贯之之道,要必有其相为因缘与相依倚之理,此则所谓通也。"通才属于一般人才,对各类知识有所涉及,不仅为后续研究打下根基,于战时、平时皆有应变生活之基础。大学本科尤应重通才培养,应着眼于为学生们通向高深而做基本训练。高深之专才为其他相关教育机构的培养目标。西南联大的课程安排和变迁正是贯穿了这样的通识思想,具有中西贯通、文理融会的特点。学知识、做学问兼顾中西、文理,方能融会贯通,走向广博精深,不至囿于狭隘。

各院学生必修大一国文、大一英文、中国通史。理工科学生必修一门人文社会科学课程,从以下科目中择一:政治学、经济学、哲学、社会学、法学概论;文科学生必修一门自然科学课程,从以下科目中择一:普通物理、普通化学、普通生物、高等数学、科学概论。除了以上科目,各学院亦设置了诸多必修课和选修课。如,历史系必修课有中国通史、西洋通史、中国近代史、西洋

---

① (美)易社强:《抗日战争中的西南联合大学》,《抗日战争研究》1997 年第 1 期。

近代史、中国史学史、史学方法;其选修课的断代史部分,有秦汉史、魏晋南北朝史、晋南北朝史、隋唐史、隋唐五代史、辽金元史、宋史、元史、明清史等,西洋上古史、西洋中古史、西洋近古史、欧洲十九世纪史、西洋现代史、俄国近代史、英国近代史等。[①]

基于"通识"理念,联大深刻认识到基础学科之重要作用,因此尤重基础科目教育,往往由名师担纲教学。如,大一国文有朱自清、罗庸、浦江清、王力、余冠英、陈梦家;大一英文有陈福田、英汭芳、叶公超、柳无忌、潘家河、钱钟书、黄国聪、陈嘉、谢文通、黄炯华、胡毅;中国通史有钱穆、雷海宗、吴晗、孙毓棠。由大家上基础课,可将本学科所涉及的广阔背景、内容展现清楚,亦可激发学生兴趣,引导学生后续学习的正确方向。

另外,联大学生的最低毕业学分为136,可多修。据各系所开课程看,其必修课学分比重较小,其余多数学分需学生自选选修课,这就为通识教育创造了更为广阔的空间。联大开有诸多选修课,异彩纷呈,选修不分院系,可据自己的兴趣或专业任意选,亦可旁听。

联大课程并非一成不变,除了中西贯通、文理融会的特点,还具有发展性和实践性。随着教师们各自研究的进展,又不断更新课程,不至于内容停留在一些"陈词滥调",大大拓展了学生知识面,开阔了视野。另外,联大也根据时局需要设置某些课程,在力所能及的方面支援抗战,保持着与社会的密切联系并多方面地发挥服务社会的功能。

(3)教风学风,严谨务实

联大诸多教授不仅"手握灵蛇之珠,怀抱荆山之玉",其敬业精神亦是师之楷模。沈从文开《中国小说史》,涉及的资料学生不易找到。他就自己拿夺金标毛笔,用筷子头大小的行书抄在宽一尺、长四尺的云南竹纸上,然后卷成一卷,上课时分发给学生。讲课时,他非常诚恳地、慢慢地讲,完全是一个谦谦君子以十分严肃、认真的态度在"传道"。教写作课时,常常在学生的作业后面写很长的读后感,不是评析文本得失,便是从学生的作业谈下去,阐述自

---

[①] 王喜旺:《学术与教育互动:西南联大历史时空中的观照》,山西教育出版社2008年版,第144页。

己有关创作的观点,有的读后感比学生的原文还长。同时还推荐一些与学生写法相似的中外名家作品,期望学生通过读书去参悟写作之道。另外,有一次,朱自清答应学生第二天上课发作文,可当晚他身患痢疾,由于频繁拉肚子,只能在书桌前放一个马桶,连夜改作文。第二天,脸色蜡黄,连脸都顾不上洗就去上课了。蔡方萌是当时的结构学权威。他上结构学时,每周一小考,每月月考,期终大考。小考由助教掌管,月考、大考由他本人出题并批阅。他上课从不点名,不记学生姓名,及格与否全凭试卷不讲人情。每学期,不及格的学生有1/3左右。吴晗教授《中国通史》时,有三百多人上课,考试时只有十个人及格,及格者也只有六七十分。相比之下,理科要求较文科总体更为严格。① 联大老师的严,为许多联大学子所记忆和称道。

正是在教师的熏陶引导下,基于对知识的追求,基于救国效力的抱负,联大学生在学习上亦秉持"严谨务实"之精神。由于图书有限,学生常常"抢"座位,争书读;"泡茶馆"自修,辩论;为争论一个问题,半夜点灯起床查资料;同学老师见面问候亦多是学习问题。

没有联大师生的严肃、认真、务实,就难有联大的累累硕果和辉煌历史。今天,这种治学精神尤有重要启发意义!

(4)学校氛围,民主自由

民主自由在大学教育中的特殊重要性已经成为那一代教育家们的共识,1945年11月5日,梅贻琦在日记中写道:"对于学校时局则以为应追蔡孑民先生兼容并包之态度,以恪尽学术自由之使命。昔日之所谓新旧,今日之所谓左右,其在学校,应均予以自由探讨之机会,情况正同。此昔日北大之所以为北大;而将来清华之为清华,正应于此注意也。"民主自由,贯穿于联大的每一方面,从管理到教学到科研,从教师到学生,从校长到普通职工,已经成为联大的精神基调。

承袭蔡元培先生的"囊括大典,网络众家"及兼容并包思想,梅贻琦对各路思想亦留民主自由之空间。其《大学一解》有言:"大学之设备,可无论矣,

---

① 王喜旺:《学术与教育互动:西南联大历史时空中的观照》,山西教育出版社2008年版,第118、119、121、122页。

所不可不论者为自由探讨之风气。宋儒安定胡先生有曰：'艮言思不出其位，正以戒在位者也。若夫学者，则无所不思、无所不言，以其无责，可以行其志也。若云思不出其位，是自弃于浅陋之学也。'此言最当。所谓'无所不思，无所不言'，以今语释之，即学术自由（Academic Freedom）而已矣。"

前文所述的教授治校，本质乃民主治校，及维护学校的学术自由、思想民主；学生学习，自选多数课程，可转系，可自由旁听，可向老师问难；另外，学校多种学术派别形成百家争鸣之势，有新文学与古典文学，有传统文化与西洋文化，有战国派和国粹派（"学衡"派），亦有激进的左派；唯物论与唯心论，社会主义与资本主义理论等等，在联大皆有生存之地。除此，学校亦鼓励青年学生自由发表思想见解，或关乎生活，或关乎学术，或关乎时局，无所不包。因此，联大多种报刊、壁报、社团以及极富特色的"民主墙"，都是学生们思想激荡的阵地。如纯文艺的壁报《文艺》《新诗》，学术讨论的《法学》《社会》，讨论时局的《现实》《人民》《大路》……群社、冬青文艺社是当时最著名的社团组织，为有效地宣传抗日，西南联大剧团先后排演了《祖国》《夜光杯》《放下你的鞭子》《黑字二十八》《原野》《前夜》《雷雨》《阿Q正传》《雾重庆》《秋收》《家》《风雪夜归人》等，轰动了云南。学生们还走向街头，走向农村，举行民众大会，教唱抗日歌曲，演出方言话剧，慰问抗日战士家属，了解他们的困难和要求，并赠送盐巴、毛巾等，很受群众的欢迎。壁报是西南联大"民主墙"上最有特色的风景，先后主办过的壁报如《群声》《神曲》《熔炉》《文艺》《生活》《法学》《社会》《冬青》《现实》等，既富有思想性，形式也生动活泼。1942年，联大学生发起街头游行，震动了大后方，使西南联大和昆明成为爱国青年向往的地方，为以后爱国民主运动的高涨创造了有利条件[①]。

1944年6月下旬，美国前任总统华莱士来昆明访问，并到联大参观。为了让美国客人了解中国人民的要求和愿望，"报协"组织编排了中、英文两版巨型《联合壁报》，中文版用《社论》中的一句话作为标题："我们誓对世界上

---

[①] 西南联合大学北京校友会编：《国立西南联合大学校史——1937至1946年的北大、清华、南开》，北京大学出版社1996年版；西南联大校友会编：《笳吹弦诵在春城——回忆西南联大》，云南人民出版社1986年版。

任何地方的任何面目的法西斯战斗到底!"壁报不仅受到美国客人的注意,并通过美国一家杂志使中国的爱国民主运动受到世界人民关注。

(5)弦歌不绝,硕果累累

抗战八年,西南联大教学条件甚是艰苦,教室、图书、设备不足;宿舍四面透风,屋顶漏雨;吃的是"八宝饭"——内有秕谷、沙粒、老鼠屎等等;冬季众多学生褴衣蔽体。迁滇初期,教师薪俸尚能糊口。后昆明物价暴涨,即使教授亦难以维持基本生活需要,诸多教授只好谋求兼职甚至变卖藏书、典当家具以养家糊口。此外,广大师生还要时刻面临日军的猛烈轰炸!

国难当头,联大师生同仇敌忾,紧守着自己的一方阵地,以实际行动支援抗战、蓄积力量。因此,八年间,联大于战乱中求生存、求发展,为国家和民族奉献了累累硕果。

在文学院,陈寅恪的《唐代政治史述论稿》和《隋唐制度渊源略稿》、汤用彤的《汉魏两晋南北朝佛教史》、金岳霖的《论道》、冯友兰的《贞元六书》——《新理学》《新事论》《新事训》《新原人》《新原事》《新知言》——形成了"新理学"哲学体系,闻一多的《楚辞校补》、王力的《中国现代语法》和《中国语法理论》等等,曾分别获得教育部学术审议委员会的奖励。此外,钱穆的《国史大纲》、吴宓的《世界文学史纲》、吴达元的《法国文学史》、潘光旦的《优生与抗战》《优生概论》《自由之路》等,都是经过多年教学实践不断增订补充的力作。在罗常培、陶常连、闻一多等的领导和支持下,南开文学院创办了边疆人文研究室,并且出版了《边族人文》,对红河哈尼、彝族,文山苗族、傣族、纳西等民族的语言、民俗、社会经济、地理进行调查,积累了相当丰富的资料并形成了许多优秀的学术论文。在理学院,华罗庚关于堆垒素数论的研究,周培源关于湍流理论的研究,吴大猷的专著《多原子分子振动光谱及结构》等均获一等奖,钟开莱对于概串论与数论之贡献,王竹溪关于热学问题之研究,张青莲关于重水之研究,孙云铸《中国古生代地层之划分》、冯景兰的《川康滇铜矿纪要》、赵九章的《大气之涡漩运动》均获二等奖;其中有些成果达到国际先进水平,在工学院以土木工程学系的科学研究工作最为突出,曾与当地政府机关合作,在水利工程、公路研究、材料试验等方面作了不少实际工作,先后发表论文74篇,其中有试验根据和独立见解的计22篇,如杨式德的《空间钢架应力分析》《红烧土试验方法》等①。上述实乃冰山一角。除了教学科研成就,西南联大亦留给后世更多的精神财富和历史思考。

西南联大,发轫于国难危亡之际,历尽颠沛流离之苦。内是物资贫乏,经费奇缺,外有敌机轰炸。三所名校,和而不同,民主自由。弦歌不绝,硕果累累,实乃高校之典范,教育史上之永恒一页。西南联大校歌正是其最恰当的写照,亦会永远传唱:

万里长征,辞却了五朝宫阙,暂驻足衡山湘水,又成离别。绝徼移栽桢干质,九州遍洒黎元血。尽笳吹弦诵在山城,情弥切。千秋耻,终当雪;中兴业,须人杰。便一成三户,壮怀难折。多难殷忧新国运,动心忍性希前哲。待驱除仇寇,复神京,还燕碣。

## 四、抗战大后方高等教育对地方的贡献

全面抗战爆发后,众多高校纷纷内迁。战时内迁者除党政军界外,商人、企业家、医生、工程师、教师、自由职业者、技术工人等较多,赈济委员会代理委员长许世英1938年统计:文教界55%,党政及国营事业21%,商人16%,工人6%,农民2%;教师、学生、科研人员和各类文化艺术界人士在内迁人口中比例较大。据统计,国民政府的主要科研机关大量迁往内地,至1938年迁渝的机构与学术团体已达几百家,大批科研人才随之内迁,东部城市与主要文化聚集地的文化艺术界也集中在后方。据社会学家调查,抗战时期中国知识界中高级知识分子90%以上西迁,中级知识分子50%以上西迁;低级知识分子30%以上西迁。② 大量知识分子和优秀人才及单位团体的内迁客观上

---

① 西南联合大学北京校友会编:《国立西南联合大学校史——1937至1946年的北大、清华、南开》,北京大学出版社1996年版。

② 《教育统计》,《教育通讯》第2卷第5号,1939年1月。

提出了西部发展的要求,更为西部发展注入了多方面的强大力量。

内迁伊始,众多高校领导者已认识到迁移的重要意义。因此,不只为寻求教育生机,同时也怀着一种建设国家的崇高使命奔赴中国的西南、西北之地。对大后方来说,八年抗战中的高校迁移亦是国难之中蕴藏的一次发展契机。作为政治、经济、文化西渐运动的重要组成部分,高校云集打破了大后方长期的封闭、落后、停滞状态,加速了大后方各方面的发展进程。抗战期间各高校不仅在文化教育方面做出了卓越贡献,同时也加快了边疆内陆地区的现代化进程,为地方社会经济发展作出了重大贡献。

### (一)开启民风民智,促进文化教育发展

这一点直接表现在高等教育方面,同时高等教育也带动了其他各级各类教育的发展。战事日酣,国民政府日渐重视边疆建设,许多高校开设了相关课程,并进行有关研究,为后方培养了大批人才,促进了对后方地区的研究开发。另外,各类高校数量增加以及公费制度、贷金制度的实行使大后方偏远地区的众多贫困学生有机会上大学;大学为当地培养各级各类教育师资;部分大学毕业生直接在大后方办学;内迁高校在大后方建设诸多教育设施;战后,许多高校返迁原址,但亦有相当数量高校永久留在了大后方。以西南联大为例,1938年增设的师范学院,在招收学生时,适当放宽录取标准,增加云南籍学生名额。1943年又在师范学院创办了三年制的专修科,以招收本省学生为主,毕业后又全部留省工作。联大曾在1938年暑假与云南大学、中央研究院等联合举办过中等学校在职教师暑假讲习会,并于1939年举办过一年制的在职教员进修班,后来又举办为期三个月的中学理化教员实验讲习班,并发给实验器材。联大师范学院所设立的附中、附小,教师绝大部分来自联大毕业生和学生,教学水平及经验在当地起了一定示范作用。1946年联大结束时,师院留置昆明,改名昆明师范学院,现已发展为云南师范大学,继续为云南培养师资。此外,各内迁院校师生到中学兼课,西南联大一些毕业生在社会有关方面的支持下,在昆明创建了天祥、长城、建设等中学。再如,武汉大学西迁乐山以后,当时很多师生到中小学任课,从而提高了中小学教学质

量,武大还为乐山办了中小学各一所,以教学水平高著称的珞珈中学——武大附中,全是由教授、讲师、助教上课。1945年,适返筹备复员之际,武大把在乐山添置的房舍、家具和中小学一切设备,无偿送给乐山,现乐山四中的前身便是当时的武大附中。此外,武大还留下一批研究生、讲师、助教、技术人员在乐山继续工作。内迁院校还通过开办学术讲座、民众夜校、青年补习班、民众阅览室、科普展览等,开展成人教育和社会教育,这一切都为地方教育事业的发展、人才的培养起到重要作用。

在建设和谐社会的今天,我们所提的教育均衡化,大概包括以下三点内容:第一,保证个体受教育的权利和机会均等,使受教育者在德智体美劳诸方面均衡发展、全面发展;第二,区域、城乡、学校间以及各类教育间教育资源配置实现适当比例的均衡;第三,教育所培养的劳动力在总量和结构上,与经济、社会的发展需求达到相对均衡。战时大学的迁入丰富了大后方精神文化,提升了大后方文明素质,弥补了我国西南、西北地区文化教育上的空白,为战后西部教育的持续发展以及逐步缩小与东部沿海地区的差距打下了初步基础,是促进全国教育向着均衡化方向发展的重要一步。

### (二)利用科技知识,促进地方经济发展

战时大学迁至大后方后,教学研究条件相当艰苦,却于艰苦中孕育出了非凡成就。师生们的教学研究或主动或被动地更加贴近社会、贴近生活,并开始从社会经济的荒芜沉睡状态中将大后方唤醒。

如同济大学迁往李庄时,正值当地流行痹病,医学院的杜公振、邓瑞麟找到病因,救治了一方百姓。初到李庄,此地无电,同济电机实验室就用直流电为李庄全镇照明。浙江大学西迁湄潭后,农化系罗登义教授帮助茶场测定茶园的土坡属性,得出63种结果,为开发湄潭茶园提供了理论依据,并对贵州野果刺梨的营养成分进行了研究,使刺梨的经济价值受到关注,成为"新生珍"、"蔬果之王"。英国著名科学家李约瑟甚至直呼刺梨为"罗登义果"。由山西迁川的铭贤学院,对金堂柳叶烟进行了专门研究,对金堂柳叶烟的改良和雪茄烟的出口出了不少主意,使铭贤叶烟闻名一时。学校同时还举行赵镇

四川柑橘的研究,金皇后玉米良种的培育和推广,棉花、小麦病害的防治等。此外,还对约克猪和荣昌猪的杂交,荷兰牛的饲养,来亨鸡和九斤黄鸡的育种作了大量的研究推广工作。在机械、纺织、化工等方面,也进行了金堂地方和民间纺织、印染技术的研究和改良,制造出了"铭贤酱油"等等,为当地的经济发展提供了有效的帮助。中山大学在澂江期间,农学院对当地农业生产进行调查研究;医学院结合实际开办门诊,下乡考察地方疾病;师范学院师生在当地中小学兼课,开办民众识字班,招收未入学的学龄儿童读书,并在县城开商店、饭店,帮助当地办合作社。西北联大坚持"培养人才与服务社会并行"的原则,为陕南培养了大批人才。金陵大学内迁后,农学院增设了植物病虫害系,在仁寿、温江、新乡等地开辟农业推广区,开办短期培训班。[①] "浙大西迁至宜山,环境一切与杭州差殊颇多;而时代所迫,更不容闭门造车;故与所在地人士密切合作,以及认识和克服环境,实为过程中所必需。参加所有政府规定的以及有利于抗战建国的各种运动,浙大每任先导,而与地方合作无间,藉以推进全民的动员。宜山之地质、气候、风物、人情、经济、疾病,皆具有特殊性,浙大居处其间,既当认识以求适应,更当克服以资利用,所以史地、化学、教育、园艺、农经等系,皆在和自己有关系的方面,加以科学探讨,与事实的研究。近已陆续以所得用文字或事实表现出来,以求献替于地方国家。而如养蚕之示范,和工程之经营,即亦倡导地方作各方面新的发展。"[②]

**(三)结合各地实际,开启西部研究热潮**

内迁院校师生结合当地实际,展开了大量的关于民族地区经济、文化、资源等多方面的调查和研究,形成了研究西部地区的热潮,促进了民族融合,为当时和今天认识、了解及开发西部打下了良好的基础。其研究方向及形式众多,如,(1)有关民族地区的语言研究,包括发音、语法及其语言表达;(2)有关少数民族社会生活的调查研究,包括宗教信仰、衣食住行,娱乐婚丧,以及

---

[①] 徐国利:《浅析抗战时期高校内迁的作用和意义》,《安徽史学》1996年第4期。
[②] 国民党中央委员会党史史料编纂委员会编:《革命文献》(第60辑),(台湾)中央文物供应社1972年版,第285页。

其他方面的风俗习性;(3)通过各少数民族的文献研究,及采风、调查等形式,介绍少数民族的历史、文化;(4)通过调查、考察,研究西部的农林、地矿、社会、经济等方面。如当时成立了由管理中英庚款董事会主办的川康科学考察团,由武汉大学院长邵逸国任团长,西北联合大学史地系主任黄国璋任副团长;社会学家李安宅在成都发起筹建了华西边疆研究所等。金陵大学在成都时"鉴于我国边疆问题之严重,边疆问题研究机构之缺乏,关于边疆各种学科之亟待建设,边疆服务人才之亟待养成,曾拟定计划,开始边疆研究",另外,该校还开展县政方面的调查研究,对西南地区的开发和发展多有裨益。① 这股研究热潮涉及范围之广泛,研究人员之众多,研究成果之丰富,在历史上都还是第一次,它开启了时人了解西部的窗牖,对于提高西部的地位、发挥西部的作用产生了积极影响。

八年抗战是世界反法西斯战争的一部分,是中华民族一次重要的社会历史变迁。在此次民族危机边缘,我国刚刚起步的近代高等教育亦被逼到了气若游丝的窘迫境地。在挽救教育、挽救民族的双重历史重任之下,我国各类高校上演了一曲千古绝唱。自此,大后方披上了更加庄严神圣的色彩,也于整个黑暗时期中意外收获了前进的历史契机。大量高校的迁入,使大后方政治、经济、社会及文化教育各方面从沉睡中苏醒,亦播下了后续发展的良种,于民族,于历史,皆为幸事。

## 五、抗战大后方高等教育对全国的贡献

自现代大学诞生以来,19世纪初,德国洪堡创立柏林大学,大学始有科研功能;19世纪后半期,美国《赠地法案》,大学始有直接为社会服务的功能。则一般而言,现代大学具有三种功能:教学、科研和服务社会。实则三者并无

---

① 国民党中央委员会党史史料编纂委员会编:《革命文献》(第60辑),(台湾)中央文物供应社1972年版,第195页。

严格界限,通过教学和科研亦达到间接服务社会的目的和功能,战时高校更是充分体现了这一点。

"九一八"事变以后,敌焰日嚣。多数国人特别是知识分子和爱国学生呼吁作战争之准备。国民政府就高等教育方面有所动作,1935 年,教育部召集特种教育委员会议,讨论国难时期教育方案。商议整理了北平部分教授提呈的非常时期课程,并就有关高等教育各点,于 1936 年 4 月订立《专科以上学校特种教育纲要》。(1)精神训练,即施行军事管理,灌输青年以立国精神、政治情况、国防要项等知识;(2)体格训练,即厉行军事训练、军事看护、医药常识等;(3)特殊教学与研究,即酌量设置与国防有关之特种教学和研究科目,其教学与研究应与相应机关取得联络;(4)劳动服务,概有三类,即参加当地公益事业及各项建设工作,参加军事后方之实习,本校劳作。① 此后,教育部又制定特种教育实施计划表,统计了各校实施特种教育情况。增设科目有:(1)理科,有毒气化学、精制炭油、国防化学、火药学;(2)工科,有兵器学、筑成学、防空学、汽车驾驶、筑路工程;(3)医科,战时救护、军事看护、绷带法、活性炭之研究;(4)农科,移民屯垦、粮食管理、荒政学;(5)文科,孙吴兵法、历史战争史料、随营图书馆、民族运动;(6)法商科,战时经济学、战时财政、战时政府、战时经济政策、战时社会工作;(7)教育科,战时教育、军事心理学、战时中小学课程研究。② 特种教育政策的制定和特种教育的实施实为抗战之有利准备。

抗战爆发后,为合理安置和利用战区流亡学生及志愿服务的学生,教育部于首都设立战区来京学生登记处,各省亦设立战区学生招待处,中央军校及各部队成立特别训练班,教育部还会同军政部及训练总监部于 1937 年 9 月制定《高中以上学生志愿参加战时服务办法大纲》《高中以上学校学生战时后方服务组织与训练办法大纲》,规定后方工作内容主要为宣传、警卫、纠

---

① 国民政府教育部教育年鉴编纂委员会编:《中国第二次教育年鉴》(第五编 高等教育),商务印书馆 1948 年版,第 76 页。
② 国民党中央委员会党史史料编纂委员会编:《革命文献》(第 60 辑),(台湾)中央文物供应社 1972 年版,第 155 - 156 页。

察、交通、救护、救济、防空与消防、募集与慰劳等,对战时服务的实施情况作了较为详细的分类规定。1938年4月,军事委员会政治部成立战时工作训练团,10月成立防毒训练班,由教育部介绍或代考学生前往受训,毕业后分发服务。并陆续制定了更加细化的纲要,还对高校服务情况力行监督。① 上述服务抗战的政策得到了各高校的普遍贯彻。

**(一)间接服务**

第一,战时科目的教学和研究为抗战提供了必要的人才和技术支持。早在1936年,各校相继增设不少特种教学科目,抗战爆发后,各大学又陆续开设相关课程。如中央大学、交通大学、西南联大、西北工业学院相继开设航空课程。中山大学文学院增开民众组织研究、抗战文艺、历代抗敌诗选;哲学系开战争哲学;史学系开日本近百年史;电机工程系开防空消毒、汽车驾驶及修理法、飞机修理、兵器概论。② 金陵大学迁成都后,先后开设公文程式、交通经济、战时财政、日本史、边疆问题研究、人口问题、中国经济地理、所得税会计、战时经济、西南边疆及战时哲学等课程;并为"表彰民族正气起见,特设丁丑以来中日战事史料编纂委员会",对战争相关的各方面事宜进行有计划有步骤地收集、整理、编纂。③ 同时,战时大学常常为抗战军队解决一些实际问题。搬迁至重庆的中华大学,以成序庠教授牵头进行的活性炭研究,其成果即用来制造战备的防毒面具,经过武汉普备司令部防毒委员会的检查合格后,特许专厂制作。太平洋战争爆发后,日军对我国施行封锁,国民政府抗战的外援物资一度断绝,燃料用油更是匮乏。军令部函请各院校研究汽油代用品,各校响应,相继研究出每加仑桐油行车18公里的桐油汽车、煤炭汽车和用糖、酒、松香提炼代汽油的技术和工艺。1940年冬,军令部还曾请一些院校研究山芋、茅根和汾酒能否制造汽油的问题。军政部还将战场上遇到的技术性

---

① 国民党中央委员会党史史料编纂委员会编:《革命文献》(第60辑),(台湾)中央文物供应社1972年版,第157-160页。
② 张谦,黄升任:《抗战与中国高等教育》,《档案与史学》1999年第4期。
③ 国民党中央委员会党史史料编纂委员会编:《革命文献》(第60辑),(台湾)中央文物供应社1972年版,第192、194页。

难题分类函送有关院校,让他们代为解决,这些问题五花八门,有军需品、兵工制造、伤兵处置、防空等等。①

第二,战时大学还通过宣传、义卖、募捐、捐献等途径支持抗战。宣传形式多样,有演讲、文艺表演、壁报、标语、游行、唱抗日歌曲等等,内容主要是宣传战时常识、国民责任、有关军事的法令、辟除谣言、揭露日军罪行及野心等,以提高民众民族意识,鼓舞民众信心。抗战八年,高校师生生活异常贫困,但本着同仇敌忾的爱国主义思想,纷纷捐钱捐物,或通过义演、义卖等方式筹钱筹物。金陵大学文学院"应成都广播电台之请",自1938年3月起,每两周由该院各系教授轮流前往播音一次,"其题材则以抗战时期人民应有之认识为中心,藉以唤起后方民众抗敌情绪"。②东北大学迁往四川三台后,"教职员间有救国献金团,暇时他们便到临近各县去演讲。学生间有抗战后援会统办一切后援事宜,如利用话剧、歌咏、演讲、壁报来宣传,开设民众教育班推广抗战教育……"③华南女子文理学院的师生,先于1941年的太湖战役中,在3天之内就为抗日军队制造了近20万个大饼充作军粮,后在1942年南平县组织的"三八"妇女节集会上,为"福建妇女"号飞机捐献出一大笔钱。另外,该校师生还将义演收入悉数捐献给福建战时儿童保育院。迁往香港的岭南大学,仅在抗战头3年内就先后两次组织人员回到内地慰劳战士和为伤兵难民们服务,3次参加捐献和认购建国储金券,且为前方战士筹募到相当数量的寒衣。这所仅六七百人的高校,仅1939年冬,一次就捐款万元。

### (二)直接服务

第一,抗战期间,诸多学生配合征调,为国服务。医药人员方面,由于战事需要,1937年7月,教育部拟定《全国医药专科以上学校高级、护士及助产职业学校教职员学生组织救护工作办法》,规定各校联合组织"医教救护

---

①张谦、黄升任:《抗战与中国高等教育》,《档案与史学》1999年第4期。
②国民党中央委员会党史史料编纂委员会编:《革命文献》(第60辑),(台湾)中央文物供应社1972年版,第201页。
③国民党中央委员会党史史料编纂委员会编:《革命文献》(第60辑),(台湾)中央文物供应社1972年版,第189页。

团"，各校分别成立救护队，称"医教救护团第×队"，以校长或院长为队长，就其设备及人才之能力范围，设置若干组。医药专科以上学校应设：(1)内科组：由内科教员及医学院五六年级、医学专科学校四年级学生组成；(2)外科组：由外科牙科教员及医学院五六年级、医学牙科学校四年级学生组成；(3)司药组：由药学专科学校教员及三四年级学生组成；(4)防疫组：由细菌寄生虫科教员及医学院五六年级，医学专科学校三四年级学生组成；(5)救护组：由教员及医学院二三年级学生组成；(6)担架组：由学生及校役组成。9月，又制定《医学教育救护队员调遣服务办法》以保证队员确能从事军中服务。1939年7月，军政部、内政部战时卫生人员动员征调委员会开始征调各医药院校1939年暑期医科实习期满学生及药科毕业生，半数为军方后方医院服务，半数为国家医疗卫生机关服务；1941年，教育部又规定1941年度毕业生除15%留校服务外，其余征用分配比例为军政部军医署40%，卫生署30%，中国红十字会15%，以后几年都按一定比例征调。1941年秋，美国来华志愿空军日增，需要翻译人员，教育部奉命转发《军事委员会征调各专科以上学校学生充任译员办法》，征调各大学外国语文系三四年级学生，予以短期训练，派往服务，迄战事结束，前后共计征召译员三千六百余人。再者，军政部为适应战时需要，增进军事工程人员及军法人员质量起见，依据《国家总动员法》订定军政部征用工程学科及法律学系毕业生有关规定，自1944年度起，每年全国各大学及独立学院的工程学科毕业生及法律学系毕业生15%由军政部征招。而这些医药、法、工、外文等科被征调的学生，自1938年起到1943年底止，六年中共计6371人，其自动参加军佐工作或译员考试者，尚不在内。[①]

第二，部分高校屡屡发起从军运动，直奔前线。如庐山时期的复旦大夏联合大学、迁往四川三台的东北大学等校，分别于抗战初期(1937年冬)和抗战中后期(1943年冬)发起志愿从军运动，一时间得到周边学校的积极响应，形成了一股股学生从军热潮。1944年，国民政府号召知识青年从军时，广大青年学生极为踊跃，其中体检合格入营者9477人，女生107人，参加远征军

---

[①]国民政府教育部教育年鉴编纂委员会编：《第二次中国教育年鉴》(第五编 高等教育)，商务印书馆1948年版，第567页。

者 2260 人,参加空军者 200 余人,1944 年各校学生从军者多达 69000 余人。就国民政府成立的招训会而言,从 1940 年到 1945 年 11 月,到招训会登记的青年总数为 382000 余人,其中"从军和参加军校者计 48745 人,约占 12% 以上"。① 在重庆,至 1942 年 12 月底,共征集知识青年 8331 人,至 1945 年 2 月 3 日止,四川 129 县、市、局登记从军的知识青年共 29157 人。② 这些学生或直接走上前线杀敌,或奔赴由中国共产党领导下的抗日武装,活跃在各个抗日战场上,有力地支援了抗战的胜利。

此外,此次高等教育的旷古变迁,延续和发展了中华民族的传统文化、科学技术,为抗战提供智力支持,为战后建国储备知识和人才;担当了"民族文化的光大、传播与提高,民族自信心的陶镕、阐扬和发展,民族意识的培养、深刻化和普遍化"③的重大使命,于国难之际筑起了一道民族的心理和精神长城,于军事落后的情形下构建了强大的心理国防,有力还击了日寇欲奴役和毁灭我中华文化的狼子野心,是文教战线的另类八年抗战,是对民族精神制高点的有力争夺。

民族危亡之际,出于强烈的爱国主义思想和深厚的民族情感,教育战线与军事战线的紧密配合是战争取得最终胜利的有力保证。今天,科技日渐发达,社会经济日渐发展,国力日渐增强,现代大学作为知识传承和科技创新的主要承担者,服务社会的能力更强,形式更多,但其中的服务精神却是一脉相承。

此次高等教育的变迁不仅是高等教育史上永恒的辉煌篇章,亦是中华民族反法西斯事业的重要组成部分,其重要意义还在于留下了深刻的历史省思。我们也从中感受到了中华民族对和平自由的无限热爱与追求、中华儿女强烈的爱国主义思想,以及一代中国大学人独特的精神气象。面对历史,今

---

① 国民党中央委员会党史史料编纂委员会编:《革命文献》(第 58 辑),(台湾)中央文物供应社 1972 年版,第 41 页;毛礼锐等:《中国教育通史》(第 5 卷),山东教育出版社 1988 年版,第 260 页。
② 四川省文史研究馆,四川省人民政府参事室编:《抗日战争时期四川大事记》,华夏出版社 1987 年版。
③ 国民党中央委员会党史史料编纂委员会编:《革命文献》(第 60 辑),(台湾)中央文物供应社 1972 年版,第 7 页。

人及后人都要秉持实事求是的态度,放眼长远,认真总结和学习,吸取经验教训。不可否认,高校内迁于大后方各方面的起步确实有一定程度的积极意义,但日本侵华的法西斯性质及对中华民族造成的深重灾难更是无可辩驳的事实。就文化而言,当时之日本统治者的行为是一种以泯灭中国人的民族与国家意识,剥夺中国人的自主权力,使之服从法西斯统治为目的的文化侵略。今天,日本国内的军国主义思潮阴魂不散,但这并不会妨碍中日两国及世界爱好和平的人们对历史的认识和对和平的追求,八年抗战及一代中国大学人已对此作了最好的诠释!

# 第五章 动员全民参与的抗战大后方社会教育

社会教育,就其狭义的理解而言,是指学校和家庭以外的社会文化教育机构以及有关的社会团体或组织对社会成员所进行的教育。因而其含义是相对于学校教育和家庭教育而言的,一般认为,它在整个教育体系中处于辅助和补偿的地位。"它既是学校教育的重要补充,可以弥补学校教育的不足,同时又有着学校教育不可替代的独特作用"。[①]

1937年,抗日战争全面爆发。随着战火的蔓延,国土沦陷,民生摧残,百业殆废。国民政府被迫迁都重庆,大批工业和文化教育机构也随之内迁到抗日战争大后方。在无情的战火中,国家危难,匹夫有责。为了挽救民族危难,必须唤起全国同胞的民族意识与爱国热情,动员广大民众为抗战服务,争取抗战胜利,于是抗战教育遂成为紧要的任务之一。而以全体民众为对象的社会教育,无疑便成为抗战时期民众动员的重要途径。在"抗战建国"的总方针下,国民政府的各项事业都要围绕这个中心,社会教育也不例外。"抗战建国,要牺牲,要劳作,而欲民众牺牲勇,劳作勤,则靠其自动的为一种伟大的情绪所鼓舞,所锻炼。我们全国同胞,经过这样不断的鼓舞与锻炼,才能抗战必胜,建国必成"[②]。这种伟大的情绪主要借助社会教育的作用来激发。大后方的社会教育正是在"抗日救亡"和"民族解放"的使命中激流勇进。

---

[①] 侯怀银,张宏波:《社会教育解读》,《教育学报》2007年第8期。
[②] 《大公报》1938年5月13日。

# 一、抗战大后方社会教育的组织与管理

## (一)国民政府社会教育的行政组织

"社会教育"一词系清末年间从日本引进我国教育研究领域。1912年,蔡元培任民国教育总长,在其组织拟定教育部官制时,特设社会教育司,与普通教育司、专门教育司并列,这是我国制度化的"社会教育"之发端。1927年国民政府定都南京后,中央教育行政组织虽几经调整,但都保留了社会教育在教育行政体系中的独立地位。在抗日战争全面爆发前的1935年,国民政府还正式颁布《教育部组织法》,规定社会教育统归社会教育司主管,并明确社会教育七项内容,包括:民众教育及识字运动;补习教育;低能及残疾者教育;美化教育;公共体育;图书馆及保存文献;其他社会教育事项等。[①]这些事项主要通过民众学校、民众教育馆、图书馆、博物馆、公共体育场等机构进行。

抗战爆发以后,文化教育事业受到战争的破坏和摧残,但由于抗战的特殊需要,社会教育进一步受到国民政府的重视,社会教育行政组织得以保全和继续完善。抗战时期,国民党中央执行委员会下设社会教育委员会,该委员会设委员九人,由组织部、宣传部、训练部各派二人,教育部、内政部各派一人,另聘社会教育专家一人组成。由此可以看出,抗战时期的社会教育并非仅是教育部的内部事务,而是隶属于国民党中央由多部门参与的共同事务。教育部设有社会教育司,分为三科,分管社会教育事业的不同事项。从其分掌事项来看,抗战时期的社会教育事项较战前更加繁重,除增加"国防"教育的特殊任务,还强调了"农产"和科学、卫生等事项,此外电化教育作为当时较

---

① 蒋建白,吕海澜:《中国社会教育行政》,商务印书馆1937年版,第59页。

为先进的一种技术手段开始发展起来,并日益成为抗战时期社会教育的重要工作内容,其中包括播音教育事项,电影、幻灯教育事项,电化教育推广及教材编辑事项等。[①] 教育部还组织成立各专门委员会辅助推进社会教育诸事项。如社会教育计划委员会、电化教育委员会、国语推行委员会、音乐教育委员会、补习教育委员会等等。地方上也有专门的社会教育行政组织。抗战前,各县教育局下设专科掌管社会教育,1939 年国民政府推行新县制后,教育局被裁撤,改设教育科,教育科内设专股或专员负责办理社会教育。

### (二)大后方社会教育的目标与任务

社会教育不仅是使民众认同政府的重要途径,也是政府改造民众和社会的重要工具,对此,国民政府早就有清醒的认识,对社会教育方针不断地有所修订。抗战前对于社会教育方针较完全的表述是 1931 年 9 月国民党中央常委会通过的《三民主义教育实施原则》,其中第五章关于社会教育目标规定:"一、提高民众知识,使具备近代都市及农村生活之常识。二、增进民众职业知能,以改善家庭经济,并增加社会生产力。三、训练民众熟悉四权,实行自治,并陶铸其忠孝仁爱信义和平之国民道德,以养成三民主义下的公民。四、注意国民体育及公共娱乐,以养成其健全的身心。五、培养社会的干部人才,以发展社会教育事业"[②]。可见,战前国民政府的社会教育除了意识形态的影响外,明显吸收了 20 世纪二三十年代通俗教育和平民教育的理论主张,以识字教育、生计教育、健康教育等为主要内容。但随着抗战的爆发,社会教育在特殊的历史时期也有了其特殊的目标和任务。

抗战时期社会教育的特殊性就在于,社会教育在很大程度上是作为一种为抗战服务的手段存在的,也就是说,"抗战教育"是这一时期社会教育的主要目标。关于战时教育的方针和目标,不少人一开始有激烈的争论。有人认为教育乃百年大计,不可因战争改变既定方针;另一些人则针锋相对,说维持正常教育则是坚持"亡国教育",因而主张大中学校全面转轨,变成各种战时

---

[①] 张聿正:《抗战中的中国社会教育》,国立中央民众教育馆编:《社会教育辅导》第 4 期,第 42 页。
[②] 宋恩荣主编:《中华民国教育法规选编(1912－1949)》,江苏教育出版社 1990 年版,第 46 页。

短期培训班,直接为前线后方输送抗战人才。① 为平息争论,1938年4月,国民党召开的临时全国代表大会上通过了《抗战建国纲领暨战时各级教育实施方针纲要》。1939年3月,国民政府第三次全国教育工作会议召开,蒋介石提出"战时应作平时看"的战时教育方针,其主旨是维持正常教育体系不变。显然,这一教育方针主要是针对系统学校教育而言,而社会教育已在看似不变的方针表述中与抗战现实密切联系在一起了。根据1938年国民参政会上通过的关于各级教育实施方案的提案,其中对当前社会教育一项的目标、范围、对象、实施途径等表述如下:

"(实施)社会教育,以增进全民之知识道德与健康,以提高国家文化水准,使全体民众具备公民常识及公民意识,明了本国现状与世界大势,成为新时代所需要之良好公民,俾新兴事业,易于推行,国家政策,易于实现。故其施教之范围甚广,要其大端,不外训练民众熟悉四权,能实行自治,并陶冶其忠孝、仁爱、信义、和平之国民道德,增进其应用职业职能,以培养其改善家庭经济,增加社会生产力,同时注重国民体育及公共娱乐,以养成其健全之身心,实行新生活之条件。故其施教之对象,为全民教育。故应分为普及民众识字、公民训练、青年训练与妇女训练各项,在各地分别实施之。其推行此种教育之工具,充分扩展科学馆、图书馆、美术馆、博物馆、民教馆、展览会、戏剧音乐院、广播电台等。而推行此等教育之机关,应充分利用政治的社会的一切已存之组织,并应与各地党部中小学校联络实施,俾得普及易而收效速。"②

上述社会教育方针虽然全篇没有"抗战"的字眼,但在教育目标中有了"明了本国现状与世界大势"的表述,必然触及国民内心的民族意识。这种民族意识渗透到生产生活的各个领域,事实上是为抗战作积极的准备。因此社会激进派会将上述社会教育目的解读为:"训练健全公民,提高文化水准,发扬民族精神,改进人民生活,促进社会发展,复兴中华民族,以完成革命建设大业,在战时并能针对需要,以唤起民族意识,激发抗战情绪,灌输战时知

---

① 陈钊:《国民政府战时教育方针研究》,西北大学硕士论文,2002年。
② 宋恩荣主编:《中华民国教育法规选编(1912-1949)》,江苏教育出版社1990年版,第66页。

能。"①他们认为社会教育在特殊阶段目标的中心任务是达到完全组织民众训练,唤起民众意识,激发民众投入到抗战救国当中去。用当时较为普遍的表述,社会教育工作主要包括四项内容:"(甲)动员整个民族意识觉醒。(乙)普及民众教育,提高民众文化水准。(丙)培养并充实军事力量,以作持久战、消耗战的人力的补充。(丁)培养技术人才,以谋抗战物力数量的增加,和效能的提高"②。可见,抗战时期社会教育主要肩负起为抗战服务的历史使命。

### (三)大后方社会教育的经费与督导

为保证社会教育事业的正常发展,国民政府早在1928年就通令各省教育厅,"规定社会教育经费,应占全教育费中百分之十至二十"③。但很多省市不能达标。1933年教育部再次训令各省按上述标准筹达社会教育经费,"不得仍前玩忽,漠视要政",且进一步要求已达标省市"嗣后如新增教育经费,所有社教经费在该项新增经费内所占成数,在各省市应为百分之三十,在各县市应为百分之三十至五十"④,可见国民政府对社会教育事业的期望甚高。

抗战期间,国民政府也多次通令各省市开列预算、宽筹经费,并整理教育财产。1941年国民党召开五届九中全会,通过了"宽筹社会教育经费,加紧推进社会教育,以加速完成抗战建国大业"的提案,要求各省市县社会教育经费"应切实递加",在1942年至少达到全部教育经费的20%至30%的标准。⑤除了开源节流外,教育部还对于社会教育经费的使用进行了规范和集中。1941年,省教育经费实行中央统筹,所以教育经费有一定增加,社会教育经费也随之增加。但是在战时的特殊时期,政府须统筹支配有限的财政,集中用于保障军费上,因此战时各地社会教育经费筹措往往不能完成预期的目标,有些甚至相差甚远。从教育部统计的数据比较看,1945年社会教育机关数相

---

① 陈礼江:《抗战十年来中国的社会教育》,《中华教育界》(复刊)第1卷第2期,1947年。
② 《大公报》1937年10月25日,第三版。
③ 沈云龙主编:《近代中国史料丛刊》(第三编),文海出版社1989年版,第2页。
④ 蒋建白,吕海澜:《中国社会教育行政》,商务印书馆1937年版,第124页。
⑤ 陈礼江:《抗战十年来中国的社会教育》,《中华教育界》(复刊)第1卷第2期,1947年。

当于战前的 33.62%，经费是战前的 79.35 倍。经费虽然是战前的近 80 倍，但是 1945 年的币值仅是 1936 年的 0.5‰，有学者按此做过粗略计算，发现 1945 年经费只相当于战前的 3.97%。① 因此，中央下拨教育经费完全不足以满足当地社会教育事业发展的需要，相当程度上还需依赖各省和地方自行筹集。以云南省为例，云南省地方的教育经费自 1929 年起就已经实现独立，有专款会计，并组织了征收、保管、出纳、支配、监察等专门机构管理教育经费。1934 年拟定了《各县市社教附捐保管支用规程》，将"烟酒牲屠附加自治捐款，以十分之二补助各县市社会教育经费，通饬一律自 1934 年 7 月 1 日起征，此项经费用来推进民众教育不得挪以他用"，"自筹此项经费后，社教经费已占省经费百分之三十"。② 可见，地方政府在保证社会教育专款来源方面有所作为，一定程度上弥补了中央拨付经费的不足。

除了社教经费的保障之外，由于在特殊历史时期社会教育的特殊历史作用，国民政府加强了对后方各省社会教育的工作督导，并于 1938 年创设了社会教育督导制度，这是此前不曾有过的。根据形势需要，国民政府出台了一系列社会教育方面的法令法规，如民众学校、民众教育馆等社教机构章程等，陆续颁布各省实施。同时，教育部设置 3—5 人督导各省市社会教育。同年 5 月 9 日，教育部训令各省教育厅切实推行社会教育，并订定规程，令湖南、湖北、河南、陕西、广东、广西、四川、贵州、云南、江西十省设置社会教育督导员，还规定各省每一行政督察员区，应设置督导员一人，长期在巡回区的各县市督导。其任务是"(1)督查本区(市)社会教育法令之推行；(2)督促并筹划本区(市)社会教育之推行；(3)督促并计划本区(市)社会教育经费之增筹；(4)视察并指导本区(市)社会教育机关之工作；(5)考核本区(市)社会教育机关之成绩；(6)答复本区(市)社会教育机关之咨询；(7)介绍适用之教材及教法于本区(市)社会教育机关；(8)办理本区(市)社会教育人员之训练及进行"。③ 教育部还有一种督导方式，就是根据视察人员的呈报直接发布命令和

---

① 徐建忠：《抗战时期国民政府的社会教育考察》，河南大学硕士论文，2008 年，第 78 页。
② 云南省地方志编纂委员会办公室编：《续云南通志长编》(下册)，1985 年版，第 893 页。
③ 郁祖庆编著：《社会教育纲要》，四川省政府教育厅 1940 年印行，第 19 页。

指示,令各省市对社会教育工作进行改进。但教育部只指出哪些方面应该改进,但怎样改进却不加指导。由此看来,政府虽意识到社会教育的重要性,但对社会教育的督导只是宏观性的,而地方上社教人才缺乏,使得社教工作尚缺乏专业上的指导,所以其督导的作用不难可以想见。就像民国时期民众教育倡导与研究者陈礼江所描述的那样:"中央虽已确立督导制度,而督导人员仍感不足,若干省县,甚至未见督导人员之面,且因乡情地区之封建恶习未除,赏罚不明,每使辛苦工作成绩显著之人员,其功不彰,而滥竽充数别有关系之庸才,反能尸位安居,不但影响事业之进展,而使学术理论,亦感空泛,而无法推行"。[①] 事实证明,抗战时期社会教育的发展并不一味依赖政府作用,更要肯定的是社会团体和民众的支持与热情。

## 二、警世化民的社会教育机构设施

战时社会教育因其活动区域和对象的不同,其施教形式主要有两种:一种是通过在中心城镇建立固定的民众社会教育机构面向民众开展教育,主要包括:民众学校、民众教育馆、图书馆、科学馆等;一种是设立巡回教育团体进行巡回施教,送教上门,深入农村、工厂和军队开展社会教育各项内容。抗战时期各种形式的机构和团体所倡导的社会教育都是围绕"抗战建国"这个主题进行的,即能"激发民族意识觉醒,激发民众爱国热情、民族抗敌信念",充分发挥其警世化民的作用,直接为抗战服务。

### (一) 民众学校

民众学校在抗战前早已普遍开设,主要职责是实施补充教育。抗战爆发后,百姓罹难,许多人流离失所,因而失学者甚多。1937 年 8 月国民政府教育

---

① 陈礼江:《抗战十年来中国的社会教育》(续),《中华教育界》(复刊)第 1 卷第 3 期,1947 年。

部颁布了《各省市失学民众强迫入学暂行办法》,规定失学民众"除已核准缓学免学者外,应一律入当地所办之各种民众学校,如不遵从,应强迫其入学"。民众学校招收的失学民众范围很广,有 16-30 岁的青壮年,也有年长者和较幼者,其内容则庞杂而不系统。除了普通的文化知识教育,有些民众学校还根据招收对象开设一些职业训练方面的专门科目,而师资则也是良莠不齐。为此,教育部曾将从沦陷区撤往后方的中小学教师组织起来,组成"战区中小学教师服务团",充实各地民众学校和社会教育机构。当时服务团有数百名团员驻在重庆,可凭教育当局调遣,这为各地民众学校提供了师资保证。中央社会部也曾借调教育部战区教师 480 人,组织社会工作团,经受短期训练后共编 15 队,分赴重庆市区及江北、巴县农村,协助实施民众教育及民众运动工作。举办民众学校 17 所,共 23 班,招生 1076 人。举办商业复兴补习学校一所,前后共 3 班,受训店员有 163 人。[①] 其他各省市民众学校开办情况也大致如此。由此看来,民众学校是在国民教育之外非正式非系统教育的主要场所,其招收对象年龄跨度较大,教育培训也没有固定学制,一般以短期为主,规模较小,但受众累计起来为数往往十分可观,因而其影响不可小视。

民众学校最初的主要任务是成人补习教育,同时兼办公民教育、公共体育、科学、艺术教育等事项,因此划归社会教育工作范围。1939 年国民政府实行新县制以后,将民众学校调整到国民教育系列,遂从社会教育工作内容中独立出来。

**(二) 民众教育馆**

抗战期间,国民政府为了加强社会教育,把重心放在运用民众教育馆这种综合性的民众教育机构施教作用上面。根据民国人士方金墉的说法,民众教育馆的作用包括"一、民众知识的灌输;二、优良德行的陶冶;三、爱国思想的训练;四、谋生技能的传授;五、民众娱乐的改善;六、养生习惯的养成;七、

---

[①] 国民党中央委员会党史史料编纂委员会编:《革命文献》(第 98 辑),中央文物供应社 1984 年版,第 99-106 页。

健全体格的锻炼"[1]。由此看来,似乎也是包罗万象的。民众教育馆的前身是通俗教育馆。国民政府成立后,全国开始大规模设立民众教育馆。据资料记载,1928年全国民众教育馆,计有185所,职员计有499人[2],到1936年民众教育馆就增加到1612所[3]。抗战爆发后,日寇每到一处,便大举破坏当地的文化机关或场所,作为民国时期重要文化机关的民众教育馆惨遭破坏,数量锐减。据资料查证,1938年全国民众教育馆减少为774所[4],可见在战争中造成了巨大的损失。

日寇对各地民众教育馆大肆破坏的情形引起了国民政府的关注。为健全机构,1939年教育部改进社会教育方案,令"各县市设县市立民众教育馆一所,由各省教育厅视各县市经费情形之盈绌,分别规定筹备限期之长短,自二十八年度起于三年内一律设置完成。人口众多,经费充裕之县,应就乡村逐年增设,期于每一自治区能设立民众教育馆一所"[5]。同年,教育部颁布了《民众教育馆工作大纲》,1941年改为《民众教育馆工作实施办法》,对全国的民众教育工作进行了规范。教育部为了集中力量增加效率,又订定民众教育馆中心工作,每月至少限定一种,循环施行,另外根据当地的实际情况进行一些工作。每月的中心工作如下:"一月份美术教育、二月份生计教育、三月份家庭教育、四月份音乐教育、五月份卫生教育、六月份科学教育、七月份国防教育、八月份礼俗教育、九月份国民教育、十月份戏剧教育、十一月份语文教育、十二月份电化教育"[6]。为了指导各级民众教育馆系统的建设,教育部于1942年夏开始筹备国立中央民众教育馆,选址在重庆李子坝,11月12日正式成立,由马宗荣任馆长。中央民众教育馆在各级民众教育馆中居于领导地

---

[1] 方金墉:《民众教育馆之使命》,《社会教育·季刊》第1卷第2期,1937年。
[2] 国民政府教育部教育年鉴编纂委员会编:《第二次中国教育年鉴》,商务印书馆1948年版,第1096页。
[3] 《申报》1939年10月31日。
[4] 国民政府教育部教育年鉴编纂委员会编:《第二次中国教育年鉴》,商务印书馆1948年版,1470页。
[5] 《申报》1939年12月1日,第八版。
[6] 国民党中央委员会党史史料编纂委员会编:《革命文献》(第58辑),(台湾)中央文物供应社1972年版,第79页。

位,负责开展对地方民众教育馆的辅导,如调查、通讯、研究、编制各项社会教育制度、方法、教材、教具等。它的辅导范围除全国各级民众教育馆外,有时也涵盖其他社会教育机关。

民众教育馆原来的中心工作是扫除文盲,但是抗战时期的中心工作就变为抗战宣传教育了。各地民众教育馆都积极响应"抗战救国"的号召,以警世化民为己任,宣传抗战救国,并普及战争防护知识等。比如,抗战时期的重庆市立民众教育馆,其工作主要有:"协助筹备民校,并积极实施民教馆之文字教育,如出版民众壁报,扩充民众图书阅览室,举办有组织之识字运动,设立民众问字代笔处,创制巡回文库车,于各特约民众茶园添置书报流通处,于各交通路口设置流动之通俗讲演站"。[1] 此外,民众教育馆还根据当地需要和人力、财力状况开展民众服务,在服务中达到教育的目的。同样是重庆市立民众教育馆,该馆的工作还有"协进自治、提倡生产、增进健康、改良风俗、指导娱乐及战时后方工作诸大端"。[2] 该馆积极对民众进行社会教育,其方式丰富多彩,主要通过"设立自治常识讲座,推行各种纪念活动,小本贷款介绍处,职业介绍处,各业工友训练班,店员职员补习班,整顿公共体育场,举办拒毒运动,节约运动,设置收音室,特约茶园,象棋竞赛,绘画研究会,音乐研究会,以及抗战宣传,图画展览,征募寒衣,慰劳伤兵及出征军人家属"等途径来实施。[3]

抗战时期大后方的民众教育馆虽积极担负起普及社会教育的重任,但是由于历史的局限性和时代的特殊性,其整体质量不高且最终没有完全达到应有的功效。一方面,民众教育馆所进行的社会教育内容非常广泛、对象杂而乱,相关的内容涉及面宽泛之极。"凡民众教育之实施,文化水准之提高,民众组训之协助,地方自治事业之推进,康乐活动之指导,民众生计副业之推广,党义政令之宣传,以及其他各种社教工作之举办,均应负责办理"[4],所以

---

[1]《申报》1939年11月1日。
[2]《申报》1939年11月1日。
[3]《申报》1939年11月1日。
[4]《申报》1940年7月4日。

民众教育馆所办的事业太多,影响到民众教育馆工作的社会效果。另一方面,各地民众教育馆的工作人员和基础设施都缺乏保证,首先是工作人员很少受过专门的训练,既缺少研究也缺少经验,"任教民校者不知正确之教学方法;司图书者不知编目分类;司生计教育者无生产知能;司体育者不知场地布置、比赛规则"。① 其次是各馆的基础设施和设备太差,由于地方政府没有认识到民众教育馆的重要作用,因而其基础设施建设方面没有得到政府重视,地方政府对此既不进行领导,也不督促推动,造成地方的民众教育馆设施更差。最后,也是最重要的一方面即多数民众教育馆的经费没有着落,有的甚至连工作人员的工资也发不下来。这些原因造成结果是:"(一)设施多消遣性质,少有教育意义。(二)设施肤浅混杂,误宣传活动为教育目的。(三)工作太散漫。(四)事业无中心。(五)施教区域太大。(六)无固定对象。(七)设施多蹈空不合需要。(八)主持者多不能认识问题之核心。(九)偏重馆内,忽视馆外。(十)未能到民间去。"② 这应是大部分民教馆的真实写照。

### (三)图书馆

图书馆是"实行民众教育的无上工具"。③ 1939 年 7 月,教育部颁布了《修正图书馆规程》,其第一条规定"图书馆应遵照中华民国教育宗旨及实施方针与社会教育目标,储集各种书籍及地方文献,供众阅览,并得举办各种社会教育事业以提高文化水准"。同年,又颁布了《图书馆工作大纲》,其第五条规定"图书馆施教任务,除办理本馆一切事务外,应负辅导或协助本区各社会教育机关及各级学校有关图书事项之责"。1939 年 11 月,又颁布了《图书馆辅导各地社会教育机关图书教育办法大纲》,其第二条规定"图书馆应以辅导各地社会教育机关图书教育为主要任务之一"。1940 年教育部为了推行图书馆教育,制定了图书馆辅导各地社会教育机关图书教育办法大纲十五条,对于图书馆辅导的范围进行了规定,省、市、县立图书馆应负责本区内其

---

① 《申报》1940 年 1 月 29 日。
② 《申报》1939 年 11 月 1 日。
③ 王君锡:《民众图书馆与民众教育》,《民众生活周刊》第 10、11 期,1932 年 7 月。

他各图书馆及其他社会教育机关关于图书教育之责。

国民政府在抗战时期对于推广图书馆教育也做出了一定的努力。充实了国立北平图书馆,在南京筹设了国立中央图书馆,后又兴建了中央图书馆重庆分馆,并由中央图书馆训练图书馆干部人才,扩充了地方图书馆及地方图书设备。在抗战大后方,表现最突出的是国民政府建立中央图书馆重庆分馆。抗战爆发后,南京中央图书馆奉命迁川,先在重庆设立办事处,1939年该馆迁江津白沙镇,并在重庆建立分馆。次年7月正式命名为"国立中央图书馆"。在重庆五年,中央图书馆在艰难困境中发展,取得了相当的成绩。仅就社会教育方面而言,比如办理图书馆补习学校,编印战时国民知识书目等,发挥了应尽的教育之责。1937年10月至1939年8月,该馆编印战时国民知识书目共27期,编印重庆各图书馆所藏西南问题联合书目一种。除此之外,中央图书馆还代四川省筹设四川省立图书馆,为中央训练团、中央党部执行委员会秘书处、中央政治委员会等筹设图书馆等。[1] 这说明中央图书馆在业界担任了引领和指导的角色,对于扩充和传播图书馆的社会教育功能起到了良好的作用。

根据资料统计,1938年"全国公私立图书馆2912所,在战区者1436所,占总数49.3%"。[2] 当时的民众由于社会动荡为生计奔波,为安全着想,除了极少一些搞学术和科学的知识分子外,很少有普通民众主动去图书馆学习,也没有时间和心情去阅读休闲。据教育部1940年统计:"全国图书馆共有890所,工作人员数有2045人,平均每一图书馆有工作人员数为2.2人"。[3] 据此可见,无论是图书馆数量还是工作人员数量都难以保障有十分理想的工作局面和效果。

**(四)科学馆、艺术馆和博物馆**

科技馆主要用于科学知识的推广普及和研究。抗战爆发后,教育部鉴于

---

[1] 李定开著:《抗战时期重庆的教育》,重庆出版社1995年版,第156页。
[2] 《申报》1938年12月7日。
[3] 陈礼江:《中国社会教育建设的途径》,《社会教育季刊》创刊号,1943年。

民众安全防护及抗战的需要,也计划对民众实施科学教育。1941年2月订定了省市立科学馆规程,4月公布实施。8月又订定了省市立科学馆工作大纲。通令各省市于1941年内一律筹设科学馆一所,并把情况呈教育部备案。抗战时期科学馆的主要活动有:"编辑科学小丛书;训练民众科学教育实用人才;设计并试制科学教育玩具及教具;督导全国各级学校及各种社会教育机关推行民众科学教育"。[①] 科技馆在抗战时期对于防毒、防空等抗战常识的宣传有一定的作用。但其时科学馆的境况和图书馆差不多,真正能正常起作用的科学馆不多。

此外,抗战时期国民政府还在重庆筹设艺术馆、博物馆。其中国立礼乐馆建于1943年,先在教育部所在地青木关,后迁到北碚。该馆主要任务是厘定礼制、乐典,开展音乐教育,承教育部之命编审有关的音乐书籍。1943年下半年,教育部为推进美术教育,在两路口中央图书馆内筹设中央美术馆,其业务包括设计制作美术物品、举办美术作品展览、编制美术刊物、辅导美术团体等。可惜的是,由于种种原因,中央美术馆最终没有建成。还有抗战前就在南京筹备的中央博物院,由于抗战爆发,其筹备处迁往重庆。但1939年为避日机轰炸,又迁往昆明。1941年太平洋战争爆发后,越南战事紧张,又迁往四川宜宾的李庄。

总的看来,这些科学馆、艺术馆和博物馆较之图书馆而言与普遍民众距离稍远,较之专司民众教育的民众教育馆更显得教化功能有限,加之战时经济吃紧,有些地方干脆将其合并到一起。如云南省将省立博物馆和民众图书馆的原有机构改组为省立昆华民教馆,作为指导全省社会教育的中心机构,在民众教育馆下再设图书部、事务部等,分担科学、艺术等方面的教育功能。无论如何,上述科学馆、艺术馆、博物馆等开展的科学、艺术等方面的教育在当时的确是隶属于社会教育系统的职责,在20世纪三四十年代学校教育并不发达、国民教育程度普遍不高的情况下,它们一定程度上弥补了学校教育之不足,也为抗战作出了直接或间接的贡献。

---

[①] 国民政府教育部教育年鉴编纂委员会编:《第二次中国教育年鉴》,商务印书馆1948年版,第1129页。

## 三、活跃四方的电化教育和巡回教育团体

民众教育馆、图书馆等是抗战时期开展社会教育的常设机关,但它们往往设置在人口相对集中的城镇地区,而后方广袤的农村既无财力建馆,又因交通不便和文化水平低下等原因村民不能主动前来接受教育,如何才能动员全民族共同抗战呢?这就要求社会教育必须开辟一种新的形式。抗战时期在大后方开展社会教育的另一种重要形式是成立专门的社会工作团队,以流动方式开展巡回教育。这种巡回教育主要是通过电化教育的手段和方便流动传播的其他文化艺术形式来进行的,活跃在抗战大后方的各个角落。

国民政府教育部 1944 年 12 月颁布的《法令电化教育实施要点》详细规定了电化教育的实施目的、分类、实施程序和要求、巡回施教的条件及经费等问题。其中提到实施电化教育的目标在于:"培养民族意识及国家观念,提高政治知识,增加生产能力,提倡正当娱乐,以促进社会与文化之发展"。[1] 严格说,该法令是在抗战已接近尾声时出台,其时国民政府的工作重心发生转移,因而对电化教育的功能的表述显得较为宽泛。事实上,抗战时期的电化教育则直接是为抗战服务的,其目标一方面在于以便捷的手段及时传达政府信息,"俾有系统,有组织之战报的传播于整个民国,以收共赴国难之效"[2],另一方面则是通过当时较为先进的电影和广播的方式加强对民众的教育,为抗战服务。因此抗战伊始,教育部便大力推行电影和播音教育。1940 年,国民政府教育部将主办电化教育的电影教育委员会和播音教育委员会合并,成立电化教育委员会,在各省分设电化教育辅导处,并在社会教育司设第三科,主管电化教育工作。截至 1943 年 10 月,后方 18 省市纷纷设立电化教育辅导

---

[1] 国民政府教育部教育年鉴编纂委员会编:《第二次中国教育年鉴》,商务印书馆 1948 年版,第 1152 页。

[2]《申报》1939 年 5 月 8 日。

处,包括重庆、四川、广东、广西、湖南、江西、安徽、河南、陕西、云南、贵州等地,连较为边远的西康、青海、甘肃等省也成立了电化教育辅导处,可见当时的抗战大后方已经广泛而普遍地开展了电化教育。尤其是电影,深为民众所钟爱,遂使电化教育成为抗战时期活跃在大后方的一种不可或缺的社会教育形式。

### (一)电影教育

#### 1.抗战电影的诞生

1938年1月29日中华全国电影界抗敌协会宣告成立,提出"要建立一个新的电影底战场,……以电影底话语向我们底同胞和我们底国际间的友人陈述新中国底现实!"[①]电影抗敌协会的成立,标志着作为一种艺术形式的电影与全民族抗日的时代使命结合了起来,一种特殊的电影形式——抗战电影,就在这个特殊的时代背景下诞生了。1938年12月4日,重庆《扫荡报》上登载施焰的文章《三则建议——给中国电影界》,呼吁中国电影界急切的任务是"电影下乡、电影入伍、电影出国"。[②] 这三条建议成为抗战电影制作的一条准绳,其中对农民和军队进行教育和宣传,成为抗战大后方教育电影的一项主要工作。

#### 2.抗战电影的种类与主要内容

抗战电影一个重要的特色在于强调电影作为战时宣传工具的广泛教育性和现实服务性。1937年,国民党军事委员会政训处因抗战需要扩充为政治部,加强了对电影业的管理。抗战时期电影制片机构,包括中央电影制片厂、中央电影摄影场、中华教育电影制片厂、中国农村教育电影公司、电化教育推广处、国际电影推广处、金陵大学、四川省政府教育厅等,几乎全属官营性质。

抗战时期电影绝大多数均为科教宣传片,一般称之为教育电影,以示与商业电影相区别。彭骄雪将民国时期教育电影分为四类:科学普及片、技术

---

[①]程季华:《中国电影发展史》(第2卷),中国电影出版社1998年版,第16页。
[②]施焰:《三则建议——给中国电影界》,《扫荡报》1938年12月4日。

推广片、教学片和国民党训育片(或称军教片)。① 这些电影有些是国内独立摄制的,有些是直接从国外引进,甚至由于战争的干扰和经费的限制,官营电影系统自摄的影片并不如国外流入的数量多,但它们都隶属于专门的行政管理。教育电影的生产和播映不以盈利为目的,而是由国家出资扶植,并享受一系列优惠政策,是一种完全意义上的"国家工业"。

中央电影制片厂前身是国民党军事委员会政训处宣传科下的电影股,1937年发展为制片厂。由于其所属军事机关的优势,该厂组织了若干摄影队奔赴抗战前线,在战火中拍摄了不少抗日战争的新闻片和教育电影。如《保卫我们的土地》《塞上风云》《抗战特辑》《南京专集》《抗战言论专集》,还有一些标语卡通片、歌唱片、纯新闻片、军事教育片等等。中央电影摄影场摄制的影片则有《淞沪前线》《克复台儿庄》《抗战中国》《孤城喋血》《北战场精忠录》《中华儿女》等,还有一些纯新闻片、记录片等等。除了这些政治和军事题材的影片,还有另一种类型的社会教育影片,旨在对民众日常生活进行教育和指导,以增长技能,提高国民素质,因而其内容则要宽泛得多。这从民国教育部社会教育室1939年统计的社会教育类影片内容可以看出。当时教育部置备的影片共有130余种,"其中属于发扬民族意识者二十七种,增进生活常识者十六种,灌输科学知识者十一种,授与生产知能者三十四种,协助学校教学者十七种,其他关于地理风景及娱乐者二十五种"。② 中华教育电影制片厂成立后主要从事这类影片的摄制。该厂1942年在重庆北碚成立,直接隶属于国民政府教育部。当年的出品目录共40多种,其中社会教育片内容十分丰富。例如,《健康的国民》旨在展示每一个国民应有的日常生活卫生习惯及公共卫生方法;《新家庭》介绍普通家庭的家事改良方法及其设备,以图观映者仿效;《游泳》介绍一般游泳知识以提倡国民体育;《家庭副业》则介绍普通家庭妇女可以从事的农业、小工艺、畜牧生产副业;《新四川》介绍当时四川的情况及地理常识;还有《社交礼仪》介绍国民政府所规定并倡导的所谓新社交礼仪制度。这些教育片反映了政府当局开启民智、提高全民素质的主观愿

---

① 彭骄雪:《民国时期教育电影发展简史》,中国传媒大学出版社2008年版,第4页。
② 国民政府教育部社会教育司编印:《中国社会教育概况》,1939年印行,第12页。

望,当然是与国民政府所鼓吹的"抗战建国"和"新生活运动"是一脉相承的。

3. 流动的电影放映队

抗战时期大后方活跃着多个流动电影放映队。其中国民党军事委员会政治部设立的"电影放映总队"规模最大。其队部设在重庆区中一路328号。电影总队长由郭沫若兼任,下设电影队十多个,共有放映员104名,负责分赴各地和各战区放映电影。据国民党军事委员会政治部电影放映总队的统计,仅1940年上半年六个月间,第一队在第三战区放映89次,观众101800人;第二队在第四战区放映58次,观众160400人,第三队在第八战区放映79次,观众631100人;第四队先后在第四战区、第九战区放映86次,观众333900人;第五队在西昌建设区及西康放映85次,观众214350人;第六队在第十战区放映45次,观众793350人;第七队在第五战区放映51次,观众367400人。放映地区远至陕北、绥远、甘肃、西昌、西康,以及湘、粤、赣、皖、苏、浙、豫等各省战地,观众多为农民与士兵,在西康的观众还有猡猡族。[①]

此外,各省电化教育辅导处也是教育电影的主要放映机构。为了推行电影教育,1936年教育部划定了81个"电影教育巡回施教区"。抗战爆发后,国民政府不断购置电影放映机,增设施教区,保证了电影教育稳定发展。1938年,教育部成立第一、第二两个社会教育工作团,并组建成立第一民众教育巡回施教车,按时巡回放映电影。每一县市均有电影教育机件一套,巡回本县市境内各村镇施教。1938年底,全国划定的电影巡回施教区达到135处。1939年,为了适应抗战需要,教育部"一面委托中央信托局代购发电机、放映机、幻灯机各二十四架,以便分发各省增设新施教区……一面大量摄制并购置教育影片,已委托香港银光公司及柯达公司,复印抗战第三辑、抗战第五辑、保卫我们的土地、热血、忠魂、空军战绩、淞沪抗战及防空、防毒等影片多种"。[②] 但是1940年以后,因为国土沦陷,交通不便,施教区的电化教育活动受到影响。1942年,原两个社会教育工作团改组为川康、西南、西北三个社教工作队,次年,国民政府发布《电化教育巡回工作队组织通则》,将原来的电

---

[①] 杨邨人:《农村电影的制作问题》,《中国电影》第1卷第1期,1941年1月。
[②] 《申报》1939年6月30日。

影巡回施教区一律改为巡回工作队。截至 1943 年底,全国电化教育巡回工作队总计达 52 队之多,工作范围覆盖湘、鄂、川、黔、滇等 19 省,受教民众达百余万人。到接近抗战胜利的 1945 年,电化教育巡回工作队缩为 39 队,分布于 16 个省市。据电化教育委员会统计,自 1942 年至 1946 年几年间,教育部仅在重庆及邻近的迁建区一带就放映电影 124 次,观众达 391550 人。①

4. 抗战电影对民众的影响

金陵大学理学院教育电影部孙明经教授在撰文谈到电影与民众关系时指出:"电影具有动员民众的素质"。② 他认为,电影作为一种媒介,一种工具,它和文字一样,"使每一个公民觉得民族至上,国家至上,因而全国意志集中,力量集中,人人都能担当起抗战建国的重任"。他甚至认为,相比于文字,电影对于动员民众有更多的好处,因而效用更大。比如电影更能吸引群众,电影可以打破语言文化的隔阂,电影可以打破空间、缩短时间、扩大空间等等。孙明经在金陵大学办理电影教育若干年,上述论述的确是经验的总结。由于电影在当时对于普通民众而言还算是一件新奇的事物,民众反应热烈,常至于万人空巷,"其实不一定映什么好片子,民众只要听到电影两个字,便雀跃三丈,觉得非先观不为快"。他以亲身的经历证明了这一点:

"两年以前,我到西康考察,教育厅便派人去巡回放映教育电影,当时安巴城的人,真的万人空巷,挤到城外空坝上看电影,而且临近一二十里的老百姓也都扶老携幼来了,等到一切都布置好,天公不作美,下起雨来。放映人员只好收场不映,但是观众一个也不走,一定要看,于是才想方法把放映机遮起,观众也就在雨里作了两个钟头的落汤鸡。

"巴安汉人不多,大多是康人应用藏文藏语,电影里的文字都是汉文,但是他们不管懂不懂汉文,还是要看。电影号召力量之伟大,于此可见一斑。"③

类似的情况在实施巡回电影教育的放映员的记录中屡见不鲜,常常令人感叹。甘肃教育厅一名叫赵振国的工作人员有如下一段记录:

---

① 杜维涛:《电化教育的回顾与前瞻》,《电影与播音》第 4 卷第 2 期,第 68-76 页。
② 孙明经:《电影与动员民众》,《电影与播音》第 1 卷第 5 期,1941 年。
③ 孙明经:《电影与动员民众》,《电影与播音》第 1 卷第 5 期,1941 年。

"本来为了汽油无多,我们决定公映二十次,实际上我们公映了四十一次,这完全是因为各地的军队及民政团体情愿自己出汽油的缘故! 那六县的好多乡镇,因为时间、经费的不许可,我们是没有去,然而离我们公映地点二十多里外,军民徒步骑马,成群结队的冲出黑暗的原野,爬过高山,涉过涧水,到我们的那儿来,不能不使我们高兴欢唱。"①

从以上文字可以窥见当时电影在普通民众中的受欢迎的盛况。正因为喜爱,电影往往也最能抓住人们的心,在潜移默化中施以教育和熏陶,因此电影对抗战时期民众的精神动员常可收到事半功倍的效果。史东山曾记载:"常有伤兵看了影片之后,立即要求上前线的,有民众看了影片之后,自动请求服兵役的,影片中士兵忠勇的表现,民众对政府和军队的热诚的表现,以及儿童团体救亡工作的表现,曾赚了观众不少感动之泪。"②

瞿菊农对电影教育也曾有高度评价:电影"在此次抗战中,其力量之表现,尤其显著,穷乡僻壤与时代很少接触的区域,以各文化教育之深入民间而发生了莫大的教育效能"。③ 由此可见,电化教育在抗战这一特别的时期起到了抗战宣传、激发民众民族意识的作用,同时也丰富了民众的精神文化生活。

### (二)播音教育

在电影教育逐步推广的同时,播音教育也得到了同步的发展。播音较之于书面的宣传有更为广阔的群众基础。因为当时教育不发达,文盲众多,例如四川省当时就有将近七成的人口都是文盲。而许多不识字的民众通过广播可以畅通地了解国家大事,接受教育和熏陶。而且收音机较之电影放映机成本更低,也更有利于固定持久开展教育。正因为如此,播音教育也是抗战时期国民政府电化教育工作中高度重视的一项内容。

关于播音的内容和宣传的对象,为了适应听众不同的文化水平,播音教育大致分为三类:一是以大学生及知识分子为对象,播讲抗战教育;二是以失

---

① 赵振国:《甘肃电教处陇东施教概述》,《电影与播音》第 3 卷第 1 期。
② 史东山:《抗战以来的中国电影》,《中苏文化》第 9 卷第 1 期,1941 年 7 月,第 84 页。
③ 瞿菊农:《乡村建设与教育》,中国文化服务社 1945 年版,第 100 页。

学青年为对象,主要播讲本国历史地理;三是以一般民众为对象,播讲战时民众常识。① 体现社会教育功能的播音教育主要属于第三类。播音教育是社会教育的有效方式。它为全民族抗战作了积极的宣传,当时许多国家政策、时事和新闻都是通过这种途径得以传播的。

为保证收音机在各地普遍设置,教育部制定了《全补助及半补助各省市装设收音机办法》,自1936年开始施行,先后共补助收音机2668架。1939年起,中央宣传部及中央广播事业管理处又合力推行后方收音机增设补助工作。另外,为能使民众更好地理解播音内容,取得良好的效果,教育部还将每次播音的讲稿分寄各地民众教育馆、学校和报馆的专栏进行刊登,重要的材料则编辑在《播音教育月刊》上发表。由此可见,国民政府对于播音教育的推行可以说是足够重视。

抗战期间,国民政府积极组织了各种形式的战时巡回民众教育,其最显著的特点是多以电化教育的形式组织民众进行社会教育,其原因是显而易见的。抗战时期整体社会是动荡的,人员流动、炮火影响等造成人们不可能主动去社会教育机关接受教育,即使去了,"他们不是不知利用就是不能利用,即或偶尔看一两次,也就像游山逛庙一样,走马观花,莫明其妙的看看。偶然遇到有人给他们讲讲这样,说说那样,他们听了也不见得就得到什么领悟"。② 而电化教育作为一种先进的教育手段,一方面可以运用广播、电影或文艺表演来弥补固定教育机关或机构大多以图书或报刊等文字方式传播社会教育的不足;另一方面,巡回教育团体以电化为手段的操作性更灵活,影响范围更深更广泛。如教育部组织的社教工作团,各民众教育馆的巡回教育团、巡回教育车都实施电化教育,特别是没有民教馆的乡村以及游击区,这种教育游击的方式更能施展拳脚。比如在苏北各县,当社教工作团其他的社教方式不能维持的时候,"电化教育巡回施教队、艺术教育队分赴苏北各县城市乡村,放映抗战电影,并举办抗战戏剧公演,抗战宣传等,尤侧重于教育游击工作,

---

① 国民政府教育部教育年鉴编纂委员会编:《第二次中国教育年鉴》,商务印书馆1948年版。
② 《文艺月刊》,第10卷第4、5期合刊,1937年5月,第5页。

极著成绩"。① 可以说,这种送教上门的教育方式,既体现了政府当局号召全民族抗日的国家意志,更是广大社会教育工作者智慧和汗水的结晶,是值得历史的肯定和进一步继承发扬的。

## 四、风云激荡的抗战文艺宣传

抗战期间,宣传工作被认为是抗战工作中最重要的一环。抗战是全民族的抗战,必须对全体同胞发起广泛的精神动员。要实现广泛的动员,"就必须要经历宣传的阶段,方得成效。设使没有做到广泛的深入的宣传工作,无疑地便不能把广大的民众唤醒起来,从而自觉的积极的来参加抗战"。② 这其中,文艺宣传是民众喜闻乐见的一种社会教育方式。广大的社会教育机构和组织正是依托文艺工作的有利优势,团结了一大批抗日爱国的文艺工作者和有影响的知识界、文化界名人,通过他们的口诛笔伐痛陈侵略者的滔天罪行,同时讴歌民族英雄的伟大气节和抗日志士的英勇和正气。知识界、文艺界的引领和表率作用,使得全民广泛参与,共同奏响了同仇敌忾反对侵略的交响曲。

### (一)中华全国文艺界抗敌协会

随着抗日后方根据地的建立,各种文化团体迁来大后方,鼓动了民众起来挽救民族的危亡。在抗战这个特殊年代,各种文化团体不再是"闭门造车",只针对团体内部进行活动,而是联合起当时全国更多的相关文艺界人士统一起来,共同呼吁和引导全国人民进行抗日救亡的运动。也正是在这样的背景下,这些原本只有专业人士参与和熟知的社团,也同样成为了抗战时期社会教育传播的洪流中不可小视的一支有生力量,如:"中华全国文艺界抗敌

---

① 《大公报》1937年9月25日。
② 廖旭初:《希望于抗战宣传工作者》,《四川动员半月刊》创刊号,1938年12月,第12页。

协会"、"中华全国戏剧界抗敌协会"和"中国青年新闻记者协会"等,其中,以"中华全国文艺界抗敌协会"最为显著。

"中华全国文艺界抗敌协会"又称为全国文协总会,于1938年在武汉成立,由老舍先生担任总会负责人。它的诞生,标志着中国文学艺术界的空前大团结。中华全国文艺界抗敌协会不是通常意义上的一般文学社团,其性质可以说是全国文艺界的救国会,只要爱国,只要充分响应"文章下乡,文章入伍"号召,就可以成为成员。这个团体不分党派、地域和职业,是文艺界最具广泛性的统一战线组织。其最大的意义也在于对当时的社会教育中文化艺术方面知识和内容的传播和普及。郭沫若在其成立五周年时,对它的意义和贡献给予了高度的评价,他说:"抗战以来在中国文艺界最值得纪念的事情,便是中国文艺界抗敌协会的结成。一切从事于文学艺术工作者,无论是诗人、戏剧家、小说家、批评家、文艺史学家、各种艺术部门的作家与从业人员,乃至大多数的新闻记者、杂志编辑、教育家、宗教家等等,不分派别,不分阶层,不分新旧,都一致地团结起来,为争取抗战的胜利而奔走,而呼号,而报效。这是文艺作家们的大团结,这在中国的现代史上无疑地是一个空前的现象。"①

**(二)抗战文艺宣传的主要领域**

以抗战为目的的文艺宣传方式多种多样。如:出壁报可以刊载宣传抗日的短小精干的文章、诗歌和抗日英雄故事,以激励民众的抗日情绪;写抗日春联,贴在每家每户的门口,让抗日精神家喻户晓;组织歌咏队到民众中去唱爱国歌曲、抗战歌曲,可激昂民众的抗日斗志;戏剧杂耍可通过短小的剧目丑化敌人,揭露日本军国主义的罪行,激发民众对日本军国主义的仇恨,等等。这些文艺宣传所到之处,民众无不哗然动容,慷慨激昂,怒潮滔滔,激起一股股风起云涌的民族抗战的大洪流。以下择其最重要的几种方式作简要阐述。

---

① 郭沫若:《新文艺的使命——纪念文协五周年》,文天行编:《中华全国文艺界抗敌协会资料选编》,四川省社会科学院出版社1983年版,第212页。

1. 社会教育刊物

据 1935 年的初步统计,全国定期出版的社会教育刊物,有季刊 5 种、双月刊 1 种、月刊 19 种、半月刊 4 种、旬刊 5 种、周刊 3 种,共计 37 种。[1] 抗战爆发后,有些刊物惨淡经营终致停刊,大部分仍然保存下来。有些更因为抗战形势的需要有了进一步的发展。抗战时期,各书局对社会教育刊物的出版印行是较为踊跃的。据资料查证,到 1939 年 5 月止,重庆正中书局编辑非常时期民众丛书 50 种,已印行出版 43 种[2]。到 1939 年 8 月,该书局"除购自市上流行之读物审查数百种不计之外,得自编稿及征求稿,凡二百三十余种。经采用者一百七十余种"[3]。比如,1938 年 10 月出版的民众读物就有:"好国民、胡阿毛、最后一颗子弹、我军的神勇、深明大义的富翁御侮救国、汉奸认识和防范、四义士、一篇痛心的账、输财救国、牛贩子劫敌、戚将军平倭等"[4]。而这类读物在各地普遍流行,包括社会教育的教材、民众读物、音像宣传资料等,并不少见,其内容基本上都是为了宣扬抗战救国思想和拥护国民政府的统治的。而报刊方面则更是盛况空前。仅成、渝两地而言,重庆有《新华日报》《新蜀报》《国民公报》《中央日报》《民主报》《扫荡报》《大公报》《新民报》《世界报》;成都有《大声周刊》《新时代》《中苏文化》《星艺周报》《星光报》《救亡周刊》《战时学生旬刊》《抗日星期刊》《抗日先锋》《统一战线》等,差不多有数十种之多。而全国各地的报刊杂志汇集在一起,构成了一片抗战舆论的汪洋大海,其激扬文字,风传宇内,震荡山河,不啻于一声声战斗的号角。

2. 戏剧

利用戏剧形式进行宣传教育十分有效,因为戏剧在我国具有历史悠久、根基深厚、生动直观、影响广泛等的特点。此外,又因为各地戏剧均具特色、投入成本低廉、民众传播容易,因而作为社会教育的重要形式是有其必然性的。尤其是对于不能进民众补习学校学习,又不能读书识字的乡村民众来

---

[1] 俞庆棠:《俞庆棠教育论著选》,人民教育出版社 1992 年版。
[2]《申报》1939 年 5 月 10 日。
[3]《申报》1939 年 8 月 14 日。
[4]《申报》1938 年 10 月 28 日。

说,戏剧这种直观生动的教育方式是很好的选择。而抗战大后方成了各地方戏剧艺术交相辉映的大熔炉。以四川的戏剧表演来说,除传统地方剧种川剧外,京剧、粤剧、桂剧、楚剧、汉剧纷纷入川;而当时新型的话剧也是百花齐放,先后有上海影人剧团、农村抗战剧团、四川旅外剧人抗敌演剧队、上海业余剧人协会、国立戏剧专科学校、怒潮剧社、中国剧团、孩子剧团等8支话剧队进入四川开展表演,为四川社会教育的开展丰富了新的形式,也给四川的文艺运动注入了新的活力。

在抗战时期,进步的戏剧艺术家们往往能够紧扣时代命脉,生动表现反侵略、反压迫、保家卫国的民族英雄主义和不屈不挠的斗争等精神主题,这与国民政府宣传的"抗战救国"是合拍的,为社会教育的开展提供了素材和方法。1938年第一届戏剧节在重庆举行,有1500名专业和业余戏剧工作者参加演出,参演剧团20个,公演剧目40个,观众达数十万人次。[①] 除了街头表演的小型话剧外,一批著名的文化名人投入戏剧创作,使得抗战时期的话剧艺术出现了一段空前的繁荣。一批具有代表性的传世之作,如洪深的《包得行》、老舍的《残雾》、曹禺的《蜕变》、宋之的的《雾重庆》、郭沫若的《屈原》等,都反映出当时的话剧艺术达到了很高的水平,无疑也对抗战后方民众产生了深刻的影响。

3. 绘画

如同电影、戏剧一样,绘画以形象见长,较诸文字更能吸引普通人的兴趣。绘画家们在抗战中寻找题材,创作了许多画作,包括漫画、木刻、水粉、素描等,尤其是漫画,简洁明快,手法夸张,用来揭露日寇的兽行、汉奸的丑态,表现战士的英勇、百姓的苦难,是一种更为有用的武器。后方许多地方成立了漫画社,常不定期地配合当地民教馆开展绘画展,以画笔为投枪,宣传抗敌救国。如成都市立民众馆的若干职员联络当地绘画名家组成四川漫画社,借助《新民报》等媒体每周组织一期"抗战漫画"专刊,还在成都市举办"救亡漫画展览",有些作品如《世界和平的捍卫者》《大日本皇军"科学兵"造像》《起

---

[①] 秦川:《四川抗敌文艺运动述要》,《抗战时期西南的文化事业》,成都出版社1990年版,第224页。

来,不愿作奴隶的人们!》等十分具有代表性。其作品还被选送至莫斯科参加"国际反法西斯漫画展览"。至于当时全国闻名的漫画家丰子恺、华君武等,更是画作颇丰,影响甚著。除漫画家外,徐悲鸿、张善子、关山月、董寿平、苏葆祯等都是绘画界的名家。他们大量优秀的绘画作品为社会教育工作者所用,藉以感召民众,激励士气,为抗战文艺宣传作出了不可磨灭的贡献。

大后方各种抗敌救亡文艺团体开展的音乐创作与民众音乐教育也是社会教育阵营中不可或缺的一部分。他们广泛运用歌咏队、音乐会等文艺形式广泛宣传抗战。如重庆市兴起的歌咏团体就达数十个,抗日救亡的宣传响彻整个山城。此外,随着国民政府迁都重庆,大批的爱国诗人、作家也随之汇集到后方,继续进行诗歌、散文、小说等的创作。如《七月》杂志的七月派诗人群体,转移到重庆、四川等地继续进行诗歌创作;著名诗人艾青创作了流传于民间的光辉作品《火把》《死难者的画像》《夜》《播种者》《反侵略》《哀巴黎》及长篇叙事诗《溃灭》,还有老舍的《剑北篇》、臧克家的《泥土的歌》等都鲜明地反映了抗战时局。秦川认为,抗战时期四川的诗人和作品之多超过了其他文艺形式,推动了中国新诗的发展。[①] 当然,诗歌毕竟是高雅的艺术,必须有相应的文化程度与审美水平才可读,这也一定程度上限制了它的受众。事实上,各种文艺形式往往相互协作,音乐、绘画、戏剧、诗歌等在抗战宣传中同搭一台戏,对抗战大后方的社会民众产生了深远的影响。

## 五、战区中小学教师服务团在大后方开展的社会教育

### (一)战区中小学教师服务团成立概况

抗战以来,国民政府教育部对战区撤退的师生展开救济。在撤退的过程

---

[①] 秦川:《四川抗敌文艺运动述要》,《抗战时期西南的文化事业》,成都出版社1990年版,第233页。

中,教育部指派专门机构在各地成立了中小学教师联络登记处,对从战区撤退的教师举行登记,前后吸纳战区中小学教师共计16000余人。同时组建战区中小学教师服务团。服务团团员,分赴各地,担任实际教育工作,并协助地方社会工作。自1937年11月至1940年5月,先后成立了十个服务团,除经介绍担任后方中小学校实际教育工作之外,在十个服务团工作者约2500人,由各省教育厅支配工作者也有2400余人,合计约五千人,工作区域覆盖河南、重庆、贵州、四川、陕西、山西、湖南、甘肃、宁夏各省约40个县、区。各团分布基本情况如表4-1:

表4-1 各战区中小学教师服务团一览表①

| 团别 | 团址 | 团员来源 | 工作区域 |
| --- | --- | --- | --- |
| 第一服务团 | 陕西南郑 | 河南入陕教师 | 南郑、城固、西乡三县工作区及灵泉教乡实验区 |
| 第二服务团 | 襄城 | 河南 | 襄城、南郑、宁羌三县工作区 |
| 第三服务团 | 重庆 | 东南各省迁渝教师 | 重庆、北碚、江津、北沙、永川五工作区 |
| 第四服务团 | 贵阳 | 长沙入黔教师 | 贵阳、定番、遵义、奉节三县工作区 |
| 第五服务团 | 四川三台 | 湖北入川教师 | 三台、射洪、中江、盐亭四县工作区及成都工作队 |
| 第六服务团 | 陕西安康 | 陕西教师 | 安康、汉阴、石泉三县工作区 |
| 第七服务团 | 甘肃天水 | 西安入甘教师 | 天水、秦安、甘谷、礼县、西和、武山六县工作区 |
| 第八服务团 | 陕西洋县 | 陕西教师 | 洋县、沔县二工作区 |
| 第九服务团 | 湖南乾城 | 安徽入湘教师 | 乾城、永绥、秀山、凤凰、泸溪、麻阳六县工作区 |
| 第十服务团 | 宁夏 | 一、二、六、七、八团抽调团员 | 宁夏 |

**(二)各战区中小学教师服务团开展社会教育工作概况**

各战区中小学教师服务团除大部分补充当地中小学校师资外,有一少部

---

①国民党中央委员会党史史料编纂委员会编:《革命文献》(第62、63合辑),中央文物供应社1973年版,第282页。

分分配到后方各省市,受省教育厅的调遣协助开展社会教育。根据当时的工作汇报,我们梳理了服务团开展的社会教育工作,有以下几类:

1. 开办民众学校、职业训练班及补习班;
2. 开办妇女补习班;
3. 参与民众教育馆事务。如办理图书杂志报纸借阅,挂图照片标本模型制作与电影放映,疾病治疗、防疫、卫生指导,民众馆内游艺体育之实施与馆外义教、社教之施行;壁报、讲演与街头宣传等;
4. 组织巡回宣传队。其工作包括公演话剧、绘制标语、展览漫画等;
5. 组织歌咏队、儿童剧团等下乡宣传;
6. 编辑民族英雄丛书与抗战教材;第三团还在重庆《西南日报》上每周出抗战周刊一期,对抗战建国问题开展讨论;
7. 设立工人俱乐部,开辟国民体育场等。

以上各项工作各服务团大致相同,只是开展的规模和效果有细微的差别。他们"虽不能如前方将士与敌人在疆场浴血抗战,而效忠党国,远离乡井,迁来后方,不避艰辛,办理各项教育事业,并协助地方推进自治,唤起民众,发扬抗战精神,似亦不无微劳"。[1]

## 六、陕甘宁边区的社会教育

陕甘宁边区地处中国大西北的黄土高原,包括陕北、甘肃东部和宁夏东南一部分,是第二次国内革命战争时期中国共产党保留下来的唯一一块完整的农村革命根据地。抗战时期,陕甘宁边区作为中共中央指导抗战的战略总后方,有着独立于国统区的社会政治环境,其政治、经济、文化、教育等事业的发展也有着独特的历史轨迹。在中国共产党的正确领导和军民共同建设下,

---

[1] 国民党中央委员会党史史料编纂委员会编:《革命文献》(第62、63合辑),(台湾)中央文物供应社1973年版,第233页。

边区实施了新民主主义建设的一系列社会改革,使得边区成为抗战大后方一块安宁而有生机的圣土,出现了一幅和谐美满的社会景象。毛泽东曾自豪地说道:"陕甘宁边区是全国最进步的地方,这里是民主的抗日根据地。这里一没有贪官污吏,二没有土豪劣绅,三没有赌博,四没有娼妓,五没有小老婆,六没有叫花子,七没有结党营私之徒,八没有萎靡不振之气,九没有人吃摩擦饭,十没有人发国难财"。① 边区能够在抗战的艰苦形势下取得巨大的社会成效,除了政治、经济上实施正确有效的改革措施之外,其文化教育方面的革新作用也是不容忽视的。尤其是边区的社会教育是一种富有特色且成效卓著的成人教育形式,既良好地配合了抗战的需要,也为边区的社会发展作出了独特的贡献。

### (一)陕甘宁边区社会教育的方针、目标和管理制度

抗战时期,中国共产党顺应全民族统一抗战的历史形势,对教育方针作出了适应时势的调整,提出了"抗战教育"的思想:"在一切为着战争的原则下,一切文化教育事业均应使之适合战争的需要"。② 在这一总的方针之下,1938年10月,党的六届六中全会上提出了抗战教育的具体政策,其中有关社会教育的是,"广泛发展民众教育,组织各种补习学校,识字运动、戏剧运动、歌咏运动、体育运动,创办敌前敌后各种地方通俗报纸,提高人民文化与民族觉醒"。1939年1月,陕甘宁边区召开第一届参议会,讨论并通过了《发展国防教育,提高大众文化,加强抗战力量案》。在一致通过的《陕甘宁边区抗战时期施政纲领》中,又以法律条文的方式正式规定了边区的社会教育方针是为抗战服务,其具体目标包括四个方面:"1. 消灭文盲,提高大众政治文化水平;2. 提高大众民族觉悟,动员群众参加抗战;3. 提高大众民族思想,使群众获得运用民主的能力与习惯;4. 增进大众日常生活和战时知识。"③

---

① 《毛泽东选集》(一卷本),人民出版社1964年版,第677页。
② 中央档案馆编:《中共中央文件选集》(第十一册),中共中央党校出版社1991年版,第616页。
③ 陕西师范大学教育研究所编:《陕甘宁边区教育资料·教育方针政策部分》(上),教育科学出版社1981年版,第134页。

为保证社会教育普遍有效地开展,边区政府和教育主管部门制定了相应的社会教育工作条例和措施。规定社会教育工作由边区教育厅社教科负责组织和领导,县一级则由第三科兼管。与此同时,边区政府加强了对社会教育工作的督促和指导。1939年教育厅成立社教指导团,有计划有步骤地分配到各县,协助、指导第三科办理社教工作。1940年又在县三科增设督学,专门负责视察督导之责,同时颁布和实施奖惩条例等。

### (二)边区社会教育的内容和形式

从1939年8月边区政府公布的《陕甘宁边区各县社会教育组织暂行条例》来看,边区社会教育工作的内容不仅包括识字和政治宣传,也有生产常识教育和卫生常识教育,还包含了国防技能训练的内容。如练习国防歌曲,学习军事常识,练习防空袭、防毒等防卫技术,男子参加自卫军训练,妇女学会简易的医药护理等。其组织形式有识字组、识字班、夜校、半日校、冬学、民众教育馆六种。

1. 识字组。识字组是一些人口稀少地区或生产生活过于忙碌时人们自愿结合起来接受社会教育的一种组织,具有简便、经济、灵活等特点。小规模的识字组或三五人,或十人八人,大一点的识字组则有数十人,有的以家庭为基础,有的以生产组织为基础,均以不误生产为原则,随到随教,随教随学,特别适合群众需要。还有一种以小学生为基础组织起来的识字组,采用"小先生"制,即让一些识字较多的小学生充当教员,教识字、读报、数数,还开展讲故事或唱歌活动,在边区十分流行。

2. 识字班、夜校、半日校。识字班是针对不同受教育对象而开设的以识字和文化补习为主的学习组织形式,主要依托当地小学进行。由于边区生产落后,劳动力严重缺乏,迫使其接受全日制的正规教育是不现实的。教育工作者便根据劳动者的作息时间来灵活安排教学,于是便有早班、午班、夜校、半日校之分。早班针对放牛孩子开办,这些孩子在清早放牧前来校学习;午班主要是针对家庭妇女,利用家务间歇中午休息的时间组织认字;夜校针对青年农民,利用晚上空闲进行,其特点是规模大、学员多、效果好;半日校也是针对参加生产劳动的青少年和部分青年妇女,其特点是半工半读,同样具有业余的性质。总的来看,这些形式的教育重点针对文化程度较低的民众,以识字扫盲为主。

3. 冬学。与识字组、识字班一样,冬学也是在生产生活实际中发展出来的一种适合民众需要的重要教育形式。冬天是农闲的时候,正是学习的大好时机。边区政府不断总结经验,将冬学加以推广,发展成为有计划、有组织的"冬学运动",因而冬学成为陕甘宁边区最常见、最广泛且相对较为正规的成人文化扫盲学校。1941年10月,边区政府发布《开展冬学运动》的号召,1942年11月发布《今年的冬学》等一系列指示文件,逐步完善了冬学的课程、教材、教师、教学方法、教学设备、教学管理和经费等方面的建设。根据教育厅统一安排,冬学学习时间一般为3个月,每年11月底开学,次年2月初结束。管理上实行半军事化管理,课程包括识字、政治常识、军事常识、自然常识、算术、唱歌、周会等,白天全天上课,早晨上操,晚间自习,周日参加社会活动,如抗战宣传、慰劳抗日军属等。为配合教学,边区政府还编写了冬学教材,如《识字课本》《日用杂字》《庄稼杂字》《卫生课本》等。

4. 民众教育馆。边区民众教育馆设在人口较多的城镇中心区,它是边区县、镇一级社会教育的常设机构,兼有领导机关与实施机关双重性质。1939年,边区教育厅颁布《民教馆简则》《民众教育馆组织规程》,明确规定民教馆为社教机关,一般设事务组、阅览室、教育组、宣传组、娱乐卫生组等。民众教育馆充当着当地群众文化活动中心的作用,馆内除了开展图书阅览和游艺活动外,还时常开展时事和政治宣传。

除上述几种组织形式外,边区社会教育工作还通过黑板报、俱乐部、文艺活动等形式开展宣传教育,有时也利用民间节日、庙会等民众活动进行宣传,或利用重大节庆或纪念日组织民众集会,进行教育和政治动员。在召开延安文艺座谈会和文艺工作者会议后,文艺工作者开始深入边区广大农村,深入群众生活,以老百姓喜闻乐见的形式宣传抗日和党的各项政策。延安平剧、陕北民歌、街头词、秦腔、秧歌、社火、皮影等传统民间艺术外,各种宣传画、小说、诗歌、戏剧、歌曲等的创作也进入高潮。如歌剧《白毛女》《周子山》,新戏曲《血泪仇》,歌舞剧《刘顺清开辟南泥湾》,秧歌剧《不当亡国奴》《九一八》,歌谣《东方红》《绣金匾》《高楼万丈平地起》等,都是一时脍炙人口的代表作,无形中对边区群众提高觉悟、更新观念、移风易俗等产生了积极的影响。

### (三) 边区社会教育的特点与作用

与国统区的社会教育一样,边区的社会教育工作也具有明显的战时特征。如积极宣传抗日,协助征兵、征粮和抗日捐献活动,开展国防训练和军事教育等,这是抗战的时代特点所决定的,与国统区并无二致。但相比较而言,边区的社会教育又有其独特的地方,这表现在其社会工作的内容更侧重于扫盲和提高群众民主政治觉悟。这是由边区的经济文化特点和边区政权的政治性质所决定的。

陕甘宁边区地处偏远的西北山地,自然条件恶劣,加之长期受封建地主的残酷剥削,其经济上的贫穷自不待言,而文化上的落后也几乎是到了意想不到的程度。在陕北红军没有达到陕北以前,边区被称为"文化教育的荒漠"。曾任边区政府秘书长的李维汉将其描述为"封建、文盲、迷信和不卫生"。"知识分子缺乏,文盲达99%,学校教育,除城镇外,在分散的农村方圆几十里找不到一所学校……全区巫神多达两千人,招摇撞骗,危害甚烈。"[①]这一实际情况决定了陕甘宁边区的文化教育必须以扫除文盲为头等大事,即使是在烽烟四起战火纷飞的抗日战争时期也不得不如此。因为大量文盲的存在,既不利于中华民族正在进行的伟大民族解放战争,也不利于中共政策在抗日根据地的实施,从长远利益来看,更制约着中国社会现代化的进程。中国共产党人清醒地认识道:"要创造一个新民主主义的社会,在满是文盲的国度里是建设不起来的。"[②]边区群众长期在闭塞保守的乡村权威之下,由于文化教育的落后,人民群众不可能有革命的意识和政治的远见,对党的领导和民主政权也不可能完全认同,这就使得民主政治的启蒙成为必需。如果要有抗日战争巩固的后方,就必须要对农村根据地实行新的社会整合,用新民主

---

[①] 李维汉:《回忆与研究》(下),中共党史资料出版社1986年版,第566页。
[②] 《推行新文字与扫盲教育》,《解放日报》1941年6月4日。

主义的思想武装群众,"把落后的农村改造成先进的巩固的根据地,造成军事上、政治上、文化上的伟大革命阵地,……借以在长期战斗中逐步地争取革命的全部胜利"。①

在边区政府的高度重视下,社会教育得到普及,民众的文化水平逐渐提高。1941年,边区识字组达到1973处,夜校524个,半日校393个,冬学655个。同时,社教组织也不断增加。到1941年止,边区已有民教馆25处,4处阅览室,5个图书馆和10个民众剧团。② 民众的求知欲望得到空前激发,识字率由1%提高到10%。尽管文盲率仍然较高,但边区"文化教育荒漠"的落后状况得到了根本的改观,一种充满生机和活力的新的文化氛围开始养成。"'认字'在边区成为疯狂,第一个目的是去阅读一千字编印的《边区群众报》,这已经成为一切渴求知识的老小的理想。"③而在政治教育方面,边区社会教育也取得了较为理想的效果。通过社会教育,边区大多数民众对共产党及其政权产生了最大程度的信任,有效地配合了边区抗日救亡动员、大生产运动和基层民主政权建设,为敌后抗日根据地建设了一个巩固的后方,进一步为共产党领导下的抗日军队成功开辟第二战场提供了物质上和人员上的保障。

## 七、大后方社会教育的历史贡献及影响

抗战以无数中国人的鲜血和生命为代价终于迎来了最后的胜利。八年抗战,不仅改变了中国的命运,也影响到了世界格局的发展。而抗战的胜利,除了前线将士的浴血奋战,也与抗战大后方的支持与保障作用是分不开的。

---

① 《毛泽东选集》(一卷本),人民出版社1964年版,第598页。
② 陕西师范大学教育研究所编:《陕甘宁边区教育资料·教育方针政策部分》(下),教育科学出版社1981年版,第342页。
③ (英)斯坦因:《红色中国的挑战》,李凤鸣译,新华出版社1987年版,第155页。

在抗战的艰苦卓绝的日子里,大后方一方面源源不断地向前线输出战略物资和有生力量,一方面担负起恢复战争创伤、重建家国的民族使命。处于大后方逐渐觉醒的中国民众一边忍受着战火灾难,一边又想尽办法来争取民族独立和挽救国家命运。在这个特殊的历史时期,时代赋予社会教育特殊的历史使命。社会教育的广泛开展对提高国民素质、宣传和动员全民族抗日,以及配合大后方的经济文化建设厥功甚伟,而社会教育具有参与广泛、对象普遍、形式灵活、收效快捷等特点,这在当时极大程度上配合了"抗战建国"的需要,对形势的发展发挥了重大的积极影响。如果把抗战比喻成一幅宏伟的历史画卷,大后方的社会教育则也一定是这幅历史画卷中浓墨重彩的一笔。虽然,在当时外敌入侵和内贫如洗的战争环境里,大后方推行社会教育也遇到了许多困难和障碍,也不可避免地烙上了那个特殊时代背景下的历史局限性,但客观上的不足难掩其光辉的历史功绩。概括地讲,大后方社会教育的历史贡献主要表现在以下三个方面。

**(一)社会教育担负了对大后方的社会民众进行抗战精神动员的重要使命,有效配合了政府征兵、征粮、劝募等工作,强有力地支援了抗战前线**

教育是精神动员的最好形式。强敌当前,要最大范围、最短时间内达到增强民众民族意识,激发人们爱国热情,凝聚中华民族力量以抵抗外侮的目的,社会教育具有不可替代的作用。蒋介石曾经指出:"国民精神总动员为建军建国克敌制胜之基本,循是而行,则一可当百,十可当千"。[①] 可见,他是充分认识到抗战过程中精神力量的重要性的。他于1939年在国民参政会议上明确提出了"动员全国的精神和意志"的口号,认为只有从精神上动员起全国民众,才有取得民族战争胜利的可能。这种精神动员的目的,就是要凝聚力量,同仇敌忾,使民众认清侵略战争的本质和反侵略斗争的重大意义,积极地支援抗战,争取最后的胜利。而实现这一目的的手段就是民众教育,而且主要是通过社会教育的形式达成的。因为在"战时要作平时看"的教育方针主导

---

①《最高领袖告全国军民宣布实行国民精神总动员》,《四川动员半月刊》第8期,1939年3月。

下,学校教育要坚持普通教育的主体目标,而且学校教育的对象主要是学生,而针对全体民众的抗日救亡宣传自然只能交由社会教育机构和组织来完成。随着国民政府迁都重庆,社会教育的中心也迁移到了大后方。国民政府对于抗战大后方的社会教育的实施特别重视,在经费上和设备配备上都给予了最大可能的支持。各种社会教育机构、团体以"抗战救国"为核心对广大民众开展了内容丰富、形式多样的社会教育。施教内容上,除原有的识字教育、生产教育以外,抗战时期的社会教育更加注重民众的国防教育和爱国主义教育。施教形式上,除了在人口集中的城镇发挥固有的民众教育馆和民众补习学校作用之外,针对偏远的乡村和山区,还以电影、展览、文艺演出等方式开展巡回施教和灵活多样的文艺宣传。这些抗战宣传广泛地深入到城镇、乡村、军队、学校,几乎是覆盖了后方的每一片土地,唤醒了每一位国民,地不分南北,人不分老少,处处是宣教的课堂,人人是施教的对象。如火如荼的抗战宣传唤醒了后方民众的爱国热情,大家有钱出钱,有力出力,积极自觉地投入抗战洪流,无私地支援前线的军事行动。其中最直接的表现,是各地民众对征兵动员和抗日募捐活动的积极响应。

  为配合政府的征兵动员,广大社会教育工作者不遗余力地宣讲抗战的责任与意义。以四川省为例。四川省是抗战大后方的中心,重庆又是国民政府的陪都所在地,原本是物阜民丰,加之战线内撤后全国各地难民蜂拥而至,巴蜀之地自然也成了兵源补给的主要供给地。为此,四川省教育厅重新制定了战时各县市民众教育的新目标,要求一切活动均以"激发民众抗敌情绪,培养民众抗敌力量,发挥战时服务精神"为宗旨。其中,"宣传兵役"就是针对民众开展社会教育的主题之一。社教人员开展了一轮又一轮的征兵宣传。他们印发兵役宣传册,召开兵役宣传会,组织宣传队深入民间进行兵役动员,大力宣讲"守土有责"、"应征入伍光荣"等。还成立慰问队,慰问和馈赠军人家属。每遇新兵开拨,则召集群众举行隆重的出征仪式,激励士兵斗志和民众支援抗战的热情。这些宣传和活动,使民众对于应征入伍有了正确的认识,对于推动川军抗敌起到了极强的精神动员作用。历史表明,四川是最早响应出兵抗日的省份之一,而川军在八年抗战时期前仆后继,其规模之大,其牺牲之巨,堪为全国之首。据国民政府统计,在抗战八年中全国征兵总规模达到1405万人,其中四川省257.8万人,占全国征兵总数近20%,位居各省第一。[①]这当然是与抗战时期四川的地理人口条件相关的,但与省内各地广泛开展的社会教育的作用也是分不开的。其中影响最广、效果最明显的,是抗战时期广泛推行的电影教育活动。许多抗战题材的电影作品在后方的军队和民众中巡回放映。史东山曾记载:"常有伤兵看了影片之后,立即要求上前线的,有民众看了影片之后,自动请求服兵役的,影片中士兵忠勇的表现,民众对政府和军队的热诚的表现,以及儿童团体救亡工作的表现,曾赚了观众不少感动之泪。"[②]由此可见社会教育的影响。

除了号召应征入伍外,各地社教组织也配合政府机关,号召和鼓励民众为抗战纳粮、募捐,从物质上直接支援前线。在生动的教育和宣传下,许多民众认识到"国家兴亡,匹夫有责",纷纷在劝募现场慷慨解囊,感人的事例在各地层出不穷。这里面不都是有钱的士绅,也有普通的知识分子、农民和小商人。在战争年代,经济凋敝,物价飞涨,许多人自己都不能吃饱穿暖,却仍以国家利益为重,积极纳粮捐款,支援前线。有些农民自己吃杂粮,把谷子送到军队;有些农民甚至把耕牛卖了换取粮食来支援前线。一些抗日救亡组织广泛发起了抗战义演和献金活动。如抗战文艺团举办的募捐义演和字、画展览义卖不计其数,劝募所得悉数交给政府支持前线战事。他们的表演、创作和声泪俱下的奔走呼号,常激起民众热血沸腾。有倾囊相赠的,有变卖首饰家产的,甚至有现场忍痛拔下口中金牙的,有些地方还出现了青楼女子慷慨捐赠的新闻报道。此外,各地社教组织还发起了劝募寒衣运动,为前线士兵赶制过冬衣物;重庆南川广大妇女赶制军鞋上万双;四川的社教人员还带头从工资中扣除一定金额作为购飞机之资,引发了各地开展捐献飞机运动的热潮。重庆合川县人民捐献"合川"号飞机,捐款30万元;四川富顺县盐场捐献

---

[①] 张研:《抗日战争时期四川省的社会教育——以成都市立民众教育馆为中心的研究》,四川大学博士论文,2007年,第165页。

[②] 史东山:《抗战以来的中国电影》,《中苏文化》第9卷第1期,1941年7月,第84页。

飞机 4 架,计值法币 80 万元;爱国人士朱炳献机 9 架,计值 135 万元。① 除了捐钱捐物,还有捐工一说。云南人民为配合中国远征军入缅作战,开始修筑滇缅公路,当地民众对于工事也都踊跃应征,他们"自备雨笠、蓑衣、扁担、绳索,向兵站报到。数日之内,同时应征者,有五万民工"。② 不可否认,这些捐献活动的广泛开展离不开社会教育机构和人员直接或间接的影响,充分体现了社会教育在精神动员中的巨大作用力。

**(二)大后方社会教育机构团体积极开展伤兵、难民和难童教育,一定程度上有助于医治战争带来的精神创伤**

抗战时期对于难童的救济,除新疆外,其他各省政府均成立了赈济委员会负责开展工作。根据国民党中央委员会党史委员会编辑的《抗战建国史料》记载,截至 1939 年 9 月份,赈济委员会直辖各院所收容儿童人数为 2071 人,各救济区、难民站运送难童数共计 96309 名,加上沦陷区、战区的各教会、各慈善团体等收容的难童,其总数达 153620 名之众。③ 抗战进入相持阶段以后,日本帝国主义集中其陆军和海军的主要航空兵力,从 1938 年至 1943 年,对重庆进行了长达五年零 10 个月的战略轰炸,又使得后方人民遭受了深重的灾难,孤儿、难童号泣之声随处可闻。重庆市 1939 年五三、五四受日本战机轰炸后,受灾而无家可归的儿童众多,赈济委员会召集各难童救济团体分别抢救,并设立重庆市及成渝、川黔两公路拯救灾童临时收容所三处,先后抢救灾童 493 名。面对为数如此之众的难童,政府各界必须举全社会之力施以救济,而教养之责,政府多委任慈善机构和社会教育团体办理。如有些难民收容所设短期小学以教育难童。各类慈善机构也纷纷设立教养院来收留教育难童。当时重庆筹设了第一、二、三、四儿童教养院,分设于龙车寺、巴县马

---

① 张研:《抗日战争时期四川省的社会教育——以成都市立民众教育馆为中心的研究》,四川大学博士论文,2007 年,第 169 页。
② 宋希濂:《远征军在滇西的整训和反攻》,云南省政协文史资料研究委员会编:《云南文史资料选辑》(第 8 辑),第 74 页。
③ 国民党中央委员会党史史料编纂委员会编:《革命文献》(第 97 辑),(台湾)中央文物供应社 1983 年版,第 388 页。

王场、北碚、大渡口、璧山等处,收容难童各二三百人不等。又筹办重庆婴儿保育院、儿童感化院,并派员赴陕西南郑、广西桂林和广东等地筹设儿童教养院等。赈济委员会为统一和增进难童教养效率,确定了灾难儿童教养方针。包括"灾难儿童训育目标及方法、灾难儿童学级编制及课程分配、保健儿童衣食住暂行标准,并订难童生产教育实施办法大纲暨农事、工艺、商业、家事等训练具体实施办法,通行各直属教养院所及各难童救济团体遵照施行"。① 赈济会还加强对难童救济教养团体的视察辅导,一面派专员分往重庆市内及川、湘、黔、粤、桂等省视察,一面设置辅导队招选学员,于1939年7月间开始训练一月半后,分派各教养保育院所担任辅导工作。对于年长一点的难童,有些教养保育院所还专门成立童子军团,予以训练。而对于优秀贫苦学生,则给以免费升学的待遇。如重庆成立的育才学校就收纳了难童中成绩优异者200人,施以特殊技术教育。

**(三)国防教育、生计教育和民众教育客观上提高了国民素质,促进了经济和社会的发展,为抗战时期社会建设作出了一定贡献**

早在20世纪20年代,晏阳初将中国农村的主要问题概括为农民的"愚、贫、弱、私",因此提出乡村改造,主张用文艺教育救"愚",以生计教育治"贫",以卫生教育来治"弱",以公民教育来医"私"。晏阳初意图从教育着手实施乡村改造虽未能成功,但他揭露了文化教育落后是近代中国落伍的重要原因,这在当时获得了有识之士的认同,也引起了人们对社会教育的重视。"以三万万余不识字之国民,知识简陋,能力薄弱,不知有世界,不知有国家,更无论民族与个人之关系;故列强之压迫,固自懵然,即民族之危亡,亦未虑及"。② 不幸的是,这种落后局面,到抗战时期尚无根本的改变。普通民众对现代战争毫无常识,面对日军侵略也麻木不仁,甚至看到敌人的飞机、炸弹不知躲避,却稀奇地仰望天空,从而造成无辜、惨重的伤亡。普遍民众中文盲占

---

①国民党中央委员会党史史料编纂委员会编:《革命文献》(第97辑),(台湾)中央文物供应社1983年版,第386页。

②《教育与民众》第1卷第2期,1929年6月,第3页。

多数,即使有入学者,也常为生计所迫而失学。底层老百姓目不识丁,身无长技,只好在贫困中讨生活。针对如此现状,抗战时期社会教育将文化知识教育放在重要地位,无论是国统区还是边区政府都不遗余力地组织扫盲和民众文化补习,客观上提高了民众的文化知识水平。在此基础上,开展国防知识教育,科学、艺术、公共体育、卫生习惯教育,提倡健康文明的娱乐,全方位地提高国民素质,改善了社会风气。同时,抗战时期大力推行的生计教育,创建了很多职业补习学校、劳工补习学校等,在增进民众生产生活技能方面收效明显。这在客观上提高了社会生产率,一定程度上改变了传统经济方式,促进了城市工业的发展和乡村经济的改造,有利于推动地方经济的稳定发展。这也是社会教育工作在抗日战争时期对于经济的恢复和社会建设作出的间接贡献。

  毋庸讳言,抗战时期的社会教育有其时代局限性,这表现在抗战时期的社会教育具有明显的战时特征。教育是上层建筑,为一定的政治、经济制度服务,但教育又受制于一定的经济文化基础,不可能一蹴而就。社会教育涵盖面宽,范围甚广。且越是在学校教育体系不发达的时候,社会教育包含的任务越多,承担的责任越重。在抗战时期,某些民众教育专家把民众教育的实施内容规定为"语文教育,生计教育,政治教育,健康教育,家事教育,社交教育,休闲教育,艺术教育,精神教育"十大项。[①] 又如之前所列的教育部把社会教育分成十二项内容:"(一)美术;(二)农产;(三)家庭;(四)音乐;(五)科学;(六)国防;(七)礼俗;(八)戏剧;(九)体育;(十)语文;(十一)卫生;(十二)电化"。然而,日寇的野蛮入侵给中国的社会教育带来了严重的打击和破坏,原本就势薄力单的社会教育近乎毁灭。而强敌当前,国民政府只能将重心大多放在军事上,使得社会教育在实施经费、实施指导和运行制度上存在严重漏洞和问题,举步维艰。可以看出,当时的政府想要要求社会教育面面俱到,但是却又无法样样落实,导致力量分散,成效不彰。民国以来,军阀混战,列强侵略,人民积贫积弱,国民素质低下,文盲遍布,这是时代造成的

---

[①] 从育心:《改进现阶段民众教育的我见》,《社会教育辅导》第4期,第20页。

悲剧。而意欲通过社会教育猛然间改造国民,则难免急功近利,使得教育目标未达众望,不入民心。抗战时期的社会人士对于当时社会教育的开展,曾在报纸上撰文写道"抗战发动两年半,但占全国民百分之八十以上的农民仍没有得到更好的或更合理的教育。所谓社会教育只是计划或宣传,而并没有什么深入民间的成绩可言"[①]。又如文士欧庆昌对于社会教育在大后方状况所言:"农人而与之言工,工人而与之言商,商人而与之言学,标语壁报,则文义艰深,演讲宣传,则名词满口",其教学内容"皆与彼漠不相关,不能满足其欲望,适合其要求"。于是"既来者望望然去之,未来者率引以为戒"。结果"家有子女,亦宁可听其闲散,不令来学"[②]。这说明当时的社会教育并没有很好地深入群众,只是在法令和制度上做出一定的规范和指导,具体的实施并不很得力。

纵观社会教育在民国后勃兴,而逢抗战时期受到政府和社会各界的大力提倡而得以光大,又因战争的结束日趋寂灭,由此可以窥见社会教育与经济和发展之间相互作用的关系。"百年大计,教育为本"。一个强大的国家,不可能没有强大的文化教育体系的支撑,包括学校教育和社会教育。在国贫民弱的历史时期,学校教育往往不够发达,社会教育就能成为一种重要的补充。然而社会教育毕竟不能代替系统的学校教育。随着国力的强大,社会重教之风也日盛,社会教育的大多数功能逐渐向学校教育系统过渡,而学校与社会最终再也难分彼此,共同融入国家文明建设的时代步伐。这也是我们通过考察抗战时期的社会教育所得出的历史结论吧。

---

[①]《申报》1940年1月1日。
[②]欧庆昌:《四川社会教育改进当议》,《服务月刊》第7期,1941年6月,第29页。

## 第六章　体现多元一体的大后方民族教育

民国时期,"少数民族教育"的说法在政策法规和学术概念上尚不多见。抗战之前,一般系采用"蒙藏教育"的称谓。抗战爆发之后,又代之以"边疆教育"或"边地教育"。依据1941年国民政府行政院颁布的《边地青年教育及人事行政实施纲领》,"各地语言文化具有特殊性质者,一律施以边地教育"①。照此标准,所谓"边地"其实指的就是各少数民族聚居区域。而"边地教育"或"边疆教育"则是当今意义上的少数民族教育。具体到抗战时期的大后方,包括新疆、青海、西康、西藏全部及四川、贵州、云南、广西、宁夏、甘肃之一部,在版图上占据了整个大后方的过半地域。这片广袤的区域在抗战之前大多由大大小小的地方军阀、土司或宗教领袖所割据,南京政府对其往往鞭长莫及。战前在少数民族教育方面也一直没有制定专门的政策和方针,虽然1929年国民党三届二中全会通过《关于蒙藏之决议案》,对少数民族学校的设立稍有提及,1931年公布的《三民主义教育实施原则》中也附列有《蒙藏教育》,但从"蒙藏教育"的这个提法,就可以看出当时的"少数民族教育"还是一个比较模糊的概念,仅以"蒙藏"来指代"少数民族"也远不全面。国民政府西迁重庆后,逐渐加强了对西部事权的统一管理,诸如成立西南经济建设委员会、边疆建设协进会,单独划设西康省等,也为大后方边疆的统一建设提供了更为有利的条件,这些战前本受忽视的边疆地域的战略地位陡然提

---

① 国民政府教育部教育年鉴编纂委员会:《第二次中国教育年鉴》(第十编　边疆教育),商务印书馆1948年版,第1211页。

升,被称作"没有边疆,我们简直将无以立国,无以为生"。"在国防意义上,边疆是我们的屏障,屏障不保,祸及腹心……至于在文化上,边疆又是各族各教文化交汇之地,那里有无数文化宝藏待我们开发,有无数新文化的根苗待我们培养。我们现在应该有一个'到边疆去'的广大运动,就学的青年应研究边疆语文和文化,学习建设边疆的技能"。[①]当地文化教育的发展由此也得到了特别的重视和强调,1939年第三次全国教育会议上通过的《推进边疆教育方案》,成为国民政府在此方面制定的第一个系统的法令性文件。抗战期间,大后方民族教育获得了明显的进步,不仅正规的学校教育渐趋完善,也在一定程度提高了当地整体的文化素质和国家意识,在保存各民族多元特色的基础上,促成了相互之间的一体融合。

## 一、抗战之前大后方边疆民族教育的历史基础

抗战大后方,即西南、西北各地少数民族的新式学校教育发端于清末新政的兴学运动,同时还成立了相关的教育管理组织或机构。如在川边地区,自赵尔丰充任川滇边务大臣后,即注意边地学务之发展,并于1907年设学务总局于巴塘,将辖地的学务分为五路,路再分区。同年,驻藏大臣联豫也在拉萨设有负责西藏新式学务的"学务局"。[②]再如云南,护理云贵总督沈秉堃于1909年上奏朝廷,请求"仿照四川关外学务局成案",在永昌、顺宁、普洱三府及镇边直隶厅等边境地区设立学务局筹办土民简易识字学塾,以同化少数民族而安定边境。此议很快得到朝廷批准。不久,云南省第一个少数民族教育管理机构——云南省沿边学务局成立。与此相前后,128所专门培养少数民族的土民简易识字学塾以及数十处初等小学,相继出现在云南的西部和西南

---

[①]《到边疆去》,《中央日报》1943年5月20日。
[②]《边藏最近之闻见》,《东方杂志》第8卷第12号,1911年12月;《西藏兴学之经费》,《申报》1910年3月20日。

部地区。①

进入民国之后,在所谓"五族共和"旗号下,西部各省对少数民族青少年的教育亦有所注意,并试图有所施为。然而与其他新式教育事业一样,动乱的政局和困绌的经济,加之其时存在的民族矛盾以及少数民族对文化教育的有限认知,使得民国前期西部地区民族教育行进的步子极为缓慢,不仅开设学校数极少,而且教育层次几乎完全停留在初等小学的水平上。如少数民族甚多的新疆,其省府所在地——迪化在很长一段时间"连一所少数民族的学校都没有",直到1920年,在包尔汉等乌孜别克、塔塔尔、维吾尔等少数民族知识分子的努力下,才成功地"办起了一所新式学校"。②而清末在少数民族教育方面成就最大的云南,民国前期的情况则是每况愈下。自"讨袁护国"运动兴起后,为了应付巨额军费所需,地方政府中止了所有土民学校的省款支给,改由就地筹款自办,同时北洋政府也完全放弃了对云南少数民族教育的财政支持,加之后来"护法运动"及军阀混战的影响,使得云南的民族教育受到沉重打击,远远赶不上清末的发展水平,长期处于无人管、无人办、无人问的境况,在事实上"是被忽略了"③。

南京国民政府上台之后,边疆少数民族教育相对民国前期得到了中央政权的更多关注。在1929年召开的国民党第三届中央执监委员全体会议上,决议在教育部设立蒙藏教育司,作为全国少数民族教育的专职管理部门。随后,相继在全国各地开办了一些专门的少数民族教育机构,对促进各省少数民族教育及其知识人才的培养,发挥了一定的作用。至1931年,已初步建成较为多样化的少数民族教育系统,其中属于高等教育层次者有中央大学蒙藏班和回民学生补习班、中央政治学校蒙藏班;属于中学教育类型者有北平蒙藏学校、北平西藏补习学校、西北公学、四川康定中学、甘肃省立第五中学附设蒙藏特别班、青海回教促进会附设第一中学等;属于师范教育性质者有云

---

① 《滇省筹办土民学塾情形》,《申报》1910年1月18日;云南省教育志编纂委员会办公室编:《云南教育大事记》,云南大学出版社1989年版,第30页。

② 麦吉特·艾布扎尔:《忆一九二〇年乌鲁木齐创办新学的片断》,新疆维吾尔自治区委员会文史资料研究委员会编:《新疆文史资料选辑》(第13辑),新疆人民出版社1985年印行,第78—79页。

③ 蔡寿福主编:《云南教育史》,云南教育出版社2001年版,第509页。

南丽江省立第三中学附设康藏师资养成所、西康师范讲习所、四川泸定女子师范传习所和康定初级师范传习所、青海女子师范学校、青海蒙番师范学校以及青海回教促进会附设师范传习所等。与此同时,西部各省地方政府也开办各类民族小学以推行初等教育。现将抗战之前西部数省的相关发展情形介绍如下。

云南省政府于1931年4月公布了发展本省少数民族教育的纲领性文件——《云南省政府实施边地教育办法纲要》,确定将边地教育的兴办分为两期进行,其中第一期的时限为1931年8月初至1937年7月底,规定各地要就地创设初级小学和民众学校,解决少数民族儿童的入学问题,同时省府还特设云南省边地教育促进委员会,用以辅导和督促边地教育的推进。1933年4月,云南又将少数民族儿童教育纳入义务教育的范畴,制定《本省边地教育三年推进计划》,通饬边地各县、局分别查遵办理。1934年8月,根据教育部的有关指令,该省又发布《实施苗民教育计划》(这里的"苗民"实为全省境内各少数民族的泛指),并自1935年起,将全省边疆民族地区划分为12个单位(后又改划为15个学区),开始定点设立民族小学。到1937年,全省15个学区共设有34所民族小学,156个班级,在学学生计7592人,同时还有3所省立简易师范学校,7个学级,在校学生373人。除这些专设的教育机构外,少数民族子弟还可就学于其他普通的初等教育机构。

在少数民族居住区域面积最广的新疆,少数民族教育在抗战之前也取得了一定的进步。据有关研究资料反映,1929年该省有初等教育机构122所,在校学生5477人。但随后数年间一直发展不景气,虽说1930年和1931年该省分别有初等学校148所和153所,但1932年又缩减为95所。[①] 1935年8月,新疆省政府出台了《新疆省义务教育委员会组织大纲》。该省教育厅随之在同年11月制定《新疆省实施义务教育第一期计划大纲》,开始通过办理一年制短期小学和增设普通小学来推动义务教育计划的实施。到1936年,新疆公立学校增加到155所,在校学生计22145人。与此同时,该省相继成立

---

[①] 冯志文:《新疆教育事业的历史回顾》,《喀什师范学院学报》1987年第1期。

了维吾尔、哈萨克、柯尔克孜、蒙古、回等少数民族的民族文化促进会,借以推动各民族自身教育的发展,于是各族的会立学校应运而生,还出现了一些以各少数民族族名命名的学校,如省立维吾尔小学校、省立回族小学校等。这种以会立学校为主的少数民族学校至1936年时增为1055所,在校学生59948人。[①] 虽说这些学校由于经费严重不足和师资、教材相当缺乏,"教学质量均十分低下"[②],但至少在数量上推动了新疆初等教育的发展。

在少数民族占全省人口比例最大的广西,新桂系管治时期对少数民族教育也有所注意。1933年,该省制定《地方教育实施准则》,要求各县对瑶、苗人民居住区域进行详细调查,并依照瑶族、苗族教育实施方案开设少数民族学校,而且当年需完成设校任务的1/2。为了推进少数民族教育的发展,同年广西省还成立了"特种教育委员会",开办广西特种教育师资训练所,还专门成立了苗瑶教育委员会以负责相关工作。据统计,其时广西省苗、瑶等少数民族遍布60余县,且大多散居深山穷谷。自1935年度,每年由省拨款补助,分别在61县的特种部族居住区先后开设了各类初等教育机构。[③]

总体而论,上述数省的少数民族教育事业在抗战之前的西部地区算得上是发展较好的。即便如此,与当时各省少数民族已有人口和学龄儿童总数相比,学校教育的覆盖面仍极为稀薄。以广西荔浦县为例,该县仅瑶族人口就约有8000人,分别聚居在6个乡的15个村屯中。1933年时,该县瑶族生活区竟然没有一所正规学校,只有个别地方由瑶民集资办有私塾。直到1937年1月,该县教育科才在镇西乡(今三河乡)办有瑶族小学一所,仅有教师1人,学生20余人。[④] 至于西部其他省份,在抗战之前十年间,少数民族的教育事业比过去均有不同程度的进步,但相对各省少数民族人口及各族儿童接受

---

[①] 程东白:《十年来新疆的文化教育事业》,《新新疆》第1卷第4期,1943年。
[②] 臧昕:《清末民国时期的阿克苏教育》,政协新疆阿克苏市委员会文史资料委员会编:《阿克苏市文史资料》(第3辑),农一师印刷厂1989年印行,第111页。
[③] 朱浤源:《辛亥革命前后的广西教育》,政协广西壮族自治区委员会文史资料委员会编:《广西文史资料选辑》(第34辑),南宁市源流印刷厂1992年印行,第139-140页。
[④] 童连辉:《荔浦县瑶族地区教育发展概况》,政协广西壮族自治区委员会文史资料委员会编:《广西文史资料选辑》(第32辑),南宁市源流印刷厂1991年印行,第174-175页。

学校教育的亟须而言,发展就显得较为迟缓。如在甘肃,该省的少数民族人口在抗战爆发之际,约有180万人(含随后划属宁夏的西海固地区),几乎占全省总人口的1/4,其中又以回、藏两族人口最多。虽说该省自1906年起就开始注意到回族教育,办有数所回民小学堂,至1925年5月又成立甘肃藏民文化促进会,于次年在夏河办起藏民小学,开创了该省藏族新式学校教育的先河。国民政府上台之后,又于省教育厅设置民族教育股分管民族教育工作。但直到抗战爆发前夕,该省的少数民族教育机构仍是寥若晨星,零散地布置在一些少数民族聚居区域,而且也主要限于回、藏两族的学校。[①] 又如贵州,该省少数民族的新式教育亦起自清末,当时外国教会在安顺、威宁、赫章等县即开办有一些苗民学校、彝民学校。进入民国后,该省的少数民族教育发展却极为迟缓。直到1935年蒋介石前往贵州接见少数民族上层人物时,在这些人士建议下,蒋介石表示每年至少可从省教育经费中提出十万元专款,该省的少数民族教育才迎来转机。当年10月,贵州省成立特种教育委员会作为推行边疆教育的专门机构,随后于1936年创立了1所边疆乡村师范和12所边疆小学,均由教育厅直接管理。至1937年,又有华侨胡文虎兄弟捐款为苗、瑶、水族等少数民族子弟先后修建起20所苗民小学校(其中12所系由上述12校扩建而成)。[②] 由此可见,贵州省的少数民族教育,直到抗战爆发前夕才真正开始起步。

虽说抗战之前西部地区少数民族教育的发展难以尽如人意,但有一点值得特别注意,这就是不仅各省相继设置了特种教育委员会之类的少数民族教育行政机构,而且某些少数民族还分别成立了促进会之类的民间教育组织。对于本民族学校教育的发展,这些组织往往发挥着比政府有关部门更为有力和有效的推动作用。如青海,早在1922年5月就成立了宁海回教促进会,其主要宗旨即在于促进回教青少年接受学校教育。1929年青海建省后,该组织

---

[①] 傅九大主编:《甘肃教育史》,甘肃人民出版社2002年版,第375—380页、第463页。
[②] 孔令中主编:《贵州教育史》,贵州教育出版社2004年版,第371—372页;黄长和:《瑶麓民族小学的今昔》,政协贵州省委员会文史资料研究委员会编:《贵州文史资料选辑》(第22辑),贵州工学院印刷厂1986年印行,第166—170页。

改称为青海省回教文化促进会,并在各县及较大的城市建有分会,"均依地方情形创办各级中小学校、职业学校,招收各族学童"。截至1931年,回教促进会及其分会就在青海省会西宁及门源、大通、民和、化隆、循化、互助、贵德、湟源、乐都、同仁、共和等县,创立有各级小学达97所,招收回族学龄儿童计5668名。① 除回族外,其他民族促进会亦有相类的教育成就。如青海乐都县,紧随回教促进会建立起2所回民学校之后,1931年成立的青海省蒙藏文化促进会亦于1933年在该县一下子兴办起7所蒙藏小学。② 又如甘肃省,也成立有"以促进全省回教教育为宗旨"的甘肃回教教育促进会。该会1937年改组为"甘肃省回民教育促进会"后,除原设于兰州的5所回民小学外,还开办有知行中学,并在20多个县先后建立了回民小学校。③ 再如陕西,该省少数民族在全省人口总数中所占比例比西部其他各省都小,但促进会之类的组织对本省少数民族教育的进步,亦起到了不小的推动作用。西安城回民居住区的回坊,1932年以前办有回族初级小学数所,招收回民学生。为了解决这些初小学生的升学问题,陕西回教公会几经努力,在1932年终于在回坊办成了陕西省立第一实验小学(后改为陕西省立西门仓小学),使回族学生有了上进之阶。该校后来也成为抗战时期陕西回族青年学子组织抗战活动的策源地。④

## 二、抗战时期大后方边疆民族教育的政策支持

抗战爆发后,随着整个大后方教育战略地位的提升,大后方的边疆民族

---

①陈新泰:《西宁东关回民社学的创设及演变》,政协西宁市委员会文史资料研究委员会编:《西宁市文史资料》(第4辑),1986年印行,第43—50页。
②李承道:《解放前的乐都教育》,政协青海省委员会文史资料研究委员会编:《青海文史资料选辑》(第17辑),青海中山印刷厂1988年印行,第131—132页。
③傅九大主编:《甘肃教育史》,甘肃人民出版社2002年版,第378页。
④马希明:《西安第一所回民完全小学——陕西省立第一实验小学》,政协西安市委员会文史资料研究委员会编:《西安文史资料》(第12辑),西安市莲湖区友谊印刷厂1987年印行,第122—124页。

教育也得到了国民政府更多的重视。1939年和1941年,国民政府行政院先后施行《推进边疆教育方案》和《边地青年教育及人事行政实施纲领》,从而建立并完善了少数民族教育的相关政策体系。这两个边教法案都大致包含以下三项要旨:"一、遵照中华民国教育宗旨及其实施方针、抗战建国纲领暨三民主义教育实施原则各规定,切实推进边地教育;二、彻底培养国族意识,以求全国文化之统一;三、根据边地人民各别之特殊环境,切实谋其知识之增高、生产技能之增进、生活之改善、体育卫生及国防教育之严格训练。"[①]在具体的实施上,由于少数民族地区情况的特殊性和复杂性,这些任务往往由多个部门共同参与和承担,如蒙藏委员会、蒙藏文化促进会、国民党中央组织部、中央政治学校乃至管理中英庚款董事会等,抗战期间都曾办有自己的边疆教育机构,而国民政府教育部对战时大后方的少数民族教育,则专司其责,发挥着重要的主导、协调和推动作用。

### (一)理顺行政归属

早在1930年2月,国民政府教育部就设立了蒙藏教育司,但全司不仅未设专任司长,只有科长、科员及书记员各一人,而且经费也没有保障,职权范围也限于"考察边地实况,研究推进办法,间或督导地方作推进边教之准备",既没有实际的行政效力,也没有直辖的教育机构,只能起到一定的咨询、建议和督导作用。"九一八"事变后,因边疆地区的国防建设日益受到各方面的重视,该司才开始获得专款补助。抗战爆发后的1941年,蒙藏教育司开始设专任司长,机构人员也有所扩充,下设第一、第二两科分管边疆教育经费、师资和教育法案、教材等各项事宜,全司工作人员猛增为31人,组织结构渐趋完备。1941年行政院颁布的《边地青年教育及人事行政实施纲领》中明确规定,"中央对边地青年教育,依一般教育行政系统,仍由教育部主管",使得蒙藏教育司得以摆脱仅为提供咨询建议的从属身份,成为全国少数民族教育的主管行政机关,并将其他部门的相关学校先后收归麾下,逐步对边疆教育设

---

[①]国民政府教育部教育年鉴编纂委员会编:《第二次中国教育年鉴》(第十编 边疆教育),商务印书馆1948年版,第1211页。

施以统一管理。需要说明的是,该司在抗战期间一直沿用"蒙藏教育司"的名义,虽然在1941年就有改设"边疆教育司"的动议①,却因"沿用以久,不便骤易,仍作罢论",直到战后的1946年才取得行政院的批准而变更司名。随着中央边教行政机构的完善,西部一些省份的教育厅也遵令分别设立了相关部门,如甘肃设边疆教育科,四川、贵州、云南、宁夏等省则设边疆教育股。

战时边疆教育行政管理的加强,除表现为中央与地方专门管理机构的扩充与增设,还包括相关咨议机关的成立与督导制度的确立。1939年1月,教育部将原边疆问题讨论会改组为边疆教育委员会,颁布专门章程并在抗战期间两次修正。该会的职责是:"研究边疆教育之办理原则及各项实际问题;筹划并审议推进边疆教育各种方案;建议调整各边疆教育事业机关边教经费;指导边疆青年升学就业等项",由多个相关组织共同派员组建,具体为教育部与蒙藏委员会各派主管人员2名,经济部、内政部、国民党中央组织部、中央政治学校、中英庚款委员会各派代表1名,并由教育部聘请熟悉边疆及边疆教育问题的专家10余名组成。抗战期间,该会先后由顾树森和陈立夫为主任委员,并设有专人负责日常事务,定期召开全体会议对边教工作的实际问题逐步加以深入的探讨。如第一届会议(1939年)着重边疆教育各种方案的审议,第二届会议(1940年)着重各种方案实施的检讨,第三届会议(1941年)着重边教政策的拟订,第四届会议(1942年)着重边疆教育与其他边疆事业的配合与联系,总计通过决议案186件,为教育部乃至国民政府相关工作的开展提供了重要的参考作用。② 此外,西部各省也依据1941年教育部颁发的《各边远省份边地教育委员会组织纲要》,先后设立了自己的边教咨议机关。

抗战之前,教育部虽然曾经指派专人对部分省区的边教工作加以视导,但次数有限,也没有形成常规。1940年7月,教育部颁发《边疆区域教育督

---

①《教部将添设边疆教育司》,《申报》1941年1月13日。
②《边疆教育积极推进中》,《中央日报》1939年8月24日;《教育部边疆教育委员会三月七日开会》,《中央日报》1940年3月13日;《边疆教育会议已圆满结束》,《中央日报》1941年6月14日;《边教会议圆满结束》,《中央日报》、《扫荡报》(联合版)1942年12月18日;《边疆教育会议闭幕》《边疆教育委员会史略》,《中央日报》1944年1月15日。

导员暂行办法》,将大后方少数民族区域分为回、蒙、藏、西南四区,分别设置督导员,此项制度才真正得以逐步确立。督导员分专任与兼任两种,都是由教育部选聘和委派,具体任务为监督边教法令及计划的推行、经费的收支分配、人员的考察、教材文献的搜集整理、劝学工作的开展等。1941年7月,再行颁发《教育部边地教育特约通讯员简则》,设置边教通讯员,与督导员配合,以建立全面的督导和考核制度。1943年,行政院制定《中央派赴边地教育工作人员守则》,明确规定其工作任务为:传达国策及中央意志;遵守当地法令;督察边远区域各级教育机关的设立与停办、学校数及学生数增减、经费增减与支配、教材的选择与训练、人员动态等,进一步完善了边疆教育的督察体系。[1]

虽然战时的边教行政管理不断得到增强,但因基础薄弱,还是存在着某些不足或缺陷。如沿用"蒙藏教育司"之名,难免给人一种不伦不类的感觉,从概念上就难以代表全国各少数民族教育。另外,按照回、蒙、藏、西南来分设督导区,标准既不统一也不科学。1945年11月,教育部再次分区设置边疆教育督导员,即依据地域重新划分为察绥、甘宁青、新疆、西藏、川康、云贵六区,1946年蒙藏教育司亦相应改制为边疆教育司,但这些都已是战后的事了。

### (二) 组织考察研究

由于战前边疆民族地区长期受到忽视,经济、文化、教育等方面发展的实际情况也很少为人所了解,要对当地的教育进行开发,必须先要作实地的考察才能对症下药,收取实效。抗战期间,教育部除专门设置边地教育通讯员、积极资助个人和团体深入边疆调查外,还组织了几次规模较大的考察活动,取得了比较丰富的材料和良好的影响。

1939年7月,教育部筹设以郭莲峰为团长的西南边疆教育考察团,开始准备前往滇、黔、桂三省边区实地调研。该考察团于8月初从重庆出发,经川南、滇东绕道黔西到达昆明后分为两队。一队向南沿滇越铁路深入中越边

---

[1] 周泓:《民国时期的边疆教育制度》,《民族教育研究》2000年第4期,第33-34页。

第六章　体现多元一体的大后方民族教育　275

境,再转往广西百色等地直至桂林;一队向西前往大理、保山、腾冲后,经丽江等地沿滇缅公路折向昆明,再由贵阳抵达桂林,与前队会合后共同深入广西瑶山、贵州苗区调查,1940年3月方返渝复命。这次边疆教育的考察活动,虽然只限于西南三省,但是相当深入和细致。经历的时间长达八个月,足迹遍至滇、黔、桂三省的少数民族聚居区域乃至西南边境,甚至当时的英属缅甸地区也出现了他们的身影,行程长达一万六千余里。从实际的成果来看,所得的边疆一手材料也颇为丰富,尤以各少数民族边胞的语言记音调查及幼童智力测验最为卓著,可以说是当时边教研究中的一大创举。[1] 值得一提的是,这次边疆教育的调查活动并非仅仅限于单纯的教育范围。首先在考察团之下就分设教育、社会、自然三组,除传统意义上的教育调查外,还包括对当地自然环境、人文风俗等全方位的考察研究。而且该团的总结报告长达十余万言,其中有关教育的部分直接交由教育部和各省教育当局,其余关于自然和社会部分则转呈行政院,对中央政府及相关部门制定边疆建设方针起到了重要的参考作用。况且,只有在对边地的人文地理环境有了实际的了解和熟悉后,边教工作才能够不至于脱离实际。

　　1941年春,私立华西协合大学、齐鲁大学、金陵大学等几所教会大学和中华全国基督教总会边疆服务部协商后,向国民政府教育部提出组织大学生边疆服务团的设想。教育部对此大力支持,一面通令当时在四川境内的其他大学选派学生,一面拨出专人、专款开始筹备。当年暑期开始后,这次大学生边疆服务团的工作即全面展开,参加者计有中央大学、华西协合大学、云南大学、齐鲁大学、金陵大学、金陵女子文理学院、国立边疆学校、国立艺术专科学校的六十余名师生。实际活动包括两个方面:少部分人组设服务队深入各边疆山寨办理暑期学校,由中华全国基督教会川西服务部派人指导,并由世界学生联合会拨助经费;其余大部组设考察队,前往川西的松潘、理番、懋功、汶川等县实地调查。相比前次的西南边疆考察活动来说,此次调查的范围较小但分工更为精细详尽,分为五个小队,每个小队内又分专人负责边疆文化、边

---

[1]《西南边疆教育考察团返渝》,《申报》1940年4月14日;《教育部西南边疆教育考察团》,《教育杂志》第30卷第6号,1940年6月。

疆经济、边疆农业、边疆畜牧、边疆地理及边疆医药卫生等方面的具体事宜。从实际的考察路线来看，考察团于7月14日从成都出发，经灌县、汶川、威州直至马塘，每至一地都留下部分团员详加调查，另外还有一部与四川巡回教育施教队合作前往松潘等地活动。全部的考察活动历时两月，行程一千三百余里，并将各组工作报告汇集为长达十余万言的《川西调查记》，其中对当地教育的实际情形和相应的改进措施亦多有涉及。虽然此次调查仅限于川西一隅，但社会影响相当强烈，对边疆地方建设的积极作用不必待言，对大学生自身也是一次有益尝试，"改变重于理想而缺乏经验的缺陷，锻炼吃苦耐劳精神，培养选拔边疆工作人才"[①]。

抗战期间，除国民政府教育部组织的上述两次规模较大的边疆考察，其余一些团体和机构也就此方面开展了相关的调查活动，如管理中英庚款董事会早在1939年就曾主办川康科学考察团，组织各高校教师及优秀毕业生共41人，分为理工、经济、社会、农村、地质、矿产等组，先后进行了三次调查活动：第一、二两次分别以四川嘉定（乐山）、西康康定为中心，考察雷波、马边、屏山、峨边、西昌、盐边及雅安、洪雅、天全一带，第三次则以松潘、理番、茂县、懋功、武平、灌县等川西诸地为主。[②] 另如中华基督教会边疆服务部自1939年9月成立后，即派出二十余名服务人员前往川西少数民族聚居区域，进行了为期三个月的调查，还在当地办有中心学校4处、民众学校8处及其他教育、社会和卫生服务事业。[③]

在组织较大规模的边疆考察活动的同时，国民政府教育部还在战时将边疆研究作为一项长期性的工作坚持下来，不仅资助委托各边疆学术文化团体和高等院校办理，还在此方面直接设有专门的机构。

对专门边疆学术文化团体的资助，本来与其他文化团体一起办理，没有专门的经费开支，直到1941年纳入边教体系后才有了稳定的保障。当时得到教育部固定补助的团体有汉藏教理院、边政公论社、中国边疆学会、中国边

---

[①] 边理庭：《本年大学生暑期边疆服务团办理的经过和收获》，《高等教育季刊》1941年9月。
[②]《川康科学考察团出发》，《申报》1939年6月15日。
[③]《基督教会边疆工作》，《中央日报》1940年2月22日。

疆问题研究会、西南边疆月刊社、蒙藏月刊社、康导月刊社、回教青年月刊社等八个机构,其余如青海回教促进会、蒙古文化促进会、回民教育促进会、边事研究会、河西绥蒙喀木调查组、河湟积石调查组、阿尔泰杂志社等团体或组织的边教研究活动,也曾先后获得过不定期的资助。

在高等院校方面,主要是资助其设置边疆建设科目和讲座。1939年,复旦大学和云南大学是首批得到补助的学校,随后大夏大学、西北大学、华西协合大学、金陵大学、中山大学、西北师范学院和东北大学也相继加入其中。如中央大学和西北大学在战时专门增设边政学系,其余院校也大多将该项工作坚持开展下来,并且各有自己的研究重点:东北大学与云南大学分别研究蒙古与云南边疆建设,金陵大学除与华西协合大学共同致力于康藏政教制度和寺庙教育问题,还单独研究西南氏族文化,西北师范学院研究西北边疆语文和史地,中山大学则研究边胞历史、语文。① 至于中央与西北两大学的边政学系,则专为培养边疆建设人才而设,主要以边疆人文为研究对象,包括语文、史地、宗教、民族、社会、政治等几个方面,还曾组织过边疆考察团从事实际调查。②

抗战期间,教育部直接办理的边疆研究机构为1941年开设的边疆文物馆,用以专事边地人文自然调查、文物搜集工作,为相关部门提供边疆文化、政治、经济、国防等方面的参考意见,促进内地与边疆的文化交流等,还曾举办过边疆文物文化展览,1943年该馆并入中央民众教育馆。另外,1944年本计划筹设国立边疆文化教育馆一所,但适值政府通令裁撤机构而被迫中辍。不久国民党中央第六届大会认为边疆文化教育确有设立专门研究机构的必要,行政院遂令教育部重新开始筹备,却又因复员还都南京而进展缓慢。历经一波三折之后,该馆在1946年6月才由国民政府公布组织条例,而正式成立则迟至1948年7月。

---

① 《中山大学开设边疆问题学程》,《申报》1940年1月21日。
② 《西北大学边疆考察团》,《中央日报》、《扫荡报》(联合版)1942年9月1日;《国立西北大学将成立研究所 并拟增设边疆学系》,《中央日报》、《扫荡报》(联合版)1942年11月9日。

### (三)编译教材读物

由于边疆地区的地理、人文环境与内地相比有较大的差异,文化教育水平也比较落后,而且为满足当地群众的实际需求,开展边疆教育不能照搬内地学校的惯例,需要有专门的适合当地社会和民情的教材和读物。抗战之前,这项工作长期无人负责,也没有经费补助。抗战爆发后,随着边教工作日益受到重视,教育部为解决边疆地区的"书荒"问题,也采取了很多实际的措施。

早在1935年,国民政府教育部就着手编制蒙、藏、回文国语教材,直到1938年才完成蒙、藏、回小学国语课本各八册,共计印刷两万八千份后全部分发各边疆学校使用,但这套教材因为内容不切合当地实际情况而收效不佳。作为一种补救,且考虑到各边疆民族之间语言文字和文化的差异性,教部遂于1941年5月颁布《征求边疆教育乡土教材参考资料办法》,要求各边校自编教材并向社会各界广泛征集。乡土教材涵盖的范围大致包括乡土历史、乡土地理、民间故事、民间歌谣、民间文艺、乡土社会、乡土娱乐等七项,涉及面可谓相当广泛。所征集到的教材读物也颇为丰富,有倮(彝)语三字课本、僮(壮)语、么些(纳西)语读物,西康境内的丹巴、德格、定乡、白玉等县也都编有自己的乡土教材,而同时收集到的《云南大理民家语音纪录》《么些文字源考》《么些文艺论考》等,更为研究少数民族语言文字提供了极有价值的参考资料。[1]

与部颁教材、乡土教材同时并行的还有补充教材,实际上是宣扬国民政府法令的一种教化性质的读物。1939年教育部在国立编译馆中增设专门的边疆组,[2]并于次年颁布《边地各级学校补充读物及参考图书编辑办法》,其后联合国民党中央组织部陆续用蒙、藏、回等少数民族语言编译出版了《国父遗教》《总裁言论》《三民主义要义》《三民主义浅说》及蒋介石的一些演说词。

---

[1] 国民政府教育部教育年鉴编纂委员会编:《第二次中国教育年鉴》(第十编 边疆教育),商务印书馆1948年版,第1218页。

[2] 陈礼江:《民国二十八年中国教育的回顾》(五),《申报》1940年1月22日。

至于参考图书,主要是供边疆教育行政人员和学校教师使用,具体包括一些边疆教育法令的对照译本和少数民族语言的字典、词典等。

**(四)提高师生待遇**

蒙藏教育司设立的前几年里,每年的经费预算仅有五万元,只够对少量边疆学校和文化团体略施补助,其余推进计划均因经费不足而无法进行。1935年,边疆教育费骤增为50万元,主要为补助各边地省份办理地方边教事业,尤以西部各省获益较多。1937年此项经费复增为64万元,并指定专用于增设边疆小学和社教机关、补助边疆学校和学生、训练边教师资、编译印刷教科图书等项边教事业。① 抗战爆发后,拨付给各省的边教经费逐渐减少,1942年、1943年完全采取由教育部统筹安排的方式。而边疆地域相当广阔,仅靠中央政府单方面的力量实难为之,再加上当时西部一些省份忙于推行"国民教育五年计划",对边疆教育有所忽视。虽然国民教育与边疆教育有一定的联系和包容,但两者毕竟不能等同,边教事业的推进也受到了一定的影响。有鉴于此,教育部从1944年起开始采用中央直辖与地方补助并行的方式,除继续扩充各级各类部属边疆学校外,还颁布《边疆教育三年推进表》,通令各边地省份切实遵行,并将对地方补助的重点放在了各省自设边校经费和实物的拨付上面。

由于边疆地区情况特殊,生活水平和教育质量也较内地偏低,战时对边疆学校的教职员和学生的待遇方面也制定了专门的补助政策。从1942年起,国立各边疆学校的教职员除薪金按内地一般标准发给外,还可参照其学历、服务年限和教学成绩领取一定数量的边疆服务津贴。教育部复于1944年改订《边地国立各级学校教员奖助金办法》,对边疆师资的培养和稳定起到了一定的积极作用。

对边疆学校学生的优待政策,包括升学和公费两项。依据1941年公布的《边疆学生待遇办法》,"凡语言文化具有特殊性质地方之学生,均得享受

---

① 《边疆教育概况》,《申报》1939年5月15日。

保送升学、申请公费及常年补助费等之优待"。蒙藏委员会、各边省省政府和教育厅、各国立中等以上边疆学校，都可以向教育部申请保送一定名额的学生。保送升学的原则为："一、从宽甄试，成绩及格者作为正式生；二、成绩不及格者作为特别生，俟修满一年，成绩及格者改为正式生，不及格者得由校斟酌留级一年，留级一年不及格者勒令退学；三、国文国语及其他基本科目程度较差者，设法予以补习。"未被保送的毕业生若自行报考内地学校，也可"酌予从宽录取"。[①] 至于公费待遇方面，虽然在1936年时曾经颁布《补助蒙藏回学生升学内地专科以上学校办法》，1939年又对《待遇蒙藏学生章程》进行了修订，但补助范围毕竟有限。[②] 而《边疆学生待遇办法》出台后，受惠群体扩展为边疆地区的全体学生，其在校肄业期间一律免收学费，并尽量给予公费补助，未享受公费者也可以申请常年补助费。[③]

除上述中央统一发布的政策，大后方某些省份还自行制定了一些面向本省少数民族教育的优待措施。如云南省教育厅在1939年规定：省立边地小学教师的最低月俸为90元，服务满一年后，给予年功加俸20元，以后逐年递增，直至15年为止。这样的标准，实际上比当时昆明的省立小学教师还要高一些。同年，该省教育厅还出台了《云南省立边地土民小学学生待遇细则》，"凡省立土民边地小学及附办师训班学生，一律免收学费、宿费、体育费及图书费，供给教科书、文具、医药，并且每学年每生发制服1套、制帽1顶，学校代寄宿生及公费学生办理伙食"。"此外，还对清寒学生设立公费学额，每班15名，每名月给新滇币4元，每学年以10个月计算。"依照1941年《云南省边疆学生升学奖励办法》，少数民族学生报考省立各级学校都可降低标准，从宽录取，而且"各种免费、公费或奖励补助办法，在同等条件下可优先享受"。[④]

---

[①] 国民政府教育部教育年鉴编纂委员会编：《第二次中国教育年鉴》（第十编 边疆教育），商务印书馆1948年版，第1220页。

[②] 《教部优待蒙藏学生 修正待遇蒙藏学生章程》，《申报》1939年7月24日。

[③] 《最近我国教育文化事业》，《申报》1939年5月23日；《优待边疆学生 教部拟定规则公布》，《中央日报》、《扫荡报》（联合版）1942年10月9日。

[④] 马廷中著：《民国时期云南民族教育史研究》，民族出版社2007年版，第195－197页。

## 三、抗战时期大后方国立边疆民族教育机构的完善

抗战爆发之前,少数民族教育长期不为中央政府所重视,既没有专门的经费,部属学校也仅有 1929 年开办的国立北平蒙藏学校一所,直到 1936 年方有国立绥远蒙旗师范学校之设立。上述两校因中日战事而相继停顿或被日伪接收后,随着抗战大后方教育战略地位的提升,创设国立各级边疆学校的计划被重新提上议事日程。按照当时的要求,国立边疆学校设立的宗旨为:一、培植边政中下级干部人员;二、提高边民教育水平,配合政治、军事等方面之需要;三、协助地方兴学;四、发挥领导示范作用;五、试验研究边疆教育制度与方法等。[①] 要完成上述任务,仅靠一两所学校自然是无法胜任,于是国民政府教育部在大后方增设各级各类国立学校的同时,也逐步创建了一套从初等教育至高等教育,包括师范与职业教育等在内的比较完整的国立边疆学校系统。

### (一) 高等教育层次

抗战期间,随着全国高等教育的恢复和发展,专为边疆建设而开办的国立专科学校亦相应增多。战时新创的此类高校共有四所,分别为国立边疆学校、国立海疆学校、国立东方语文专科学校及国立西康技艺专科学校,其中除国立海疆学校,其余三所均设于大后方的西南地区。

国立边疆学校的前身可以追溯到中央政治学校附属的蒙藏班。该班于 1930 年 11 月初设于南京,1933 年春扩充为蒙藏学校,但仍附属于中央政校内,最初本只办有高中、初中及实验小学,直到 1936 年才增设高等教育性质的专修科。抗战爆发后,蒙藏学校奉命随同中央政校本部西迁,辗转途经江

---

[①] 国民政府教育部教育年鉴编纂委员会编:《第二次中国教育年鉴》(第十编 边疆教育),商务印书馆 1948 年版,第 1221 页。

西、湖北、湖南、贵州四省,1938年秋迁定巴县界石场,1939年经国民党中央常委会决议改称为边疆学校,办学规模渐次扩大。到1940年秋,专科部分已下设语文、教育行政、卫生教育、畜牧兽医、边疆政治科各一班,中学部分也有相当的发展。1941年8月,该校脱离中央政校而改归教育部管辖,按照专科编制独立为国立边疆学校,并将工作的重点转变为对边疆教育所需师资的培训,增设两类师范专修科:两年制师范专修科招收边疆地区高中毕业曾任中小学教师者,五年制师范专修科招收边地初中毕业生或内地初中毕业生有志前往边疆服务者,同时还添办了研究部。抗战期间,原中央政校的肃州、西宁、康定、包头、大理等分校因为身处边疆地区,也相应改制为国立边疆学校之分校[1],这些分校也大都相继转入教育部的边教系统。

1939年8月,国民政府行政院议决设立国立西康技艺专科学校,专门为西部边疆培养各类生产技术人员。开办之初,下设有土木工程、矿冶工程、化学工程、机械工程、畜牧、农林等专业,并于1942年增办六年制的医科,致力于当地甲状腺肿大等地方病的治疗和预防工作,对地方医疗卫生事业的改进贡献颇多。[2]

1941年秋,国民政府教育部考虑到边疆建设的实际需要,就准备设立一所语文专科学校培养边地翻译人才,但因经费关系一时无法实现。1942年春,随着缅越战场的开辟,翻译人才成为亟须,于是对该校的诞生起到了重要的推动作用。为了配合盟军在当地的行动,教育部与军令部合作在云南大理开办东方语文训练班。该班迁移呈贡后,于当年10月扩编为国立东方语文专科学校,下设印(度)语、越(南)语、暹(罗)语、缅(甸)语四个专业,并且开设了边地历史地理、政治经济、宗教文化等相关课程。抗战期间,该校共计招收学生三百多人,为西南边陲的建设事业培养了一批专门的翻译工作者,此外还进行了大量的编译工作,其成果包括华侨史、缅甸史及南洋丛书等数十种。

---

[1]《蒙藏学校改称边疆学校》,《重庆各报联合版》1939年8月5日。
[2]《西康技艺专校办六年制医科》,《中央日报》、《扫荡报》(联合版)1942年11月22日。

## (二) 中等教育层次

抗战时期,大后方的国立中等教育机构主要包括国立中学、国立师范学校、国立职业学校这三种类型。与之对应,在边疆民族地区也开办了国立边疆中学、国立边疆师范学校和国立边疆职业学校。与内地同类国立中等学校相比,这些边疆学校的组织形式基本相仿,但在学制年限、学生来源、课程设置、培养方向等方面都更为注重结合所在民族地区的现实情况和实际需要。

1. 国立边疆中学

抗战之前,国民政府一般不直接办理中学教育,边教方面也只有蒙藏委员会下属的国立北平蒙藏学校里附设有中学班,该班在北平沦陷后因未及迁移而被伪北京地方维持会强行接收。抗战期间新设的国立边疆中学亦为数不多,计有国立伊盟中学、国立湟川中学和国立河西中学三所。

华北战事打响后,原国立蒙旗师范学校和中央政校包头分校相继停办。为了收容这批失学的蒙族青年学子,教育部经行政院核准后于1939年8月在绥远的伊克昭盟成立了国立伊盟中学。抗战爆发后,中英庚款董事会曾于1937年秋组织过考察抗战大后方文化事业的活动。经实地考察,董事会决定在甘肃、青海以及贵州等地设立数所以庚款为经费的中等学校。于是,设于贵州安顺的黔江中学、设于甘肃酒泉的河西中学、设于青海西宁的湟川中学相继成立,但这些学校的全称均冠以"管理中英庚款董事会"字样。[①] 1943年中英之间签订新约,取消了"庚子赔款"的名义,上述三校也根据协议被中国政府接管。1944年7月,河西中学和湟川中学分别由国民政府教育部接收并改为国立,因这两所中学所在地区少数民族比例较多,遂被划归入边疆教育体系,国立边疆中学也由此增添为三所。这些学校的行政组织和学制与内地中学基本一致,同样为初中三年,高中三年,但可视其需要酌设补习班,招收程度较低的少数民族学生,补习一段时期后再升入初中肄业。课程的设置也和内地中学基本相同,但强调根据当地实际情况而加授边地各有关知识及边

---

① 罗麟:《早年的湟川中学》,西宁市政协文史资料研究委员会编:《西宁文史资料》(第4辑),1986年印行。

疆语文训练,以养成学生服务边疆的志向和能力。国立伊盟中学还自办有农场、工场及牧场,并附设推广处专门负责场务管理和家畜卫生等事宜。①

2.国立边疆师范学校

由于教师队伍的建设是各级各类教育发展的先决条件,而大后方边疆地区教师的匮乏,历来是制约当地教育进步的瓶颈问题,尤其是小学及社教师资尤为短缺。所以在三类国立边疆中等教育机构之中,师范学校得到了较多的重视。1939年4月,国民政府即在《推进边疆教育方案》中特别规定:"初等教育师资的培养,由教育部筹办国立边区师范学校若干所,设立在边疆省份适中的地点。"1941年6月公布的《边远区域师范学校暂行办法》,则进一步要求:"为统筹培养边地师资起见,规定边师以国立为原则;边师应分区设立,每区以设立一校为原则","边师招生,以籍隶本区为限,不分族别,混合教学"。② 就实际办理而言,抗战时期先后开办了10所国立边疆师范学校,且全部位于大后方各少数民族地区。

1939年夏,教育部计划在云南昭通创设国立西南师范学校,委任曹书田为校长。曹氏于6月抵达昆明后即开始筹备工作,得到了云南省政府主席龙云等滇省各界人士的大力协助,并商借昭通城内李氏家庙为临时校舍。③ 后因县城频遭敌机骚扰,只得迁于城南二十五里某地新建校舍,于8月开始招考新生,9月开学。当年招收的一年制简师科毕业生全部在当地服务,仍"大有不敷分配之感"。次年第二次招生时,投考者达568名之多,较前次增加一倍,至年底已办有简师四班,初中一班,计有教职员27人,学生220人,其中少数民族生源甚多。④

在筹设国立西南师范的同时,为培养贵州少数民族地区所需的专门师资,国民政府教育部又于1939年10月将贵州省立青岩乡村师范收为国立,

---

①国民政府教育部教育年鉴编纂委员会编:《第二次中国教育年鉴》(第十编 边疆教育),商务印书馆1948年版,第1220页。

②马廷中著:《民国时期云南民族教育史研究》,民族出版社2007年版,第177页。

③《国立西南师范定期招生开学》,《重庆各报联合版》1939年7月29日;《教部筹设国立西南师范学校》,《教育通讯》第2卷第31期,1939年8月。

④《国立西南师范学校近况》,《教育通讯》第3卷第47期,1940年12月。

委派前江苏省立栖霞岭乡师校长黄质夫接管，并迁址于黔东南苗族聚居的榕江县，改称国立贵州师范学校。至次年底，已办有师范两班，一年制简师科一班，四年制简师科二班，初中二班，教职员24人，"多为有志于边地及富于教学经验者"，学生770人，多为少数民族生源。[①] 1940年3月，教育部以"造就西北边疆师范"为宗旨，在甘肃兰州十里店创办国立西北师范学校，下设简师班和蒙藏语言师资训练班，招收甘、宁、青、新数省的蒙、藏、回等少数民族学生，1941年迁至临夏东郊。1941年，国立绥宁师范学校也创设于宁夏绥宁县宝丰镇。

为培养边地干部和师资，国民政府中央政治学校于抗战前期就在西北、西南地区设立了一批分校。后因感到党派色彩太浓，不适宜边地师资的培养，且为显示党政各界对于师范教育的重视，遂将其中四所分校划归教育部接管，改设国立边疆师范学校：1940、1941两年内，教部陆续接收中央政校的西宁、康定、大理、肃州分校，分别改制为师范学校。其中大理分校的丽江分院独立设置为国立丽江师范学校，康定师范学校的巴安分校也于1945年独立为国立巴安师范学校。

至抗战胜利前夕，国民政府教育部在大后方各省设立的国立边疆师范学校已达10所，且在抗战胜利后全部保留于西部并沿用国立性质。

表6-1 抗战时期国立边疆师范学校设置简表

| 校名 | 创设时间 | 校址 | 战时变迁情况 | 战后处置 |
|---|---|---|---|---|
| 国立西南师范学校 | 1939年9月 | 云南昭通 |  | 迁文山 |
| 国立贵州师范学校 | 1939年10月 | 贵州榕江 | 原贵州省立青岩乡村师范改设，后在黎平设分校 | 留榕江 |
| 国立西宁师范学校 | 1940年2月 | 青海西宁 | 原中央政治学校西宁分校改设 | 留西宁 |
| 国立西北师范学校 | 1940年3月 | 甘肃兰州 | 1941年迁临夏 | 留临夏 |

---

[①]《贵州师范近讯》，《申报》1940年8月20日；《国立贵州师范新设施》，《教育通讯》第3卷第29期，1940年8月。

续表

| 校名 | 创设时间 | 校址 | 战时变迁情况 | 战后处置 |
|---|---|---|---|---|
| 国立康定师范学校 | 1941年2月 | 西康康定 | 原中央政治学校康定分校改设 | 升格为国立康定师范专科学校 |
| 国立肃州师范学校 | 1941年8月 | 甘肃酒泉 | 原中央政治学校肃州分校改设 | 留肃州 |
| 国立大理师范学校 | 1941年10月 | 云南大理 | 原中央政治学校大理分校改设 | 迁龙陵，改称国立龙陵师范学校 |
| 国立丽江师范学校 | 1942年7月 | 云南丽江 | 原中央政治学校大理分校之丽江分院改设 | 留丽江 |
| 国立绥宁师范学校 | 1942年9月 | 宁夏惠农 |  | 留惠农 |
| 国立巴安师范学校 | 1945年 | 西康巴安 | 原国立康定师范学校巴安分校独立设置 | 留巴安 |

上述国立边疆师范学校的办理情况与内地师范学校大致相同，其差异之处主要有三：其一，培养目标限定为边地所需师资，要求学生树立为边疆教育服务的观念和决心。其二，课程标准中增加边地语文、边地知识、边地卫生及医学等特别科目，并在其他常规科目中注意结合当地的实际特点。其三，学制方面试行四年制。边疆地区初中教育尚未普及，小教师资也亟待养成，边疆师范的学程以初中层次的简易师范科为主，高中层次的完全师范科为辅。因简易师范科的学生需加习边地语文等特别科目，三年内难以完成，所以学制也相应较内地简易师范延长一年，国立肃州师范学校还曾试办过六年一贯制的师范班。至于招收初中毕业生的完全师范科，其学程则依据各校及当地的实际情况而定。此外，一些由原中央政校之分校转易过来的边疆师范，如康定、肃州、大理等校，原皆办有中学班，教育部考虑到中学与师范性质不同，训练各异，且学生待遇也有较大差别，合办有诸多不便，所以在抗战后期将这些师范学校内的中学班逐渐结束，不再续办中学教育。

### 3. 国立边疆职业学校

抗战期间,国立边疆职业学校共有 9 所,全部位于大后方各地。其中有原国民党中央组织部所办职校划归教育部者 2 所,有原地方自办学校收归中央者 1 所,还有教育部在战时新设或改办者 6 所。

表 6-2 抗战时期国立边疆职业学校设置简表

| 校名 | 创设时间 | 校址 | 战时变迁情况 | 战后处置 |
| --- | --- | --- | --- | --- |
| 国立青海初级实用职业学校 | 1940 年 5 月 | 青海贵德格林墩 | | 1947 年 4 月迁青海湟源 |
| 国立宁夏初级实用职业学校 | 1941 年 1 月 | 宁夏省城 | 1942 年 2 月更名为国立宁夏实用职业学校 | 留宁夏 |
| 国立拉卜楞初级实用职业学校 | 1941 年 6 月 | 甘肃夏河 | 原由国民党中央组织部主办,1941 年 6 月移交教育部 | 1946 年 1 月移交地方接办 |
| 国立松潘初级实用职业学校 | 1941 年 6 月 | 四川松潘 | 原由国民党中央组织部主办,1941 年 6 月移交教育部 | 留松潘 |
| 国立西康初级实用职业学校 | 1941 年 9 月 | 西康荥经 | 原为国立西康学生营,1941 年 9 月改办职校 | 1947 年 8 月迁西康汉源,1949 年 8 月移交地方接办 |
| 国立金江初级实用职业学校 | 1941 年 10 月 | 西康会理 | | 留会理 |
| 国立清溪职业学校 | 1943 年春 | 四川犍为 | | 留犍为 |
| 国立玉树学校 | 1945 年 1 月 | 青海玉树 | 原为国立玉树小学,1945 年 1 月改办职校 | 留玉树 |
| 国立拉卜楞寺青年喇嘛职业学校 | 1945 年 4 月 | 甘肃夏河 | | 1947 年改办师范,沿用原名,1948 年 10 月停办 |

在上述九所国立边疆职业学校中,有三校情况比较特殊,需稍加说明。一为国立西康初级实用职业学校,前身本为收容战区流亡学生的国立西康学

生营,1938年初由国民政府教育部初设于重庆,专门培养开发西康的基层干部。[1]1939年6月迁入西康雅安,1940年9月转迁至西康荥经,1941年9月改设为职业学校。二为国立玉树学校,前身本为国立玉树小学,1945年1月升格试办中学、职业、师范合一的边疆学校,而以职业教育为主。三为国立拉卜楞寺青年喇嘛职业学校,乃是由拉卜楞寺活佛辅国阐化禅师和地方保安司令黄正清向国民党中央倡议,于1945年4月创设,专为该寺的青年喇嘛施以职业生产教育。

当时边疆职业学校与内地的差异也主要体现在课程和学制上。在课程方面,因为边疆地域广阔,各地生产的实际情况和发展需要各不相同,职业学校所设科目也比较灵活多样,其基本原则为因地设科并增加与边疆建设有关之科目。教学内容除注重边地各类实用知识外,还酌加师范课程,使学生毕业后也能胜任边地小学之代用教师。在学制方面,同边疆师范学校相仿,也是采用四年制,此外还办有预备班及艺徒班。预备班招收初小毕业生,学制为五年,因为这部分学生文化程度偏低,还不能编入正式班级教学,故称之为预备班。至于艺徒班,则是一种短期性的职业培训,招收对象为当地15至30岁的居民,进行短期的基础文化培训和职业补习教育,"酌按环境需要、各人兴趣,分别予以瓦工、木工、银工、纺织、酿造等技术训练,俾结业后在边疆服务,以供应边疆社会之需求"。[2]

4. 国立边疆职业小学

初等教育本来主要依靠地方政府办理,但国民政府教育部鉴于大后方边疆地区教育基础薄弱,还在战时特别创设了一批直属的边疆小学,其中17所附属于各国立边疆师范学校,另外独设有边疆小学17所。

---

[1]《开发西康的干部 西康学生营的介绍》,《中央日报》1939年1月4日。
[2] 国民政府教育部教育年鉴编纂委员会编:《第二次中国教育年鉴》(第十编 边疆教育),商务印书馆1948年版,第1220页。

表6-3 抗战时期部属边疆小学设置简表

| 校名 | 创设时间 | 校址 | 变迁情况 |
| --- | --- | --- | --- |
| 西藏拉萨小学 | 1940年1月 | 西藏拉萨 | 由原拉萨市立第一小学改设,战后留拉萨 |
| 青海三角城实验中心学校 | 1940年5月 | 青海海东 | 1942年8月改为国立西宁师范学校第二附小 |
| 云南奎香实验中心学校 | 1940年9月 | 云南彝良 | 1942年8月改为国立西南师范学校第二附小 |
| 贵州安龙实验中心学校 | 1940年10月 | 贵州安龙 | 1944年2月交地方接办 |
| 西康越巂小学 | 1940年10月 | 西康越巂 | 战后留越巂 |
| 宁夏定远营小学 | 1940年10月 | 宁夏定远营 | 战后留定远营 |
| 甘肃敦煌实验中心学校 | 1941年8月 | 甘肃敦煌 | 1942年1月交地方接办 |
| 西康德格小学 | 1942年12月 | 西康德格 | 战后留德格 |
| 青海柴达木小学 | 1943年5月 | 青海察汗乌县 | 1944年11月停办 |
| 绥远扎萨克旗小学 | 1943年9月 | 绥远扎萨克旗 | 1945年初改为国立伊盟中学附设扎萨克旗小学 |
| 绥远鄂托克旗小学 | 1943年10月 | 绥远鄂托克旗 | 战后留鄂托克旗 |
| 绥远达拉特旗小学 | 1943年11月 | 绥远达拉特旗 | 战后留达拉特旗 |
| 果洛小学 | 1943年12月 | 西康果洛 | 战后留果洛 |
| 绥远准葛儿旗小学 | 1944年3月 | 绥远准葛儿旗 | 由原准葛儿旗暖水镇小学改设,战后留准葛儿旗 |
| 西藏扎什伦布小学 | 1944年2月 | 西藏日喀则 | 原设西藏拉萨,称藏民子弟小学,后迁日喀则 |
| 绥远杭锦旗小学 | 1944年3月 | 绥远杭锦旗 | 战后留杭锦旗 |
| 宁夏额纳济旗小学 | 1944年4月 | 宁夏额纳济旗 | 战后留额纳济旗 |

部属边疆小学大体仿照内地国民学校成规办理,其相异之处有以下几个方面:学校名称,因为当时边疆初等教育还处于研究试验阶段,所以一些学校

最初即定名为实验中心学校,后为统一名号及专办小教事业,才逐渐改称为小学。学校校址,根据当地实际情况因地制宜,若边民居住地相对固定,采用固定式办学;若在游牧民地区,也随牧民逐水草而徙,采用流动式办学;在山寨地区则采用分散式办学,化整为零,深入各山寨办理小规模学校。教学语言,实行国语、国文与当地民族语文自由选习的原则,根据实际情况可任选一种,未作强制要求。教学内容,也以部颁教材与边疆地方乡土教材各占一半。

在抗战时期的部属边疆小学中,特别值得强调的是分设于西藏拉萨和日喀则的两所小学。因为民国时期西藏地方只是在名义上从属于中央,很多具体事务大多自行其是,国民政府无权干涉,教育方面也是如此。抗战期间教育部能经得西藏地方政府的同意而开办两所国立小学,可以说是一个比较特殊的例外。现通过拉萨小学的创办情形,借以了解在藏办学是何等的曲折复杂。其实早在1934年,南京政府派参谋本部次长黄慕松入藏致祭十三世达赖喇嘛时,就借机与西藏地方政府协商,要求在拉萨设立蒙藏委员会驻藏办事处等机关,其中就包括开办国立拉萨小学的动议。当时西藏地方政府虽然表示同意,但在校址、校舍等具体问题上不予协助解决,驻藏办事处参议蒋致余多次就此与其协商,都被对方以种种借口推辞或口惠而实不至。直到抗战爆发后的1938年夏末,驻藏办事处才与西藏地方政府的某官员达成协议,借用其私家房舍作为课堂,成立了拉萨临时小学。学校成立之初,因为房屋过于窄狭,只能收纳五六十名学生,加之处于市区边缘,办学多有不便,又没有充足的经费来重新修建校舍或租赁房屋,只得在1939年底迁到驻藏办事处,并于次年元旦正式定名为国立拉萨小学,第一任校长就由蒋致余兼任,开设的科目有国语、藏文、回文、写字、算术、历史、公民、常识、音乐、图画、体操等,汉语课本采用中华书局与商务印书馆编印的复兴版教科书,教员也几乎全部由办事处的官员和职员暂时充任。学校正式建校后,学生还不到一百名,其中虽有一些藏民子弟,但却以回族学生为多,也有四川籍汉人甚至尼泊尔官商的子弟。当时学校的教学情况可以用教学质量不高、学生课业成绩不佳、升学率不高这"三不"来形容。国民政府教育部蒙藏教育司旋即在当年委派国立蒙藏学校毕业生王信隆入藏,担任国立拉萨小学专任校长。王氏到任后对教师队伍作出调整,从内地聘请了一批师范学校的毕业生前往执鞭,全校学生也增加到了一百六十多名,根据民族、信仰的不同,编为藏文、回文、国文三个班级,教学质量及学生学业成绩也均有所提高。①

## 四、抗战时期大后方地方边疆民族教育体系的充实

抗战期间在教育部直属的国立边疆学校系统之外,经地方政府和教育机关的推动,大后方各省地方的少数民族教育也相对战前取得了一定程度的发展,一些团体和个人在此方面亦发挥了各自积极的作用。由于大后方多数省份有着部分地域乃至全部省境属于边疆范围,以下即按地理位置分为西南、西北两个部分,其中各选择一两个有代表性的省份加以较为详细的介绍,并对其他各省的相关情况作一概述。

### (一)西南地区的边疆民族教育

云南是西南地区少数民族构成最为复杂的省份,抗战时期围绕本省边疆民族教育制定了一系列的政策措施,具有较好的代表意义。按照该省战时发布的《云南省边地教育三年推进计划》的规定,将该省三十一个县级行政区域划设为边地教育范围,即中甸、维西、兰坪等十四县,德钦、碧江、福贡等十五设治局,河口、麻栗坡两区。边地教育的对象,则为"边地人民自六足岁至四十五足岁,凡不通国语、不识汉字者,均应受边地教育",实际涵盖了学校教育和社会教育这两个轨道。此外,云南省教育厅还在1940年设立了直属的省边疆教育委员会,其具体职责为:辅助教育厅边教科推进本省边疆教育,研究本省边疆民族文化,讨论本省边地教育之办理原则及各项实际问题,设计本省边疆教育实施方案,提供本省边疆教育改革计划,指导边地青年升学及就

---

①常希武:《抗日战争时期国民政府在拉萨办学简介》,政协西南地区文史资料委员会编:《抗战时期西南的教育事业》,贵州省文史书店1994年版,第31-37页。

业,搜集本省边区文物、著作、民俗品、产物标本,以供设计应用等七个方面。[①]

具体到抗战时期云南各类地方民族教育的发展情况,先以小学教育为例。抗战爆发的 1937 年,该省已有省立边地小学 34 所,但抗战中期受经费短促的制约,有 7 所小学先后划归所在各县自行办理,另有 1 所停办。1942 年,因日寇侵入滇西,又有 12 所被迫停办,省立边小仅剩 14 所。抗战后期,滇西沦陷区收复后,有 6 所得以重建,至 1945 年恢复为 20 所。除省立小学,云南边地各县、设治局还自办有县立及私立小学。特别是 1942 年《云南省三十一年度国民教育实施计划》实施之后,督促边疆各县、局、区分期推进小学教育,分为中心学校和国民学校两种形式。其中要求乡(镇)设中心学校,每校应有 4 个教学班;保设国民学校,每校应有 2 个教学班。同年,云南边地 31 个县级行政区共办有中心学校 123 所,388 个教学班,另有民教部 74 班;国民学校 127 所,254 个教学班,另有民教部 109 班。在小学教育比较发达的丽江等县,适龄儿童入学率达到了较高的水平。据 1945 年统计,当时丽江县人口总计不过 8.5 万,却有小学 118 所,其中完全小学 21 所。全县学龄儿童 20563 人,实际在学就读者为 15076 名,入学率为 73%。这样的成绩,不仅在云南各少数民族地区,就算在整个抗战大后方都是相当不错的。丽江的小学教育之所以能取得如此进步,离不开地方政府和社会各界的大力支持和实际推动。因为当地纳西族历来有重视教育,积极兴学的文化传统,抗战期间就有作家李寒伯,商人牛文伯、李刚等捐资或自办了多所小学。[②]

中等教育阶段,云南边疆的地方中学、师范学校和职业学校在抗战期间也有不同程度的发展。中学教育方面,省立中学与边疆教育有密切关系的有腾越中学、昭通中学、丽江中学、大理中学、鹤庆中学、开广中学、临安中学、大理女子中学等校,其中如设在文山的开广中学,其前身为 1916 年创办的文山、西畴、马关、屏边四县联合中学,是云南壮族地区中开办最早的中学。随后校名和建制几度更易后,在 1939 年更名为省立开广中学,下设初中部、高

---

[①] 马廷中著:《民国时期云南民族教育史研究》,民族出版社 2007 年版,第 177 页。
[②] 马廷中著:《民国时期云南民族教育史研究》,民族出版社 2007 年版,第 212 – 218、223 – 224、235 – 237 页。

中部和师范部,又成为云南壮族地区的第一所完全中学。省立边地中学扩充的同时,各少数民族地区的县立和私立中学也逐渐增加。今天的大理白族自治州,抗战期间先后开办了宾川县立初级中学、蒙化县立大仓初级中学、私立大理喜州五台中学等10多所地方中学。师范教育方面,独立设置的师范学校以省立为主,包括省立保山师范学校、省立鹤庆师范等校,另有省立双江简师、佛海简师、大姚简师等10余所边地简易师范学校。县立师范教育机构则有的独立设置,如绥江县立简师、澜沧县立乡村简师等;有的附设在县立中学之内,如丽江县立女子中学女子简易师范班,云龙县立石门中学和宝丰中学简易师范班等。职业教育方面,省立教育机构有宾川初级农业职校、保山农业职校等,另有喜州高级助产士学校、云龙农业职校、建水商业补习学校等县立、私立职校。①

抗战之前,广西境内的苗、瑶、僮(壮)等少数民族社会地位低下,几乎没有权利享受正规的学校教育,就连抗战初期颁布的针对苗、瑶等族的《化猺(瑶)办法大纲》,蔑称"瑶"为"猺",名称就带着强烈的歧视色彩。② 1939年桂省转而提出"特种部族教育"计划,"特种部族"的提法虽也未见完全平等,但毕竟要显得温和一些。比较特别的是,广西省政府比较重视少数民族师资的培养:在1937年即办有省立特种师资训练所,1939年专门拨出经费1.4万元在少数民族聚居区域增设中心及国民学校96所,同时还在东凤天联中和三江县立国民中学两校内各加设一个特种师资训练班。1942年,原省立特种师资训练所改为省立桂岭师范,并另于省立百色师范内附设边地师范班。③ 1944年,广西省政府以"边民大都涵化,无特殊设施之必要"为由,向教育部函报不再列入实施边教的省份。

西康1939年建省之时,学校教育非常落后,省会康定也仅有中央政治学校康定分校和省立师范两所中等学校,小学也不过3所,省立和县立各1所,

---

① 马延中著:《民国时期云南民族教育史研究》,民族出版社2007年版,第240-260页。
② 黄文华:《动员苗夷的教育设施》,《教育杂志》第29卷第7号,1939年7月。
③ 《桂省发展特种部族教育》,《申报》1939年5月9日;《广西发展特种部族教育》,《教育杂志》第29卷第7号,1939年7月。

另有天主教所设之康化小学,但后者"仅有少数靠教堂为生之子弟入内读书"。① 到 1944 年夏,全省已有省县立高初级中学 17 所、99 班,学生 5857 名;省县立师范 8 所、27 班,学生 1284 名;职业学校 5 所、12 班,学生 345 名。抗战胜利之后,全省中学更增加到 24 所,初等教育较之战前也有了一定程度的发展。②

四川的边疆学校在战前本只有屏山县立简易师范 1 所,抗战爆发的 1937 年即新设边民小学 9 所,1939 年又在理番威州增设省立乡村师范,直至战后全省已有边疆中等学校 7 所及边疆小学 30 所。③ 至于贵州,前文曾提及该省在抗战初期办有省立青岩乡村师范(1939 年 10 月改为国立贵州师范学校),该校最初设立的主要目的即是为本省苗民聚居区域培养基础教育师资,并兼办有初中,在 1938 年上学期已有师范生 3 班、104 人,毕业生也全部分发至各苗区省立初级小学充任校长或教员。④ 少数民族小学教育的专门经费也在战时逐年扩充,1944 年贵州省政府考虑到省内边民人口比例颇高,特别规定以全省中心及国民学校的 1/3 专负边教之责。根据战后统计,在黔省内的独山、都匀、榕江等 21 个少数民族聚居县里,边民学校多的达到了 84 所,最少的也有 19 所。

**(二)西北地区的边疆民族教育**

抗战时期,有两个团体对青海省地方学校教育的发展起到了重大的推进作用,这就是回教促进会与蒙藏文化促进会。据其时有关资料反映,"这两个团体都不是以办教育为唯一目的,但现在却以教育工作为其活动的中心",他们创办教育机构的经费"一部分由政府津贴,一部分由中央补助边疆教育的

---

① 《西康新省会之现状》(续),《申报》1939 年 4 月 11 日。
② 丁克:《西南角上——西康宁属近貌》,《新华日报》1944 年 3 月 9 日;《启蒙中的西康》,《中央日报》1944 年 5 月 22 日;《西康中等教育概况》,《申报》1946 年 7 月 12 日。
③ 郭莲峰:《抗战四年来之边疆教育》,《教育通讯》第 4 卷第 28 期,1941 年 7 月;曹树勋:《抗战十年来的边疆教育》,《中华教育界》(复刊)第 1 卷第 1 号,1947 年 1 月。
④ 王裕凯、袁英弁:《抗战三年来之贵州教育》,《教育杂志》第 30 卷第 10 号,1940 年 10 月。

经费中拨给,此外便是私人捐助或就地筹措"。① 其实在 1934 年,青海省就成立了专门的回民教育促进会,到抗战前夕省城西宁已有回民师范和中学各 1 所,另在各县的小学也有 49 所,伊斯兰教的可兰经和回文是各校教学的重要内容,并以星期五为礼拜日。青海省内的少数民族本以蒙、藏两族为多,但在战前,"汉人教育,自小学以至中学,一因经济来源缺乏,设备不完善。再者,教员拿不到薪给。不唯难求进步,即是现况的维持,也大感困难"。② 而蒙、藏两族教育更是受到忽视,唯独回民教育的状态呈现"畸形繁荣"。当时甚至有人做出这样的评价:"青海的教育,分政府办的与回教促进会办的两个系统。政府办的学校,经费与人才大半两缺,故多无善状可言,有几个学校简直和破客店差不多。然而,回教促进会办的学校,则又振振有生气。"③推其缘故,应该与当时青海的统治者马步芳家族全方位扬回抑汉政策有关,教育方面也莫能例外,如马步芳亲自兼任回教促进会委员长,从 1933 年至 1939 年就开办了 100 多所回民小学。而时任骑五军军长的马步青(马步芳之胞兄)也累计办有主要面向回民子弟的青云中学 1 所和青云小学 22 所。④此种情形在抗战中后期得到了一定程度的改观。除教育部的督导推进,青海的蒙藏文化促进会自抗战中期亦积极致力于本族学校教育的发展,1940 年春即筹划在海东、湟源、右翼盟、群科旗等处设立蒙藏小学校 6 所,并积极编译蒙、藏文各类教材。⑤ 通过各界的共同努力,抗战时期青海地方的学校教育有了明显的进步。初等教育方面,据 1934 年统计,当时全省小学仅有 563 所,学生 20440 人。到 1941 年,小学数量增加为 1077 所,包括省立小学 1 所,县立小学 83 所,乡镇小学 493 所,义务小学 266 所,回民教育促进会所属小学 175 所,蒙藏文化促进会所属小学 59 所,学生共 70542 人。至 1945 年底,全省小学发展到 2463

---

① 《青海的教育》,《教育杂志》第 30 卷第 11 号,1940 年 11 月。
② 徐戈吾:《一年来之西北行踪》(十八),《中央日报》1937 年 7 月 3 日。
③ 李臣玲:《青海民族教育近代化的困境与选择》,民族出版社 2005 年版,第 81-82 页。
④ 《马步青兴学　行政院明令褒扬》,《重庆各报联合版》1939 年 8 月 1 日。
⑤ 《青蒙藏文化促进会积极推进蒙藏教育》,《申报》1940 年 4 月 20 日。

所,学生 217805 人。① 与战前的 1934 年相比,学校数量增加三倍有余,学生数量更是增长了近十倍。中等教育方面,共有各类学校 8 所,含省立中学 2 所,省立简师 4 所,省立职业学校 1 所,回教促进会所属中学 1 所。

最后顺带说明,战时青海的少数民族教育还有一个显著的特点,即借助寺庙教学的形式加以促进和推广。1941 年秋,藏族僧侣嘉绕嘉措大师向国民政府呈请在古雷寺创立青海喇嘛教教义国文讲习所,得到批准并被委任为所长负责筹建。1942 年 2 月,该所正式成立,以"改进边疆教育,增进藏民文化,宣传三民主义,阐明抗日国策"为宗旨,经费除由教育部每月拨发 3000 元,其余均由嘉绕嘉措大师向各方募集。讲习所初建时,有学员 90 余人,全部为该寺僧人,分为童僧和壮僧两个班级,教学内容既包括国文、藏文语法、拼音等,也有藏传佛教的教义。

新疆的学校教育在战前已有一定程度的发展,省立新疆学院也是当时位于西部边疆地区的唯一一所高等学校。1938 年初,全省已有学校 1500 所左右,学生约 15 万名,其中各少数民族文化促进会所办学校占据了相当大的比例,如维吾尔文化促进会就办有中等学校 3 所,学生 440 名,小学 1736 所,学生 124174 名,此外还有师范训练班 10 班。哈(萨克)柯(尔克孜)文化促进会办有学校 297 所,学生 10194 名;回族文化促进会和蒙古文化促进会也各办有学校 37 所和 12 所,学生分别有 2700 余名和 1229 名。② 到 1939 年春,全省已有公私立各级学校 2302 所,学生共 165923 名。③ 1942 年底复增为 2439 所,学生 268680 名,至 1945 年抗战胜利时,学校数更达到近 3000 所,学生约 32 万人,较之抗战初期都增长了约一倍。④

除上述两省外,抗战期间西北其他省份少数民族区域的学校教育,发展

---

① 国民政府教育部教育年鉴编纂委员会编:《第二次中国教育年鉴》(第十编 边疆教育),商务印书馆 1948 年版,第 1245 页。
② 杜重远:《到新疆去》(十六),《抗战三日刊》第 44 号,1938 年 2 月;汪哗春:《建设中的新新疆》,《新华日报》1938 年 5 月 22 日。
③《新疆教育突飞猛进》,《新华日报》1939 年 4 月 17 日;《新疆教育近况》,《申报》1939 年 5 月 11 日。
④ 季庸:《新疆近况》,《申报》1943 年 1 月 1 日;《新疆新政》,《中央日报》1944 年 1 月 14 日;曹树勋:《战后中国的边疆教育》,《教育杂志》第 30 卷第 2 号,1947 年 8 月。

情况各不相同。绥远省因在抗战初期大部沦陷,直到1943年后才渐趋恢复发展。宁夏的疆域在民国时期比当今要广阔一些,省境内聚居的少数民族除回民外还有不少的蒙古族居民,而回、蒙两族教育的发展境况在战时也各不相同:1936年省城曾办有蒙旗师范班一所,但该班学生毕业后即未再续办,当时设于定远营、居延、磴口、四坝等蒙古族聚居区的四所小学也有两所在战时停办。直至战后,宁夏的蒙古族学校教育机构也仅有阿拉善旗立简易师范和小学各一所。与之相比,该省回民教育在战时的发展状况要好得多,因为当时宁夏实际的统治者马鸿逵也是回民,故对本族的教育更为重视,并委托云亭文化教育基金董事会主管具体事务。该会在战时办有私立云亭小学12所,在校学生2500名,另有阿訇讲习班12所,学生也有240名。甘肃省在抗战初期有回、藏完全小学10所,1939年时曾扩充为110所,但大多因经费关系而缩编为中心学校或国民学校。中等学校除省立夏河简易师范外,其余设在兰州、武威、临夏的四所边疆中学都是私立性质,另外还办有专门培养边疆社会教育师资的"特教师资训练班"。[1]

## 五、抗战时期大后方边疆民族教育的历史评价

随着大后方战略地位的整体提升,西南、西北的边疆地区在抗战时期也得到了国民政府和社会各界的普遍重视,被称之为"边疆的安定与否,足以影响到全面的战局"。[2] 战时边疆地区少数民族教育的发展,不仅直接提高了当地民众的文化素质,并且推动了地方各项建设事业的发展,具有极其重要的政治、经济和文化意义。当然,由于当时客观条件和主观因素等方面的诸多

---

[1] 郑通和:《二十八年甘肃教育之设施》,《教育杂志》第30卷第5号,1940年5月;国民政府教育部教育年鉴编纂委员会编:《第二次中国教育年鉴》(第十编 边疆教育),商务印书馆1948年版,第1242页。

[2] 《抗战与边疆教育》,《大公报》1937年10月16日。

限制,大后方的民族教育还是存在着某些不足与缺陷,其经验教训仍值得当今总结反思。

### (一)战时大后方边疆民族教育的进步意义

#### 1. 政治意义

教育历来是国家的完整主权之一,国家的教育方针、政策和法规也应是地方教育发展的重要指南。抗战时期国民政府对大后方边疆民族地区的教育开发,就有着如下三点政治意义。其一,自从近代以来,天主教、新教等外国教会即极为重视对我国西部少数民族地区的宗教和文化渗透,随之而来的教会教育也在当地逐渐扎根并日渐扩展。经过多年的经营,教会学校到民国时期已在西部边疆民族地区形成了较为庞大的教育体系。据资料显示,仅新教中的循道公会这一支派,1915年就在滇东北的彝良县办有9所小学。而基督教会1920年时也在云南全省开办了67所小学。[①] 这些学校虽然对当地文化教育的发展起到了一定的积极作用,但往往都是以传播教义,发展信徒为其根本任务,甚至有些还怀着泯灭我国少数民族民众的国家意识,制造民族矛盾和煽动民族分裂的险恶用心,以求达到分而治之的殖民化目的。抗战时期,国民政府虽然没有对教会教育进行强行的限制,但通过相应的政策法规加强了对其的统一监管。与此同时,我国自办的教育事业在西部少数民族地区得到了快速的发展,显著地改变了当地的教育成分的结构比例,对教会教育形成了有力的竞争,也在客观上维护了我国的教育主权。其二,抗战之前,西部少数民族地区多由大大小小的宗教领袖、土司、军阀割据,其中多数不重视发展正规的学校教育,间或有热心办理教育者,往往又是将之作为培养扶植本民族或本教势力的手段。久而久之,造成了各地区、各民族教育发展的不平衡状态,对民族团结也有一定的消极影响。抗战时期,国民政府一方面采取制定政策法规、理顺行政归属、给予经费资助等手段强化了对边疆民族教育的督导和监管,另一方面设置了数量众多,体系完备的各级各类国立边

---

[①] 马廷中著:《民国时期云南民族教育史研究》,民族出版社2007年版,第124、133页。

疆学校,增强了国立教育机构在当地的实际影响,从而明示了国家的教育权威,配合了中央政权对大后方边疆事务的统一管理。其三,由于长期以来的历史原因,尤其是大汉族主义和民族主义的影响,西部少数民族地区民族矛盾在抗战之前异常复杂,也使得当地很多少数民族居民的国家和公民意识极为淡薄,往往对国家时事漠不关心。这种状况在抗战爆发后得到了较大的改观,特别是各类教育对此发挥了积极的作用,如通过国语教育达成民族间的文化认同,利用公民教育培养爱国思想,凭借地理教育启发国家领土的概念和意识等,而卫生教育和生产教育又切实改善了当地少数民族居民的生产与生活,取得了他们的好感和信任,加深了他们的国家意识和公民责任感。抗战期间,大后方各民族同仇敌忾,一致对外,以各种方式积极支援全民抗战,很多少数民族同胞还踊跃参军,直接走上抗日御侮的最前线。

2. 经济意义

抗战时期大后方边疆民族教育的发展,直接推动了当地生产建设事业的发展。首先,边疆职业教育体系的充实,培养了大批实用型的经济类人才。这些边疆职业教育机构或是单独设置,或是采用附设的形式,但都注重因地制宜,结合地方生产和经济发展的实际需要。如抗战中后期,日军侵占腾冲、龙陵,滇缅公路一度中断,使得丽江成为云南与印度通商的重镇,当地的商业随之迅速繁荣。1943年春,丽江县立中学便开办了一个商业初中班,招生40人,专门培养财会人员。教学内容除普通课程,还有商业簿记、财经、珠算等财会类科目。因丽江接近藏族地区,而且当时通往印度的商路必经西藏,所以还特别增加了藏文课。① 其次,职业教育之外的其他各级各类教育,对地方生产建设事业也发挥了直接或间接的促进作用。很多中小学和师范学校都相应开设了劳动技术课程,要求或鼓励学生直接参加各种生产劳动。如青海昆仑中学的女生部除设有劳作课外,还给每个女生发放缝纫机,聘请校外工厂的技师专门进行指导。作为西康建省后境内设立的第一所高等学校,国立西康技艺专科学校建校伊始,校长李书田博士即与西康省建设厅、西康省地

---

① 马廷中著:《民国时期云南民族教育史研究》,民族出版社2007年版,第258页。

质调查所商定合作考察康省宁属地区地质矿产,本校师生自带帐篷与干粮深入边区,取得了丰富翔实的第一手资料。① 更重要的是,通过学校教育的整体发展,为大后方少数民族地区培养了众多具备较高知识素养,掌握近代科技本领的新型劳动者。按照人力资本理论的经典推断,个体所能创造的生产效率和经济效益,与受教育的程度呈明显的正比例关系。因此,随着大后方边疆民族教育的整体发展,当地的经济总量日渐增强,应是不争的历史事实。

3. 文化意义

就文化的角度来说,抗战时期大后方的边疆民族教育也具有三点重要意义。其一,促进了各民族间的文化交流。特别是在一些民族杂居地区,学校兼收汉族和少数民族各族学生,通过教学和生活中的平等共处,达到不同民族文化的相互熏陶、融合,也加深了相互之间的理解和认同。其二,丰富了当地的文化事业,促进了少数民族文化的研究。国立贵州师范为普及民众教育,活跃当地文化生活,将校中一切设备,如图书室、运动场等终日开放,欢迎校外群众参观使用,并主动推行上门教育服务。② 该校在抗战时期还为当地的文化事业做了大量的工作:两任校长都对研究民风民俗颇为重视并身体力行;教师张新豪利用寒暑假搜集了侗、苗、水族的民歌五百多首及一批珍贵的民族历史文献;江苏籍教师李德和深入高山苗寨做调查研究,为了取得苗胞的信任,甘愿与苗民头人喝生血酒,结为同盟兄弟。③ 其三,革除了当地的一些民俗陋习,起到了移风易俗的进步作用。如1938年,青海官亭学校师生在创建者朱海山的带领下,编排并演出了很多富有进步意义的"文明戏"。这些戏剧都是围绕反对封建陋习这一主题而展开,大力宣扬男女平等,揭示赌博和鸦片的危害等,用通俗易懂的方言和生动形象的表演使广大民众受益匪浅。特别是为改变当地土族妇女仍习惯缠足的传统,该校全体师生分8个宣传组,每人手执写有"缠足是封建社会产物","不缠足是文明","缠足是妇女

---

① 《调查西康矿藏 技专与建厅合作进行》,《中央日报》1940年10月3日。
② 《国立贵州师范新设施》,《教育通讯》第3卷第29期,1940年8月;《贵州师范近状》,《申报》1940年8月20日。
③ 龙光沛:《抗战时期的国立贵州师范》,政协西南地区文史资料委员会编:《抗战时期西南的教育事业》,贵州省文史书店1994年版,第319-329页。

一生的痛苦"等口号的三角彩旗游行宣传,取得了较好的成效。"民和官亭地区的陋习有了一定的改观,有的已缠足的青年妇女不再缠足,而尚未缠足的少女们不再缠足了。"①在云南丽江,国立丽江师范学校被称之为"文化垦荒队","将文化的种子播撒在荒芜的边地上"。国立北平图书馆也派员前往丽江专门搜集民族文献,整理出东巴经文达数千册之多。②

4. 教育意义

以抗战大后方边疆民族教育发展的自身价值而言,可以从学校教育和社会教育两方面加以说明。学校教育方面,各级各类学校数量渐趋增长的同时,也出现了一些代表性的学校,特别是不少国立边疆学校因师资水平高,教学要求严,学习风气浓,学生质量好,在边疆地区发挥了重要的示范和表率作用。如设在青海西宁的国立湟川中学,以"五育并重"、"有教无类"为教育原则,师资力量在青海全省乃至整个大后方民族地区都处于领先地位。据统计,全校有67名毕业于国内各大学的教师,其中不乏清华大学、北京大学、北平师大、中央大学、燕京大学、南开大学等著名高校的高才生,仅北京大学毕业的就有15名之多,北平师大毕业的也有12名。1941年,该校首届高中毕业生10人全部考入大学,打破了青海本地学校培养的学生从未考上外地大学的"天荒"。1942年和1943年扩充班级后,高中毕业生人数有所增加,但升学率仍稳定保持在70%以上。这样的教师队伍和学生质量,放在今天西部民族地区的任何一所中学,也是相当可观的。③ 社会教育方面,依托各级政府、学校、文化团体和社教机构的共同作用,一定范围内改变了大后方边疆民众的文化素质。国民政府教育部曾在宁夏、西康两省成立边疆教育工作团,主要任务之一就是在当地开展社会教育。此外,教育部下属的川康公路线社会教育工作队,教育部西北公路线社会教育工作队,第三、第四巡回戏剧教育队,也是活跃在大后方民族地区的重要社会教育组织。甘肃省在1939年颁布"推行特种教育计划",围绕本省少数民族地区的社会教育制定了三十种相

---

① 李臣玲:《青海民族教育近代化的困境与选择》,民族出版社2005年版,第187页。
② 《丽江气象一新》,《中央日报》、《扫荡报》(联合版)1942年11月22日。
③ 李臣玲:《青海民族教育近代化的困境与选择》,民族出版社2005年版,第116-124页。

关措施,其中最见成效者有以下几项:培养社教师资,与西北干部训练团合办师资训练班,将所招收的中学毕业生经过培训后,分往陇东的海原、固原、平凉等 10 县专门从事边地社教工作;创办中山民校,在上述各县开办民众学校 40 所;成立巡回社教团,在这些少数民族聚居区域巡回开展话剧、演讲、壁报、歌曲等多种形式的社教活动;开展电化教育,在皋兰、天水、庆阳等地先行试办,从重庆购回大批收音机、干电池等物资下发各地,并呈请教育部派技术人员来甘肃开办电化教育训练班,为少数民族地区培养基层的电教工作者。

**(二)战时大后方边疆民族教育的历史缺陷**

如前文所述,战时大后方的边疆民族教育取得了值得肯定的成效,但由于种种历史条件的限制,其缺陷与不足也是相当地明显,并没有摆脱在整个大后方乃至全国的落后状况。究其缘由,仍可以从政治、经济、文化等背景因素加以分析。

政治方面,从国民党中央、国民政府乃至教育部在抗战期间所采取的一系列政策措施来看,对边疆教育不可谓不重视,国立边疆学校的数量也在战时不断增加。仅以此类中等学校为例,1939 年已有 6 所,1940 年为 11 所,1941 年则增至 16 所。[①] 但各省地方政府对中央相关政策的具体落实,态度不尽相同甚至大打折扣,特别是某些民族构成比较复杂和民族矛盾比较突出的地方。如当时分别由马步青和马鸿逵家族所统治的青海和宁夏,由于"二马"都是回民,明显带有偏袒本族的倾向,回民在各项政策包括教育上都可享受优待,而对其他民族的教育往往比较轻视或有意忽视甚至歧视。另外,国民政府战前长期采取的歧视和分化少数民族的态度虽在战时有所缓和,也有意改善边疆地区文化教育的落后状况,但毕竟积重难返,一些歧视性的称呼和政策仍随处可见,如沿用以前对瑶(猺)、壮(獞)、彝(猓)等族的蔑称,并将这些少数民族统称为"夷",甚至有所谓《化猺(瑶)办法大纲》的出台。凡此种种,无不体现了大汉族主义的文化优越感,折射出历来统治者所采取对边疆

---

[①]《战时教育统计》,《新华日报》1942 年 12 月 17 日;《战时教育统计》(下),《中央日报》《扫荡报》(联合版)1942 年 12 月 19 日。

民重"教化"轻"教育"的倾向,法规和政策方面虽有"民族教育权利平等"的条款,实际办理却远非如此。这也对当时某些教育工作者和研究者产生了一定的负面影响,他们在考察、研究和办理边疆教育时,多少都带有一种"救世主"的心态,仍将自己的教育活动称之为"夷务教育",称夷民"生活原始,头脑简单"。① 对边疆少数民族而言,政府当局与教育者的如此心态或理念,自然难以调动他们自身的积极性和主动性。另外,当时一些少数民族聚居区域仍然在政治生活中保留有奴隶制度,这些农奴的生命和自由都无从得到保障,教育权利的平等更是一句空话!

经济方面,因为一些边疆地方经济落后,加之土豪劣绅横行,匪患严重,使得当地人民生活异常困苦。如"在滇东北一带,就算是包谷小米,中等的农家每年农作的收获不够一家八个月之食用,其余贫穷者更无论了。一般的住处都是人畜同屋,污秽不堪,勉强可避风雨,卫生自然更谈不上,穿的都衣衫褴褛,有的还裸露着无法蔽体"。② 在这样的经济条件下,推行学校教育自然会遇到诸多困难,边民子弟还未成年就得担负家庭经济重担而无法入学,更难以保证高质量的师资和学校设备。抗战后期的1944年,很多教员因生活清苦而纷纷改业,以至于西昌各学校都感到"师资缺乏的恐慌"③,而"器材设备的不足,教材的缺乏,更是边疆教育发展的一个障碍"④。另外由于交通梗阻,运输艰难,汇兑不便,物价飞涨,而且国民政府的法币在西部一些边远地方还不能流通,须兑换成藏洋等硬通货后才能使用,如此种种也使得边疆教育成为"费钱之事业","两分之钱只能收一分之效"。⑤

文化方面,边疆教育战前基础非常薄弱,一时难有根本性的转变,当地文化观念的落后也是一个重要的因素。由于边疆居民长期被排斥在正规学校教育之外,对学校教育缺乏了解,虽然国民政府在战时制定了一些针对少数

---

① 白雪:《广西猺山教育现状》,《申报》1939年6月15日;黄文华:《动员苗夷的教育设施》,《教育杂志》第29卷第7号,1939年7月。
② 郭莲峰,宗亮东:《川滇黔交界教育掠影》,《教育杂志》第30卷第2号,1940年2月。
③ 丁克:《西南角上——西康宁属近貌》,《新华日报》1944年3月9日。
④《边疆教育的过去与现在》,《中央日报》1944年1月15日。
⑤ 曹树勋:《战后中国的边疆教育》,《教育杂志》第32卷第2号,1947年8月。

民族教育的优待政策,但他们却往往视上学为畏途,比较典型的例子即是西康、云南等地的"雇读"制度。因为地方政府在推行学校教育时往往只看学生数量,以应付上面的检查了事,而当地的一些头人子弟养尊处优,不愿意入学就读,因此催生了这种在全国乃至世界范围内都比较独特的"雇读"现象。头人子弟到了入学年龄,多强迫奴隶娃子代其就读,那些中等以上人家也花钱物色替身上学,只有贫困家庭无钱无势才忍痛送子弟上学。上学读书,对于当地各社会阶层来说,竟成为一件极艰难和极痛苦的事情。在这些地方学校的学生里,很多都是受雇而代替他人入学者,其中有部分汉人移民子弟本视读书为常事,也愿意替人读书,但竟然也有一些人将此作为职业。"雇读"制度使得当地的学校教育流于形式,产生了种种弊端:一为雇读生多超逾学龄,"有四十余岁之汉人咬旱烟袋入学,有二十余岁之康人蹒跚来校,与幼儿并立而不能比肩,望之犹如父子";二为生数变化无常,有时某生今日由甲者代替,明日复由乙者代替,原因竟在于后者雇价偏低而中途更易;三为辍学现象普遍,学生及家长都视上学为畏途,应付检查了事,雇读生更是常因雇主拖欠雇费问题而产生纠纷;四为雇读生周而复始,如有时某生今年受雇甲家,明年再受雇乙家,就读相同学级,所用名字却全然不同,令教师哭笑不得,这种学生也就被称为"老当差"。对于"雇读"现象及其弊病,时人曾有四句短语颇为生动形象地以讽其事:"朝三暮四,学习毫无进度;老少咸集,教学至感困难;一曝十寒,有教等于无教;迟到早退,教员忙于催科。"[①]同样,云南的傈僳族、怒族、傣族、藏族等民众中也普遍存在类似的"学差"现象,或是有钱人家出钱雇人替自己的孩子去读书,或是土司头人强迫本地的儿童入学以替代劳役。[②]在这些学校教育尚且流于形式的边疆地区,社会教育更是付以阙如。经济的落后、生活的贫困、观念的闭塞,使得当地群众整天忙于生计,不愿也无暇接受教育。在他们人看来,不识字也并非什么大不了的事。所以除少数地方,战时整个大后方民族地区社会教育发展状况很不令人乐观。如在青海,"一

---

[①] 郭莲峰,宗亮东:《川滇黔交界教育掠影》,《教育杂志》第30卷第2号,1940年2月;《西康的雇读制度》,《教育杂志》第30卷第11号,1940年11月。

[②] 马廷中著:《民国时期云南民族教育史研究》,民族出版社2007年版,第294—297页。

般民众的文化水准尚低,能够利用阅报处的已不很多,而互助县的县立图书馆修的很好,书籍虽旧,却也有些,只是恐怕没有多少有'闲'而又有'能'的老百姓会来利用而已"。① 这说明要真正使社会教育取得实效,首先就得唤起民众的求学意愿,结合他们的实际需要,普及识字教育,而仅仅修建一些社教场所并不能从根本上解决问题,常常成为一种有庙无和尚的空闲摆设。还有一些地方比这种情况更为糟糕,战时有人在川滇黔交界的少数民族聚居地区考察教育时,发现"在很多地方,很少见到社会教育设施,征询教育当局,才知道仅有空挂牌子的民教馆或图书馆,而数量还是非常的少"。②

---

① 《青海的教育》,《教育杂志》第 30 卷第 11 号,1940 年 11 月。
② 郭莲峰,宗亮东:《川滇黔交界教育掠影》,《教育杂志》第 30 卷第 2 号,1940 年 2 月。

# 第七章 抗战大后方教育家群体

教育家是指通过亲力亲为的教育实践创造出重大教育业绩,对一定时期、一定范围内的教育思想和实践产生重要影响的优秀教育工作者。抗战时期,众多教育家聚集大后方坚持从事教育实践或进行教育研究,通过提供理论支持和发挥引导示范,推动了大后方教育事业的迅速发展。本章选取了高等教育、基础教育、职业教育、社会教育等领域中的一些教育家,从不同角度阐明了他们的主要教育思想、教育活动和历史影响。这些教育家的教育思想和实践活动不仅在当时有着显著的历史意义,也是中华民族教育思想中的瑰宝,时至今日仍值得参考借鉴。

## 一、高等教育中的教育家群体

抗战时期,伴随着大量沦陷区高校的整体迁入、设立分校或合作办学,加上抗战爆发前即在内地成立或新建的"本土"高校,大后方的高等教育获得较大发展,高校数量、学生数量、学术研究、设施设备诸多方面相较战前均达到了一个新的高度,这些成绩的取得,既得益于特定时局下的全民奋发和政策支持,也源于一大批高等教育界仁人志士的不世之功。

**(一)高等教育中的教育家概述**

抗战时期大后方每一所高校的兴衰成长,背后都有一批民族精英的身影,国统区与抗日根据地皆是如此。主持中央大学内迁与推动后期院系发展的罗家伦,率领复旦师生从黄埔江畔溯江而上辗转抵渝的章益、陈望道等人,创造了近代中国高等教育奇迹的西南联合大学及其背后的民族精英,都在大后方高等教育发展史上书写了华彩乐章。

1. 梅贻琦与西南联合大学

梅贻琦(1889—1962)自1914年从美国吴斯特理工学院毕业后即在清华大学工作,他因50年的清华岁月,被尊为清华唯一的终身校长,为清华的发展作出了很大的贡献,为国家为民族培养了许多杰出人才。除了对清华的巨大贡献外,梅贻琦更因抗战时期主持西南联合大学的工作而被世人铭记。

1937年10月,北京大学、清华大学和南开大学师生千里迢迢,汇聚长沙成立临时大学,后又辗转迁往昆明,改为西南联合大学(1938年5月)。西南联大的最高权力机构为常务委员会,由北大校长蒋梦麟、清华校长梅贻琦、南开校长张伯苓、秘书杨振声组成。由于蒋梦麟、张伯苓两位校长常在重庆并另有职务,因此这国难当头的八年中,实际上是梅贻琦在主持西南联大校务。到了抗战中后期,后方物资极其匮乏,加上日机对昆明的频繁轰炸,不仅打乱了正常的教学秩序,且使联大校舍多处受毁。为维持学校工作顺利运转,梅贻琦花费很多精力和时间协调各方关系,使得学校在办学经费、物质供应、运输工具、学生校外活动等方面均得到了有关方面的支持,最终为国家培养了一大批优秀学子与栋梁之才,对国家乃至世界的文化与科学技术作出了重要贡献。

梅贻琦的教育思想博大高深,对后世影响较深的有以下几点。一是通识教育思想。他在1941年4月发表的《大学一解》中写道:"通识教育的不足,为今日大学教育之一大通病,固已渐为有识者所公认,然不足者果何在,则言之者尚少。"倡导大学第一年不分院系进行通识教育,同时呼吁学生在自然科学、社会科学与人文科学融会贯通。二是教授治校思想。早在1931年的就职演说中,他就提出了著名的"大师论",聘请优秀人才到校任教,维护教授的正当权益和尊严。在西南联大,凡学校的重要事务,如聘请教师、学校规划、制度改革等,都需由包括教授代表在内组成的校务会决定才能施行,以此贯彻"教授治校"的指导思想。三是学术自由思想。梅贻琦将学术研究视为大学的生命,采取恢复研究院,设立研究所,设置"特种研究事业",增办学术刊物,教师休假研究等措施,支持教授研究高深学术与造就有用的人才。

2. 张凌高与华西协合大学

张凌高1890年出生在原四川省璧山县一个靠卖手艺为生的银匠家庭,1904年由传教士推荐到了重庆求精学堂半工半读,1914年考取华西大文科就读,1919年毕业获文学学士,1922年从芝加哥西北大学获神学士、文学硕士学位。1927年任华西协合大学副校长,兼社会学、心理学教授,1930年被华西大理事部推为代理校长,1933年9月成为华西大首任中国人校长,至1946年卸任,1955年张凌高因心力衰竭在成都病故,终年65岁。

张凌高对大后方高等教育的贡献主要体现在两方面。一是接纳其他内迁高校,共同将四川成都的华西坝经营成抗战时期中国大后方的教育文化中心。抗战全面爆发后,金陵大学、金陵女子文理学院、齐鲁大学、燕京大学等先后迁来成都,为了不耽误学生的学业,培养国家急需的人才,华西协合大学甘愿自我牺牲,让出教室、宿舍、实验室,甚至教职员的住房,解决其他学校的迫切困难。当时5所教会大学采取统一安排、分别开课的办法,允许教师跨校讲学,学生自由选课,学校承认学分,最终促成了抗战时期享誉中外的五朵金花。二是推动华西大在抗战时期的全面发展,建成了文学院、理学院、医学院和牙医学院,建立了新医院(今附一院)、结核病院等附属医院和实验农场等附属机构,设立了中国文化研究所、华大边疆研究所、中国社会研究室等研究机构,最终将华西协合大学发展成为以医科、牙科为主,文理并重的综合性大学,成为华西地区的学术研究中心和对外学术文化交流的窗口。

张凌高留给后人的教育财富还体现在教育思想层面。一是人才培养定位上强调品格教育。张凌高强调要"以博爱牺牲服务之精神,培养高尚品德",告诫学生要学英雄、学圣贤。"学英雄为国家建功立业,大处着眼,继往开来;学圣贤首先要健全自己,小处着手,谨言慎行,端品力学。"二是在专业与课程设置上突出职业导向与实用性,推行符合社会需要的实业教育、实验教育和生活教育。三是在保护大学学术自由的功能下,设立研究机构,以研究提高学校的学术水平,成立中国文化研究所等机构,出版学术刊物,刊载研究成果。四是积极开展国际交往与学术交流,提高学校的知名度。最具有代表性的是他和各大学校长、社会知名人士为顾问的"东西文化学社"的建立及与牛津、剑桥大学相应学会的联系。五是重视大学间的协同合作,利用各大学聚集在一起的共生效应,组织广泛的学术活动,营造浓厚的学术氛围。正是张凌高和其他仁人志士的共同努力,使得抗战时期的华西坝充满着民族复兴的勃勃生机。

3. 胡庶华与重庆大学和西北大学

胡庶华(1886—1968),先后担任湖南公立工业专门学校教授,武昌大学教授、代校长(1924—1925),江苏省教育厅厅长(1925—1926),同济大学(1929—1932)、湖南大学(1932—1935、1940—1943、1945—1949)、重庆大学(1935—1938)、西北大学(1939—1940)等大学校长。

胡庶华对抗战大后方的高等教育,其贡献主要体现在担任重庆大学和西北大学校长期间。在重庆大学的三年期间,他对学校的组织机构进行了合理调整,学校的规模也有所扩大。在争取从地方盐税中补充一笔办学经费后,立即动工兴建文学院,增加学生体育设备和场地,广泛延聘专职教授,扩大招生名额,学校得到较快发展。1938年9月,胡庶华来到陕西城固县的西北联合大学。但由于当时学校内部的党派、帮派摩擦,西北联大就不得不改为西北大学,把师范和工、医等学院从中分离出去,胡庶华受命任西北大学校长,对西北大学在极短时间内稳定下来功不可没。

胡庶华在抗战时期进一步形成了其独具特色的高等教育思想。一是大学学术化思想。他认为:"大学教育应注重高深的学术,造成专门人才,并鼓励研究,以促进我国在国际学术界的地位",提出了"小学普遍化、中学职业化、大学学术化"的系统办学主张。① 二是大学本位化思想。胡庶华认为,尽管现代战争是参战国整个民族间的比拼,但是大学的使命是研究高深学问和培养专门人才。"纵在战时,仍不能完全抛弃其责任,否则不妨直接了当改为军事学校。"②三是大学地方化思想。在重庆大学期间,胡庶华的一大创举就倡导在重庆沙坪坝建立文化区。1938年2月,沙磁文化区成立,胡庶华出任文化区自治委员会主任干事,领导开展了卓有成效的组织建设,文化区迅速崛起。文化区集中了众多高校,学校科研机构,客观上推动了中国历史上前所未有的文化重心自东向西的大迁移,成为中华民族文化教育史上的重要里程碑。

**(二)吴宓及其教育思想**

1. 生平及教育活动

吴宓(1894—1978),又名玉衡、陀曼,字雨僧,陕西泾阳人。吴宓是20世纪中国近代一位独立不倚的"文化先觉者和教育先行者"。③

1894年清朝末年,吴宓出生在陕西泾阳安吴堡。其祖父已过世,生前曾为一小官,待人厚道,乐于助人。吴宓出生时,家境虽然开始衰落,但仍算富裕。家中由祖母管理大权,严格恪守传统家规。在吴宓七岁时,便由继父仲旗公教他读书识字,从小受儒家思想熏陶。吴宓家中姑丈参加保国会,常谈论国事时局,又给吴宓强烈的救国思想熏陶。1903年,吴宓十岁时,进入私塾学习。1906年考入陕西三原宏道高等学堂中学部,成绩优异。在此读书期间,吴宓曾经与表兄吴文豹合作创办了《陕西杂志》,从小便显示出其办事才能。1911年,以优异成绩考入清华学堂。"1916年,清华学校毕业,于1917年官费赴美国留学。初入弗吉尼亚州立大学研习新闻,不久听取梅光迪建议,转入哈佛大学,师从新人文主义者白璧德研习比较文学、英国文学和哲学。

---

①周川,黄旭:《百年之功——中国近代大学校长的教育家精神》,福建教育出版社,2005年版,第348页。

②金以林:《战时大学教育的恢复与发展》,《抗日战争研究》1998年第2期,第51页。

③刘家全,蔡恒,石晒宪编:《第三届吴宓学术讨论会论文选集》,西安地图出版社2005年版,第66页。

1921年以文学硕士从哈佛大学毕业。哈佛求学成为吴宓一生的重要时期。在这里，他确定了一生的奋斗方向和途径。他坚定了文化救国的思想，信从白璧德的新人文主义思想。回国后，为了传扬其新人文主义思想，放弃待遇丰厚的北京师范大学教授一职，转入东南大学，任西洋文学系教授，讲授"中西诗之比较"，开我国比较文学之先河。1922年1月在东南大学与梅光迪、胡先骕、柳诒徵、汤用彤等创办并主编《学衡》杂志。东南大学西洋文学系被合并后，吴宓于1924年暑假到东北大学任外文系教授。1925年初，清华大学成立并设国学研究院，吴宓被聘请担任主任。吴宓到任后，全心投入国学院的建设，制定了国学研究院的章程，设计了研究院的课程、教学方法和招生规则。最重要的是他聘请了梁启超、王国维、陈寅恪、赵元任四位国学大师为导师。当时的陈寅恪一直在国外求学，国内还没有名气，也没有任何出版的著作。但吴宓因在哈佛曾与陈寅恪有过深交，深知陈的国学功底，因此敢于在陈寅恪还没有毕业回国之时便大胆推荐并力主聘任之。后来，陈寅恪在国学院的出色工作及其在国学研究上的成就，无不肯定了吴宓的眼光。1926年，吴宓又担任清华大学西洋文学系教授并代理系主任，讲授"中西诗之比较"、"文学与人生"、"英国浪漫诗人"和"古希腊罗马文学"等多门课程。1931年，担任清华外文系教授兼系主任，在外文系、中文系开设中西比较文学，培养出了钱钟书、季羡林、吕叔湘、吴组缃、李赋宁等一批知名学者。1937年抗日战争开始后，清华等高校转移到西南昆明组成西南联大，吴宓依然讲授欧洲文学，开始对《红楼梦》进行研究。此年，还被教育部任为"部聘教授"。1944年赴成都，任四川大学、燕京大学中、外文两系教授，讲授"中国古典文学"、"中西比较文学"、"英国浪漫派诗人"、"欧洲小说"、"西洋文学史"、"文学与人生"等多门课程，还曾去迁至乐山的武汉大学、迁至遵义的浙江大学作有关《红楼梦》的学术报告，轰动一时。1946年赴武汉，任武汉大学外文系主任、教授。1949年赴重庆，任重庆北碚相辉学院、勉仁学院、重庆大学外文系教授。1950年4月，在四川教育学院任教。同年9月，西南师范学院在重庆创立，四川教育学院并入，从此吴宓一直定居北碚，在西南师范学院任教。1952年，被评为一级教授，先后在外语系、中文系、历史系讲授"外国文学"、

"英国小说"、"外国文学史"、"世界古代史"、"中国古代文学史"等课程,并为本院和外校培养"外国文学"研究生。吴宓一生笔耕不辍,成果丰富。早在留美期间,就开始发表自己的见解,回国后,又主编《学衡》报刊,长达11年之久。曾编纂《空轩诗话》《吴宓诗集》,同时在教授期间编著《世界通史》《外国文学》《外国文学名著选读》《中国文学史大纲》《法文文法》《拉丁文文法》《简明英文文法》《中国汉字字形、字音沿革简表》《文学与人生》等教材或论著。1956年,他将多年珍藏的外文图书(其中不少是绝版的珍本)100多册捐献给西南师范学院图书馆。在其后的"文革"中,吴宓受到错误对待,停止了教学。1978年1月14日在泾阳病逝。

吴宓的一生充满了希腊式悲剧人物的色彩。他对新文化运动的批判,对中国传统国学的推崇,后来对简化汉字的反对,成为当时被新文化运动者攻击的对象。他的一波三折、内容丰富的感情生活,他对爱情的浪漫而又传统的矛盾观点,成为关注的焦点。他被称为著名学者、诗人、红学专家、比较文学开拓者。然而他一生真正长期从事的却是教育,教育是吴宓一生最根本的职业,教育者是他最长久的身份。本文拟对吴宓主要的教育思想作出梳理与介绍。在当今科技日新月异、实用主义教育思想盛行的年代,吴宓的从关注人的需要出发的教育思想可以作为今日教育工作者的提醒。

2. 人文主义教育思想

生在关中地带的吴宓,从小受到正统儒家思想的熏陶,自幼喜爱诗词小说等文学作品,对儒家思想甚是推崇。自少年时期留学美国,师从于美国新人文主义者白璧德。白璧德反对人道主义和发端于文艺复兴时期的人本主义,认为此种人本主义导致了卢梭的物本主义和自然主义。因此,提出了"新人文主义",重建"人事之律"。白璧德精通梵文、巴利文,虽不通汉文,但却研读了中国汉学古典书籍的各种英译本,对世界三大古文明都有研究。认为三种文明皆有相通之处,同时极度推崇儒家孔子学说。吴宓继承和发展了导师白璧德的新人文主义思想。他认为近代以来,随着科学的日益发达,物本主义昌盛,人们越来越关注"自然之律",追求物质利益,重视物质享受。教育的价值取向也越来越趋向于功利主义,以单纯的物质需求为导向,学校过分注重职业知识和谋生技能的传授,却忽视了人文教育,忽略了健全人格的造就。因此,吴宓将新人文主义作为救世之道的唯一良方,在《论事之标准》一文中,他说:"今日救时之道,端在不用宗教,而以人文主义救科学与自然主义之流弊也。吾对于社会、政治、宗教、教育诸问题之意见,无不由此一标准推衍而得。"①

吴宓认为教育是有关人的灵魂的事业。大学教育的目的,便是培养学生的人文精神。吴宓对人文教育的解释为"教人以所以为人之道,与纯教物质之律者相对而言"。②人类的生活包括物质的和精神的多方面,教育要使受教育者适应诸多方面生活的潜能都能得到均衡的发展,从而实现美满的人生。即教育的功能归结为二:一是养成学习处事的能力;二是养成修身的旨趣与习惯。二者并重,缺一不可。教育应关注人的全面发展,关注人的精神和道德的需要,教育的目的是使受教育者了解物质的和人生社会的世界,参与并享受思想和感情的世界。换句话说就是教育要以人为本,促成人格的完善,达成人性的全面发展,即培养健全的人格。换句话说,没有人格的修养和完善,没有人性的全面发展,便谈不上教育。因此吴宓认为人才不仅要具有渊博知识,同时也要有高尚的人格。

吴宓认为,世界上有两种人生态度,一是理想主义,一是自然主义。这两种人生态度的区别,就好比人与禽兽的区别。自然主义的人生态度是得过且过,没有反省和追求,只按照自然的要求(生理本能)而行动,对生活持"自然的",只满足吃喝玩乐的享受,没有高的理想追求,实践着"乐而易"的人生;而理想主义的态度是较高级的,是"人"的态度,有知性、反省的能力和自由意志,能超越自然的要求,实践自身更高的生命追求,不断追求人性的完美和生命境界的提升,实践着"苦而难"的人生。人文主义就是"重视人与人的礼节",就是"能使人守礼法,乐德义,卓然自别于禽兽者"。③人文主义者强调

---

①李赋宁,孙天义,蔡恒编:《第一届吴宓学术讨论会论文选集》,陕西人民教育出版社1992年版,第31页。

②徐葆耕:《会通派如是说——吴宓集》,上海文艺出版社1998年版,第25页。

③刘家全,蔡恒,石晓宪编:《第三届吴宓学术讨论会论文选集》,西安地图出版社2005年版,第56页。

的是要适当约束和超越人的自然属性,人文精神的核心便是具有同情心和对自然欲望的约束。这就是说,教育的任务是在授予人们丰富知识的同时,培养人们的爱心,培养人们追求真善美的情怀。人文主义教育就是要培养这种理想主义的人生态度。吴宓对教育目的的认识,深刻揭示了教育的超越本质,带有较强的理想主义色彩。

吴宓通过诗歌等文学作品的美育教育来达到人文主义教育,发展学生人格。他一生中写了许多首诗歌,仅在清华求学期间,就写了200多首诗,并且发表了许多篇散文。他谈道:"盖诗之功用,在造成品德,激发感情,砥砺志节,宏拓怀抱,使读之者,精神根本,实受其益,而非于一事一物,枝枝节节之处,提倡教训也。"[1]刘清河在《吴宓文学观散论》中高度评价了吴宓的以文传"道"的功用:"人们在阅读和欣赏富有积极思想意义的优秀的文学作品的过程中,为作品的形象或情感所打动,引起心灵的震颤,从而有可能在不知不觉的状态中使其思想境界得到提高,道德修养得到完善,灵魂得以净化,感情得以升华,意志得以坚定,胸襟得以开阔,精神得以振奋。"[2]

吴宓还开设了《文学与人生》课程,他非常注重中外传统文化中教育资源的挖掘,把它看作建成现代教育的人文精神、实现人格教育的根本。他强调好的文学作品要"文以载道",要蕴含"万事之本原,人生之真理",成为人生的真实反映。吴宓通过具有一定的认知和教育价值的文学作品,来达到解释真理教化的特殊功用。文学具有特殊的审美价值和审美效用——"感化之功用"。文学能够"载道"或"布道",文学具有情感性和形象性,它对社会生活通过审美的艺术效果反映出来,其丰富的真理思想寓于情感和形象之中。文学的这种特殊本质,凭借真挚的情感、鲜明的形象,以潜移默化的审美享受的形式,作用于欣赏主体即读者的精神世界,通过"感化"而非"教训"的方式来达到塑造个人,改变社会的教育作用。吴宓通过经典的小说来进行道德教育,使学生在愉悦中潜移默化地受到熏陶、启迪和改变。

---

[1]《吴宓诗及其诗话》,第192页。
[2] 李赋宁、孙天义、蔡恒编:《第一届吴宓学术讨论会论文选集》,陕西人民教育出版社1992年版,第236页。

吴宓通过文学来对个人进行道德教育思想和其教学实践,表明吴宓作为一个注重人的道德的教育者,准确把握了教育的育人功能,抓住了教育的核心。教育的对象是人,教育的目的是促进人的发展,使人更加幸福地生活。而唯有具有道德的人,才是真正独立并完全的人。

3. "造就专门人才"的精英教育

吴宓认为大学阶段应该进行精英教育。他在谈到大学的理想时,明确指出:"大学教育是要造就出类拔萃的领袖人才,而非一种普及教育"。[①] 有着哈佛大学学术背景的吴宓,力主培养学贯中西、文史哲皆通的学术精英的教育思想自然也受到哈佛大学办学理念和办学传统的影响。美国哈佛大学秉承古典精英教育理念。古典主义的精英教育观,其内涵表现为制定国家化人才标准,为在治理国家和发展学术中充当精英角色做准备。精英的要求有二:一是知识层面的精;一是思想层面的精。吴宓要培养的是既了解自然科学、人文和社会科学,又通晓神学的全面发展的通才,使国家的领袖人才和学术精英既要有广博的知识人文底蕴,又要有高尚的情操。

在创办清华国学院时,吴宓在制订《研究院章程》中,明确提出国学院的办学宗旨是"研究高深学问,造就专门人才",培养"以著述为毕生事业者",开宗明义地指出了他的精英教育思想。国学研究院是专门为培养研究中国传统文化继承者,为保存中华国粹而设立的。吴宓认识到需要有一批学术精英来从事高深研究,否则优秀的文化便会随着时间流逝而流失。吴宓的大学教育思想重心是培养精英学者,来继承和传扬中国文化。

同时,吴宓在章程中也明确规定,招收的必须是已经从大学中顺利毕业了的或是自学成才对文学有一定基础的学生。这表明吴宓要求的受教育者不是平民大众,而是有基础,有潜力,已经具有相当功底的学习精英,根据学习精英来培养更高深的学术精英。当时全国数万万人中,国学研究院只录取了 30 名学员,2 名备取生。办学 4 年,只培养了 74 名研究生。人数虽少,但却正是吴宓当初创办的国学研究院,为后来的新中国培养了一些如刘盼遂、

---

[①] 吴宓:《大学之起源与理想》,《建国日报》1948 年 4 月 21 日。

王力、刘节、高亨、谢国桢、姚名达、陆侃如、徐中舒、姜亮夫等学界名流,为继承和发扬我国传统文化作出了重大贡献,使得我国优秀的传统国学得以保存和发展。吴宓的精英教育理念对我国国学研究保存和国学专家培养作出了卓越贡献。

吴宓在后来对清华外文系的课程制定也秉承了他的精英教育思想,对外国语学院的学生制定了高标准,要求学生"了解西洋文明之精神","熟读西方文学之名著,谙悉西方思想之潮流","创造今世之中国文学","会通东西之精神思想,而互为介绍传布"。[①] 按着吴宓制定的办系计划,在此办学思想指导下,清华外文系创造了良好的学习条件和氛围,也培养出了精通外语,深谙中外文化思想的优秀学者和作家:钱钟书、季羡林、曹禺、李健吾、李赋宁等。

虽然吴宓没有看到高等教育大众化对国民素质的意义,他的大学教育精英化太过于理想化。但不可否认,国家需要领袖人才和学术精英,他的教育思想对当今高等教育大众化带来的人才质量下降的反思,仍然具有实际意义。

4. 融贯中西的教育理念——昌明国粹,融化新知

吴宓推崇导师白璧德新人文主义的思想,反对新文化运动中对中国传统文化的全盘否定,主张中西古典文化的继承与融合,表现出"理性的文化变革观"。[②] 他认为"吾国古今之学术、德教、文艺、典章,皆当研究之,保存之,昌明之,发挥而光大之。而西洋古今之学术、德教、文艺、典章,亦当研究之,吸取之,译述之,了解而受用之"。[③] 吴宓将其文化观,同样实践在对教育的思考上。

一方面对教育制度的思考。当时中国教育界正经历变革,面临着新旧(或中西)两种教育体制的选择。他在《从个人经验评清华教育之得失》中指出,当时的清华教育存在着"一偏仿美"的不良倾向,越来越重功利主义,漠视

---

[①] 李继凯,刘瑞春:《追忆吴宓》,社会科学文献出版社2001年版,第284页。
[②] 张雪蓉:《吴宓人文主义教育观述评》,《南京邮电学院学报》(社会科学版)2003年第4期。
[③] 徐葆耕:《会通派如是说——吴宓集》,上海文艺出版社1998年版,第15页。

人格修养,但同时也正是因为采用美国的教育制度,清华学生在为人处事等实践能力上大得锻炼。他认为对美国文化上的全盘接受和教育制度上的照搬照抄,不合中国国情。吴宓没有简单地赞同西方的教育或中国传统教育中的一种,而是以客观审慎地态度来对待这两种教育制度的利弊。吴宓既饱读中国传统诗书,又在美国留学哈佛大学时深入研究了西方的文化思想。他认为中西教育各有利弊,因此主张融汇古今中西教育的优点,进行融汇中西的教育。吴宓主张对大学借鉴中国古代书院的传统,注重师生间自由的学术探讨和引导学生进行科学研究。吴在主持清华国学研究院的办学思想,集中反映了这一点。他草拟的《研究院章程》写道:"本院略仿旧日书院及英国大学制度;研究之法,注重个人自修,教授专任指导,其分组不以学科,而以教授个人为主,期使学员与教授关系异常密切,而学院在此短时期中,于国学根柢及治学方法,均能确有收获。"①这里所谓的"研究方法",实指基本的办学思路,即要博采中国传统书院与英国大学的优长:注重会通和师生间的自由研讨,以造就博雅高深的专门人才。

  另一方面在教学内容的思考。"兼取中西文明之精华,而熔铸之,贯通之"。吴宓通过设置广博的中西兼通的课程来达到学生的融汇中西。首先,使学生文理兼修,不分科,开展通识教育。吴宓设置的清华外文系课程中,第一年的课程有国文、英文、中国通史或西洋通史(选一)、逻辑、高等数学或微积分(选一),普通物理、普通化学、普通地质学、普通生物学(选一)。通过全面的知识学习,使学生在专之前建立起通的文化知识背景。研究国学的,必须要学习西方文学;学习外文的,必须要学习国文的知识。他在《外国语言文学系概况》中明确提出"本系(外文系)注重与中国文学系相辅以行者可也"。②开办国学研究院,研究中国文化中的高深学问,对外文系的课程要求,要与中文系同时相补充,研究西方文化。

---

① 吴宓:《研究院章程》,《清华周刊》1925 年第 352 期。
② 陈建中,蔡恒:《吴宓的博雅之士观:清华外文系的教育范式》,《解析吴宓》,第 200 页。

### 5."宏博精深"的教师观

"执教育才,乃最神圣而艰巨之事业,切切不可玩忽轻慢,殆误学子。"[①]吴宓深感教师肩上担负着每个学生的幸福和祖国未来繁荣富强的重任。因此,他极为重视教师的选聘。他认为,好的老师需要德才兼备。

首先,教师要有渊博的学识。在《研究院章程》中,吴宓明确提出理想中的教师要求:"聘宏博精深、学有专长者为教授"。要求教师既博又专:一方面教师必须有渊博的知识,涉猎较广学问;另一方面,还要有专长,就是要有自己最擅长,研究最深入的一个方向。吴宓为清华国学院聘请四位国学大师梁启超、王国维、赵元任、陈寅恪,都是在当时乃至现在所公认在国学方面有极深造诣的大家。

他还要求教师在教学中应该不断学习,多读书,补充知识,与学生一起"教学相长"。教师要努力学习和掌握比较渊博的知识。学生有强烈的求知欲望;教师没有渊博的知识是无法予以满足的。教师不仅要精通所教专业知识,熟练掌握运用所教知识的技能技巧,并且要有广博的文化科学知识,不断提高自己的科学文化水平,这样才能教学自如。

吴宓自从开始任教以来,总是兢兢业业,只教自己最有研究的课程,自编讲义,不论重教该课程多少次,每次都如开新课,认真准备,详写讲稿并反复修改,以保证给学生最丰富的内容和最佳的教学姿态。同时也不断读书,更新自己的知识,思考自己的人生所得,开设了自己编写的《文学与人生》课程。他的学生赵世开回忆吴宓先生讲课时,说"吴先生讲课时广征博引,有很多精辟的见解,引人入胜在说到公元多少年时他随口就能说出相当于中国哪个朝代哪个帝王的年代,充分显示他对中外历史和文化的熟悉"。[②]

同时,教师也必须关心学生、恪尽职守。

吴宓关心学生的生活学习,当作自己的事情对待。当年一个叫刘炳善的学生,吴宓帮助他写推荐信给到北大,后来刘炳善考试通过录取了,但在体检时因身体不过关,不得入学。吴宓一直关心惦记这位学生,为刘考取了北大

---

[①] 王泉根主编:《多维视野中的吴宓》,重庆出版社2001年版,第28页。
[②] 黄世坦编:《回忆吴宓先生》,陕西人民出版社1990年版,第135页。

而欣喜。后又知因病未能够入学,吴宓就叹息,认为北大太无情了,为刘同学惋惜。①吴宓还帮助家庭有困难的学生,给予资助,帮助他们能够安心学习。虽然当时吴宓的工资比一般人多,但是他身上的担子特别重,钱几乎都花在了别人身上,自己用的仅可怜的一点。虽然生活困难,但他坚持"宁为他人谋幸福,不为自己"的行为准则,实在是一位知行合一的道德家。

吴宓说:"余以为,我辈为人师者,应不仅止于在课堂上传道授业解惑,尤应鼓励诸生勤奋治学,传以治学之道,以此四端要求诸生。导师应以勤奋、谨严等项要求诸生。"②民国时期,社会动乱,人心浮躁,学生的读书风气不如以前浓厚,吴宓从未放松对学生的要求。他总是以平等的态度,直率、认真地提出自己对问题的看法,绝无摆出老师架子训人之事,他对凡来请教的学生都极其认真,倾注所有精力去帮助学生有更好的收获。他常常告诉学生利用时间多多读书,帮助学生根据自己的情况做出学习计划和规划。抗战时期,吴宓在西南联大时,天天冒着死亡威胁,敌军轰炸时依然坚持上课讲学。吴宓为着自己的学术理想终生奋斗,宁死不屈,实在是一位可敬可佩的学者。

教师还应该有自己的学术理想,要为着理想为奋斗,将学术理想付诸教育实践。吴宓对新人文主义的坚持,对文言文的态度,反对全盘西化,主张融会贯通。为此,他付出十几年的精力创办了《学衡》杂志,后来学衡派内部出现矛盾,钱和文章都困难。他孤身一人四处筹款,费尽心力努力维持杂志的运转,同时将杂志通过友人送到国外,向世界宣传他的学术主张。后来他又继续在《大公报·文学副刊》当主编,继续坚持他的学术理想。他不惜顶着"顽固派"守旧的帽子,依然坚持。虽然当时历史潮流选择了新文化主张,但当时《学衡》杂志,对于激进的新文化运动者无疑是一个提醒,是一剂镇定剂。他的文化观虽然在某些方面有些偏激,但对于中西方文化的态度,在当今看来,仍然有其合理性,对于现在我国文化界、教育界改革方向的选择仍然具有指导意义。

---

① 黄世坦编:《回忆吴宓先生》,陕西人民出版社1990年版,第7页。
② 王泉根主编:《多维视野中的吴宓》,重庆出版社2001年版,第157页。

6. 影响与评价

吴宓在中国20世纪的教育史上仍然是一个重要的人物。其教育思想带着新人文主义的深刻印记。其教育思想的核心便是在新人文主义的文化观、人生观的基础上,强调人得以安身立命的根本——道德品质。他主张教育不应以知识技能的传授为重,而要以道德人格和高尚精神的养成为主;同时,知识也不应该只限制于接受国外的模式,不应该受专业的限制,要以开放的态度,广博地采纳吸收来自人类所有的思想成果。

当时时代主流是重视技术培养的实用人才的教育理念,而吴宓则力主培养的是具有人文素养的"博雅之士"。在当时,必然掀起大的波澜。然而毋庸置疑,他在教育上的贡献仍然功不可没。他主持创办的清华国学研究院,在其人文主义教育思想的指导下,成功地培养了许多杰出人士,为保存中国的传统文化作出了重要贡献。他在清华外文系制定的学习章程,也成功地培养出了杰出的深谙东西文化的外语人才。他的主持外院的办学思路,也一直被其他外语学院不断继承和发扬。

吴宓的教育思想仍然有局限性。一个教育思想的合理性在于它和其所在的时代需要相吻合。当时,中国的孱弱就是因为没有先进的科学技术,因此,国人奋起学习外国先进的自然科学技术是符合中国国情的。然而,吴宓的教育思想给当时中国的教育以提醒,在注重实用技术的培训时,不能忘记要同时培养国人的内在素养。否则,只能重蹈国外的覆辙,导致人人只知自然之律而忘记人事之律,阻碍民族和社会的长远健康发展。吴宓在当时能够意识到实用主义教育的弊端,提出要培养博雅之士的目标是有前瞻眼光的。他提出的以培养"汇通东西"的"博雅之士",来提高国民素质的教育思想,充满了哲思和智慧。对于当代我国教育事业的发展,同样具有启迪意义。

**(三)李建勋及其教育思想**

1. 生平及教育活动

李建勋(1884—1976),字湘宸,直隶(今河北省)清丰县(今属河南省)人,著名教育家和社会活动家。清末秀才,早年毕业于北洋大学,曾在1911

年和1912年两次赴日本留学,接着又在1917年和1923年两次赴美国留学,并于1919年、1925年先后在美国哥伦比亚大学获得教育学硕士学位及哲学博士学位。在此期间,他参加过辛亥革命,担任过北京高等师范学校教育学科教授兼教育研究科主任,北京高等师范学校校长,并一度任国立东南大学、清华大学及北京大学教授。抗战前在北平师范大学兼任教育学院院长、研究院院务委员会委员、研究院教育科学门主任等职务。在1932年和1947年曾两辞不就行政院会议和教育部任命他为北平师范大学校长和国立西北师范学院院长的职务。1948年,应邀至四川大学讲学,继又去川东教育学院(今西南大学教育学部前身之一)授课。新中国成立后,就任平原省文化委员,主管教育工作,并担任平原师范学院教授。随后又担任天津师范学院副院长至退休,1958年退休后任中国人民政治协商会议全国委员会文史资料研究委员会专员。1976年,因病逝世。

在担任北京高等师范学校校长期间,李建勋向北京政府教育部召开的学制会议提出"请改全国国立高等师范为师范大学案",获得顺利通过,从而巩固了高等师范教育在学制系统中的地位。他曾与中华教育改进社代表郭秉文等一起作为中国政府代表参加在美国召开的世界教育会议。主持过北平师大教育系成立的"小学教育通讯研究处",并积极参与兰州教育当局合办社会教育实验区、国民教育实验区等教育活动。

李建勋一生笃实正直,待人忠厚。每有议论多主持正义,只求事理之是非曲直,不计个人之利害得失。在教育工作和教学实践中,他自律甚严,对工作一丝不苟。同时也严格要求学生,学生毕业后仍久久不忘老师的辛勤教诲。他的高尚品德与人格魅力深受师生的爱戴与尊敬。他是中国教育行政研究的拓荒者,他倡议把这门学科纳入大学教育系教学计划。李建勋的教育思想主要体现在他所教授的"教育行政"和"学务调查"以及师范教育和师资素质的训练与培养的《师道论》中,同时,他也是教育救国论者,矢志不移地坚信并亲身躬行这个信念,也要求他的学生养成这一理念。

2. 教育管理思想

教育管理的改良是李建勋教育思想的主要组成部分。他是国内教育领域较早关注教育管理问题的教育家之一。早在留美期间完成的长篇博士论文《美国民治下的省教育行政》是中国留学生以科学方法分析研究教育行政问题的第一部专著。① 回国后在北京师范大学为学生讲授这门课,并倡议把这门学科纳入大学教育系教学计划,成为与当时南京高等师范的陶行知齐名的大教育家。

李建勋关于教育管理改良思想的基础是中美教育管理的比较。在《关于教育行政之五大问题》一文中,指出中国教育管理中存在比较重大而又必须解决的五个问题:"教育法律问题、民意机关问题、调济人才问题、促进专业问题和学款分担问题"。② 同时通过一系列的著述阐述关于改良这五大问题的方案和主张。综观来看,李建勋认为解决中国教育管理问题需从加强教育立法、确立教育的地位,改变教育管理的组织形式和倡导教育民主等三方面来解决。

(1)加强教育立法,确立教育的地位

李建勋在《关于教育行政之五大问题》中,首先提出教育法律问题。他认为"教育法律,在共和国家是必须的"。③ 继而在《中华民国宪法内之教育专章》指出"……宪法为国家之大法,若无教育专章,不足表明国家重视教育之旨,不重视教育,即不啻不重视国家之自身。(重视教育)""教育为立国之本,……应于根本大法之宪法内,明确规定,以备全国有所遵循。否则分歧庞杂,各自为政,绝难收整理之效。(指示方针)""人民受教育,系天赋之权利,政府办教育,为应尽之职务,若无教育专章,以明定政府对于教育之意旨,则人民应得之权利,无从保障。(权利保障)"通过这三项主张阐明教育立法的重要性。④

---

① 李建勋:《李建勋教育论著选》,人民教育出版社1993年版,第4页。
② 《关于教育行政之五大问题》,李建勋:《李建勋教育论著选》,人民教育出版社1993年版,第24页。
③ 《关于教育行政之五大问题》,李建勋:《李建勋教育论著选》,人民教育出版社1993年版,第24页。
④ 《中华民国宪法内之教育专章》,李建勋:《李建勋教育论著选》,人民教育出版社1993年版,第108页。

虽然在中华民国成立后,民国政府制定了涉及国家生活方方面面的法律法规,教育法律也有涉及。但是他认为民国初期,所制定的教育行政法律,大多因袭日本制度,而日本虽在明治维新以后,从落后的封建番邦,步入现代的文明社会,但是日本的法律没有教育法律。民国的教育行政法令虽冠以中华民国,但是含有许多的帝制色彩。教育部门的办事是一种"人存政举"的样子。教育行政长官要怎样就是怎样。以一人的喜好,决定教育的发展。其他的教育行政人员,易敷衍了事,对教育事业的发展不利。所以李建勋说,"我国要不要教育法律呢?我的答案是'一定要'、'不可不要'。因为共和国家断不容有帝制色彩的教育制度。一种民治国,宪法上一定要有法律"规定各级人员的应做之事。有了法律,有才干的人"谋格外发展,没用偷懒的人,却不能退至低限度以下"。① 只有这样才能使教育向前发展。

民国初期,宪法所拟第一草案即天坛宪法草案,关于教育的仅有"中华民国国民,有受初等教育之义务"。② 鉴于此,李建勋每有机会,都呼吁在根本大法的宪法中加入教育专章,他认为:"人民受教育,系天赋之权利,政府办教育,为应尽之职务,若无教育专章,以明定政府对于教育之意旨,则人民应得之权利,无从保障。"③在全国教育界的不懈努力下,宪法委员于1924年在当年的宪法中,加入教育专章,并参照李建勋撰写的专章条款,自此,关于教育的法律与宪法一样因为政治势力的角逐,经历1924年立,1926年废,1926年立,1928年废,1931年再立,教育法律始终处于"废—立—再废—再立"的动荡之中。但是以李建勋为代表的教育者,不断地奔走呼号,为教育的法律地位而努力。历史经验证明在国家动荡,民不聊生的年代,教育和其他的一切都围绕政治展开。没有国家的稳定,清明公正的政治气氛,教育立法与教育的法律地位不可能得到根本的解决,然而李建勋为教育法律所做的努力,为

---

① 《关于教育行政之五大问题》,李建勋:《李建勋教育论著选》,人民教育出版社1993年版,第25页。

② 《中华民国宪法内之教育专章》,李建勋:《李建勋教育论著选》,人民教育出版社1993年版,第109页。

③ 《中华民国宪法内之教育专章》,李建勋:《李建勋教育论著选》,人民教育出版社1993年版,第108页。

我国教育法律的最终的确立提供了宝贵的经验。

（2）改革教育管理的组织形式

在《直隶省教育行政之改革》一节中，李建勋分析了中国教育行政组织与美国的异同，陈列优缺点后指出，中国办教育二十余年之所以裹足不前，教育行政有三方面的不当：一是"强为集权而划一，中央有鞭长莫及之势，各省有削足适履之苦"。二是"国号共和，政权民治，若专靠官吏，则民意弗属，教育难期长足进步"。三是"教育行政机关为各种教育活动之原动力，倘非专家主持其间，进行则若无指引"。① 所以，李建勋主张建立"省集权"、"民治制"、"专业化"的教育行政组织。

一是中央统筹，地方负责的"省集权"思想。所谓的省集权思想是在各省设立教育董事部。"董事部具有在不违反中央及本省之宪法及法令之范围内，对于全省教育实行立法的功用，决定教育政策，并编订规程及条例，以施行所决定及颁布之政策法令。本省教育行政长官由教育董事部按照法定资格任命。""董事部按照法定资格，任命教育厅长为教育行政长官，经教育厅长之推荐任命首席秘书、各科科长、视学人员，中等学校及师范学校校长，县教育局长及其他。并规定任命人员之薪俸。""董事部经教育厅长及其职员之赞助，执行监督及管理全省学校之权。"②同时教育董事会部有管理省大学之权。由此，可以看出省教育董事部包揽省教育的立法、监督、任命等各项大权，监督与管理省内一切教育事宜。

二是大权在民的"民治制"思想。民治制思想是李建勋教育行政思想的重要组成部分。他说，各级教育行政机关应设有代表性和具有权威性的民意机关，行政首长必须博采众议、集思广益进行领导，而不能独断专行。在比较美国与法国的民意机关的基础上，李建勋对照中国的情况，认为当时的教育机关没有真正意义上的民意机关。"挂的招牌虽是民治国家，实际上呢，仍是

---

① 《直隶省教育行政组织之改革案》，李建勋：《李建勋教育论著选》，人民教育出版社1993年版，第58页。

② 《直隶省教育行政组织之改革案》，李建勋：《李建勋教育论著选》，人民教育出版社1993年版，第76页。

政府包办。"而且锐意地指出当时存在的教育会,只是研究性质的教育机关而非民意机关。"中国既是没有民意教育机关,究竟应不应该要呢？我以为一定要。一个共和国家,没有民意的教育机关,是很可笑的。""即使不能完全由民意组织,也要有一部分的民意。使人人有合作的机会,人人有作事的兴味,民治精神,方能发展,办事成绩,方能优良。"①民意机关的主要类型是各级教育参议会。设立的目的是"籍以收集思广益之效,且可牵制行政当局之滥用职权,固执成见,以免行政措施流于偏激"。② 参议人员的资格是对于教育事业热心关注的皆可参与。通过教育参议会这样的民意组织传达普通民众对于教育的看法与想法,集思广益促进教育事业的更好的发展。

三是"非专门人才不可"的教育管理专业化思想。"现在办事,无论何种,均重科学化与专业化。欲其科学化与专业化,非用专门人才不可。"③但在当时从事教育者,对教育尚不能真正的认识。所以从事教育或是作为进阶的台阶,或是作为退藏的场所,或是利用教育进行其他的活动。专门的教育行政机关人员研究过教育的人寥寥无几。但是他指出"教育为国家之大计,为社会清苦事业,非对之有充分信仰,有牺牲精神,有专业训练,兼有恒心毅力者,不能胜任"。④ 而要有信仰、精神、训练及其恒心的养成,除专业外没有其他的途径。他非常重视专业人员的培养。1933 年,李建勋任北平师范大学的主任导师,在当时北平师范大学设立研究所,训练教育专门人才和研究教育问题。并于 1946 年组织编写了关于师范学校教育行政的专门教材《师范学校教育行政教材教法研究》一书。足见其对教育行政专业人员培养的重视。

（3）发扬"教育民主"的思想

李建勋认为当时世界已进入民主时代,而我国不论从政治、经济、社会环

---

① 《关于教育行政之五大问题》,李建勋：《李建勋教育论著选》,人民教育出版社 1993 年版,第 27 页。
② 《各级教育行政机关设参议会以收集思广益之效案》,李建勋：《李建勋教育论著选》,人民教育出版社 1993 年版,第 363 页。
③ 《关于中国教育之出路》,李建勋：《李建勋教育论著选》,人民教育出版社 1993 年版,第 192 页。
④ 《地方教育行政之理论及其实施》,李建勋：《李建勋教育论著选》,人民教育出版社 1993 年版,第 98 页。

境还是国民对民主的认识及修养上都远远落后于时代潮流。"铸成此落后事实的原因,主要应当归咎于往日的教育。"他认为要想使国家民主,必须依赖民主教育,而民主教育主要依赖于学校教育。所以,他把学校教育的民主化看作使国家民主的主要途径,并通过五段来说明如何使学校教育民主化,即:"民主意义";"民主特质";"学校制度";"学校行政";"学校课业"。①

李建勋反对政府制定的民主,认为民是民,官是官,官民并不一致,政府应为人民的利益而存在,所以民主的意义应为:民有,民治,民享。关于民主的特质,李建勋提出:(1)民众至上:即服从众意,如法律应由人民代表订定;(2)法律平等:不论种族、男女、贫富、社会地位诸差别,一视同仁;(3)公正态度:绝不以多数人欺压少数人,或以强凌弱,在相同的机会下来竞胜;(4)公共利益:一个人日常行为不仅为个人利益,同时应顾到公众的利益,应为别人设想;当个人利益与公共利益冲突时,应牺牲一己利益,在民主社会中,是先公众而后个人;(5)公民自由:一人尊重对方应有之自由及权利,个人应自由,同时应尊重别人自由,所谓"自由",绝非任性妄为,一个民主国家的公民,对于对方行使其职权时应当尊重;(6)重视理智:无论何事,大则国际间之纷争,小则私人间之不和,皆可诉之理智以解决,莫意气用事,更不应用暴力胁服。②基于此,李建勋认为学校教育应使学生养成服从多数,热心公益,尊重他人及重视理智之思想的习惯,并保证人人教育机会均等,且获得充分之发展。

而在教育行政中,他认为教师应分担学校的行政工作,即事务分掌,"每一教师,应将整个学校的事作为自己的事,分掌学校行政及教导学生,已为必有的权责。若克尽此权责,须经常明了整个学校情形,否则,就难尽职守"。并且要求校长要具备教师的才能,以弥补自己的缺点。这两点正是使学校行政行之有效的民主办法。同时,他主张行政公开,所谓行政公开"即民主学校校政的推行,设有教务、训育、事务等会议,每种会议,请校内各有关教职人员

---

① 《如何使学校教育民主化》,李建勋:《李建勋教育论著选》,人民教育出版社1993年版,第367页。

② 《如何使学校教育民主化》,李建勋:《李建勋教育论著选》,人民教育出版社1993年版,第368—369页。

参加。重要事件,使多数人有机会参加意见和参与讨论,大家决议,大家实行。"但当教职工在集会上通过校长无法执行的案件时,校长应全面考虑之后则可以再次交付会议"再议",若仍然通过,校长则有"否认"的权利。他还主张用人唯贤,对当时教育界内部存在的靠非正常关系获得职务,在职务上不称职,不听命的情况,李建勋指出:"民主教育的实施,要因事择人,以工作成绩作考绩的标准,靠著作,靠有特殊贡献诸条件以升进,用人唯贤,方有事功。"①

3. 师范教育思想

李建勋终身从事师范教育,并且非常重视师范教育尤其是高等师范教育的发展,他主张要提高高等师范的程度、加强师资建设与教学建设,主张师范学校必须单独设置并且不能与他校合办。他认为"教育为救国之本"、"教育乃国家命脉"。他不仅自己对教育救国坚信不疑,也要求他的学生养成教育救国的思想。

(1)师范教育设立的目的及地位

中国自京师大学堂设立"师范馆"以至1938年,我国师范教育一直是以"养成中等学校之健全师资为目的"。1942年,李建勋在《教育通讯》上发表《吾国高级师资训练之待决问题》一文,指出高等师范教育专以培养师资为目的存在着明显的缺陷。他认为,尽管建立高等师范学校的初衷是为了解决师资问题,但教育学术人才的培养和教育行政人员的训练,高等师范学校也责无旁贷。早年他留学美国时曾主攻教育行政、教育统计和学务调查。美国各大学把教育行政看作是一种专门的事业,不仅单独成系,且设有专科以训练局长、督学等。由于从事教育行政的人员不仅需要经验,更为重要的是必须经过专门的训练方能胜任这项工作,而训练的最佳场所当然是师范学院,因此师范学院应以"训练中等学校健全师资,培植教育行政人员,及养

---

① 《如何使学校教育民主化》,李建勋:《李建勋教育论著选》,人民教育出版社1993年版,第371-372页。

成教育学术专才为目的"。① 这种主张明确了师范教育应当以培养教育事业各类人才为目的，而不应仅仅是专为训练教师作准备。

我国近代学制开始多模仿日本，20世纪20年代以后又模仿美国。美国的师资及教育人才培养多由普通大学承担，因而，我国近代高等师范的发展也以美国为模本，导致高等师范教育不断地被削弱。当时有些人认为，"凡知识阶级人尽可为师，教育原理并无秘诀，不比他项筋肉技巧，非熟练不可"。② 他们漠视教育的地位，对教育的作用全无所知，似乎有点知识的人都能从事教育事业。这种论调曾迷惑了许多人，使人们对师范教育制度的存在提出了质疑。1922年9月，北京政府教育部召开全国学制会议，李建勋代表北京高等师范学校提出"请改全国国立高等师范为师范大学案"，该议案从目的、教材、教法、训练、成例五个方面，证明了高等师范学校应当成为设立多学科的师范大学。他提出，"办理师范大学，除设教育科外，宜兼设师范生毕业后应担任教授之各种学科"。③ 在他看来，师范大学要培养教育的专门人才，就必须按照中等教育发展的实际状况和要求，教授各科应用的学识，在校生既要研究各门学科，还要顾及各科材料在中等学校所体现的运用价值，因而，与普通大学相比，师范大学的学科标准及取材范围应有自己的特色，而不应仅仅设立教育科。同时，师范大学的学生不仅要学习理论知识，还要学习教学方法，掌握如何把所学内容传授给学生的技巧。更为重要的是师范大学在教学上实行教授与训练并重，在管理上能营造出与普通大学不同的氛围，使学生在耳濡目染之中既掌握了必要的知识又产生了对教育的兴趣。李建勋在提案中还以美国哥伦比亚师范大学为例，他认为该校是当时世界上"最大最完善之教育研究机关"，因为其校内不仅设教育科而且设实艺科，教育科内既开设教育理论科目，还兼备英文、法文、历史、数学等应

---

① 《吾国高级师资训练之待决问题》，李建勋：《李建勋教育论著选》，人民教育出版社1993年版，第271—272页。

② 《论中等学校教师需要专业训练》，李建勋：《李建勋教育论著选》，人民教育出版社1993年版，第330页。

③ 《请改全国国立高等师范为师范大学案》，李建勋：《李建勋教育论著选》，人民教育出版社1993年版，第37页。

用科目，这种体制为师范大学的办学提供了成功的范例。李建勋的这个提案得到大家的认可，在学制会议上得以通过。北京高等师范学校奉教育部令首先改为北京师范大学。从此，师范大学确立了在学制中的地位。

(2) 师德教育是师范教育发展的前提条件

对于师范生的培养方面，李建勋认为对他们的素质要求和普通的大学生应该是不同的。他在《师道论》中明确指出："无论古今中外，师，是看得非常重要的。就中国论，在科举时代，'有天地君亲师一说'。""若考诸外国，教权无论掌自教会或国家，目的无论在读圣经或作公民，教师地位之重要，则为有识者所公认。"①由此可见他把教师提到了至高的地位，认为教师在教育事业上的重要性是不可否认的。也正因为教师在教育事业上具有举足轻重的地位，因而在李建勋看来并不是人人都可以成为教师的，教师必须做到学问与道德兼备，他认为"教育者"不但要有高深的学识和精熟的技能，而且要有伟大的人格和高尚的修养。否则，"小则牺牲青年前途，大则影响国家前途"。②

李建勋认为教师的"德"应包括人格道德和职业道德。人格道德从本质上来说是属于一种健全人格，它由"至大至刚，以直养而无害，则塞于天地之间"的浩然之气以及"维护国家生存，促进民族文化之使命"的国家思想和民族意识所构成。③职业道德主要是指处理好自身与学生、社会、业务和同事的关系，同时在事业上要发挥"敬业"、"勤业"、"乐业"的精神——"对于教育有崇高的信仰、对于所学有勤奋的努力、对于教人有不倦的态度"。④他认为作为一名优秀的教师，还必须具有科学头脑、专门学识和领导能力。"所谓科学头脑者，即对于一切事物，以科学的态度及方法处理之谓也。"⑤其主

---

① 《师道论》，李建勋:《李建勋教育论著选》，人民教育出版社 1993 年版，第 242 页。
② 《师道论》，李建勋:《李建勋教育论著选》，人民教育出版社 1993 年版，第 241–242 页。
③ 《李建勋——终身与师范教育结缘》，《师范群英，光耀中华》(第二卷)，陕西人民教育出版社 1992 年版，第 59 页。
④ 《吾国高级师资训练之待决问题》，李建勋:《李建勋教育论著选》，人民教育出版社 1993 年版，第 274 页。
⑤ 《师道论》，李建勋:《李建勋教育论著选》，人民教育出版社 1993 年版，第 244 页。

要特征表现在：面对问题，能以事实为依据，不盲从，不武断，用分析的方法，审思明辨，寻求真理，明辨是非等；专门学识则应包括所习专业的知识和教育方面的知识，二者必须兼备方能成为全才；领导能力则无论就教师的职业还是地位而言都是至关重要的，这三者均为一个优良教师所必备的武器，舍一不可。此外，李建勋还认为高师的训练在课业上不仅要重视课内的教学，还要特别重视其课外活动，这对于学生身心的全面发展具有重要的作用。

（3）提高教师待遇是顺利开展师范教育的重要前提

李建勋认为，在开展师范教育的过程中提高教师素质的同时，还应当关注教师的待遇问题。如果要使得教师做到"敬业"、"勤业"、"乐业"的话，就必须提高教师的待遇，使他们感觉到"地位之巩固，生活之安慰，职业之增进"。

李建勋对当时我国教育行政效率低下表示不满，因而他在1930年5月《地方教育行政之理论及其实施》一文中指出："吾国现时，校长、教员无论是否称职，提高地方教育行政的效率，就必须从任免、年功加俸、退养制度等方面进行改进。随时可以更换，地位安乎？校长、教员之薪金（指乡间小学言）最为低廉，又无年功加俸，及退养制度，而经济负担与日俱进（娶妻、生子及子女教育费等），生活安乎？在教育界供职者，大多数学校卒业之日，即为学问终止之时，平时对于学术研究与进修几等于零，职业有进步乎？如此状况，而欲其各自努力，对百年大计之教育负责，终身以之，犹缘木而求鱼也"。① 因此在李建勋看来，要提高地方教育行政的效率，就必须从任免、年功加俸、退养制度等方面进行改进。

此外，李建勋还认为："教员既直接为国家社会谋幸福，倘未能使其地位巩固、生活安定，则优秀之士，必不肯以教育作终身事业。优秀之士，舍而之他，其教育可知。教育不良，而国危矣。故今后欲整顿中国教育，必自优

---

① 《地方教育行政之理论及其实施》，李建勋：《李建勋教育论著选》，人民教育出版社1993年版，第104页。

待教员始。"①由此可见,他把教师的待遇问题看作是教育发展以及国家兴衰的关键,也是师范教育顺利开展的重要保障。

(4)师资培训是确保师范教育质量的重要保障

李建勋针对当时中等学校的办理不善,教育质量低下以及校园学风败坏的情况,他认为:"其咎在谁？责在教师,责在训练教师之教师。"②因此,李建勋认为必须加强高级师资训练,即高等师范教育。并且还提出了高级师范教育师资训练的三大目的:"训练中等学校健全师资、培植教育行政人员,及养成教育学术专才"。③

李建勋对当时提倡的所谓"教师乃生成而非训练成功者","凡有学识者皆可为师","中等学校办理不善,即由于高级师资训练之无效"等一些观点进行了驳斥,并在此基础上提出了自己的观点。

李建勋认为教学不仅需要教育的知识还需要科学的知识,如果教育知识可以自己生成,那么科学知识也就可以自己生成。而大学在取消高等师范教育的同时也应取消科学知识的教育,这显然是不合理的,他基于此提出高等师范教育是必须的。当然李建勋也承认有些人天生是教师,如孔子、苏格拉底等人。但当时教育事业庞大,不能把教育只交给这些少数的天生的教师,而是需要更多的教育工作者。因此师资训练是必要的,在相同的条件下接受教育的远比未受教育的要优秀。同时,他也反对"只要有丰富的知识就可以做教师,学校招收大学毕业生而不必施以教师教育"的观点。李建勋指出:"教师之职责,非仅限于'授业解惑',除教学外,尚须负训导之责任。"而训导能力是影响教学成绩的重要因素,可见仅有专科知识是不够的。就教学本身而言,"亦非仅具专科知识即能成功者,纵能成功,在时间及精力上亦必不经

---

① 《中华民国宪法内之教育专章》,李建勋:《李建勋教育论著选》,人民教育出版社1993年版,第113页。
② 《论中等学校教师需要专业训练》,李建勋:《李建勋教育论著选》,人民教育出版社1993年版,第332页。
③ 《吾国高级师资训练之待决问题》,李建勋:《李建勋教育论著选》,人民教育出版社1993年版,第272页。

济,教学方法之优劣,亦有莫大之关系"。① 教师的专业知识需与教学方法相结合,才能提高教学的效率。

对于如何培养合格师资的问题,李建助建议首先要在课程设置上必须合理化:高级师资训练机关要开设修养科目、基本科目、专业科目和专门科目等四类科目;此外还指出如果要想在这四类科目中获得更大的益处,就必须具备相应的能力,要合理地分配时间并且选择恰当的教学方法。其次,李建勋认为应当加强学生的课外活动:确定其目标,健全其组织(如导师制),规范其行为(如精神训练、体格锻炼等),并能认真实施指导、监督、考核、奖惩等方法,那么今后的师资状况必能改观。他的这两条建议对我国今天的师范教育,尤其是高等师范教育仍然有重要的参考价值和借鉴意义。

(5)修业年限的确立是学生掌握系统知识的根基

对于师范教育的修业年限(此处指高等师范教育),当时存在两种观点:五年制和四年制。主张五年制的人们认为,师范院校不同于普通大学的主要一点在于她是专业训练机关,所培养的人才必须专精,没有相当的时间不能达到训练目的。而且,高等师范教育造就的是教育者,而不是教书匠,没有长期的熏陶是不行的。有人还列举英美等国的师资训练为例来说明。英国、美国一般大学生毕业后,须受一年的专业训练才能任中学教师,而德国的大学生毕业后须实习两年才能走上中学讲坛。因此,高等师范的修业年限应定为五年。

李建勋主张高师的修业年限为四年。他认为,高等师范能否达到训练的目的,年限并非唯一因素。虽然高师生在校的训练时间长一些对于巩固专业知识和教育理论知识很有益,但在现实中,一位教师工作的优劣和在大学训练的时间长短并非一定成正比,他的教学成绩还和他在课堂上的组织能力、教学方法等因素密切相关。从事教育事业的人,更多的是需要在实践中磨炼。如果把学生关在校园内进行较长时间的训练,会造成和实践脱离的弊端,最终的效果并不一定就好。高师生在学校的四年时间足以让他学到

---

① 《论中等学校教师需要专业训练》,李建勋:《李建勋教育论著选》,人民教育出版社1993年版,第337-338页。

今后从事教育事业必须的知识,要成为一名优秀的教师,除了拥有充裕的知识外,丰富的经验是更为重要的条件。此外,中国当时的经济状况与欧美各国相差太大,各级各类教育的经费都严重不足,增加一年的修业年限,势必就教育条件、学校设施、师资数量等方面提出更高的要求,这对当时的政府而言实在是力不从心。因而,中国的高等师范教育应以四年为宜。

3. 学务调查

李建勋非常注重教育调查,他在教育系讲授"学务调查"课程,主张无论从事实验研究或进行教育改革,都必须从调查入手。他认为如谋教育的改进,没有可靠的调查结果,就不可能知道教育本身的"症结"所在,就不可能据以谋求医治之方。在教学中为了理论联系实际,培养学生的调查能力,他还相当注重组织并领导学生进行实际调查。

1932年,李建勋和燕京大学教育系主任周学章率领教育系师生在天津进行调查,在《天津市小学教育之研究》序言中,他将学务调查定义为:"一种教育技术,即按照确定目的,用科学方法调查并研究教育实况,为谋解决各种问题之方法。"教育调查当时在美国已经推广了二十多年,主要运用于教育政策研究,教育结果的评估,极大地促进了美国的教育发展。然而在中国还尚属创举,虽然有一些地方运用了此方法,但是调查报告并没有成形。

李建勋在《天津市小学教育之研究》的序言中指出,天津市的教育调查,调查范围广阔。当时各大学教育系都开设有学务和教育调查的学科,但是由于中国没有教育调查的教材,教材大多来自于外邦,很多都不适合中国国情,天津市的调查可以作为此类学科的教材。另一方面,杨亮功先生和李建勋在北京大学和北平师范大学都同时教授学务调查一科,为了使学生理论结合实践,特率领学生到天津调查,以增加学生实际经验。此外,李建勋等一行专家组的调查,为当时中国的教育事业提出了很多可行的改良办法。正是出于以上三种目的,北京大学、北平师范大学、天津市教育局及河北省教育厅四个机关组成天津市教育调查委员会进行调查。最后写出《天津市小学教育之研究》,成为教育调查报告的典型文献,受到国内外研究教育调查之学者的推崇。那时,被称为河北省教育界三杰的,就是李建勋、周学章和曾任北京高等师范第一任校长的陈宝泉。

纵观李建勋一生的教育与实践活动,和很多曾经留学海外的杰出教育家一样,其教育思想的形成,不同程度上受到了中国优秀的传统文化和西方先进教育思想的熏陶。因此,他和黄炎培、陶行知等教育家一样,是一个教育救国论者。他的"教育为救国之本"以及"教育乃国家命脉"的教育救国思想对改良当时中国的社会风气以及唤醒社会对中国教育的关注起到了应有的作用。他强调重视教育,重视提高民族文化和人的素质,并为此而奋斗,从理论和实践上为中国教育事业的发展作出了贡献。

但不可否认,其教育救国思想或多或少地同国家主义教育思想一样以"爱国"、"救国"为口号,没有认清近代中国社会的基本问题,没有找到解决社会问题的正确途径和方法,而把中国落后的一切原因都归咎为教育不良,企图通过发展教育的办法来拯救苦难的中国,这是一种无法实现的救国方案。因而,教育救国思想过分地夸大了教育的功能和作用,不可避免地有着鲜明的时代烙印。

"桃李不言,下自成蹊。"李建勋是一位"教不倦,诲不倦"的教育家。难能可贵的是,作为一个教育家,他留给我们的是宝贵的教育思想精华。他的教育思想主要体现在教育行政、师范教育和学务调查三大方面。其教育思想在当时对完善我国教育体制,指导教育实践以及推动教育改革与发展都产生过一定的影响。无论在教育行政工作中,还是在教学实践上,李建勋孜孜以求,一生都在不断地践行其教育思想,是海内外公认的卓有影响的教育家。

## 二、职业教育中的教育家群体

抗战时期大后方的职业教育在应战时之需的指导方针下,根据《战时各级教育实施方案纲要》中的规定,通过扩大建教合作、设立国立职业教育体系、奖励私人办学等措施,兼顾抗战前线与后方经济社会发展的双重需要,推动了大后方职业教育的平稳发展。

**（一）职业教育中的教育家概述**

事业的发展离不开人的作用。在大后方职业教育蓬勃发展的历史上，活跃着一批职业教育家的身影。带领中华职业教育社的教育家黄炎培，倾力支持职业教育事业的实业家穆藕初，苦心经营云南矿业及教育事业的缪云台，身在上海但影响全国的俞庆棠，都以自己的实际行动影响着抗战时期大后方的职业教育事业。

1. 黄炎培与中华职教社

黄炎培（1878—1965）是中国近现代著名爱国主义者和民主主义教育家，是中国近代职业教育的创始人和奠基者。黄炎培职业教育思想的形成，肇始于1913年在《教育杂志》上发表的《学校教育采用实用主义之商榷》一文。1916年9月，黄炎培在江苏省教育会内设立了职业教育研究会。1917年，黄炎培创办了《教育与职业》杂志。同年，他联合蔡元培、梁启超等仁人志士，在上海发起成立了中华职业教育社，并于1918年在上海创建了中华职业学校。

抗日战争爆发后，随着战地日益扩大，中华职业学校和中华职教社反复磋商决定，一方面在上海坚持复课，另一方面到后方去建立新的办学基地。1938年中华职教社迁至重庆，决定在重庆设立中华职业学校（渝校）。1939年，中华职业教育社在重庆联合社会各界组织"职业互助保证协会"，为介绍待业者提供担保。1941年，中华职业教育社在桂林成立社会服务处，同工厂、商店挂钩，办理"求业"与"用人"登记，对求业者进行职业指导，为用人单位推荐人员，"使求人者得人，求事者得事"。1943年9月，职教社在重庆创办了中华工商专科学校。1944年初春，在黄炎培等人的推动下，"都江实用职业学校"在四川省灌县正式开学。1944年秋，中华职教社在昆明开办了中华业余中学，招生对象为12—22岁之失学青年，以此深化和发展平民识字教育和生计教育。黄炎培和中华职教社的上述活动，在大后方各地掀起了一股兴办职业学校的热潮。以中华职业学校（渝校）为例，该校先后开办有机械、土木、商科、中等机械技术科及会计训练班，并办有机械、会计两专修科，学生从最初的 60 人发展到 1945 年时的 708 人。[①]

在长期的职业教育实践中,黄炎培形成了系统的职业教育思想。关于职业教育的定义,黄炎培在《实施实业教学要览》中表述为:"凡用教育方法,使人人获得生活的供给及乐趣,一面尽其对群众之义务,此教育名曰职业教育。"关于职业教育的作用与地位。黄炎培认为,职业教育的作用主要体现在四个方面,即谋个性之发展、为个人谋生之准备、为个人服务社会之准备、为国家及世界增进生产力之准备,造就新型知识分子,提高劳动者文化、业务水平。关于职业教育的办学方针。黄炎培强调职业教育须适应社会需要,提出"大职业教育主义"的观念,认为办职业教育必须联络和沟通所有教育界和职业界,参与全社会的活动和发展。关于职业教育的教学原则。黄炎培强调职业教育必须体现"手脑并用"、"做学合一"、"理论与实际并行"、"知识与技能并重"等原则,"要使动手的读书,读书的动手,把读书和做工两下联系起来"。黄炎培的上述思想,在今天的中国职业教育界仍然闪耀着熠熠光辉。

2. 潘序伦与立信会计学校

潘序伦(1893—1985),江苏宜兴人,中国民主同盟盟员,是国内外颇负盛名的教育家和会计学家。他一生心系教育,所兴办的立信会计事务所、立信会计学校(包括立信会计专科学校、立信高级会计职业学校、立信会计函授学校和各种类型的立信会计补习学校)以及立信会计图书用品社,"三位一体"地推动我国的会计事业,特别是会计教育事业,造就了数以万计的几代会计人才。

1937 年,潘序伦发起集资筹办的"立信会计专科学校"开始招生,原计划在上海徐汇区建立永久校舍,后因抗战爆发暂时停办。全面抗战爆发后,潘序伦于 1940 年辗转到了重庆,设立了立信会计事务所和多种教学形式的立信会计学校。为了让更多的学生有深造学习的机会,后又在北碚设置了专科班,并自建了一栋"立信大楼"。随着局势的发展,潘序伦相继在长沙、重庆、广西、兰州、南京、天津、北平、广州等地,根据各地需要指导设立立信高级

---

[①] 四川省地方志编纂委员会编纂:《四川省志·教育志》(上),方志出版社 2000 年版,第 223 页。

会计职业学校和补习分校。为了解决会计教材的供应,1941年秋与生活书店合作,创设立信会计图书用品社,专门出版立信会计丛书和印制发行会计账册报表。

潘序伦与黄炎培和中华职业教育社之间有着密切的关系。他在1979年曾写道:"我从1927年起开始执行会计师业务,成立立信会计师事务所,翌年又创设了立信会计学校。我们采取的教育方针与方法,可以说完全照搬了中华职校的教育方针与方法。立信会计学校在25年的时间内,训练了十万人以上的各级学生,这是以中华职校为榜样所取得的成就。"[①]尤其是他亲自拟定的"信以立志,信以守身,信以处事,信以待人,毋忘立信,当必有成"校训,积极倡导的"立信"精神,在现今仍具有十分重要的意义。

### (二)黄质夫及其教育思想

#### 1.生平及教育活动

在近代中国教育史上,黄质夫的名字可能比较陌生,他被称为"一个被尘封的乡村教育家"。[②]然而他在乡村教育史上具有举足轻重的作用,是近代乡村教育的先驱。黄质夫(1896—1963),江苏仪征人。他不仅是一位优秀的乡村教育家,更是一位终生致力于实践的实干家。从1924年从东南大学农学院毕业起,黄质夫便把毕生精力献给了祖国的乡村教育事业,先后在江苏界首、栖霞,浙江湘湖和贵州乡村师范主持工作,他在实践中摸索出的关于乡村教育的一系列办学思路在20世纪的中国发挥着巨大的作用。不仅培养出了一批优秀的投身乡村教育的教育者,提高了乡村的文化水平,同时带来了乡村经济、社会风气的整体改善,为乡村营造了良好的新氛围。为中国乡村的发展做出了努力,带来了所在乡村的改变,同时也影响了同时期的其他乡村学校,大家纷纷效仿,一时掀起乡村教育改革的热潮。今天在科教兴国、国家大力发展农村教育的形势下,回顾当年乡村教育家黄质夫的教育思想,对我

---

[①] 潘序伦:《中华职业学校是我办学的榜样》,见中国职业教育社编:《社史资料选辑》第1辑,1983年11月再版,第149页。

[②] 肖云慧主编:《黄质夫乡村教育思想研究》,贵州民族出版社2003年版,第150页。

国实现新农村建设、提高农民素质、全面建设小康社会,具有一定的启发意义。

2. 乡村教育思想

(1)办学理念:乡村教育是救国唯一的方法

黄质夫所处的时代,兵连祸结、民不聊生,乡民知识浅陋,乡村生活困苦、风俗颓堕、人才缺乏。而中国又是农业大国,乡村人口占全国人口的大多数。黄质夫看到以前新式教育失败的原因在于完全不顾国情,生搬硬套欧美的教育经验,盲目选择全盘参照国外的教育模式。他指责教育者与被教育者都只关注城市。中国的国情是以农村为主,国民教育发展的重心应该放在农村,最迫切的任务是办好乡村教育。要改变乡村这些现状,必须要改造乡村。他号召:现在大家应该觉悟过来,"深知道乡村教育,是救国惟一的政策"。[1] 因此要想国家改变积贫积弱的现状,走上富强之路,就需要在全国占大多数的农民所在的乡村展开教育。

乡村教育,不仅是指在正规学校里的教育,受教育对象也不仅是局限在学校里的学生。黄质夫认为:"乡村教育,不仅以学校为范围,须以乡村为范围;受教育者不仅以学生为对象,乡村之农民,皆应为教育者之对象"。[2] 农村中的儿童需要上学识字,占主力军的青壮年也需要学习文化知识,也就是使乡村中人人受教育,实现教育大众化。通过教育,使乡村"野无旷土,村无游民,人无不学,事无不举",最终实现"救百万村寨的穷,化万万农工的愚,争整个民族的脸"。[3]

(2)办学主张:学校应成为乡村文化教育的中心

黄质夫认为学校是社会公共机关之一,学校存在的一个重要价值在于促进社会的进步。黄质夫在学校专门设立了农事推广部以指导乡村各项推广事业,凡是乡村民众的需要,都尽量地供给。黄质夫还开辟土地建设新村,组织成立了农友社和建设了民众茶园,在乡村建设实践中,黄质夫依托乡村学

---

[1] 杨秀明,安永新选编:《黄质夫教育文选》,贵州教育出版社2001年版,第6页。
[2] 杨秀明,安永新选编:《黄质夫教育文选》,贵州教育出版社2001年版,第54页。
[3] 杨秀明,安永新选编:《黄质夫教育文选》,贵州教育出版社2001年版,第86页。

校,开展最初的村民识字教育,及生计教育、语文教育、健康教育、村政教育、家事教育、休乐教育,并且开始建设乡镇推广区,每乡镇内,设有义务小学一所,真正使学校成为了乡村文化的中心,达到了改良乡村组织,普及农村教育,提高农民知识,提倡农村娱乐,培养农民道德,进而唤起农民能自发地改善生活,培养农民能担负起建设乡村的责任,使村民能够自力更生、独立管理自己,最终达到中华民族能够自立自强的教育目标。

黄质夫没有关起门来单独搞学校教育,而是将学校放在整个社会的大环境中,明确学校在社会发展中的中心地位,通过学校建设周边乡村,对乡民的文化知识生产技术进行培训,对乡民的生活的方方面面进行指导。乡村学校必须去实践改造乡村贫穷落后的面貌,必须去开拓发展乡村的经济建设,使广大的乡村山区的经济、文化能得以更加快速的发展。

(3)人才观:培养改造农村的通才——"乡村教师"、"生活导师"、"事业领袖"

建设乡村,改造乡村,最关键的问题在于人才。黄质夫根据乡村师范的办学理念提出了独具特色的人才培养目标,即是要把师范学生培养为"教师"、"导师"、"领袖"三合一的乡村建设者。他说:"今日之师范生,将来不仅应为培养现代儿童健全之师资,更须进而担当地方自治之职务,训导全民之导师,故师范生在校之训练,必须适合此种要求。"学校培养的学生必须要德智体全面发展,要具备农夫的身手,要有科学的头脑,强健的身体,并且有坚强的意志,勤朴的习惯,热心服务的精神,要成为"一个良好的乡村教师","灌输农民知识,改进农民生活的导师","发展乡村社会事业的领袖"。[①] 概括而言,黄质夫要培养"教师"、"导师"、"领袖"三合一的乡村建设者。只有培养出了乡村建设的人才,改造乡村、救愚化贫、振兴中华的目标才能实现。

(4)教学原则:教育与生活相结合

黄质夫提出"做学教"的教学原则:生活需要做什么,学生就必须学什么,进而学校教育就要教什么。学校需要选择生活中具体事务为教学内容,教师

---

[①] 杨秀明,安永新选编:《黄质夫教育文选》,贵州教育出版社2001年版,第4页。

需要在与实际操作中以身作则,真正实现在"做上教",学生也就需要在实践的过程中学习如何操作,做到"做中学"。这就要求学校使用的教材是来源于生活的,要生活化。因此黄质夫明确提出"教材应以乡村生活为起点,整个的社会化为归宿"和"教材应以学生经验为基础,完全上升为理论化的认识"。[①]乡村师范是位于乡村的学校教育,其社会环境就是乡村中的人事生活,并且学生毕业后大多在农村工作。因此教育的内容就要以乡村中的所有生活为对象,自然劳动生产应该成为学校教育的中心。黄质夫要求学校制定课程,必须要切合实际需要。在选择劳动生产项目时,要审慎考虑,所选择的劳动生产项目在社会应用上,是否适宜?在学生技能知识上,是否必要?在学校教学行政上,是否有益?以及业务本身的价值如何等等问题。同时实施劳动生产训练时,需要因地制宜。从当地社会生活中选择教学的内容,这样才能使劳动生产训练与当地生活适应结合,才能收到事半功倍的效果。

3. 黄质夫乡村教育思想对当今农村教育的启示

在我国城市化、工业化乃至整个现代化进程中,农村问题最受人关注。早在2005年10月,十六届五中全会就提出要建设社会主义新农村。农村要发展,教育要先行。要解决城乡收入差距,解决农村问题,最终需要依靠教育。怎样通过发展农村教育来促进社会主义新农村建设,黄质夫的乡村教育思想为我们提供了以下启示。

(1) 转变观念:从城市取向转向农村取向

农村教育几乎面向城市发展,在知识教育和升学旗帜下,克隆城市模式,模仿城市学校,没有根据农村需要,培养面向农村、建设农村的人才。有人说,这些年来农村教育"培养了众多有文化的贫困户;众多四肢不缺,五官齐全的素质残疾人;众多既不适应城市,又不适应农村,高不成低不就,游离在城乡之间的边缘人"。[②]当今中国教育界的眼光也应该从城市转向农村,一面立足于农村实际情况,一面着眼于社会现代化,来发展农村教育。比如在农村教育中的教科书选择,不能仅根据城市的标准,还应当因地制宜,从农村生

---

① 杨秀明,安永新选编:《黄质夫教育文选》,贵州教育出版社2001年版,第69页。
② 赵家骥:《改革发展农村教育促进农村发展》,《中国农村教育》2010年第5期。

活中挖掘材料,选择和编写适合农村教育的教材。在改革发展农村教育时,只有立足于农村、本着发展农村的思想来选择学校教育的内容,才能真正做好农村教育,否则就变成了既不像农村、又不像城市的畸形教育。

(2)培养热爱家乡、建设家乡的领袖人才

建设农村,关键在于人才。学校教育担负着培养未来建设者的重任。学校需要改变"会考试、会背书的书呆子,有文化的残废人"等高分低能的人才观,重新树立能做、能行、能建设农村的现代接班人。农村教育不单单是让农民子弟"走出去",而更应让农民子弟"留下来",让先进的技术和文化知识"走进来"。让更多的人对农村怀有极大的热情和希望,从而认识农村、关注农村和建设农村。学校应当把服务所在地区,把技能学习、专业学习同服务乡村、改造乡村联系起来,同当地农村实际需要联系起来。同时要培养学生高尚良好的道德、博大深远的眼光、热爱家乡的情感,激发学生愿意为家乡服务的精神。将人才送出去的同时,要激励人才留下来,建设自己的家乡。农村必然长期存在,中国的城乡二元结构有利有弊。在短期内,这种现状不会改变。教会学生离开乡村,进入城市,不是解决二元差距的根本办法。农村教育应该将自己定位为培养建设新农村、改造农村的技术领导导师三合一人才的目标上。

(3)学校应成为农村发展的中心

学校是公共机关,应当为社会作出贡献。农村教育学校也应当承担发展农村的重任。农村学校,作为直接面向农村的学校,就应该为当地农村发展做出贡献,应该推动当地建设。目前,"三农"问题是国家发展部署的重点。解决好"三农"问题,就能成功推动我国稳步健康发展。而重点加强直接为农村服务的职业教育是解决"三农"问题的战略重点。因此,农村职业学校应该明确自身定位——为新农村建设服务。根据这一特殊定位,调整职业学校专业设置。针对农村从业情况及外出务工需求的复杂、产业需求多元发展,既要适应特殊需要,又要满足共性需要。加强农业产业化发展,标准化生产以及经营管理知识、市场意识、生态意识、维权意识等等。黄质夫主持的乡村师范学校,明确要为所在乡村建设服务,专门成立推广部,给乡民生活中的各个方面都提供指导和帮助。农村职业技术学校,可以利用学校技术优势,深入到农村家家户户,为当地百姓提供实际帮助,一方面建设了农村,一方面也成为学校学生参与实践的方式。农村职业学校只有坚持为"三农"服务,建设社会主义新农村,才能找到发展的源泉和动力。

(4)更新教学方式:理论结合实际

教育的内容便是生活的内容。学校教育应该是来于生活、为了生活的教育。应该以社会生活为实际内容,以社会生活方式为手段,培养学校受教育者生活的实际能力,以促进教育与社会生活相结合,达到受教育者融入生活、改进社会的实用教育目的。农村教育应当在立足农村的前提下,本着"农村为本"的原则,挖掘农村生活中富有教育意义的内容,发展学校的校本课程建设。使学生能够理解学习的内容,对知识的学习产生兴趣。比如生物地理课程中,农村学校就可以利用身处大自然中,学生能够天天与真实的大自然接触的这种优势来学习丰富的课程,而不是将学生整天关在教室,摇头晃脑想象背诵死知识。同时,农村土地广阔,大量农田闲置,学校还可开发农事活动课程,让学生在教师的指导下学习,培养学生热爱农村的感情。

## 三、基础教育中的教育家群体

基础教育是提升国民整体素质,奠定青少年参与社会发展的基石,在教育体系中具有全局性、基础性和先导性的作用。抗战爆发前夕,大后方的基础教育远远落后于东部及中部地区。抗战全面爆发后,大后方作为抗战建国的基地,政治、经济、军事乃至教育地位都得到了较大提升,教育事业的飞速发展与教育家的大量涌现呈现出协同共进的态势。

### (一)基础教育中的教育家概述

抗战时期的大后方基础教育,从性质上看有国立与私立之分,从层次上看有义务教育、国民教育与中学教育之别,以及发展滞后的学前与特殊教育。基础教育在教育体系中的基石地位,为教育家的成长提供了肥沃土壤。

1. 陶行知与育才学校

陶行知(1891—1946)是伟大的人民教育家,先后开展平民教育运动、乡村教育运动、普及教育运动、国难教育运动、战时教育运动、民主教育运动,在基础教育、职业教育、师范教育、社会教育等诸多方面提出了富有创见的思想,先后发起成立了中华教育改进社、中华平民教育促进会、国难教育社等社会团体,创办了晓庄师范、山海工学团、新安旅行团、中华职业学校、重庆育才学校等教育实体,参加了许多全国性的教育教学活动,创立了生活教育理论。其中,育才学校是他一生中创办时间最长、教育思想反映最集中、最成熟、经验最多的一所学校。

1938年8月,陶行知出席比利时世界和平大会、巴黎全欧华侨抗日救国大会和伦敦世界新教育第七届全世界反侵略大会,并访问考察欧、亚、非二十八个国家和地区后,来到重庆合川古圣寺创办了育才学校。建校之初,陶行知便确立了学校"研究天才教育、培养天才被难儿童,俾能成为国家有用之才"的办学宗旨。育才学校在古圣寺历时七年,前后共招生600多名,是陶行知一生办学时间最长、理论和实践集大成之地。在此期间,陶行知主持形成了完整的《育才学校手册》,是陶行知先生办学育才的教育思想、教育管理、"教学做合一"教学理论和方法等实践经验的结晶。1945年底,学校迁到重庆红岩村,并在新中国成立后逐步演变为今天的重庆育才中学。

陶行知的教育思想博大精深且体系完整,其中最具代表性的当属"生活教育理论"和"创造教育思想"。其中,生活教育理论包括三个基本观点,即生活即教育、社会即学校、教学做合一。"创造教育思想"的核心是"六大解放"观点,即解放儿童的双眼、解放儿童的大脑、解放儿童的双手、解放儿童的嘴、解放儿童的空间、解放儿童的时间。此外,陶行知"爱满天下"为核心的师德观,在今天也仍然振聋发聩。陶行知生前曾说过:"我们的新使命,是要征集一百万个同志,创设一百万所学校,改造一百万个乡村。我们以至诚之意,欢迎全国同胞一齐出来,加入这个运动,赞助他发展,督促他进行,一心一意地来为中国一百万个乡村创造一个新生命。"①这一理想今天仍激励着中华儿女的教育步伐。

2. 雷沛鸿与广西国民基础教育

雷沛鸿(1888—1968)是中国近代有影响的教育家,历任广西省长公署教育科长、广西省政府委员兼教育厅长、广西大学校长、西江学院院长等职,为教育大众化、国民基础教育普及运动,为中等教育改革、高等教育改革力尽开创之功。其中,雷沛鸿曾在1929年至1940年间三度出任广西省教育厅长,在他一系列教育改革举措中,最为人称道的则是基于中国国情与广西省情实际,极力构建的广西国民基础教育体系。

在推行国民基础教育的过程中,雷沛鸿首先致力于教育发展的长远规划。雷沛鸿分析和总结了中国旧教育的种种弊端,发现中国教育最缺乏的是具有整体性和一贯性的教育政策。为此,雷沛鸿亲手制定了三个根本性的国民基础教育法案,包括《广西普及国民基础教育五年计划大纲》《广西普及国民基础教育研究院开办计划》和《广西普及国民基础教育试办区规程》,这些汇聚成了他开展国民基础教育实验的根本大法。在具体推进过程中,雷沛鸿强调儿童教育与成人教育、学校教育与社会教育合并办理,"所有村街国民基础学校或中心国民基础教育,并没有学校教育和社会教育之分"②,全省各村街普遍设立国民基础学校,各乡镇普遍设立中心国民基础学校。与此同时,雷沛鸿非常注重对民众的抗战爱国教育和生计教育,主张"先乡村后城市","先成人后儿童",要求全省8岁至12岁儿童受2年基础教育,13岁至16岁失学儿童补受1年基础教育,推动了广西国民基础教育体系的初步形成。

广西国民基础教育从1936年6月雷沛鸿发表《国民基础教育运动下的教育历程》的演讲,到1942年《广西国民中学办法大纲草案》的颁布,获得了巨大发展。到1939年,全省的基础学校由1.37万所增加到1.97万所,中心学校由0.11万所增加到0.23万所;入学儿童由65.81万人增加到163万多人,入学成人由4.7万人增加到133万多人;6年毕业270.7万人,全省教职

---

①陶行知:《中国乡村教育之根本改造》,载《陶行知文集》,江苏教育出版社2008年版,第144页。
②韦善美主编:《雷沛鸿文集(下)》,广西教育出版社1990年版,第170页。

员达到 7.2 万多人。①

**(二)赵君陶及其教育思想**

1. 生平及教育活动

赵君陶(1902—1985),又名郁仙,女,酉阳龙潭人。1919 年随家迁到北京,在五哥赵世炎的影响下,开始接受马克思主义理论和共产主义思想,自学考入北京女子师范大学读书,并积极参加学生运动,成为该校学生组织"女星社"成员。1925 年进入上海大学社会学系学习,结识了中国共产党的早期革命活动家李硕勋,结为终身伴侣。1926 年,加入了中国共产党,同年 10 月,任湖北省妇女协会宣传部长,兼《湖北妇女》周刊主编。1927 年她跟随李硕勋参加了南昌起义后回到上海,从事地下工作。1930 年任中共中央妇委会秘书。1931 年周恩来派李硕勋赴粤赣边区,担任红军第七军政委和广东省委军委书记,赵君陶前往协助李硕勋工作。

1931 年 9 月 16 日,李硕勋在海口英勇就义。1932 年秋,赵君陶遵照爱人"善育吾儿,设法送之返家中"的遗嘱,带着儿子李鹏和女儿李琼从上海回到四川,先后在合川、雅安、金堂等地从事教育工作,以教师身份掩护,开展地下活动,宣传党的主张,教育青年学生走上革命道路。1937 年秋,参加成都教育界抗日救亡协会,从事抗日活动。1938 年在简阳女中任国文教师兼班主任。

抗日战争爆发后,大批在战火中失去亲人的难童涌向后方——重庆,他们风餐露宿,无家可归,甚至很多都挣扎在死亡线上。中共中央南方局参与发起和举办了难童保育会,专门收养和教育难童。1939 年在周恩来和邓颖超的关心下,赵君陶到重庆参加战时儿童保育会,并任直属第三保育院院长,用伟大慈母的爱培养下一代。1946 年到延安,先后在延安大学、中央教育研究室工作。1948 年 8 月调到东北行政委员会直属保育委员会工作,后调哈尔滨第四中学任校长。1949 年 3 月,出席了全国第一次妇女代表大会。此后,曾

---

① 摘引自:广西地情网——民国时期广西著名文化人物雷沛鸿。

任中南局教育处处长、南开大学党委委员、工农速成中学校长等职。中华人民共和国成立后,先后担任化学工业部教育司副司长,北京化工学院党委成员、副院长等职。全国第四届、第五届政协委员。"文化大革命"期间,她遭到林彪、江青一伙的迫害,身体受到严重摧残,1985 年 12 月 14 日在北京逝世,终年 83 岁。赵君陶是我国老一代无产阶级革命家、教育家,她一生为中国革命和党的教育事业呕心沥血,鞠躬尽瘁。悼词中称她为:"我党早期的革命活动家,忠诚的无产阶级教育家"。人们送给她的挽联上写道:"革命六十年松柏精神留人间,育才半世纪桃李芬芳满天下"。

2. 教育思想

(1)坚持以爱国主义为主导,以情动人

赵君陶在她的教育事业中时刻不忘以伟大的爱国主义为指导开展教育工作,并且以伟大的母爱来爱护学生,时刻以爱哺育,以情教育,并在实际的教育工作中,讲究适当的方式方法,成功地教育出一批又一批的优秀人才。

1939 年,正当日机对重庆进行大轰炸之际,赵君陶奉南方局之命,到重庆主持战时儿童保育会直属第三保育院工作。为了让这些在敌人炮火下流离失所的少年儿童健康地成长为祖国建设人才,她首先主持制定了抗日爱国教育方针,主张"教养结合,保育相兼",德、智、体、美、劳全面发展,积极倡导和实施民主办校,实行教职工责任制,反对体罚学生,号召学生手脑并用,提出了"大公无私,活泼严肃,刻苦耐劳,勤于服务"的院训,以鞭策全院师生相互共勉,力图把直三院办成"学校、工厂、农场、家"四位一体的和谐友爱的集体。[1]

在课堂教学和课程安排上,赵君陶突出爱国主义教育。她除了采用战时儿童保育总会专门编写的、具有浓厚抗战意识和爱国主义思想内容的抗战教材外,还组织教职工结合难童们国破家亡、流离失所的生活遭遇,编写控诉日本帝国主义的罪行,激发难童爱国主义激情和学习积极性的补充材料,以不断提高他们的爱国意识和政治觉悟;在高、中、低年级课程时间分配表中,国

---

[1]《慈母般的爱——赵君陶同志和战时儿童保育院》,中国妇女出版社 1991 年版。

语教学占总学时1/4强,甚至1/3,且分类明细,包括读书、作文、谈话、写字。并设时事课,让孩子们产生对时局的关心。在实施过程中,各年级均从报刊杂志中选出具有时代性的文章作补充教材,"低年级以儿歌民谣为主,中年级以记叙文为主,配合诗歌、抗敌故事及现代名人小传"。在直三院的课堂教学上,赵君陶突出了抗战爱国教育。当时,直三院未采用国民政府教育部颁发的小学课本,而是采用由战时保育总会自编的、具有浓厚抗战意识和爱国主义思想内容的抗战教本,或由赵君陶和老师们编印的各科讲义,或从报纸、杂志中选出的具有时代性的文章。如"一·二八,一·二八,半夜三更啪啪啪!十九路军真勇敢,打得鬼子像落花"等。语文课本也是专门编印的,多数是从《新华日报》上摘下的社论和短文,具有浓厚的爱国主义色彩。作文也多数是结合爱国主义教育来进行。教学中,难童们接受了国破家亡的苦难教育,都能结合自身实际控诉日本侵略者,从而激发了保育生的爱国热情。[①]

在日常生活和业余学习中,赵君陶想方设法加强爱国主义教育。首先,营造了一个充满爱国主义氛围的校舍。在院门通道旁墙壁上绘教育宣传大画一幅,题有"歼灭倭寇,还我河山"8个字;赵君陶为使保育生们在幼小的心灵上刻上民族苦难的历史,时刻不忘日本帝国主义侵略中国的累累血债,树立热爱祖国,建立新中国的高尚品德,她把个班级的称号都以纪念日命名,按历史由近及远,年级从高到低,如"八一三"是最高班五、六年级;"七七"是四年级;"一·二八"是三年级;"九一八"是二年级……赵君陶通过这个方法,让保育生们深深地铭记了我们中华民族所遭受的苦难,从而时刻不忘反抗日本侵略者,并坚定了建设新中国的爱国信念。[②]

尽管当时经费十分困难,她还是想尽办法在保育院开设了小型图书馆,购买了《二万五千里长征》《八路军出征打胜仗》《家》《春》《秋》等大量各类抗日刊物和进步书籍供孩子们课余阅读;同时,赵君陶还利用每周一举行孙中山纪念周仪式的时间,给孩子们讲历史上民族英雄的故事,进行爱国主义和民族气节教育,勉励孩子们要诚实、正直、勤俭、好学,为民族解放励精图

---

[①]《慈母般的爱——赵君陶同志和战时儿童保育院》,中国妇女出版社1991年版。
[②]《慈母般的爱——赵君陶同志和战时儿童保育院》,中国妇女出版社1991年版。

治、发愤图强。每次纪念仪式完毕,她都要带领学生高呼:"打到日本帝国主义!""努力学习,努力生产!""争取抗战最后胜利!"等口号。学生们经过一次又一次抗日意识的教育,爱国主义意识在潜移默化中日渐加强,"长大了'当兵打日本!''做一个技术工人,建设新中国!'"成为他们的人生志向。[①]

第三保育院的儿童大多数都曾在战火中流浪,目睹过敌人的凶残。针对他们的思想状况,赵君陶经常深入他们中间,以慈母般心情耐心细致地安慰他们:"日本帝国主义发动了侵略中国的这场战争,杀害了你们的父母双亲,你们成了没有父母的孤儿。没有爸爸妈妈是很痛苦的,但痛苦流泪过多也没有用,要牢记日本帝国主义的血腥罪恶。现在在保育院里,你们要努力学习文化科学知识,时刻准备着将来为建设祖国、保卫祖国而效力,把祖国建设成为一个繁荣富强的国家,就不会被帝国主义侵略者欺负了,就可以为你们已去世的父母报仇了。"[②]这些教诲,使保育生从小就懂得了热爱我们伟大的祖国,憎恨侵略我们的敌人,立志好好学习,成为一个对祖国有用的人的道理。

抗日战争时期,是赵君陶反帝、爱国、救民教育思想的深化期。她善于巧妙利用抗日民族统一战线的有利条件,在保育生教育工作中,自觉以革命理论指导教育实践,把党的路线、方针、政策融入爱国主义教育之中,形成了赵君陶在这一时期以爱国主义教育为特征的教育思想。

(2)注重全面发展,强调德育优先

全面发展是教育工作的目的和方向。赵君陶在教育工作实践中全面贯彻教育方针,使学生全面发展、学以致用,培养了大批革命者和社会主义的新型劳动者。赵君陶根据邓颖超有关"保育儿童,是丰富伟大的事业,不仅要救济与教育儿童,尤其要以坚毅的精神,培育儿童成为建设新中国的主人"的指示并结合儿童保育总会的儿童教育大纲,结合第三保育院的实际情况,创造性地提出了"教养结合,保育相兼,施以德、智、体、美、劳全面发展"的新教育方针。

注重思想政治教育是中国共产党一贯的优良传统,赵君陶一生的教育事

---

[①]《慈母般的爱——赵君陶同志和战时儿童保育院》,中国妇女出版社1991年版。
[②]《慈母般的爱——赵君陶同志和战时儿童保育院》,中国妇女出版社1991年版。

业中更是深刻贯彻了这一指导思想。赵君陶深深地明白：教育应该使学生懂道理，明大义，具有高尚的道德情操。抗日战争时期，赵君陶始终站在民族利益的高度参与难童教育，尤其强调爱国主义教育。在保育直三院游戏场四周的柱子上悬挂着有教育意义的标语，如"社会即学校"，"生活即教育"，"我要做手脑并用的小工人"，"我要做追求真理的小学生"，"我要做自觉觉人的小先生"，"我要做反抗侵略的小战士"，"自学、自治、自动"，"互谅、互信、互助""明礼义知廉耻"，"负责任守纪律"。① 这些标语不仅体现了保育院的教育任务，更是为儿童们营造了一个注重德育的培养氛围。同时，在直三院，赵君陶还积极对学生思想品德其他方面进行重点训练，并提出了具体的训练方法，如，"通过布置环境张贴标语及图画，教师以身作则并随时纠正儿童的粗暴言行等，使儿童养成庄重的仪容、谦恭和蔼的态度，并熟悉普通的社交礼仪，明白尊敬别人就是尊敬自己的道理；以及培养儿童勤俭节约和讲卫生的好习惯，培养好儿童"。② 新中国建立以后，赵君陶注重德育的思想更是得到全面的贯彻落实。无论是新旧教育体制的改革，还是具体的课程和内容的设置，还是有计划有步骤地进行师生共同改造思想，赵君陶都强调要以政治思想教育为中心，为国家培养优秀的建设人才。

在智育方面，应重视各科的教学，注重形式与内容的统一，理论联系实际，让学生在轻松的状态下学习理论知识。赵君陶认为在教育工作中，必须保证教学质量。同时，她认为"提高教育质量与改革教学内容是分不开的"。"我们不仅要添设必要的课程，也可削减不必要的课程，并且还要考虑教材内容。教材内容既应保持各门学科的系统性，也要具有近年来科学技术发展新的内容。如果只讲若干年前书本上的科学结论，不讲近代的发展，那就等于读死书。这又关系我们培养质量的问题。"③

体育教育的首要工作是保持学生的身体健康，在战争和灾荒年代，赵君陶精心抚育了饥寒交迫的孩子，在食饱为度的情况下，还将膳食营养作了合

---

① 《慈母般的爱——赵君陶同志和战时儿童保育院》，中国妇女出版社1991年版。
② 赵君陶：《战时儿童保育会直属第三保育院工作资料》，1946年2月。
③ 赵君陶：《修订教育计划动员报告提纲》，北京化工大学档案资料。

理的搭配:"淀粉占53%,脂肪占3%,蛋白质占7%,蔬菜占35%,其他盐糖等占2%。食物菜蔬经常变花样,又是稀粥内掺麦粉或包谷粉以补充儿童营养。"①体育锻炼不仅能增强体质,更重要的是让学生在参与各种竞赛的过程中懂得遵守体育规则和社会规则,因为"现在的青年和儿童就是今天新中国和将来社会主义中国的建设者"。② 在直三院日常的教学工作中,赵君陶认为应"提高儿童运动的兴趣并且知道运动对于健康的关系,并使他们养成爱好运动的习性"。"教师经常参加并鼓励儿童参加各种活动,如越野竞走、爬山、打球、踢毽子、跳绳等"活动。③

审美观的教育要注重内外兼修,既要注意外在美,"改进忽视外形美之缺点(如衣服颜色不一,穿背心于童军服上等),以养成整齐划一之优良习惯";④又注重内在美,从各个方面培养学生勇敢正直的美德,养成优良德行。让儿童们自发地完善自己,追求美好,成为合格的新中国建设者。在新中国成立之初,赵君陶指出,新区的师生也应注重内外兼修,更应该"在实际的群众工作中去改造思想、意识、作风,建立新的人生观"。⑤

关于劳动教育,赵君陶的理解更为深刻,她认为:"其目的不仅在使儿童能够劳动,能获得生产物品,而且要使儿童养成劳动的习惯,增进其研究和创造事物的兴趣和能力,并启发其改良生活、改良工具的志愿和决心。"⑥正是因为她对于劳作教育的目的是达到手脑并用的一种教育方式这样深刻的认识,也为了矫正旧教育认为"劳心者治人,劳力者治于人"的错误观念,赵君陶对于劳作教育特别重视,在直三院的教学工作中,大力开展了"缝纫、挑花刺绣、搬沙、担煤、运草、筑路、烹饪、植树及洗衣"等等劳作活动项目,并在寒暑假偏重于劳作教育,让孩子们"享受自己的劳动成果,领会到劳动的伟大的创造价值!"北京化工学院建校之初,部分学生劳动观念不正确,认为体力劳动会影

---

① 赵君陶:《战时儿童保育会直属第三保育院工作资料》,1946年2月。
② 赵君陶:《中南区军政委员会关于改进学生健康的指示》,湖北省档案馆资料。
③ 赵君陶:《战时儿童保育会直属第三保育院工作资料》,1946年2月。
④ 赵君陶:《战时儿童保育会直属第三保育院工作资料》,1946年2月。
⑤ 赵君陶:《关于新区教职员师生思想改造的几点意见》,湖北省档案馆资料。
⑥《慈母般的爱——赵君陶同志和战时儿童保育院》,中国妇女出版社1991年版。

响学习,做毕业论文设计只要有理论知识就够了。为了纠正这些错误观点,赵君陶根据中央教育会议精神,组织全校师生讨论,修订教育计划。她认为:"毕业设计是贯彻教学、生产劳动、科学研究三结合的结合点,以毕业设计为中心环节,以它为纲,带动学校工作前进。"①同时,她还认为"共产主义全面发展的新人既是有政治觉悟又有文化,既能从事脑力劳动又能从事体力劳动的人,使教育推动社会主义建设事业前进,必须扭转过去教育脱离劳动群众、脱离生产、脱离实际的旧传统"。②

(3)提倡因材施教

"因材施教"是中国古代圣人孔子的教育思想。她主张应在细致的观察下根据学生个人的特点开展教育工作。赵君陶不仅较好地继承了这一中华民族优秀的传统教育方法,更是在一生的教育工作中发展和完善了这一方法,赋予了其新的时代特色,通过积极探索,将"有教无类,因材施教"的教育方法巧妙地运用于教育实践之中。

一是及时修订教学计划和教学大纲,明确教育目的。从1939年6月至1944年,赵君陶对最初的保育院院务计划大纲进行了三次修改。她在《1942年度院务改进计划大纲》中说:"在发展中,不免遇到困难,而克服困难的时候,又常因客观条件的影响,常常顾此失彼,以致整体工作中某些环节特别脆弱,这脆弱的一环,可能牵制其他工作进展。"③因此在之后的院务行政上,必须着重注意改正相关问题。同样,在中南区教育处和北京化工学院期间,也多次修订教育大纲,如,修订北京化工学院1958年11月到1959年1月间制订的教育计划,修订1959—1960年下学期教育计划等,以培养德智体几方面充分发展、又红又专,实现教学、生产、科研三结合的全面发展人才。

二是重视课程教学和课堂安排,注重发展学生的爱好兴趣。如保育直三院的课程设置,"除了国语、常识、算术等科与其他小学大致相同,其余如时事、劳作、晚会等为适合本院实际情况而设立"。中年级增设美术、音乐、体育

---

① 赵君陶:《教育为无产阶级政治服务的问题》,北京化工大学档案资料。
② 赵君陶:《教育为无产阶级政治服务的问题》,北京化工大学档案资料。
③ 赵君陶:《战时儿童保育会直属第三保育院工作资料》,1946年2月。

等科,高年级还增设历史、地理、自然等科。针对中南区各地区的教育,课程精简应做到"减少量,提高质,减掉无用的累赘的东西,换得对有用知识的透彻了解;学了能懂,懂了能用"。为了提高学生的学习兴趣,使学生对所学知识有透彻了解,就必须根据教学的实际情况和各种问题,不断改进教学方法。针对保育院教材"与儿童实际生活脱节,且内容亦多陈旧,空泛呆板",难童读书兴趣不高的现象,采用"教科书为标准,从报纸杂志中选出具有时代性之文章"予以补充,学生"学习兴趣增高,认识力加强"。[1] 针对解放初期中南区部分学校学生"学习不安心,流于形式"的问题,通过调查研究,指出精简课程的必要性,并要求开设和加强思想政治改造的政治课以及改革教学法,理论联系实际,反对教条主义,应有准备、有计划、有步骤地开展教学,并不断总结经验。[2]

三是针对特殊教育对象采取特殊的教育方法。赵君陶对于保育院的儿童们进行了深刻的研究和思考,她认为"保育院是许多儿童集成的大家庭,他们来自不同的地方,受过不同的家庭教育,因此他们的心理发展,也随环境而异"。保育直三院800多名难童中"9/10来自农村,入院以前不但未受过正规的学校教育,且受不良家庭及恶劣社会之影响,因此一些顽固、自私、嫉妒等落后一时反映在他们的思想里、生活习惯里",还有一些儿童"与亲人骨肉分离,眼见敌人的残暴行为,使他们的心灵多少受到打击",再加上"被敌人的大炮惨炸所惊骇,使他们脆弱的神经受到了刺激",还有一点即"入院后经过长途跋涉,转调院籍劳顿身心,加之被动的生活,使其情绪低落"。赵君陶"择人而教,因材施教"的方法正是建立在这种科学、详尽的观察和思考的基础上。针对保育院的儿童们生活情绪方面有很多不良现象,如,"爱动怒、烦躁、猜疑、自卑、妒忌、自私自利和依赖"等,赵君陶循循善诱,并给予特殊训练,得到了相当收获。就改造部分"顽劣的儿童"来说,她的教育方法有示范、暗示、赞扬奖励、不当众责备、尊重儿童能力等九种之多。[3] 同时,赵君陶还对一些

---

[1] 赵君陶:《战时儿童保育会直属第三保育院工作资料》,1946年2月。
[2] 赵君陶:《精简课程问题》,1950年4月。
[3] 赵君陶:《战时儿童保育会直属第三保育院工作资料》,1946年2月。

各方面表现优秀的学生或是在某方面有特长的学生采取了适合的教育方法，使他们尽可能地发挥优势，提高自己。正是这些理论应用和实践体会，以及赵君陶的一颗爱护儿童的心，保育直三院的教育才搞得有声有色，所有的孩子都得到了充分适当的发展，赵君陶也被大家亲切得称为"赵妈妈"。

在工农速成中学，她认为速成中学既有普通中学的特点，又有其自身特点，既要速成，又要系统扎实地掌握知识。她认为若不扎实，谈不上速成。因此，提高了对教师的要求。针对这种情况，赵君陶和教师、学生注重共同总结教学经验、改进教学方法，不断提高教学质量。赵君陶采取老师指导，老师、学生共同讲，老师总结的办法，既以老师为主，又启发了学生的思路，调动了学生的主动性、积极性，收到了很好的教学效果。她从实践中认识到了学校办学与社会实践相结合的必要性。赵君陶为了提高教学质量，建立了集体备课制度，主张通过讨论共同提高，在此基础上成立了教育研究会。

(4)提倡学以致用、知行合一

赵君陶在战时第三保育院积极推行陶行知"生活教育"的方针和"小先生制"，在解放战争时期和新中国建立后，赵君陶同志在干部教育、社会教育、职业教育、高校教育等方面仍然把陶行知"知行合一"的教育思想运用在长期的教育实践中，成为她教育思想的又一大特色。赵君陶说："在那些艰苦的日子里，我主张自力更生，民主办校，贯彻陶行知先生的'知行合一'、'手脑并用'的教育方针。"[①]赵君陶"知行合一"的教育观点不仅体现在劳动教育上，还体现在生活教育和社会教育的实践中。

赵君陶的生活教育贯穿于她一生的教育理念和教育实践。在保育直三院这样一个特殊的教养结合的教育组织中，无论是在课程安排上，还是在平日的生活中，赵君陶时刻不忘结合生活对儿童们进行教育。如，无论是低年级、中年级还是高年级，课程上都安排了劳作、晚会等科目，劳作的内容包括烹饪、缝纫、做鞋、务农等，而晚会则分为生活晚会、学习晚会和娱乐晚会。晚会的安排有效地锻炼了孩子们组织活动能力和交流能力等。假期里也组织

---

[①] 官祥、黄金贵：《革命教育家赵君陶》，四川人民出版社1997年版。

孩子们进行活动,偏重于劳作教育。这种活动"一方面养成儿童勤劳的好习惯,另一方面以这样的方式放松一下小孩子们的心情"。同时,也多组织儿童们进行野外活动和运动。

在中南区改造旧教育的工作中,一个重要举措是精简课程,提倡联系实际联系社会,开展课外活动和社会活动。赵君陶认为这样的目的在于减少量,提高质。旧的教育不敢让先生学生动脑筋,采用填鸭式教学,根本就没有考虑学生能否消化,更谈不到学用一致。所以,"要善于利用周围环境来教育学生,山野、田野、市场、工厂、作坊、医院等场合都可利用做活的教室;演讲会、辩论会、演剧、歌咏、街头宣传、下乡工作、工厂参观、采集标本都是联系实际的重要方式,只有到实际中去学习、体验,才能引导学生先生走向实际,面向群众,达到学校教育的目的"。

1958年开始参加北京化工学院的创建和领导工作时期,赵君陶仍然坚持这些教育思想,特别是在化工学院的创建时期,强调"教育、科研必须与生产劳动相结合",把生产劳动作为一门公共必修课,把"劳动观点即体力劳动与脑力劳动相结合的观点"作为培养目标之一。[①]

在赵君陶的教育实践活动中,她还非常重视社会教育工作。在从事保育工作的同时,赵君陶还担任了其他的工作,例如担任当时南方局设立的北碚炼油厂的董事。这些工作让她通过社会调查认识到民众教育的紧迫性和重要性。因此,保育院积极推行"小先生制"。具体措施为:以保育院学生为主,辅之以部分教师设立流动识字班性质的民众夜校,在极为艰苦的条件下开展民众教育。推行"小先生制"一举两得,既受到民众欢迎和陶行知先生的称赞,同时也在保育院儿童中产生了非常好的影响,反过来又有利于保育院儿童的教育,使每一个人都认识到要成为"创造将来幸福社会的一分子"。

赵君陶开展了丰富多彩,形式多样的社会教育工作,有扫盲识字、文化技能、时事宣传等。她利用一切机会对学生和群众进行爱国主义和革命教育,宣扬"天下兴亡,匹夫有责"的革命思想,教育大家关心国家和民族的前途和

---

[①] 赵君陶:《修订教育计划动员报告提纲》,北京化工大学档案资料。

命运。还采取了壁报、演讲、游艺表演及工农业余学校等方式来进行社会教育。正是由于采取了这多种多样卓有成效的形式,使得社会教育工作取得了很可喜的成绩。

赵君陶同志对党的革命事业有无限的热忱,为了培养大批革命者和新中国的建设人才,她始终充满革命乐观主义精神,她敬业爱岗,甘于奉献,把毕生的心血和智慧都献给了中国革命和中国共产党的教育事业。赵君陶同志不愧为一位伟大的母亲,一位勇敢的革命家,一位成绩斐然的教育家。她的很多理论和方法对我们今天的研究和教育工作还有很多的借鉴意义,值得我们深入思考。

## 四、社会教育中的教育家群体

社会教育作为学校教育的重要补充,在中外教育史上一直具有重要地位。中华民族历来重视教育的化民成俗之功效,修学施教也一直被普通中国人视为与修路、搭桥并举的善举。抗战时期,由于学校教育总体上的落后局面,社会教育在国民党统治下的国统区和共产党领导下的根据地都发挥了重要作用,成为战时支撑中国教育发展的一大支柱。

### (一)社会教育中的教育家概述

抗战时期,由于大量文化教育机构融入内地,加上社会各界的普遍重视,大后方的社会教育获得了蓬勃发展,也涌现了一批享誉中外的社会教育家。

1. 晏阳初与中国平民教育促进总会

晏阳初(1890—1990),20世纪中国教育家中最具国际影响的世界性人物之一。1920年,晏阳初从美国回到国内,先后在上海、长沙等地开展全民识字运动。1923年8月,在晏阳初的主持下,中华平民教育促进总会(以下简称"平教总会")在北京成立,以其作为推行平民教育运动的领导组织和根据地,晏阳初被任命为总干事。1926 年晏阳初与一批志同道合的知识分子来到河北定县,推行他的乡村教育计划,1929 年平教总会迁往定县,全力以赴地在这里开展乡村教育的实践。

抗战全面爆发后,平教总会辗转迁移到抗战时期的国民政府陪都重庆。1940 年 10 月,晏阳初邀集支持"平教运动"的张伯苓、蒋梦麟、黄炎培等知名人物,在重庆北碚歇马成立了私立乡村建设育才院(1945 年 8 月更名为私立乡村建设学院),以"造就适应时代的合于社会要求的建设乡村的有用的人才"[①]。乡建育才院创办之初,开设有一个研究部和三个专修科。研究部下设有三个学系,即乡村教育系、农业经济系、农业系;三个专修科分别是乡村教育专修科、农业专修科、手工艺专修科。为培养学生的实践能力,学院还成立了"中华平民教育会华西实验区",组织学生们在巴县、璧山、北碚、江津、合川等县区推广农业优良品种,兴修水利,给农民办理贷款,组织织布合作社,建立妇幼保健站,办平民夜校,供应农民识字课本和画刊等活动。

晏阳初的平民教育思想集中体现在他所提出的"四大教育"与"三大方式"上。晏阳初在定县通过调查后认为,中国的平民具有"愚、贫、弱、私"四大疾病。针对以上"四大病症",晏阳初提出了文艺教育、生计教育、卫生教育和公民教育"四大教育"之法。其中文艺教育的目的在于培养知识力,解决"愚"的问题;生计教育的目的在于培养生产力,解决"穷"的问题;卫生教育的目的在于培养健康力,解决"弱"的问题;公民教育的目的在于培养团结力,解决"私"的问题。推行"四大教育",必须采用"三大方式",即学校式、家庭式和社会式。晏阳初还主张要"化农民",必先"农民化"。晏阳初认为,知识分子到乡村去,为农民办教育,要"化农民",自己首先必须"农民化"。要虚心向农民学习,给农民作学徒,与农民共同生活和劳动。晏阳初的教育思想,反映了他的拳拳爱国之心,不仅在当时产生了很大社会影响,而且在当下也仍有现实意义。

---

[①] 晏阳初:《农村建设育才院的宗旨与今后的使命》,宋恩荣:《晏阳初全集》(第二卷),湖南教育出版社 1992 年版,第 165 页。

## 2. 卢作孚与乡村现代化

卢作孚(1893—1952)是近代著名爱国实业家、教育家、社会活动家、农村社会工作先驱。卢作孚早期的教育活动跌宕起伏,主要有川南泸州的"新教育"实验,四川成都的"通俗教育"实验。1925年,卢作孚成立民生公司,从此由单纯提倡"教育救国"转向实业与教育并举,开始了他以实业为后盾、教育为利器,实现教育现代化、国家现代化的艰难探索历程。

1927年春,卢作孚到北碚出任江(北)、巴(县)、璧(山)、合(川)峡防团务局局长,开始了峡区乡村建设实验。其中,卢作孚坚持把教育事业的发展放在乡村建设的首位。他在1939年1月著述《乡村建设》一文,文中明确地指出了教育建设的重要性:"乡村第一重要的建设事业是教育。因为一切事业都需要人去建设,人是需要教育培育成的,所以努力建设事业的第一步是应努力教育事业。"[①]为此,卢作孚在峡防局设立民众教育处,在峡区开展大规模的民众教育运动,创办力夫学校、船工学校、妇女学校、挨户学校、场期学校,在峡区建立科学院、博物馆、图书馆、运动场、俱乐部等举措,以改变辖区民众精神文化面貌。

1930年,卢作孚在北碚创立了兼善中学,提出了"兼善天下"的教育理念。为了更好地实施兼善中学的办学思想,卢作孚先生聘请南开大学经济系毕业的张博和先生担任校长。作为中华平民教育促进会的会计,卢作孚还从民生公司拿出巨款来支持平民教育运动。他先后出资创办了北碚图书馆、博物馆和10多所民众学校。由于卢作孚的努力,北碚的平民教育,在环境恶劣、师资缺乏、经费短缺、人员不足的情况下,取得了长足的发展。到1944年底,全北碚管理局"共有124个保,每保划为一个学区,共有学区124个,设有传习处437个,传习导生875人。民众学生共计12673人,历届毕业者27354人,占失学成人总数的6%以上"。[②] 与此同时,卢作孚还在民生公司兴办实业教育与培训,实现其"企业既学校,且是最实际的学校"的理想。他在公司

---

[①]卢作孚:《乡村建设》,转引自凌耀伦,熊甫编:《卢作孚文集》,北京大学出版社2012年版,第75页。

[②]熊明安:《四川教育史稿》,四川教育出版社1993年版,第304页。

实行"全员训练"和"全面训练",对公司所有的人,包括高级职员,都需不断培训和提高。培训内容不仅有业务技术课,还有思想教育课,实行"德、智、体"全面训练。

3. 梁漱溟与乡村建设实验

梁漱溟(1893—1988)是近代中国著名思想家、哲学家、教育家与社会活动家,现代新儒家的代表人物。梁漱溟认为,中国是一个"理性早启、文化早熟"的社会,自周朝始即有着以家庭为核心的"伦理本位,职业分途"的社会构造,不同于西方的"个人本位,阶级对立"。因为"中国社会是乡村社会",80%的居民生活在乡间,更重要是在乡村保存着较多理性,即中国文化的根在乡村,乡村尚具有从容建设的条件,故理性的胚芽可以并且只能在乡村慢慢地培养生长起来。

梁漱溟所说的乡村建设即乡村民众教育。他认为旧的伦理本位的社会结构已遭破坏,新的又未建立,中国当时正处于社会改造期,"天然地要着重民众教育或说社会教育,也即乡村建设。中国民众多在乡村,故民众教育即乡村民众教育,中国是乡村社会,故社会教育即乡村社会教育。此种教育是很活的很实际的教育,此教育即乡村建设"[①]。因此,可以说梁漱溟对教育的重视主要地落实在民众教育上,也即他所理解的乡村建设或社会教育。

1931年,梁漱溟赴山东邹平创建山东乡村建设学院。他在邹平开展的乡村教育主要以成年农民为对象,依托建立的村学乡学开展。村学中有男子部、妇女部供成人学习,其基本课程为识字、唱歌和精神讲话。冬春时节成立共学处,进行青壮年义务教育。还设有高级部,供受过四五年以上教育的青年学习,把他们培养成乡村事业干部人才,功课着重史地和农村问题研究。此外还有"因时因地制宜功课",即包括职业教育、自卫训练及风俗改良等。

1940年,梁漱溟先生与同仁、学生来到璧山,在璧山来凤驿发起创办勉仁中学,亲自给学生讲仁义道德的古训。1941年秋,勉仁中学迁往重庆北碚,解放后更名为"重庆市第22中学"。改革开放后,曾一度恢复为"重庆勉仁职业

---

[①] 梁漱溟:《社会教育与乡村建设之合流》,载《梁漱溟全集》(第五卷),山东人民出版社1992年版,第133页。

中学"。2003年,"重庆勉仁职业中学"与重庆市朝阳职业中学等学校合并组建"重庆市北碚职业教育中心",学校继承梁漱溟的"勉仁"理念,努力创办"重庆特色、全国示范"的中职学校。

# 主要参考文献

## 一、史料汇编

北京师范大学教育史编写组编:《北京师范大学》,知识出版社1983年版。

陈学恂主编:《中国近代教育大事记》,上海教育出版社1981年版。

国民党中央委员会党史史料编纂委员会编:《革命文献》(第58辑),(台湾)中央文物供应社1972年版。

国民党中央委员会党史史料编纂委员会编:《革命文献》(第60辑),(台湾)中央文物供应社1972年版。

国民党中央委员会党史史料编纂委员会编:《革命文献》(第61辑),(台湾)中央文物供应社1972年版。

国民党中央委员会党史史料编纂委员会编:《革命文献》(第62、63合辑),(台湾)中央文物供应社1973年版。

国民党中央委员会党史史料编纂委员会编:《革命文献》(第97辑),(台湾)中央文物供应社1983年版。

国民政府教育部教育年鉴编纂委员会编:《第二次中国教育年鉴》,商务印书馆1948年版。

国民政府教育部编:《教育法令汇编》(第一辑),商务印书馆1936年版

国民政府教育部编:《教育法令汇编》(第四辑),正中书局1939年版。

国民政府教育部编:《教育法令汇编》(第五辑),正中书局1940年版。

国民政府教育部编:《教育法令》,中华书局1947年版。

国民政府教育部:《小学课程标准》,正中书局1943年版。

国民政府教育部训育委员会:《训育法令汇编》,1940 年版。

国民政府教育部:《教育部公报》第 15 卷 11 期,1943 年 11 月。

国民政府教育部社会教育司编印:《中国社会教育概况》,1939 年印行。

广西省政府十年建设编纂委员会编印:《桂政纪实》(下),1941 年版。

贵州省政府秘书处:《黔政五年》,1943 年版。

胡琦,何华生,许明修:《延安自然科学院史料》,中共党史资料出版社、北京工业学院出版社 1986 年版。

皇甫束玉,宋荐戈,龚守静:《中国革命根据地教育纪事》,教育科学出版社 1989 年版。

惠世如编:《抗战时期内迁西南的高等院校》,贵州民族出版社 1988 年版。

李桂林主编:《中国现代教育史教学参考资料》,人民出版社 1987 年版。

刘英杰主编:《中国教育大事典(1840—1949)》,浙江教育出版社 2001 年版。

宋恩荣主编:《中华民国教育法规选编(1912—1949)》,江苏教育出版社 1990 年版。

四川省政府统计处编印:《四川省统计年鉴》(第四册),1947 年。

四川省文史研究馆,四川省人民政府参事室:《抗日战争时期四川大事记》,华夏出版社 1987 年版。

彭明主编:《中国现代史资料选编》(第五册)(下)(1937—1945),中国人民大学出版社 1989 年版。

清华大学校史编写组:《清华大学史稿》,中华书局 1981 年版。

舒新城编:《中国近代教育史资料》(下册),人民教育出版社 1961 年版。

陕西师范大学教育研究所编:《陕甘宁边区教育资料·教育方针政策部分》(上),教育科学出版社 1981 年版。

沈云龙编:《近代中国史料丛刊》(第三编),文海出版社 1989 年版。

《天津女星社》,中共党史资料出版社 1985 年版。

文天行编:《中华全国文艺界抗敌协会资料选编》,四川省社会科学院出版社 1983 年版。

西南联合大学北京校友会:《国立西南联合大学校史——1937 至 1946 年的北大、清华、南开》,北京大学出版社 1996 年版。

西南联大校友会编:《笳吹弦诵在春城——回忆西南联大》,云南人民出版社 1986 年版。

中共天津市委党史资料征集委员会,天津市妇女联合会编:《邓颖超与天津早期妇女运动》,中国妇女出版社 1987 年版。

中国第二历史档案馆编:《中华民国史档案资料汇编》(第五辑),江苏古籍出版社 1994 年版。

政协西南地区文史资料委员会编:《抗战时期西南的教育事业》,贵州省文史书店 1994 年版。

政协西南地区文史资料协作会议编:《抗战时期西南的文化事业》,成都出版社 1990 年版。

中央教育科学研究所编:《中国现代教育大事记(1919—1949)》,教育科学出版社 1988 年版。

中央教育科学研究所编:《老解放区教育资料(二)——抗日战争时期》,教育科学出版社 1986 年版。

中央档案馆编:《中共中央文件选集》(第十一册),中共中央党校出版社 1991 年版。

章绍嗣等主编:《中国抗日战争大辞典》,武汉出版社 1995 年版。

**二、地方史志、教育志、文史资料**

重庆市教育委员会编:《重庆教育志》,重庆出版社 2002 年版。

恩施市教育委员会教育志编纂室编:《恩施市教育志》。

傅九大主编:《甘肃教育史》,甘肃人民出版社 2002 年版。

甘肃省地方史志编纂委员会,甘肃省志教育志编辑委员会编:《甘肃省志·教育志》,甘肃人民出版社 1991 年版。

广西壮族自治区地方志编纂委员会编:《广西通志·教育志》,广西人民出版社 1995 年版。

孔令中主编:《贵州教育史》,贵州教育出版社 2004 年版。

李定开编:《重庆教育史》(第二卷),西南师范大学出版社 2006 年版。

李定开著:《抗战时期重庆的教育》,重庆出版社 1995 年版。

蒙荫昭,梁全进主编:《广西教育史》,广西人民出版社 1999 年版。

四川省地方志编纂委员会编:《四川省志·教育志》(上),方志出版社 2000 年版。

四川省郫县教育局编:《郫县教育志》,1984 年版。

王昱,聪喌主编:《青海简史》,青海人民出版社 1992 年版。

熊明安,徐仲林,李定开:《四川教育史稿》,四川教育出版社 1993 年版。

徐文涛主编:《四川教育史》,四川教育出版社 2007 年版。

云南省教育志编纂委员会办公室编:《云南教育大事记》,云南大学出版社1989年版。

云南省地方志编纂委员会编:《云南省志》(第60卷),云南人民出版社1995年版。

云南省地方志编纂委员会办公室编:《续云南通志长编》(下册),1985年版。

阿克苏市政协文史资料委员会编:《阿克苏市文史资料》(第3辑),农一师印刷厂1989年印行。

安顺市政协文史资料研究委员会编:《安顺文史资料》(第1辑),1983年印行。

成都市政协文史资料研究委员会编:《成都文史资料选辑》(第11辑),1985年印行。

成都市政协文史资料研究委员会编:《成都文史资料选辑》(第16辑),1987年印行。

重庆市政协文史资料研究委员会编:《重庆文史资料》(第33辑),西南师范大学出版社1990年印行。

贵阳市政协文史资料委员会编:《贵阳文史资料选辑》(第9辑),1983年印行。

贵阳市政协文史资料委员会编:《贵阳文史资料选辑》(第26辑),1989年印行。

贵州省政协文史资料研究委员会编:《贵州文史资料选辑》(第22辑),贵州工学院印刷厂1986年印行。

贵州省政协文史资料研究委员会编:《贵州文史资料选辑》(第26辑),贵州省文史书店1988年印行。

青海省政协文史资料研究委员会编:《青海文史资料选辑》(第17辑),青海中山印刷厂1988年印行。

甘肃省政协文史资料研究委员会编:《甘肃文史资料选辑》(第23辑),甘肃省新华书店1985年印行。

广西壮族自治区政协文史资料委员会编:《广西文史资料选辑》(第32辑),南宁市源流印刷厂1991年印行。

广西壮族自治区政协文史资料委员会编:《广西文史资料选辑》(第34辑),南宁市源流印刷厂1992年印行。

湘西土家族苗族自治州政协文史资料研究委员会编:《湘西文史资料》(第11辑),1988年印行。

湘西土家族苗族自治州政协文史资料研究委员会编:《湘西文史资料》(第12辑),1988年印行。

西安市政协文史资料研究委员会编:《西安文史资料》(第12辑),西安市莲湖区友谊印刷厂1987年印行。

新疆维吾尔自治区政协文史资料研究委员会编:《新疆文史资料选辑》(第13辑),新疆人民出版社1985年印行。

西宁市政协文史资料研究委员会编:《西宁市文史资料》(第4辑),1986年印行。

云南省政协文史资料研究委员会编:《云南文史资料选辑》(第8辑)。

### 三、文选、选集、传记

蔡畅,邓颖超,康克清:《论儿童少年与儿童少年工作》,四川少年儿童出版社1990年版。

陈独秀:《陈独秀著作选》(第1卷),上海人民出版社1993年版。

陈独秀:《独秀文存》,安徽人民出版社1987年版。

陈学恂主编:《中国近代教育文选》,人民教育出版社1983年版。

邓颖超:《略谈妇女与参政》,《妇女解放问题文选》,人民教育出版社1988年版。

《慈母般的爱——赵君陶同志和战时儿童保育院》,中国妇女出版社1991年版。

官祥,黄金贵:《革命教育家赵君陶》,四川人民出版社1997年版。

黄世坦编:《回忆吴宓先生》,陕西人民出版社1990年版。

黄炎培:《断肠集》,生活书店1936年版。

金凤著:《邓颖超传》,人民教育出版社1993年版。

蒋总统集编辑委员会编:《蒋总统集》(第一册),(台湾)国防研究院出版社1961年版。

刘家全,蔡恒,石晒宪编:《第三届吴宓学术讨论会论文选集》,西安地图出版社2005年版。

李赋宁,孙天义,蔡恒编:《第一届吴宓学术讨论会论文选集》,陕西人民教育出版社1992年版。

李继凯,刘瑞春:《追忆吴宓》,社会科学文献出版社2001年版。

李建勋:《李建勋教育论著选》,人民教育出版社1993年版。

罗家伦:《逝者如斯夫集》,传记文学出版社1967年版。

李维汉:《回忆与研究》(下),中共党史资料出版社1986年版。

毛泽东:《毛泽东选集》(一卷本),人民出版社1964年版。

毛泽东:《毛泽东文集》(第2卷),人民出版社1993年版。

毛泽东:《毛泽东同志论教育工作》,人民教育出版社1958年版

全国妇联编:《抗日烽火中的摇篮——纪念中国战时儿童保育会文选》,中国妇女出

版社 1991 年版。

戚谢美,邵祖德编:《陈独秀教育论著选》,人民教育出版社 1995 年版。

王泉根主编:《多维视野中的吴宓》,重庆出版社 2001 年版。

徐葆耕编:《会通派如是说——吴宓集》,上海文艺出版社 1998 年版。

肖云慧主编:《黄质夫乡村教育思想研究》,贵州民族出版社 2003 年版。

俞庆棠:《俞庆棠教育论著选》,人民教育出版社 1992 年版。

杨秀明,安永新选编:《黄质夫教育文选》,贵州教育出版社 2001 年版。

赵海:《毛泽东延安纪事》,陕西人民出版社 1993 年 8 月版。

### 四、报刊

《大公报》1937 年 9 月 25 日;1937 年 10 月 16 日;1937 年 10 月 5 日;1938 年 3 月 7、8 日;1938 年 5 月 13 日;1940 年 6 月 1 日。

《解放日报》1941 年 6 月 4 日。

《建国日报》1948 年 4 月 21 日。

《申报》1937 年 7 月—1945 年 8 月。

《新华日报》1944 年 3 月 9 日;1938 年 5 月 22 日;1939 年 4 月 17 日;1942 年 12 月 17 日;1944 年 3 月 9 日。

《中央日报》1937 年 7 月—1945 年 8 月。

《东方杂志》第 8 卷;第 39 卷;第 42 卷。

《电影与播音》第 1 卷第 5 期;第 3 卷第 1 期;第 4 卷第 2 期。

《服务月刊》第 7 期。

《教育谈》第 5 期。

《教育通讯》第 1 卷;第 2 卷第 5 期;第 2 卷第 31 期;第 3 卷第 29 期;第 3 卷第 47 期;第 4 卷第 28 期。

《教育与民众》第 1 卷第 2 期。

《教育杂志》第 29 卷第 7 号;第 29 卷第 10 号;第 30 卷第 1 号;第 30 卷第 2 号;第 30 卷第 5 号;第 30 卷第 6 号;第 30 卷第 10 号;第 30 卷第 11 号;第 31 卷第 1 号;第 32 卷第 2 号。

《抗战三日刊》第 44 号,1938 年 2 月。

《民众生活周刊》第 10、11 期,1932 年 7 月。

《清华周刊》第 352 期。

《四川动员半月刊》创刊号;第 8 期。

《社会教育辅导》第 4 期。

《社会教育·季刊》第 1 卷第 1 期;第 1 卷第 2 期。

《文艺月刊》第 10 卷第 4、5 期合刊。

《新教育旬刊》第 1 卷第 1 期。

《星芒、救亡联合周刊》第 1 期。

《新新疆》第 1 卷第 4 期。

《中等教育季刊》(成都版)1942 年第 1 期。

《中国电影》第 1 卷第 1 期。

《中华教育界》(复刊)第 1 卷第 1 号。

《中苏文化》第 9 卷第 1 期。

### 五、编著

陈元晖主编:《老解放区教育简史》,教育科学出版社 1981 年版。

程季华:《中国电影发展史》(第 2 卷),中国电影出版社 1998 年版。

储朝晖:《中国大学精神的历史与反思》,山西教育出版社 2006 年版。

冯开文:《中华民国教育史》,人民出版社 1994 年版。

高奇主编:《中国现代教育史》,北京师范大学出版社 1985 年版。

葛绥成编,金兆梓校:《初中本国地理》(第四册),中华书局 1937 年版。

顾岳中编:《中国战时教育》,正中书局 1947 年印行。

黄新宪:《基督教教育与中国社会变迁》,福建教育出版社 1996 年版。

蒋建白,吕海澜:《中国社会教育行政》,商务印书馆 1937 年版。

李臣玲:《青海民族教育近代化的困境与选择》,民族出版社 2005 年版。

梁瓯第:《战时的大学》,战时文化出版社 1938 年版。

梁山等:《中山大学校史(1924—1949)》,上海教育出版社 1983 年版。

刘德华:《中国教育管理史》,河南教育出版社 1991 年版。

毛礼锐,沈灌群主编:《中国教育通史》(第 5 卷),山东教育出版社 1988 年版。

马廷中著:《民国时期云南民族教育史研究》,民族出版社 2007 年版。

彭骄雪:《民国时期教育电影发展简史》,中国传媒大学出版社 2008 年版。

曲士培:《中国大学教育发展史》,北京大学出版社 2006 年版。

孙文本:《现代中国社会问题》(第 2 册),商务印书馆 1947 年版。

王喜旺:《学术与教育互动:西南联大历史时空中的观照》,山西教育出版社 2008 年版。

魏永理著:《中国西北近代开发史》,甘肃人民出版社 1993 年版。

谢轶群:《民国多少事》,九州出版社 2008 年版。

杨立德:《西南联大的斯芬克斯之谜》,云南人民出版社 2005 年版。

愚川编:《训育论》,大东书局 1947 年版。

郁祖庆编著:《社会教育纲要》,四川省政府教育厅 1940 年印行。

余子侠著:《民族危机下的教育应对》,华中师范大学出版社 2008 年版。

瞿菊农:《乡村建设与教育》,中国文化服务社 1945 年版。

章开沅主编:《文化传播与教会大学》丛书,湖北教育出版社 1996 年版。

钟叔河等编:《过去的学校》,湖南教育出版社 1982 年版。

周谈辉著:《中国职业教育发展史》,(台湾)三民书局 1985 年版。

(美)杰西·格·卢茨:《中国教会大学史(1850—1950)》,曾钜生译,浙江教育出版社 1987 年版。

(英)斯坦因:《红色中国的挑战》,李凤鸣译,新华出版社 1987 年版。

## 六、论文

陈杏年:《抗战时期国民政府的教育政策论述》,《山西师大学报》(哲社版)1995 年第 3 期。

程朝云:《抗战初期的难民迁移》,《抗日战争研究》2000 年第 2 期。

冯学礼:《抗战时期的福建职业教育》,《教育与职业》1995 年第 12 期。

冯志文:《新疆教育事业的历史回顾》,《喀什师范学院学报》1987 年第 1 期。

侯怀银,张宏波:《社会教育解读》,《教育学报》2007 年第 8 期。

侯杰,麻涛,王文斌:《国民革命时期的邓颖超与天津妇女运动》,《淮阴师范学院学报》(哲学社会科学版)2007 年第 6 期。

李本东:《重庆复旦大学的校园文学活动》,《中国现代文学研究丛刊》2001 年第 4 期。

李文奎:《也谈抗战教育的特点及其现实意义》,《广东社会科学》1994 年第 5 期。

梁吉生:《张伯苓与南开大学》,《中国大学教学》1998 年第 5 期。

刘敬坤:《八年抗战中的中央大学》,《炎黄春秋》2002 年第 5 期。

刘作昌:《西南联大忆旧——兼论"西南联大精神"》,《学术界》2000 年第 1 期。

谭刚:《抗战时期大后方的内河航运建设》,《抗日战争研究》2005 年第 2 期。

忻平:《试论抗战时期内迁及其对后方的影响》,《华东师大学报》(哲社版)1999 年第 2 期。

夏军:《抗日战争时期的高校内迁及其对我国高等教育事业的影响》,《扬州师院学报》(社科版)1994 年第 4 期。

夏林根:《马相伯与复旦大学》,《中国大学教学》1998 年第 4 期。

徐国利:《关于抗战时期高校内迁的几个问题》,《抗日战争研究》1998 年第 2 期。

徐国利:《浅析抗战时期高校内迁的作用和意义》,《安徽史学》1996 年第 4 期。

徐国利:《抗战时期高校内迁概述》,《天津师大学报》(社科版)1996 年第 1 期。

杨家润:《李约瑟与复旦大学》,《档案与史学》2001 年第 2 期。

杨家润:《复旦大夏联合大学始末》,《档案与史学》2000 年第 2 期。

杨绍军:《西南联大与当代中国高等教育》,《学术探索》2000 年第 6 期。

余子侠:《抗战时期教会高校的变迁》,《抗日战争研究》1998 年第 2 期。

张根福:《抗战时期浙江省中等学校迁移的特征与影响》,《教育史研究》2001 年第 1 期。

张聿正:《抗战中的中国社会教育》,国立中央民众教育馆编:《社会教育辅导》第 4 期。

张谦、黄升任:《抗战与中国高等教育》,《档案与史学》1999 年第 4 期。

张雪蓉:《吴宓人文主义教育观述评》,《南京邮电学院学报》(社会科学版)2003 年第 4 期。

赵家骥:《改革发展农村教育促进农村发展》,《中国农村教育》2010 年第 5 期。

周泓:《民国时期的边疆教育制度》,《民族教育研究》2000 年第 4 期。

(美)易社强:《抗日战争中的西南联合大学》,《抗日战争研究》1997 年第 1 期。

陈钊:《国民政府战时教育方针研究》,西北大学硕士论文,2002 年。

张研:《抗日战争时期四川省的社会教育——以成都市立民众教育馆为中心的研究》,四川大学博士论文,2007 年。

## 七、网页资料

百年校史——中央大学时期,http://museum.nju.edu.cn.南京大学校史博物馆(2009 年 10 月 18 日)。

辉煌校史,http://www.fudan.edu.cn/new_genview/history.htm.复旦大学网页(2009 年 10 月 18 日)。

罗文锦:《抗战时期内迁的复旦大学》,http://www.cq.xinhuanet.com(2005年7月28日)。

郑体思,陆云苏:《抗战时期迁川的国立中央大学》,http://www.cq.xinhuanet.com(新华网2005年7月28日)。

# 后 记

《抗战大后方教育研究》系重庆市哲学社会科学规划重大课题"抗战大后方教育研究"（课题批准号CQZDZ06）的研究成果，2008年12月立项，经过3年多的研究，2012年结题。该成果是研究团队集体智慧的结晶，我是项目主持人，负责项目的设计、思路、重点和范围。冉春博士协助我做了后期文稿的整理与校对工作。具体分工如下：徐辉教授撰写前言和第七章，冉春博士撰写第一章和第六章，彭泽平教授撰写第二章和第三章，唐智松教授撰写第四章，徐中仁博士撰写第五章。该项目研究及成果出版，得到原重庆市委常委、市委宣传部部长何事忠先生的指导，得到市委宣传部原常务副部长周勇教授的指导与帮助，得到宣传部苟兴文先生、黄晓东先生、重庆市社科联赖邦凡先生、阳奎兴先生、西南大学黄蓉生教授、宋乃庆教授、潘洵教授的关心和指导，谨此说明并致谢。

徐 辉

2015.7.15 于西南大学学府小区